古典文獻研究輯刊

初 編

潘美月・杜潔祥 主編

第21冊

閻若璩《尚書古文疏證》的辨偽方法

許華峰 著

梁啓超的古書辨偽學

吳銘能 著

國家圖書館出版品預行編目資料

閻若璩《尚書古文疏證》的辨偽方法，許華峰著／梁啓超的古書辨偽學，吳銘能著 — 初版 — 台北縣永和市：花木蘭文化工作坊，2005〔民 94〕

目 1＋169 面＋序 2＋目 1＋92 面；19×26 公分

（古典文獻研究輯刊 初編：第 21 冊）

ISBN：986-81660-4-7（精裝）

1. 書經－考證 2. 圖書－考證

621.117　　　　　　　　　　　　　　　94018894

ISBN 986-81660-4-7

9 789868 166042

古典文獻研究輯刊

初　編　第二一冊　　　　　　　　ISBN：986-81660-4-7

許華峰：閻若璩《尚書古文疏證》的辨偽方法
吳銘能：梁啓超的古書辨偽學

作　　者	許華峰／吳銘能
主　　編	潘美月　杜潔祥
企劃出版	北京大學文化資源研究中心
出　　版	花木蘭文化工作坊
發 行 所	花木蘭文化工作坊
發 行 人	高小娟
聯絡地址	台北縣永和市中正路五九五號七樓之三
	電話：02-2923-1455／傳眞：02-2923-1452
電子信箱	sut81518@ms59.hinet.net
初　　版	2005 年 12 月
定　　價	初編 40 冊（精裝）新台幣 62,000 元

閻若璩《尚書古文疏證》的辨偽方法

許華峰　著

作者簡介

許華峰，1968 年生，中央大學中國中文學博士，現爲輔仁大學中國文學系助理教授。碩士論文爲《閻若璩〈尚書古文疏證〉的辨僞方法》，博士論文爲《董鼎〈書傳輯錄纂註〉研究》。

《閻若璩〈尚書古文疏證〉的辨僞方法》爲 1994 年之舊作。十年之間，雖有新材料及研究成果出現，但此次印行，爲不失當時面貌與觀點，僅略作文句之潤色及引文之校對。

提　要

　　論文從《尚書》學史與辨僞方法兩個角度說明閻若璩《尚書古文疏證》（簡稱《疏證》）的地位與價值。

　　第一章「緒論」：第一節指出《疏證》的主要成就是證明「今本《尚書》」中的「古文二十五篇」爲僞。第二節歸納出狹義的僞書專指被刻意僞造的書；廣義的僞書則是指具有作者辨識問題或疑點的書。廣義的僞書可以根據不同的標準再區分爲許多類別。《疏證》對「今本《古文尚書》經文」眞僞的判斷，以題名作者與書的內容的關係來說，屬於「眞僞相雜」之「眞書攙雜有僞的（材料）」。以相關書籍是否現存爲標準，則屬「有眞書而眞書不全」的情形。第三節指出由於古今對典籍的觀念不同，有許多辨僞工作可以重新加以討論，《疏證》即是個很好的例子。

　　第二章「《尚書古文疏證》的體例與內容」：第一節討論《總目》對《疏證》體例與內容的說法，並指出《疏證》體例與內容上的缺失與特色。第二節透過《疏證》、毛奇齡《古文尚書冤詞》（簡稱《冤詞》）與明代梅鷟《尚書考異》（簡稱《考異》）、《尚書譜》關係的討論，說明論文以這四部著作互相對比的價值。第三節對《疏證》的內容作一概述，並說明本文的討論重點。

　　第三章「《尚書古文疏證》的『根柢』論證」：第一節說明《疏證》第一一三條的按語提出的「根柢、支節」說可作爲研究《疏證》的綱領。所謂的「根柢」是閻氏根據種種文獻材料「歸納」得來的結論，爲對今本《尚書》眞僞材料所作的基本區分，劃定了今本《尚書》那些是眞的，那些是僞的，同時確定了漢代眞《古文尚書》的篇目。「支節」則是針對僞造的「古文二十五篇」的內容作進一步的考證。第二節處理了〈大序〉、《經典釋文》、《尚書正義》、《隋書・經籍志》對《尚書》篇目、篇數與流傳的意見（統稱爲「傳統說法」）。第三節針對《疏證》「根柢」的論證，指出《疏證》如何運用各種材料論證「古文二十五篇」爲僞，並還原出漢代《古文尚書》的篇目。

　　第四章「《尚書古文疏證》的『支節』論證」：第一節駁斥認爲《疏證》「支節」論證沒有辨僞功能的說法。第二節指出以作品「內容」辨僞的論證方式與《疏證》在這方面的工作內容，將《疏證》「支節」的論證區分爲對「古文二十五篇」襲用他書文句的證明與從「古文二十五篇」之內容證僞兩部分。第三節討論《疏證》如何利用文獻的對比，證明「古文二十五篇」是以襲用他書所引《尚書》文句和他書文句的方式僞造。第四節討論《疏證》如何通過「古文二十五篇」內容的考證辨僞，指出《疏證》從「古文二十五篇」襲用他書文句辨僞與從「古文二十五篇」之內容辨僞兩方面的考證並非截然二分。

　　第五章「結論：『根柢』與『支節』的檢討」：第一節指出梅鷟、毛奇齡論證上的缺失。第二節指出《疏證》在「根柢」的成就曾受到梅鷟《尚書譜》的啓發。第三節透過《疏證》的「支節」論證與《冤詞》相關材料的比較，指出《疏證》「支節」方面的論證受限於材料與《尚書》的性質，由今日視之，「古文二十五篇」是否算作狹義的「僞書」，可以重新考慮。第四節「結語」重申論文的主要成果。

目錄

第一章 緒 論

第一節 《尚書》的地位與《古文尚書》辨僞

一、《尚書》的地位與《古文尚書》的眞僞

《尚書》原來只名「書」，依孔安國〈尚書序〉所言，「尚書」之名，當始於伏生「以其上古之書，謂之尚書」。從內容來看，《尚書》是上古政治文獻的總集，這正是「上古之書」的意義。就此而言，《尚書》內容性質頗爲單純，可說是我國今存最古之史書。然而，自孔子用此書教授生徒，《尚書》就有了新的特性，成爲「經書」。屈萬里先生《尚書集釋》綜合這個過程說：

> 《尚書》爲我國今存最古之史書。孔子即以此書爲教授生徒之課本。戰國晚年，已列爲《六經》之一。其後《五經》、《七經》、《九經》、以至於《十三經》中，皆有此書。故歷代皆以此書爲經，而不以史書目之。（〈概說〉頁 5）

經書在過去的中國，是一切人文教化的根源。雖然隨著時代的演變而有《六經》、《五經》、《七經》、《九經》、《十三經》乃至《四書五經》等不同的組合和名目，但一般所說的「經」，實以《五經》爲核心。《五經》是《詩》、《書》、《禮》、《樂》、《易》、《春秋》等《六經》除去失傳的《樂經》。由於《六經》的內容各有不同，人文教化的作用自然有別。故《禮記·經解》說：

> 孔子曰：入其國，其教可知也。其爲人也，溫柔敦厚，《詩》教也。疏通知遠，《書》教也。廣博易良，《樂》教也。絜靜精微，《易》教也。恭儉莊敬，《禮》教也。屬辭比事，《春秋》教也。（《禮記注疏》，卷五十，

頁 1，總頁 845）

於是，《尚書》不僅是中國現存最早的歷史，還具有聖賢的教化的意義。更由於《尚書》的內容都是「人君辭誥之典」，與政治的關係非常大，漢代之後，《尚書》進一步成為君王士大夫必讀的經典。陳夢家在《尚書通論》的〈重版自敘〉就說：

> 《尚書》是我國古代最重要的一部經典，它記錄了距今二千三百年至三千年間王室的誥命、誓言和其它的大事，二千年來為學者所誦習，先秦士大夫著書立說皆視為古典的訓詁而加以援引。自漢代立為官學以後，作為歷代帝王將相的政治課本，在漫長的封建社會時期中，它和孔子的學說同樣的受到統治階級的尊敬，作為治理國家的理論的工具。（頁 6）

劉起釪也說：

> 《尚書》是我國最古的一部史書，更確切地說，是一部歷史文獻匯編。但它卻被儒家崇奉為「五經」中地位最尊的一經，即《書經》，因而成了我國封建社會兩千多年的政治哲學經典。它既是帝王的政治教科書和道德教科書，又是封建士大夫必讀必遵的「大經大法」，在歷史上的影響遠非一般史書所能比擬。（《中國古代佚名哲學名著評述》第一卷，頁 3）

無論在歷史上、教化上、政治上，《尚書》都是十分重要的典籍。它的權威地位，一直到了閻若璩論定《古文尚書》為偽作，才發生根本的動搖。事實上，對於《尚書》一些篇章的來歷的懷疑，早在宋代就已經開始了，但到了清代，閻若璩《尚書古文疏證》（以下簡稱《疏證》）出現之後，所謂《古文尚書》為偽的觀點，才逐漸得到經學家的承認，在乾隆、嘉慶之際，更儼然成為定論。

今日最通行的《尚書》，是《十三經注疏》裡所收的本子。這個本子是東晉梅賾所上的〔註1〕，內容包括了五十八篇的經文、〈小序〉、孔安國《傳》與〈大序〉。自從唐代的孔穎達據以作《正義》，這部書就成為《尚書》的標準本。《疏證》所證明為偽的，針對的也是這個本子。不過，閻氏並不是認為這個本子的全部內容都是後人偽造的。他只是認定其中所謂「古文尚書」的部分才是偽的。其中的真

〔註1〕關於今本《尚書》的獻書者一般都認為是梅賾。不過，此說亦有人不同意。如陳夢家《尚書通論》就認為：「東晉初梅氏奏上孔傳《古文尚書》和當時已失〈舜典〉一篇，只是隋、唐間興起的說法；即使有此事，梅所奏上的也只能是馬、鄭之徒鄭沖一系的《古文尚書》，與《孔傳》本無涉。」（頁 241）反對今本《尚書》是梅賾獻上的說法。不過，這和本文的討論關係不大，故論文裡仍以今本《尚書》為梅賾所獻。

僞情形，周秉鈞《白話尙書》有簡要的說明：

> 這部書按時代分爲四大類。計有〈虞書〉五篇：〈堯典〉、〈舜典〉、〈大禹謨〉、〈皋陶謨〉、〈益稷〉。〈夏書〉四篇：〈禹貢〉、〈甘誓〉、〈五子之歌〉、〈胤征〉。〈商書〉十七篇：〈湯誓〉、〈仲虺之誥〉、〈湯誥〉、〈伊訓〉、〈大甲〉（三篇）、〈咸有一德〉、〈盤庚〉（三篇）、〈說命〉（三篇）、〈高宗肜日〉、〈西伯戡黎〉、〈微子〉。〈周書〉三十二篇：〈泰誓〉（三篇）、〈牧誓〉、〈武成〉、〈洪範〉、〈旅獒〉、〈金縢〉、〈大誥〉、〈微子之命〉、〈康誥〉、〈酒誥〉、〈梓材〉、〈召誥〉、〈洛誥〉、〈多士〉、〈無逸〉、〈君奭〉、〈蔡仲之命〉、〈多方〉、〈立政〉、〈周官〉、〈君陳〉、〈顧命〉、〈康王之誥〉、〈畢命〉、〈君牙〉、〈冏命〉、〈呂刑〉、〈文侯之命〉、〈費誓〉、〈秦誓〉。

> 這部書經前人研究，發現它眞僞染糅。其中〈孔安國序〉是僞造的，《孔傳》是僞造的，〈大禹謨〉、〈五子之歌〉、〈胤征〉、〈仲虺之誥〉、〈湯誥〉、〈伊訓〉、〈大甲〉（三篇）、〈咸有一德〉、〈說命〉（三篇）、〈泰誓〉（三篇）、〈武成〉、〈旅獒〉、〈微子之命〉、〈蔡仲之命〉、〈周官〉、〈君陳〉、〈畢命〉、〈君牙〉、〈冏命〉等二十五篇也是僞造的。不但如此，眞之中又染有僞造的文句。〈舜典〉前面「曰若稽古，帝舜曰重華，協于帝，濬哲文明，溫恭允塞，玄德升聞，乃命以位」，凡二十八字，就是姚方興等人加上的。（〈前言〉，頁 5）

至於〈小序〉的眞僞，則另有爭論。自這部書在東晉出現之後，歷來都著錄爲「《古文尙書》孔安國《傳》」，簡稱「《尙書・孔傳》」。到了被證明爲僞書，則稱爲「僞《孔傳》」、「僞《古文尙書》」或「《晚書》」。如果仔細區別，經文、〈小序〉、孔安國《傳》和〈大序〉是四個不同的文獻個體，應分開討論。其中對今本《尙書》地位影響最大的是對二十五篇經文的證僞。其結果造成了已流傳一千五、六百年的今本《尙書》，只剩下三十三篇與《今文尙書》內容相合的經文是可信的，二十五篇則被排除在經書之外。有清一代以《尙書》名家，且作出實際貢獻的學者如江聲、王鳴盛、段玉裁等，對閻氏的辨僞成果多持肯定的態度。如王鳴盛《蛾術編》說：

> 《尙書》古今文，千古聚訟不休。……直至近時太原閻先生若璩、吳郡惠先生棟始著其說，實解千古疑團。（卷四，頁 1，總頁 171，〈《尙書》今古文〉條）

段玉裁〈古文尙書撰異序〉也說：

> 僞《古文》自有宋朱子劾議於前，迄我朝閻氏百詩（有《古文尙書

疏證》）、惠氏定宇（有《古文尚書考》）辭而闢之，其說大備。（《皇清經
解》卷五六七，頁1）

他們爲《尚書》所作的注解都不注這二十五篇。影響至今，像周秉鈞的《尚書易
解》、屈萬里的《尚書集釋》都只注今文的部分。他們在《尚書》的研究上都想要
回復漢人所見的經文與篇目，在注解上亦大多不喜正面引用《孔傳》的說法。更
重要的是這二十五篇古文不但失去其原來所具有的史料上的權威地位；其中所包
含的義理亦由於「僞書」這個判斷的影響，由爲人所重視的「經書」變成人們質
疑的對象。

以下爲了說明的方便，論文裡面凡是指這部晚出《尚書》全書（包括〈大序〉、
〈小序〉、經文五十八篇、《孔傳》）的，皆稱作「今本《尚書》」。專指今本《尚書》
經文五十八篇的，皆稱「今本《尚書》經文」。比今文多出的二十五篇經文則稱爲
「古文二十五篇」。《傳》文則稱爲「《孔傳》」。

二、《疏證》的地位與《尚書》辨僞史

從「古文二十五篇」的辨僞歷史來看，一般都認爲始於宋代的吳棫和朱子從
今、古文文體不同，懷疑今本《尚書》中多出《今文尚書》的「古文二十五篇」
是僞的。吳棫的《書裨傳》今已不傳，我們從後人所援引，還可以得知小部分的
意見。如明代梅鷟的《尚書考異》（以下簡稱《考異》）〔註2〕和清代閻若璩的《疏
證》都引用他的話：

> 伏生傳於既耄之時〔按，《考異》作「后」〕，而安國爲隸古，又特
> 定其所可知者，而一篇之中，一簡之內，其不可知者，蓋不無矣。乃欲以
> 是盡求作書之本意，與夫本末先後之義，其亦可謂難矣。而安國所增多之
> 書，今書〔按，《考異》作「篇」〕目具在，皆文從字順，非若伏生之書
> 屈〔按，《考異》作「詰」〕曲聱牙，至有不可讀者。夫四代之書，作者
> 不一，乃至二人之手，而遂定爲二體乎？其亦難言矣。（《考異》頁三三六；
> 《疏證》第一一三條，卷八，頁1，總頁1113）（論文中的引文，凡是〔　　〕
> 內之文字，皆是筆者所加。若爲原書作者自註，則以（　　）區別之。）

只是，單從今、古文文體的不同，不必然會導致僞書的懷疑。吳棫所說「其亦難
言矣」，在字面上並沒有明確認定「古文二十五篇」爲僞的意思。

〔註2〕本文凡引用《考異》，皆以較早的明・白鶴山房本爲準。若有必要，才以《四庫》
　　　本和《平津館叢書》本補充。

其次是爲多數人認定疑「古文二十五篇」爲僞的朱子。朱子對今本《尙書》的意見涉及「古文二十五篇」、〈小序〉、《孔傳》與〈大序〉四個方面。其中，〈小序〉、〈大序〉和《孔傳》他都明確地指出是後人所作。如：

> 〈書序〉不可信，伏生時無之。其文甚弱，亦不是前漢人文字，只似後漢末人。（《語類》卷七十八，頁 1986）

> 〈小序〉決非孔門之舊，安國〈序〉亦決非西漢文章。……孔氏〈書序〉與《孔叢子》、《文中子》大略相似。（《文集》卷五十四〈答孫季和〉，頁 3，總頁 896）

> 《尙書》決非孔安國所注，蓋文字困善，不是西漢人文章。安國，漢武帝時，文章豈如此！但有太麤處，決不如此困善也。如〈書序〉做得善弱，亦非西漢人文章也。（《語類》卷七十八，頁 1984）

而對今古文文體的不同，則舉出當時兩種說法：一是晁錯受《尙書》時爲口傳，因而有誤。二是《尙書》的文獻中，屬於口語記錄的較不通順而難曉，屬於朝廷詞臣所寫的則較爲通順。朱子認爲第二個理由較爲可信，因爲第一個理由屬於《今文尙書》傳授的特殊方式，如果眞的是口授而誤，則不應在先秦典籍中引用《尙書》的地方即已經是如此。但即使是第二個理由，朱子仍認爲有不可解釋的地方：何以伏生只記得難的，都不記得易的？何以孔安國的《古文尙書》定於古文「錯亂摩滅之餘」反而易曉？朱子認爲這是無法確定的。他說：

> 或者以爲今文自伏生女子口授晁錯時失之，則先秦古書所引之文皆已如此，恐其未必然也。或者以爲記錄之實語難工而潤色之雅詞易好，故訓、誥、誓、命有難易之不同，此爲近之。然伏生倍文暗誦，乃徧〔偏〕得其所難，而安國考定於科斗古書錯亂磨滅之餘，反專得其所易，則又有不可曉者。（《文集》卷六十五〈尙書序說〉，頁 4，總頁 1134）

> 或者以爲今文自伏生女子口授晁錯時失之，則先秦古書所引之文皆已如此。或者以爲記錄之實語難工而潤色之雅詞易好，則暗誦者不應偏得所難，而考文者反專得其所易。是皆有不可知者。……又論其所以不可知者如此，使讀者姑務沈潛，反復乎其所易，而不必穿鑿傅會於其所難云。（《文集》卷八十二〈書臨漳所刊四經後〉，頁 21，總頁 1423）

就朱子所較相信的第二個理由而言，不是針對今文和古文的差別而提出；他是對今本《尙書》經文中不同的兩類文體說的，未必可以說明今文和古文的差異。朱子曾說：

> 〈典〉、〈謨〉之書，恐是曾經史官潤色來。如〈周誥〉等篇，恐只

似如今榜文曉諭俗人者，方言俚語，隨地隨時各自不同。林少穎嘗曰：「如
今人『即日伏惟尊候萬福』，使古人聞之，亦不知是何等說話。」（《語類》
卷七十八，頁 1981）

今本《尚書》中的〈典〉有〈堯典〉、〈舜典〉兩篇，〈謨〉則有〈大禹謨〉、〈皋陶
謨〉兩篇。其中只有〈大禹謨〉一篇是古文，其他都屬今文；但朱子卻認為「〈典〉、
〈謨〉之書，恐是曾經史官潤色來」。從這個現象來說，朱子亦沒有確認「古文二
十五篇」為偽。

由於這兩人對「古文二十五篇」真偽的意見並不是那麼明確，所以近來有些
學者就認為朱子並未認為「古文二十五篇」是偽作的〔註3〕。然無論如何，朱子明
確提出〈大序〉、〈小序〉、《孔傳》為偽的說法則無疑問。由於〈大序〉、〈小序〉、
《孔傳》只是經的附屬品，偽不偽並不會造成很大的影響，因此後來《尚書》真
偽問題的重心就落在「古文二十五篇」的討論上。

朱子之後，疑「古文二十五篇」為偽的學者，愈來愈多。如元代的趙孟頫、
吳澄、王充耘等是較為人所熟知的。其中，以吳澄《書纂言》最重要。他說：

伏氏書雖難盡通，然辭義古奧，其為上古之書無疑。梅賾所增二十
五篇，體製如出一手，采集補掇，雖無一字無所本，而平緩卑弱，殊不
類先漢以前之文。夫千年古書最晚乃出，而字畫略無脫誤，文勢略無齟
齬，不亦大可疑乎？吳才老曰：「增多之書皆文從字順，非若伏生之書詰
曲聱牙。夫四代之書，作者不一，乃至一人之手而定為二體，其亦難言
矣。」朱仲晦曰：「《書》凡易讀者皆古文。豈有數百年壁中之物，不訛
損一字者？」又曰：「伏生所傳皆難讀，如何伏生偏記其所難，而易者全
不能記也？」……夫以吳氏及朱子之所疑者如此，顧澄何敢質斯疑，而
斷斷然不敢信此二十五篇之為古書，則是非之心不可得而昧也。（《通志
堂經解》本《書纂言·目錄》，頁 7）

除了文體的疑點之外，還提出了「古文二十五篇」晚出、襲用他書兩點。更重要
的是他明確地認定「古文二十五篇」為「偽」。相對於吳棫、朱子未提出明確論斷
的情形，這在真偽的考證是一大進展。吳澄認為今、古文文體不同；今文既可確
定為上古之書無疑，則古文也號稱為先秦的作品，為什麼和今文相差那麼大呢？

〔註 3〕劉人鵬：《陳第之學術》附錄〈論朱子未嘗疑古文尚書偽作〉，臺大碩士論文，1988
年 5 月；《閻若璩與古文尚書辨偽》，臺大博士論文，1991 年 6 月，頁 129，〈論朱
子未嘗疑古文尚書偽作〉，《清華學報》新二十二卷第四期，1992 年 12 月。又李學
勤：〈朱子的尚書學〉，《朱子學刊》總第一輯，1989 年，福建人民出版社。

顯然「古文二十五篇」是不可信的。他並引吳棫和朱子的說法作爲佐證，認爲吳棫和朱子已經提出這樣的看法。

　　雖然吳澄在「古文二十五篇」的辨僞有重要的進展，但還沒有全面用考證的方式來處理「古文二十五篇」眞僞的問題。首先用考證的方式對「古文二十五篇」證僞的，是梅鷟的《尚書譜》和《尚書考異》。只是一般都認爲梅鷟的考證不夠細密，而且他的著作亦未受到應有的重視（詳下一章）；眞正證明「古文二十五篇」爲僞書的，是清代的閻若璩。

　　閻若璩字百詩，山西太原人。他二十歲「讀《尚書》至古文二十五篇，即疑其僞，沈潛三十餘年，乃盡得其癥結所在。」（錢大昕《潛研堂文集》卷三十八〈閻先生（若璩）傳〉，頁673）《疏證》便是閻若璩沈潛三十餘年的成果。在閻若璩之前，雖已經有人對「古文二十五篇」加以懷疑，且著書以辨其僞；一般仍認爲「古文二十五篇」被確認爲僞書是《疏證》的功勞。與閻若璩同時，有毛奇齡寫《古文尚書冤詞》（以下簡稱《冤詞》）爲「古文二十五篇」辯護，仍然無法挽回「古文二十五篇」被認定爲僞書的結果。《四庫提要》對此有概括的說明：

　　　　《古文尚書》較《今文》多十六篇，晉、魏以來，絕無師說。故《左氏》所引，杜預皆注曰「《逸書》」。東晉之初，其書始出，乃增多二十五篇。初猶與今文竝立，自陸德明據以作《釋文》，孔穎達據以作《正義》，遂與伏生二十九篇混合爲一。唐以來雖疑經惑古如劉知幾之流，亦以《尚書》一家列之《史通》，未言《古文》之僞。自吳棫始有異議，朱子亦稍稍疑之，吳澄諸人本朱子之說，相繼抉摘，其僞益彰，然亦未能條分縷析以抉其罅漏。明梅鷟始參考諸書，證其剽剟，而見聞較狹，蒐采未周。至若璩乃引經據古，一一陳其矛盾之故，《古文》之僞乃大明。所列一百二十八條，毛奇齡作《古文尚書冤詞》，百計相軋，終不能以強辭奪正理，則有據之言先立於不可敗也。（卷十二，經部書類二，頁二十五，總頁290）

《提要》指出，閻氏之考證所以能夠爲人所相信，主要在於他「引經據古，一一陳其矛盾之故」，即能夠從文獻中提出充分的理由證明「古文二十五篇」爲僞。閻若璩之後繼續辨《古文尚書》之僞的學者，大都只是修正或補充閻氏的說法而已。至於迴護這「古文二十五篇」的學者，則一直無法駁倒閻氏的論斷。因此，就辨僞的歷史來看，《疏證》是「古文二十五篇」辨僞的眞正完成者。

第二節　偽書的意義與類別

一、「偽書」的意義

　　古籍辨偽是檢別書籍眞偽的工作。經過對書籍初步判定的步驟，將不可信的「偽書」汰除。當學者面對被判定爲「偽書」的書籍，在引用上就會特別小心。

　　但書籍的情況有很多，並非只是單純地區分出「眞」與「偽」而已。就過去學者的意見，偽書有較寬泛與較狹義兩種。主張較狹義的偽書的學者，認爲「冒名頂替」的書才是偽書。如屈萬里在《先秦文史資料考辨》說：

　　　　近人對於一些有問題的書籍，喜歡用「偽書」這個名詞來稱呼它們；這現象，以屬於先秦的古書爲最多。其實，許多被稱爲偽書的古籍，是很冤枉的。因爲先秦的古籍，很多是由後人編集成書的；編集者常常是取了某家的原著，而加以後人和原著有關的作品，彙輯成書。由於那時人沒有著作權的觀念，所以編者既不署名，而某篇或某部分是何人的作品，編者也不予以說明。像《墨子》、《莊子》、《商君書》等，都屬於這一類。這些書本來沒題明墨翟著、莊周著、商鞅著等；把這些書都加上著者的姓名，恐怕是劉向、歆父子以後的事。更後的人，看見《墨子》題作墨翟撰，《莊子》題作莊周撰，《商君書》題作商鞅撰；又看到這些書裡，記載有墨翟、莊周、商鞅以後的史事、或名物制度等，於是就把它們叫作偽書。其實，它們並不是「冒名頂替」的作品，怎麼能說它們是偽書呢？（頁305）

就把不是作偽者冒名頂替的書，都排除在「偽書」的範圍之外〔註4〕。

　　主張較寬泛意義偽書的學者，在過去佔了大多數。他們將具有作者辨識的相關問題的書籍都稱作偽書。這是因爲考證一部書眞偽的方法，正如余嘉錫《古書

〔註 4〕章學誠《文史通義外篇一·淮南子洪保辨》說：「古人有依附之筆，有旁托之言，有偽撰之書，有雜擬之文，考古之士，當分別觀之。依附之筆，門人弟子爲其學者輾轉附益，或得其遺，或失其旨，或離其宗，各抒其所見也。旁托之言，諸子著書，因寄所托，標其風旨，有所稱引，人即傳爲其人自著，如墨者著書稱述晏子，人傳爲晏子書；儒者著書稱魏文侯，人傳爲文侯書是也。〈藝文〉所著諸子九流，劉、班注謂似依托者，多不出此二種，皆非有心於造偽也。偽撰之書，後世求書懸賞，奸人慕賞造偽，與上二種不同。雜擬之文，則始於文人托興寓意，其後詞科取士，因以命題，古人所無，斷始於六朝，非惟與偽造不同，亦與前二種迥不類也。」（《文史通義新編》，頁274）。區分了附益、旁托、偽撰、雜擬的不同。所說的偽撰正與屈萬里所說的偽書意義相同。則清儒已有類似的意見了。

通例・緒論》（頁4）所說，有三個主要的途徑：

> 一曰：考之史志及目錄以定其著述之人，及其書曾否著錄。
>
> 二曰：考之本書以驗其記載之合否。
>
> 三曰：考之群書之所引用，以證今本是否原書。

除了第一個途徑，其他兩個方法都是以考證對象所具備的作者特徵以及著作的內容，二者是否與實際相符作為判斷依據。這種討論，往往只能提供對原題名作者的否定的效力。例如《四庫提要》對題名為南宋辛棄疾撰的《藥闌集》考證說：

> 是編集六朝及唐人詩句為五七言近體，平聲上下三十韻，韻為一首。前有棄疾自序。今案唐韻及宋《禮部韻》皆上平二十八部，下平二十九部，至理宗末平水劉淵始併為上下平各十五部。棄疾當高、孝、光、甯之朝，《平水韻》未出，安得而用其部分？且平韻分上下，自《廣韻》已然，集中顧以一先為十六先，至咸韻為三十，此向來韻書所無。又據魏了翁之說，唐韻下平作二十九先而小變之者也。至集句始於晉傅咸，宋王安石、孔仲武皆有其體。今序首即云：「集韻非古」，又舍王、孔而獨舉陳后山、林甫田，尤極疎外。文筆亦頗類明末竟陵一派，決不出棄疾之手也。（卷一七四，別集存目一，頁405，總頁3539）

《提要》所舉出書中用韻、集句詩、文章風格三點只能用來懷疑或證明這部書不出於辛棄疾之手，卻不能由此指出作偽的人是誰與真正的成書時間。而且，即使是第一條途徑，經常亦只能從史志、目錄的未著錄或著錄與今本不同作出否定原題名作者的判斷。因此，上述三種辨偽途徑的表現，經常是以否定為主的。如此一來，在實際的考證上，對作者的辨識不一定都可以指出真正的作者（或偽作者），更何況要判斷是否為刻意偽造。只是傳統的習慣上，對原題名作者的否定成立了，「偽書」的判斷也就跟著成立。

所以鄭良樹《古籍辨偽學・自序》說：

> 所謂真，是指古籍與作者或成書時代相符；所謂偽，是指其傳聞者和它確實的作者、成書時代相乖，甚至有附益的篇章和文字。（〈自序〉，頁1）

「真」與「偽」的差別，經常只是一種極為寬泛的區分。這種作法的代表，就是張心澂的《偽書通考》。他在《偽書通考・例言》的前四項說明他收錄偽書的原則是：

> （一）凡一書的全部份或一部份是偽造的，和發生過偽造之疑問者，都列入。
>
> （二）凡書本非偽，因誤認撰人或時代，照所誤認的撰人或時代論，即

成僞書者，故亦列入。

（三）已佚亡之書、合於前兩項者，亦列入。

（四）已列入之書，它的來源和辨僞有關者，也列入。（頁14）

其中後兩項可以攝入前兩項。根據前兩項，《僞書通考》所認定的就是寬泛意義的僞書。

　　如上所說，就考證方法言，「僞書」之所指是極寬泛的，不是專指刻意僞造的書。然由於過去對「僞書」這個名詞的意義的了解，仍以字面上的意思（即較狹義的僞書）爲主；而且，過去對刻意僞造的動機的說明，以現代人的角度來說，大都偏向負面的評價〔註5〕。這樣的動機所造出來的書，很難令人相信在內容上會有較高的價值。這在「僞書」之刻意僞造的意思仍然爲人所使用，甚至被認定爲「僞書」這個名稱的主要意思時〔註6〕，用這個含有貶義的名稱來稱呼所有題名作者、成書年代有問題的著作，很容易讓非刻意僞造的書都予人有「劣義」的印象。所以，我們認爲把僞書之名限制在較狹的意義較爲合理，也能避免一些不必要的爭論。只是現在一般判定「僞書」的標準，仍以較寬泛意義爲主。

二、僞書的類別

　　雖然一般判定「僞書」的標準以較寬泛意義爲主，但即使主張較寬泛意義僞

〔註5〕梁啓超《古書眞僞及其年代》歸納「有意作僞」的動機爲：（一）托古。（二）邀賞。（三）爭勝。（四）炫名。（五）誣善。（六）掠美。（頁18）張心澂《僞書通考》「作僞的原因」則歸納爲：（一）借重古時有名的人，以增高自己一派的學術地位。（二）借重有名的人，以增高書的價值。（三）因爲恨某人，假造他做的書，以陷害他。（四）因爲恨某人，假他人名做書來陷害他。（五）不敢題自己的眞名。（六）不願提自己的眞名。（七）爲爭勝。（八）因爲貪賞牟利。（九）因爲求名。（十）因爲要發抒自己的才能。（十一）出於遊戲。（十二）因爲好事。（頁19）他們所指出的動機，大致上沒什麼不同。這些動機除了少數幾項，依今日的著書方式來看，都不是很正當的。特別是與名、利有關的動機佔了一半以上，自然會予人以不良的印象。而且，關於作僞的動機，梁氏還列有「非有意作僞的」一類，張心澂所舉出上述的十二個理由則全屬於「有意作僞」的一類。比較之下，梁氏的作法較爲可取。

〔註6〕《古書眞僞及其年代》說：「書籍有假，各國所同，不祇中國爲然。文化發達愈久，好古的心事愈強。代遠年湮，自然有許多後人僞造古書以應當時的需要。……中國人造僞的本事特別大而且發現得特別早，無論那門學問都有許多僞書。」（頁1）所說的「僞書」顯然專指「刻意僞造的書」，可見梁氏仍以「刻意僞造的書」爲僞書的主要意思。然而梁氏在書中的討論卻把古籍年代的相關問題都算作「僞書」的範圍。儘管梁氏所立的書名爲《古書眞僞及其年代》，應該包括「眞僞」及「年代」兩個方面，在某些問題的討論上，他也注意到字面意義的僞書與年代問題的不同；但就全書的內容來看，他仍然以「僞書」這個名稱來指一切有年代判斷問題的著作。

書的張心澂，亦認識到僞書實有各種不同的情況，不是只單純地存在「眞」與「僞」之簡單區分而已。使用不同的準則，可以作不同的分類。張氏的說法，有助於我們對傳統較寬意義僞書的了解。以下，以張心澂《僞書通考》對這兩方面的敘述爲基礎，對寬泛意義下的僞書類別作一說明。其中「僞的程度」、「僞書的產生」的關係極爲密切，我們就合併在一起敘述。

就「僞的程度」言，根據張心澂《僞書通考》在〈總論〉（頁 16）裡的說明加以整理，除了「是否僞品還在懷疑未能決定的」（頁 17）可以不考慮外，依題名作者與書的內容的關係可以整理爲四大類，七種情況（其中所舉的例子，都是張氏自己在說明時所舉的。我們在這裏只是拿來說明僞書的種類，並不考慮張氏對這些例子真僞判定的是非問題）：

（一）全僞的：

1、（內容）全僞的。

這一類的題名作者與書的內容無關，且此內容亦無其他的來源。如《關尹子》這部書《漢志》雖有著錄，但早已失傳。今本《關尹子》是後人看到《史記》有「老子出關，關令尹喜強爲著書的事」（頁 18）認爲關尹應該也有著作，造出來的。則書名雖然出自題名作者，內容則與題名作者無關。

2、僞中僞的。

張氏對「僞中僞的」之解釋爲：「例如《乾鑿度》和各緯書，本來是僞書，因遺亡了，後人又東拉西扯做書來冒充，這是冒牌的僞書，又被後人冒它的牌號來僞造的。」（頁 16）根據這個解釋，既然原來就已經是僞造的，則本來就是全僞的。

（二）真僞相雜：

1、僞書攙雜有眞的（材料）。

這一類的題名作者和書的內容無關，但其中所用的材料則有來歷。像題名爲周代的鶡冠子撰的《鶡冠子》，其中所用的賈誼〈鵩賦〉是眞的賈誼的作品（頁 17、18）。但從鶡冠子這個題名作者來看，與〈鵩賦〉無關（故爲僞的）。所以，從題名作者與書的內容的關係來說，這一類實亦爲「全僞的」。

2、眞書攙雜有僞的（材料）。

這一類的書是眞的（題名作者和內容的關係相符），但其中攙雜了「僞」的材料。如「《莊子》中有僞篇，爲後人所攙入」（頁 17）。後來所說的附益、部分僞造

多屬這一類。

　　按，張氏「偽的程度」還有一「眞偽相雜的」的情形，他的解釋是：「例如《晏子》、《管子》、《文中子》都有他本人的言行思想，由後人附會增益而成書。」（頁17）張氏自己在「偽書的產生」把《晏子》和《管子》都算作「誤認撰人」的情形，並認爲這些書是「他們的門人或後人輯成的」（頁19），則這些書本來就不是偽書，可以歸入「眞書攙雜有偽（材料）」。而《文中子》這部書既然有文中子本人的言行思想，自當屬「眞書攙雜有偽（材料）」或後面第四類「書的內容不偽，但書名爲偽的」。故張氏這裏所說，可以歸入其他情形。

（三）書本不偽，但因撰人被誤認而偽。這一類只要改正撰人，就不偽了。

1、因假託撰人而成爲偽書的。

　　這一類指作書的人因某些原因不願意具眞名，於是假託他人之名爲作者。張氏說：「例如《本草》偽託是神農做的，若去掉這偽託的人名，就它本來面目去看，就不是偽書。又魏泰做《碧雲騢》而託名梅聖俞，和凝做《香奩集》而託名韓偓，認爲梅氏、韓氏做的，就是偽書。」（頁17）

2、因誤認撰人而成爲偽書的。

　　這一類是作者原來不誤，卻因種種原因爲後人所誤認，於是成爲偽書。如「《周禮》原來沒有標明撰者，因後人誤認爲是周公旦做的，就成了偽書。若辨明不是周公做的，去掉撰者姬旦的標名，回復它本來的面目，就不是偽書。」（頁17）

（四）書的內容不偽，但書名為偽的。

　　這一類的題名作者和書的內容關係相符，但作者卻不曾以此書名寫書。張氏「偽的程度」所舉的例子是姚際恆對《春秋繁露》和《東坡志林》的說法。認爲《春秋繁露》是以董仲舒的作品湊集起來的；《東坡志林》也是以《東坡集》外記事跋尾之類編成的。（頁17）我們認爲，雖然董仲舒、東坡原無以此作爲書名的著作，但從題名作者與內容的關係來說，並不能算作偽書。

　　如以相關書籍是否現存爲標準，可以分爲兩大類，有些是現在找不到「眞本」的，有些則是現在可以找到「眞本」的。現在沒有「眞本」存在的，又有兩種情況：

　　1、根本沒有所謂「眞本」。這一類的偽書完全是後人無中生有的。就「偽的程度」來說，這一類可能是「全偽的」、「偽中偽的」和「偽書攙雜有眞的（材料）」。另外，前面所說「書的內容不偽，但書名爲偽的」，就書名來說，本

無「眞本」存在，故歸入此類。

2、根據一些資料，可以確定相關書籍的「眞本」曾經存在過，但至今已經亡佚，今傳本全爲後人所僞託。這種書籍的內容爲僞，但原作者和年代則與眞書相符。如孟子曾經說過楚國的史書有《檮杌》，可是孟子所說的《檮杌》早已不存在了。於是後人用《檮杌》的舊名作了一部叫《楚檮杌》的僞書。（張書頁 18）就「僞」的程度說，可能是「全僞的」和「僞書攙雜有眞的（材料）」。不過，這裡所謂「僞書攙雜有眞的（材料）」之「眞材料」必須與「眞本」無關（如不是「眞本」的佚文），否則就屬於下一類。

現在可以找到眞本的，也有兩種情況：

3、有眞書而眞書不全（可能只有佚文），則書籍的內容部分爲僞，原作者和年代則仍與眞書相符。就「僞」的程度言，屬「眞書攙雜有僞的」。一般所說的「附益」和「部分僞造」的情形，正屬於這一類。

4、有眞書而眞書流傳，而作者（因各種緣故）被誤認。這一類與上述「僞的程度」中的第三大類「書本不僞，但因撰人被誤認而僞」的情形是一致的。張氏在「作僞的原因」所提出的「偷竊他人的作品」、「本沒有撰人而僞託」、「撰人名亡失了而僞題撰人名」和「誤認撰人」都屬這一類。其中比較特別的是「偷竊他人的作品」。張氏說：「例如晉郭象竊向秀的《莊子注》，宋齊丘竊譚峭的《化書》，何法盛竊郗紹的《晉中興書》，當作是自己做的。」（頁 18）爲人所冒名，亦可以算作作者被誤認的原因之一。

從上面的說明可以知道，現在沒有眞本存在的，就「僞的程度」言，除了（四）「書的內容不僞，但書名爲僞的」可以不是僞書外，大部分是「全部僞」的，頂多其中用了一些可信卻與眞本無關的材料而成爲（二）之 1.「僞書攙雜有眞的（材料）」。至於現在可以找到眞本的兩種情況，3.就「僞的程度」言，正是（二）「眞僞相雜」的 2.「眞書攙雜有僞的（材料）」。4.就是第（三）「書本不僞，但因撰人被誤認而僞」的情形。

傳統所謂的「僞書」，大致不出上面所說的情形。

就閻若璩對「今本《尚書》經文」的眞僞判斷，以題名作者與書的內容的關係來說，應屬於「眞僞相雜」中的第二種情形「眞書攙雜有僞的（材料）」。以相關書籍是否現存爲標準，則屬第三種「有眞書而眞書不全」的情形。

第三節　研究《疏證》的意義與價値

一、典籍的觀念與辨偽的誤差

　　古籍眞偽的考證工作，主要源自考證者以他的知識對某部古籍的作者產生懷疑，然後根據他在古籍方面的知識，對有疑問的古籍從事詳細的考辨，定其眞偽。這時候，考證者對古籍的知識是否合於史實，對典籍眞偽的考辨就有絕對的影響力。如對書籍之內容以及種種與作者本身乃至作者所處時代相關的背景知識了解不同時，就可能影響論斷的結果。所以張心澂特別在「辨偽的發生」指出有些辨別偽書的事情的發生是由於：

> 不明瞭古時的情況，不明瞭古書的來源，以後世著書的方法同樣的
> 來衡量古書，因此而發生誤會和揣測，於是某書在某種情勢之下遂叫做
> 偽書，以致發生辨偽的事。（頁 23）

並舉出四種古籍的情況與後世不同的情形：（一）古人不自己著書。（二）古人著書不自出名。（三）古書世傳非成於一手。（四）書名非著者之名。說：

> 大抵戰國和戰國以後的偽書，由於後人偽造的居多，其過多在於作
> 偽的人；戰國和戰國以前的偽書，有由於讀者的誤會，其過或在於讀者。
> 這也是辨偽的人所應當知道的。（頁 25）

所以，若只執後代書籍的觀念來衡量所有的古籍，所判定爲偽的，並不一定眞的是「偽書」，特別是先秦的古籍更是如此。張氏這個意見，與前面所說的較狹義偽書的說法一致。只是他雖然意識到這個問題，卻無法重新調整他對「偽書」的整體意見。在過去，對古籍眞偽的考證更未注意這個問題，一律用後代的書籍觀念來處理所有的古籍。其結果乃造成許多不該稱爲偽書的著作都被冠上「偽書」之名。因此，在從事古籍眞偽的考證工作時，有必要重新考慮古今典籍觀念的差異所造成的影響。然而，至今爲止，學者對這方面的研究實在有限。

　　《疏證》對今本《尚書》經文多出《今文尚書》的「古文二十五篇」眞偽的討論，就有類似的問題。

　　《疏證》的考證對象今本《尚書》雖然出現於東晉，但從整個《尚書》的流傳歷史來看，《疏證》的考證必須涉及從先秦以至東晉這一段長時間的相關問題的處理。其中，自然應該包括古今典籍觀念差異的問題。但是，我們卻發現考證論斷爲多數人所接受的《疏證》（乃至大多數接受今本《尚書》爲偽的學者）對這方面並未予以應有的重視。倒是許多閻氏的反對者所提出的意見，雖然在清代乃至

於今日並未被一般學者所接受，竟然涉及這方面的意見，而且有些意見與現在整理出土文物所得到的經驗相符。像「古文二十五篇」的文體平易，與《今文尚書》不類的情形，李光地說：

> 意自參校孔壁書時，遇不可讀即未免刪添其後。又久秘不出，更東漢至晉，《書》始萌芽。傳者私竊竄一二字，復恐不免矣。以此，古文從順者多，伏生《書》則自前漢而立學官，無敢改者。艱易之原，蓋出於此。淺者緣此，盡訾古文非真書。如此，〈謨〉其首也。宋、元儒倡之，近學者尤加甚，果哉，其疑古也。（《尚書七篇解義》卷一，頁19）

方苞在〈讀古文尚書〉也說：

> 疑古文易曉，必秦漢間儒者得其書，苦其奧澀而稍以顯易之辭更之，其大體則固經之本文也。〈無逸〉之篇，今文也。試易其一二奧澀之語，則與古文二十五篇之辭氣其有異乎？遷傳〈儒林傳〉曰：「孔氏有《古文尚書》，而安國以今文讀之，遂以起其家逸書。」而安國自序其書謂：「科斗書廢已久，時人無能知者，以所聞伏生之書考論文義，定其可知者，增多二十五篇。」夫古文既不可知，僅就伏生之書以證而得之，則其本文缺漫及字體為伏生之書所不具者，不得不稍為增損以足其辭，暢其指意。此增多二十五篇所以獨為易曉，而與伏生之書異與？然則遷所云「以今文讀之」者，即余所謂以顯易之辭通其奧澀，而非謂以隸書傳之也。（《望溪先生文集》卷一，頁1）

齊召南〈進呈尚書注疏考證後序〉亦說：

> 自漢至晉，不列庠序，後進通儒伏處巖穴者，或隨時補苴，緣飾其間，遂令虞、夏、商、周之文如出一手。（《寶綸堂文鈔》，卷三，頁2）

都認為文體之所以不同，是因為在整理的過程中，遇到不可讀的地方，整理者將其刪添，用較簡易通順的字句加以改易所致。

李學勤在〈對古書的反思〉一文說：

> 通過這些年來整理出土簡帛的經驗，又使我們認識到古代發現佚書時，整理的要求和標準可能和今天不一樣。歷史上有兩次發現大量古籍，一次是西漢時的「孔壁中經」，一次是西晉時的汲冢竹書。壁經以《古文尚書》為主，汲冢所出則有《紀年》、《穆天子傳》、《師春》等等。《古文尚書》東漢末始多流傳，今本出于晉代梅賾所獻，自孔安國起的整理過程是很漫長的。清代學者批評今本《古文尚書》，其中有些問題也許就出於整理的緣故。至於今本《紀年》，有的疑難同樣可能是當時整理方法的

結果。(《李學勤集》，頁 45)

通過出土簡帛的整理經驗，竟然與上述反對今本《尚書》爲僞的學者提出的意見一致。這個現象雖然尚不足以證明《疏證》的論斷有誤，或上述反對《古文尚書》爲僞的意見必然成立，卻足以引發我們重新檢討《疏證》這部書的興趣。我們極想知道，閻若璩是如何通過他的辨偽論證達到證明「古文二十五篇」爲僞的論斷？他的論證是否只容許一種論斷的結果（即「古文二十五篇」是作偽者透過襲用他書文句的方式造出來的偽書）？站在比較嚴謹的學術立場，我們實有責任從事這方面的處理。反過來說，我們過去認定閻氏的反對者的意見全然沒有價值的「成見」，或許也可以透過重新的反省賦予他們應有的地位。因此，無論這樣的處理是否對《疏證》最後的論斷有所影響，這樣的檢討對於辨偽學本身乃至辨偽學史是具有重大意義的。

二、前人對《疏證》的態度

事實上，早在清代，對閻氏的論斷採贊同意見的學者，就已經不是完全無條件的接受《疏證》所有的論證。從主張「古文二十五篇」爲僞的學者的意見來看，雖然在總體的論斷上同意閻氏的說法，但在個別問題的見解，往往有異於閻氏，甚至有反駁閻氏的。如程廷祚在〈尚書古文疏證辨〉說他的《晚書訂疑》：

> 雖多合於《疏證》，而仍有未合者。(《青溪集》卷四，頁 7)

丁晏《尚書餘論》亦別立〈閻徵君尚書古文疏證辨正〉一節以駁正閻氏的見解，說：

> 鄉先生閻徵君著《尚書古文疏證》，既博且精，實爲絕學，余服膺
> 至矣。然徵君之說有云：「王肅魏人，《孔傳》出於魏晉之間，後於王肅。
> 傳注相同乃孔竊王，非王竊孔也。」晏謂《傳》爲王肅偽造，孔、王係
> 一手所爲。徵君未發此秘，故疑爲彼此相竊，又謂後於王肅，皆非也。
> 竊以考證之學，久而愈明，推而愈密，余爲此論以補徵君之所不及，則
> 後學之事也。(《皇清經解續編》卷八四四，頁 40)

此一情形，在主張「古文二十五篇」爲僞的學者的著作裡，是相當常見的。閻若璩對於在他之前的辨偽學者，亦有同樣的情形。他在《疏證》裡對朱子、吳澄、梅鷟諸人都提出了修正的意見。

至於反對「古文二十五篇」爲僞的學者，在清代與閻氏時間相近的，除毛奇齡外，尚有萬斯同〈古文尚書辨〉、方苞〈讀古文尚書〉、李光地《尚書七篇解義》、陸隴其〈古文尚書攷〉、李塨〈論古文尚書〉等；閻氏之後則有茹敦柔《尚書未定稿》、王劼《尚書後案駁正》、張崇蘭《古文尚書私議》、洪良品《尚書古文辨惑》、

吳光耀《古文尚書正辭》、張諧之《古文尚書正辭》等，皆對閻氏的根本論斷提出反對意見。雖然他們的意見在過去並不能爲人所接受，但這並不表示他們的意見就全無可取之處。前面所舉李光地諸人就是很好的例子。上述現象至少反映了「古文二十五篇」辨僞內部問題的複雜性，以及過去學者對「古文二十五篇」眞僞問題的研究態度並非盲從一家之言。

　　所以，不論就過去的學術傳統，還是今日的學術要求，閻若璩的《疏證》都是很好的研究對象。

　　站在研究《疏證》的立場，對《疏證》內容有相應的了解是最基本的條件。上列諸多對「古文二十五篇」眞僞討論的材料中，對閻氏之前與同時人所提出的不同意見的掌握，有助於我們了解閻氏當時所面臨的問題以及他解決這些問題的方式。職此之故，我們選擇了最先以考據方式從事「古文二十五篇」辨僞的梅鷟《考異》、《尚書譜》和反對閻氏的毛奇齡《冤詞》，來了解《疏證》的辨僞。

第二章　《尙書古文疏證》的體例與內容

在正式檢討《疏證》的論據以前，本章先對可能影響討論的「《疏證》體例與內容的缺失」以及「《疏證》與《冤詞》」、「《疏證》和《考異》、《尙書譜》」的關係作一概括性的了解，以爲後幾章的背景知識〔註1〕。

第一節　《疏證》體例的問題

關於《疏證》的基本說明，一般都以《四庫全書總目提要》（以下簡稱《提要》）作爲基本的材料。然而我們發現《提要》對《疏證》的敘述實充滿了錯誤。下面，就藉著對《提要》意見的檢討，說明《疏證》這部書的種種問題。

《提要》對《疏證》的體例和內容有如下的說明：

> 其書初成四卷，餘姚黃宗羲序之〔註2〕；其後四卷又所次第續成。

〔註 1〕筆者所看到的《疏證》版本有上海古籍出版社影印乾隆十年眷西堂刻本、《四庫全書》本和《續清經解》本。由於眷西堂本的內容以及所附的序跋是三個本子裏最完整的，故這個本子的來源雖然有些問題（見註9），我們還是以這個本子爲準。所用的《冤詞》以清嘉慶元年刊《毛西河先生全集》本爲準，並以《四庫全書》本爲輔。所用的《考異》以較早的明代白鶴山房本爲準。若有重要異文，才以《四庫》本和《平津館叢書》本補充。所用的《尙書譜》則是清初的抄本。《尙書譜》和白鶴山房本《考異》都收於《北京圖書館古籍珍本叢刊》第一冊。另外本文所用的閻若璩《四書釋地》以商務《國學基本叢書》本爲準，並參以《四庫全書》本、《皇清經解》本。《困學紀聞注》則以《四庫全書》本爲準，參以《翁注困學紀聞》。《潛邱劄記》則爲《四庫全書》本。以下，凡是引用上述的著作的卷數、頁數乃至相關內容的敘述，皆以主要的木子爲據，除非必要，都不再注明。

〔註 2〕按，黃宗羲〈尙書古文疏證序〉說《疏證》「方成四卷」（〈尙書古文疏證原序〉頁二，總頁3）。但《疏證》第一一九條的按語則說黃宗羲「晚而序余《疏證》兩卷」（卷八，頁34，總頁1179），二說不同。

> 若璩沒後，傳寫佚其第三卷，其二卷第二十八條、二十九條、三十條，
> 七卷第一百二條、一百八條、一百九條、一百十條，八卷第一百二十二
> 條至一百二十七條，皆有錄無書；編次先後亦未歸條理，蓋猶草創之
> 本。……其他諸條之後，往往衍及夘文，動盈卷帙。蓋慮所著《潛邱箚
> 記》或不傳，故附見於此，究爲支蔓。又前卷所論，後卷往往自駁而不
> 肯刪其前說。雖倣鄭元注《禮》先用《魯詩》後不追改之意，於體例亦
> 究屬未安。（卷十二，經部書類二，頁 26，總頁 290）

《提要》的說法可以整理爲四個問題：

（甲）內容殘闕的問題。

《提要》對《疏證》內容殘闕的解釋並不很明確。可以有三種解法：一是所有的闕文都是傳寫所佚，「草創之本」則是解釋編次先後「未歸條理」的問題。據此，則所有殘闕的條文都是「佚文」。二是造成殘闕的原因不只是傳寫所佚，亦由《疏證》未成書所造成。即有些是「佚文」，有些則是「闕文」。三是只有第三卷是傳寫所佚，其它殘闕的部分和編次先後「未歸條理」的現象則是由於未成書之故。一般（如第二節所說的錢穆和戴君仁）都理解成第二種意思，即兼俱傳寫亡佚與未成書兩個理由。

（乙）編次先後沒有條理的問題。

（丙）按語支蔓的問題。

（丁）立論前後互異的問題。

其中（乙）、（丙）二點是著書體例的缺失。（甲）、（丁）則是內容的問題。由於體例的問題關係著我們對《疏證》一書的基本認識，這裡先予以說明。

一、體例的問題

劉起釪《尚書學史》指出《疏證》：

> 全書以一個問題爲一論，共立論一百二十八篇，或稱一百二十八
> 條。中間缺……共三十條。……書中運用梅鷟在《尚書》研究中所開創
> 的搜集證據的方法，從文獻的證據和歷史事實的證據這兩方面來考定孔
> 氏本之僞。其第一至第八十（即卷一至卷五）大抵爲文獻方的證據，第
> 八十一至第九十六（即卷六）則爲歷史事實方面的證據，第九十七至第
> 一百十二（即卷七）揭露僞古文內容的矛盾，第一百十三至末（即卷八）
> 則引述吳棫、朱熹、王充耘、梅鷟、郝敬、鄭瑗、姚際恒、馬驌等人疑
> 辨之語，此外全書各卷中還常引自宋至清初其他學者如林之奇、趙孟頫、

歸有光、馮景、朱彝尊、孫鑛（……）等等的辨僞之說。（頁348）

這個說法有兩點值得注意，一是《疏證》的體例是以一個問題爲一論。二是《疏證》所立一百二十八條證據在編排上作了大致的分類。這兩點就今本《疏證》來看，的確是如此。只是除了粗略的分類外，正如《提要》所指出，《疏證》在編次上實沒什麼條理可言。《提要》認爲這是因爲我們所見到的《疏證》只是閻若璩的草稿。這一點，錢穆認爲閻若璩對《疏證》一書極爲重視，不可能沒有完成，所以並不贊同（詳後）。

　　其次是「按語支蔓」的問題。《疏證》的按語往往與今本《尚書》辨僞無關，而且佔據了大量的篇幅。《提要》認爲這是因爲閻氏怕他另一本書《潛邱劄記》（以下簡稱《劄記》）不傳，所以就附見於《疏證》中。這個說法的根據是《疏證》第八十二條與第一〇七條的按語，這兩個地方皆說：

> 《潛邱劄記》恐世不傳，仍載其說于此。（卷六上，頁26，總頁648、
> 卷七，頁402，總頁1058）

可是《疏證》注明引自《劄記》的地方只有四處〔註3〕，而且有些不見於今本《劄記》。《提要》在對《劄記》的說明指出：

> 《尚書古文疏證》卷六第八十一條下有云：「《潛邱劄記》恐世不傳，
> 仍載其說于此。」然所載兩條，一推《春秋》莊公十八年日食，一推晉
> 光熙元年正月、七月、十二月頻食，今兩本皆無之。（卷一一九，子部雜
> 家類三，頁20，總頁2388）

第八十一條應是第八十二條之誤。與《疏證》全書支蔓的按語相比，這四個引用《劄記》的地方顯然太少。除非可以證明《疏證》大部分支蔓的按語都出於《劄記》，否則不能僅依據第八十二與第一〇七條的按語便接受《提要》的判斷。據《提要》的說法，《劄記》在閻若璩生前並未成書，現在所能見到的《劄記》是閻氏「少年隨筆劄記，本未成書，後人掇拾於散佚之餘」有閻學林所刻與吳摺玉所刪定兩個傳本（即前面所引《提要》「今兩本皆無之」之「兩本」）。其中閻學林所編的本子因爲「綴輯其祖之殘稿，徒欲一字不遺，遂致漫無體例」，而吳摺玉的本子則是根據閻學林本所重定。（上述說法，俱見《提要》卷一一九，子部雜家類三，頁20，總頁2388，〈潛邱劄記提要〉）這兩個本子與閻若璩原訂的著作計畫有何異同已不可考。所以據今本《劄記》根本無法檢驗或證明《疏證》按語支蔓是否與閻氏欲

〔註3〕《疏證》自注引自《劄記》的有：第八十二條的按語（兩處）、第一〇七條的按語（兩處）。

傳《箚記》有直接的關聯。

　　以《疏證》與閻若璩另外兩部著作《困學紀聞箋》、《四書釋地》作對比，我們發現《疏證》有許多內容都可以在這兩部著作中找到。其中有一部分閻氏自注出於《疏證》：《困學紀聞箋》有十五條；《四書釋地》有二條〔註 4〕。但是也有未經注明的，如《困學紀聞箋》卷三「《詩‧小傳》云：《詩》有夏正無周正」條閻若璩注：

　　　　嘗以歷上推周幽王六年乙丑歲十月建酉朔日辛卯辰時正得日食。非惟虞劇〔按，「劇」《四庫》本作「廓」，據翁注《困學紀聞》、《疏證》第八十一條改〕，即唐道士傅仁均、僧一行亦步得是日日食。乃知康成精於歷學。本傳稱其始通《三統歷》，注有《乾象歷》。抑嘆經解有不可盡拘以理者，此類是也。孔穎達《疏》：「漢世通儒未有以歷考此辛卯日食者。」不知康成考之方作箋云。東州名儒，豈欺我哉。（卷三，頁 19）

相同的意見亦見於《疏證》八十一條的第一則按語：

　　　　余向引《詩小傳》，謂《詩》皆夏正，無周正。自鄭箋「十月之交」爲周正建酉之月後，虞劇造梁《大同歷》果推之在周幽王六年，疑出於傅會。此亦是未通歷法時言。茲以歷上推周幽王六年乙丑歲，……十月建酉朔日……辰時日食。非惟虞劇，即唐道士傅仁均、僧一行亦步得是

〔註 4〕《困學紀聞箋》自注引《疏證》的有：
　　（一）卷二，頁 11，「若稽古稱堯、舜、禹三聖」條。
　　（二）卷二，頁 17，「《史記》湯征諸侯」條。
　　（三）卷二，頁 20，「《漢‧律曆志》引〈伊訓〉」條。
　　（四）卷二，頁 21，「《大傳》引〈盤庚〉」條。
　　（五）卷二，頁 23，「雖有周親不如仁人」條。
　　（六）卷二，頁 28，「〈武成〉『惟九年，大統未集』」條。
　　（七）卷二，頁 30，「《法言》謂『〈酒誥〉之篇俄空焉』」條。
　　（八）卷二，頁 306，「爾乃順之于外」條。
　　（九）卷二，頁 403，「趙歧注《孟子》不見古文」條。
　　（十）卷三，頁 308，「艾軒曰：『九德、九夏雅頌之流也』」條。
　　（十一）卷四，頁 29，「五刑之法」條。
　　（十二）卷六，頁 56，「或以益爲皋陶之子」條。
　　（十三）卷六，頁 58，「古也有志克己復禮仁也」條。
　　（十四）卷十一，頁 11，「太甲既立三年」條。
　　（十五）卷十一，頁 12，「詩人道西伯蓋受命之年」條。
　《四書釋地》引《疏證》的有：
　　（一）《四書釋地又續》頁 83，「瞽瞍象」條。
　　（二）《四書釋地又續》頁 109，「桐，湯墓所在」條。

日日食。乃知康成精於歷學。本傳稱其始通《三統歷》，注有《乾象歷》。
抑歎經解有不可盡拘以理者，此類是也。孔《疏》云：「漢世通儒未有以
歷考此辛卯日食者。」似是康成考之方作《箋》云。但又以此《詩》爲
刺厲王作〔峰按，《毛傳》以此詩爲刺幽王之作，《鄭箋》則以爲刺厲王
之作〕，自相矛盾，當削此一箋。至康成門人東萊王基云：「以麻校之，
自共和以來，當幽王世，無周十月、夏八月辛卯交會。」欲以此會爲共
和之前，尤瞶瞶。此段直可入《正義》。（卷六上，頁 3，總頁 601）

二者同樣在說明《詩經・小雅・十月之交》，鄭玄認爲是刺厲王之作，與曆算的實
際情形相合。認爲鄭玄注經實通曆法。除了《疏證》在後面多了一些說明，二者
在意思上是一致的，且自「非惟虞劖」至「辛卯日食」，文字與《困學紀聞箋》完
全相同。

又，《困學紀聞箋》同條注：

又嘗以歷上推始皇八年壬戌歲，是年秋恰有甲子朔，與《呂覽》秦
八年秋甲子朔之文合，則「歲在涒灘」當作「歲在淹茂」爲是。不然，
必以涒灘，則維秦六年秋無甲子朔矣。王氏似未諳歷法。（卷三，頁 19，
總頁 199）

這節注文見於《疏證》第八十一條第二則按語：

王伯厚言：「攷《通鑑》、《皇極經世》秦始皇八年歲在壬戌。《呂氏
春秋》云：『維秦八年，歲在涒灘（申）』歷有二年之差。後之算歷者，
於夏之『辰弗集房』，周之『十月之交』皆欲以術推之，亦已疏矣。」亦
是未通歷法。案，《呂氏》載秦八年有「秋甲子朔」、「朔之日」之文，始
皇八年壬戌歲，……是年秋恰有甲子朔，則「歲在涒灘」當作「歲在淹
茂」爲是。必以涒灘，則維秦六年秋無甲子朔。可知「涒灘」二字，傳
寫之譌。宋劉原父，其本朝人推其博學爲秦、漢以來所無，予則謂王伯
厚似殆過之。然二公之於歷學乃爾。……二公或以博學雄千古，至精算
專門，自覺少遜耳。（卷六上，頁 4，總頁 603）

雖然文字小異，但意思都是從《呂覽》秦八年秋甲子朔與曆法的推算相合指出王
應麟不懂曆法。

又如《四書釋地又續》「益」條：

朱子曰：「孟子說益烈山澤而焚之，是使之除去障翳，驅逐禽獸，
未必使爲虞官。至舜命作虞，然後使之養育其草木鳥獸耳。」洵是。但
謂未必使爲虞官，孟子明言益掌火，陶唐氏掌火官名火正。關伯爲堯火

正，居商邱，見《左傳・襄九年》。舜登庸則益爲之，舜即帝位後益又遷作虞，分明各爲一職，何必致疑。蓋緣朱子時已久無火官，（三代下惟漢武帝置別火令丞三，中興省二，《晉・職官志》無）故亦不暇詳晰耳。古者火官最重，高辛世祝融能昭顯天地之光明，以生柔嘉材。《周禮》司爟掌行火之政令，四時變國火以救時疾，火不數變，疾必興。聖人調爕微權，正寓於此。觀一藏冰啓冰間尚足和四時而免天〔按，《四庫》本作「天」〕札，況火爲民生不容一日廢者，其出之內之於所關於氣化何如乎？噫！後代庶官咸備，火政獨缺。飲知擇水，烹不擇火，民必有陰感其疾而莫之云救者，其不幸可勝道與？（頁 70）

說明益曾任之掌火之官與虞爲兩職。朱子時已久無火官，故於此有疑。這段文字，《疏證》第五十八條的按語（卷四，頁 28，總頁 317）亦一字不漏地完全收錄。

這些例子都與「古文二十五篇」的眞僞問題無直接的關係，甚至與《尚書》的內容亦無關聯。《提要》認爲《疏證》按語支蔓是因爲閻氏欲傳《箚記》的說法，顯然是推測之辭。

《提要》的解釋雖不可信，《疏證》的按語往往與「古文二十五篇」辨僞無關則是不爭的事實。除了上面所舉的例子，如《毛朱詩說》這部著作〔註5〕見於《疏證》第八十條的按語，幾乎佔了四十頁之多，全是關於《詩經》問題（如《詩序》、淫詩）的討論。又如卷六全卷的按語，幾乎都是閻氏對曆法的意見與地理的考證。就內容上看，絕大部分與「古文二十五篇」的眞僞考證無關。類似的情形，在《疏證》全書幾乎隨處可見。而且，即使是所列的一百二十八條證據，亦有與辨僞無關的部分。戴君仁《閻毛古文尚書公案》曾將《疏證》的條目歸爲十四類（頁 56），其中第十四類「與辨僞無關者」即有十三條之多。

從上文的說明可以發現，就著書的體例而言，《疏證》混入許多與「古文二十五篇」辨僞無關的內容，加上編次的欠缺條理，使得今日所看到的《疏證》，在形式上是一部不成系統的著作。因而劉師培認爲《疏證》「體例未純，不足當疏證之目」（《經學教科書・第三十一課》），李慈銘《受禮廬日記》也說《疏證》「時病冗漫」、「頗無體裁」，並認爲：

其中因端類及諸條，前人已間采入《潛邱箚記》，予謂當悉去之，

〔註 5〕《昭代叢書》乙集卷一所收《毛朱詩說》，前有張潮〈題辭〉說：「吾友閻君百詩，誠博雅好古士也。特取諸家之論毛、朱者萃爲一編，而定以己意，詳說反約，不第可爲讀《詩》之法，即以此施之他經，亦無難得其所折衷矣。」（總頁 185）則《毛朱詩說》是獨立的著作。

盡刻於《箚記》中，則其浩博自在，而此書之體例不致紊矣。（轉引自胡

　玉縉《四庫全書總目提要補正》，頁 94，總頁 24）

對《疏證》體例的批評頗為公允。

二、內容的問題

　　《疏證》內容所涉及的問題遠較體例複雜。這一節，先就《疏證》「前後互異」
的問題提出說明。至於《提要》所說「內容殘缺」的問題，由於涉及《疏證》成
書過程的爭論，留待下一節討論。

　　「內容前後互異」的問題，有兩種情形。第一種情況是閻氏自知前說有誤，
但卻有意將互異的地方加以保留。在《疏證》裡，閻氏自己指明前說之誤的至少
有七處〔註6〕。如第三十二條說：

　　　《文子》引《老子》曰：「人生而靜，天之性也。感物而動，性之
　害也」云云，河間獻王作〈樂記〉採之，今且為經。（卷二，頁 59，總
　頁 250）

認為〈樂記〉為河間獻王所作。閻氏於這一條的按語說：

　　　〈藝文志〉：「〈樂記〉二十三篇」劉向校書得之。「王禹《記》二十
　四篇」方屬獻王所作，而禹獻之。二書各不同。今之〈樂記〉乃二十三
　篇之十一篇合為一篇。篇名有〈樂本〉、〈樂論〉之類。見《別錄》及孔
　穎達《疏》。劉獻以為公孫尼子作者。是則上云河間獻王所作，大誤。特
　正於此。（卷二，頁 60，總頁 252）

乃修正前說，認為應是公孫尼子所作，卻保留了原來錯誤的說法而不直接刪改。
此一現象，《提要》認為是因為閻氏「倣鄭元注《禮》先用《魯詩》後不追改之意」。

　　《疏證》對鄭玄注《禮》用《魯詩》的說明，見於第十六條的按語：

　　　古人學以年進，晚而觀書益博，然於前此所注述有及追改者，亦有
　不復改定者，要當隨文參考。如鄭註〈鄉飲酒禮〉，〈關雎〉、〈鵲巢〉、〈鹿
　鳴〉、〈四牡〉之等皆取《詩序》為義。〈緇衣〉：「彼都人士，狐裘黃黃」
　之詩云：「毛氏有之」。此即《鄭志》所謂「後得《毛傳》乃改之也」。註
　〈鄉飲酒禮〉〈南陔〉、〈由庚〉六笙詩云：「〈小雅〉篇也，今亡，其義未

〔註6〕分別是（一）第三十二條與第三十二條的按語。（二）第七十八條與第七十八條的
　　　按語。（三）第八十條與第八十條的按語。（四）第二十五條的按語與第八十九條的
　　　按語。（五）第六十八條與第八十三條。（六）第九十四條與第九十四條的按語。（七）
　　　第十四條的按語與第一一五條的按語。

聞」；〈坊記〉「先君之思，以畜寡人」云：「此衛夫人定姜之詩」。此又《鄭
志》所謂「後乃得毛公《傳》，《記》注已行，不復改之」是也。凡此總
緣歐公有言，庶幾以見予於鄭氏之學盡心焉耳。（卷一，頁46，總頁125）
認爲鄭玄在沒看到《毛詩》之前所作的《禮》注，用的是《魯詩》。後來雖看到《毛
詩》，但《禮》的注解已經行世，有些地方就不復改動。如注〈鄉飲酒禮〉所引之
〈關雎〉、〈鵲巢〉、〈鹿鳴〉、〈四牡〉都用《詩序》。注〈緇衣〉所引〈小雅·都人
士〉：「彼都人士，狐裘黃黃」之詩句則用《毛詩》。這是《鄭志》所說「後得《毛
傳》乃改之」的例子。至於鄭玄注〈鄉飲酒禮〉所引之六笙詩名，注〈坊記〉「《詩》
云：先君之思」句都不引《毛詩》，這就是「後乃得毛公《傳》，《記》注已行，不
復改之」的例子。由此可見，閻氏對於鄭玄注《禮》後，雖得《毛詩》仍不復改
正的做法是知道的而且是肯定的〔註7〕。可惜閻氏在說明這個問題時，沒有提到他
在《疏證》中前後說法互異的情況是否效法鄭玄注《禮》引《詩》的做法。倒是
在第三十二條的按語說：

> 或問：「余人之論議，先後容有互異。子書尚未成，何不舉前說之
> 誤者而悉削之，而必以示後人乎？」余曰：「此以著學問之無窮，而人之
> 不可以自是也。近見世之君子，矜其長而覆其短，一聞有商略者，輒同
> 仇敵。余用是數困于世。昔王荊公註《周禮》『贊牛耳』云：『取其順聽』。
> 有人引一牛來，與荊公辯牛之聽不以耳蓋以鼻，荊公遂易前註。以荊公
> 之執拗文過，古人中無兩，猶不能不屈服於引牛者之言，吾不知世之君
> 子自視於荊公何如也。」（卷二，頁61，總頁253）

這說明他在書中不削去誤說的理由，是爲了表示學問是沒有止境的，不應該自以
爲是。其舉王荊公爲例，認爲連王荊公這麼執拗的人，都能夠不固執己見，其他
人更應從善如流。於此，卻沒有提到鄭玄。所以《提要》的說法雖然不是完全沒
有根據，卻不足以確認閻氏是自覺效法鄭玄注《禮》的。不過，閻氏自己對《疏
證》內容有先後互異的情況了然於胸，則無可爭議。

除了上述經閻氏自己指出前說有誤之處外，更有許多地方是閻氏不曾明說
的。這些地方特別表現在《疏證》對文獻材料考證以外的判斷語上。如《疏證》
所指出朱子對「古文二十五篇」眞偽的意見。第十七條：

> 愚嘗以梅氏晚出書，自東晉迄今歲次壬子，一千三百五十六年，而
> 屹與聖經賢傳並立學官，家傳人誦，莫能以易焉者，其故蓋有三焉：……

〔註7〕至於鄭玄是否眞有這樣的做法或想法，那是另一回事，在此不作考論。

天祐斯文，篤生徽國〔按，指朱子〕，孔子之後所可取信者一人而已。
分經與〈序〉爲二以存古制，一則曰「安國僞書」，再則曰「安國僞書」，
而爲之弟子者，正當信以傳信、疑以傳疑，乃明背師承，仍遵舊說，是
使此書終信於世者，蔡沈之過也。……或又曰：「晚出之《書》，其文辭
格制誠與伏生不類，兼多脫漏，亦復可疑，然其理則粹然一出于正，無
復有駁雜之譏，子何不過而存之乎？」余曰：「似而非者，孔子之所惡也。
彌近理而大亂眞者，朱子之所惡也。余之惡夫僞古文也，亦猶孔子、朱
子之志也。……善夫歐陽永叔之言曰：『自孔子沒至今二千年之間，有一
歐陽修者爲是說矣。』愚亦謂自東晉至今一千三百五十六年有一閻若璩
者爲是說矣。況乎若璩之前有文正、朱子焉！朱子之前已有吳氏棫焉！
文正之後又有歸氏有光諸人焉！其可援之以爲證者不爲不眾矣。嗚呼！
先儒先正之緒言具在，其尚取而深思之哉。」（卷二，頁 1，總頁 134）

認爲「古文二十五篇」之所以能夠流傳這麼久，其中的一個原因是蔡沈違背朱子的
意見。則閻氏認爲朱子是不信「古文二十五篇」的。所以，當有人問閻氏，「古文二
十五篇」的義理皆相當純粹而沒有可議的地方，爲什麼不讓這部書就這樣留傳下去
呢？閻氏的回答是，孔子和朱子都反對似是而非的事情。他反對「古文二十五篇」
也只是和孔子、朱子一樣罷了。何況朱子等人皆早已認爲「古文二十五篇」爲僞。

閻詠在〈尚書古文疏證後序〉記錄閻若璩的話則說：

家大人徵君先生著《尚書古文疏證》若干卷。愛之者爭相繕寫，以
爲得未曾有，而怪且非之者亦復不少。徵君意不自安，曰：「吾爲此書，
不過從朱子引而伸之，觸類而長之耳，初何敢顯背紫陽以蹈大不韙之
罪！」因命詠取《語類》四十七條、《大全集》六條彙次成編，名《朱子
古文書疑》，就京師刻以行世。（《尚書古文疏證·後序》頁 1，總頁 7）

由於當時有人不信「古文二十五篇」爲僞，而且對閻氏的辨僞加以非難，所以閻若
璩辯稱他的辨僞只是從朱子的意見加以發揮，並沒有和朱子相背。爲了證明這一點，
乃集朱子關於這方面的言論爲一書，想憑藉朱子爲人尊信的地位，支持「古文二十
五篇」爲僞。「從朱子引而伸之」的話，就看不出朱子必然認定「古文二十五篇」爲
僞的意思。當然，這亦看不出閻氏有朱子不以「古文二十五篇」爲僞的意思。

可是在第一一四條卻說：

朱子於《古文》嘗竊疑之，至安國《傳》則直斥其僞。不知經與《傳》
固同出一手也。其於《古文》似猶爲調停之說曰：「《書》有二體，有極
分曉者，有極難曉者。」又曰：「《尚書》諸命皆分曉，蓋如今制誥是朝

廷做底文字。諸誥皆難曉，蓋是時與民下說話，後來追錄而成之。」余
請得而詰之。（卷八，頁 4，總頁 1119）

第二十六條的按語也說「余謂朱子猶未確信梅氏書爲僞撰。」（卷二，頁 51，總頁
234）認爲朱子辨偽的態度並不堅決，甚至有迴護「古文二十五篇」經文的情形。
這顯然和我們上面所引閻氏的另外兩段意見不同。如果不能對閻氏說法的差異作
合理的解釋，而直接認爲閻氏相信朱子堅決主張「古文二十五篇」爲僞，或認爲
閻氏相信朱子不能堅信「古文二十五篇」爲僞，都是不合理的。

由此可見，《疏證》除了體例不成系統外，就內容來說，亦存在許多前後互異
的地方。事實上，這部書是他花了三十幾年才完成的，其中的內容難保沒有前後
不一致的情形。由於《疏證》在體例和內容有上述缺失，當我們研究《疏證》時，
就必須特別謹慎。

第二節　《疏證》與《冤詞》、《考異》、《尚書譜》 的關係

這一節，主要透過對《疏證》與《冤詞》以及《疏證》與《考異》、《尚書譜》
的密切關係，說明以這四部書相互比較，對了解《疏證》將有極大的幫助。

一、《疏證》的闕文與《冤詞》的關係

《疏證》一書就條目上看，應有一百二十八條，分爲八卷。可是就內容來說，
只有條目而闕內容的有十二條，內容、條目並闕的有十七條，實存九十九條〔註8〕。
《四庫提要》認爲書中的闕文是因爲閻若璩死後爲人傳寫亡失，或《疏證》本來
就沒有成書所造成，只是《提要》的說明並不明確（見前）。《提要》又指出這些
闕文都「有錄無書」。《四庫全書》所收的《疏證》，全書都只有條數而無條目，和
眷西堂本、《續清經解》本於卷首列出條目不同。不收目錄，本是《四庫全書》常
見的情形，但對《疏證》這部書而言，卻造成一些判斷上的問題。根據《提要》
的說法，似乎這篇提要的作者並不知（至少於此一分別未加以注意）在殘闕的二

〔註 8〕只有條目而闕其內容的有十二條：二十八、二十九、三十、三十三、三十四、三十
五、三十六、三十七、三十八、三十九、四十、四十一。內容、條目並闕的有十七
條：四十二、四十三、四十四、四十五、四十六、四十七、四十八、一○二、一○
八、一○九、一一○、一二二、一二三、一二四、一二五、一二六、一二七。

十九條裡有條目存佚的情形，所以未對條目有存有佚的現象作解釋，只籠統地以
「皆有錄無書」一語帶過。

　　事實上，早在康熙四十五年胡渭爲《疏證》所作的序裡〔註9〕，已經提到內容
殘缺的問題了。胡渭說：

> 　　先生每豎一義，必博考精思，故遲之又久而未成。近年多病，嘗嘆
> 息謂余曰：「恐溘焉朝露，《疏證》不及成，奈何？」余爲之惻然。甲申
> 六月，先生疾作而終，《疏證》果不及成矣。嗚呼！惜哉！後二歲，長君
> 舍人咏〔按，當爲「詠」〕以其書來，屬余校定，且爲序。余受而讀之，
> 凡八卷，卷各若干目。有通卷全闕者，有卷中闕數篇或僅成一篇者。余
> 用太史公、文中子有錄無書之例，悉仍其舊，而序之以還之，俾壽之梨
> 棗，嘉惠來學。（《清代史部序跋選》，頁5）

這段話有幾點值得注意：第一是據閻若璩自己所說，《疏證》並未完成，較《提要》
所說明確。第二是胡渭所看到的本子是「凡八卷，卷各若干目。有通卷全闕者，有
卷中闕數篇或僅成一篇者。」與今本相校，發現（一）「凡八卷，卷各若干目」與今
本相合。（二）「有通卷全闕者」，今本卷三正是全闕。（三）「有卷中闕數篇」，與今
本卷二、七、八相合。（四）惟「或僅成一篇者」，今本並無一卷之中僅成一篇的情
形。由此可知，今本之篇卷曾經閻氏後人改動，並不完全是胡渭所看到原稿的形式。
雖然在形式上的改動大抵不致太多，但究竟經過多少改動，則不得而知。

　　錢穆於〈跋閻百詩尚書古文疏證〉、《中國近三百年學術史》第六章和〈讀張穆
著閻潛邱年譜再論尚書古文疏證〉對於今本《疏證》闕文的原因提出不同的意見。
由於錢穆的論點相當一致，本文的討論僅以〈跋閻百詩尚書古文疏證〉爲代表。

　　錢穆的說法涉及閻若璩與毛奇齡對「古文二十五篇」眞僞問題的爭辯。他的
重要論點有：

（一）西河《冤詞》乃爲駁《疏證》而作。《冤詞》書中除採入當時及之前諸人論
　　　《尚書》之說以爲辨，其中之「或曰」更是針對潛邱而發。

〔註9〕本文所用的的三個《疏證》傳本裡都沒有收胡渭這篇序。我們根據的是《清代史部
　　　序跋選》，此書注明此序文的出處是清眷西堂刊《尚書古文疏證》。可是，上海古籍
　　　出版社所出版的《疏證》聲稱根據上海圖書館所藏乾隆十年眷西堂刻本影印，卻沒
　　　收這篇序。未知何故。按，莫友芝《邵亭知見傳本書目》卷一，經部，頁十八云：
　　　「此書有胡渭序，〔按，「序」原誤作「亭」，今改〕過刊本無之。」（成文出版社
　　　據上海國學扶輪社排印本影印）上海古籍出版社所據或爲過刊本。

（二）《冤詞》所引「或曰」之意見往往有不見於今本《疏證》者，此因《冤詞》
　　　所引乃據毛氏當時所見之《疏證》。潛邱雖不答辯，見《冤詞》之說有據，
　　　乃還滅己說。今本《疏證》殘闕的條文有「缺其條目，而猶留其條數者，
　　　殆即是也。」但今本《疏證》尚有僅缺其文而條目尚存者，則因潛邱將之
　　　併入《疏證》他條之下。故「卷中所佚，目即不存，卷中所有，目並無恙。
　　　可見潛邱當時本未有文，非卷中佚之，乃虛張其目耳。」又第三卷全佚者，
　　　《疏證》前四卷雖先成，然其後復多增易。「今卷三各條或已散併其文於他
　　　卷，故遂空留其條目。其并目而缺者，潛邱當時或本有此條，及後削去，
　　　以所論不足存，故并目而滅之，而仍留其條數，未及更定。然則今卷三全
　　　佚，亦由其文全已散入他卷，或削去不留，非由潛邱身後之俄空也。」錢
　　　穆並舉張穆《月齋文集‧沈果堂鈔尚書古文疏證五卷本跋》為證。

（三）閻氏與毛氏同樣爭名好勝，並不能真正回應毛氏某些有理由的論辯。

（四）閻氏對《疏證》極為重視，且費一生精力於此書，所以《疏證》未完成的
　　　說法並不能成立。

錢穆認為《疏證》的闕文不是如《提要》所說因傳寫亡失，亦非未完成所致。《疏
證》中沒有條目的闕文是閻氏在與毛奇齡爭辯的過程中，為了爭勝而將不能勝過
《冤詞》的部分自行刪去。至於僅存條目的部分則是閻氏自己將之散併入其他各
條之下，也沒有亡失。據錢穆此說，則《疏證》的內容之所以有闕文，完全是因
為閻若璩爭勝好名所致，與傳抄無關。

　　錢穆之後，則有戴君仁的《閻毛古文尚書公案》（頁 103）反對錢穆的說法。
他認為：

（一）《冤詞》書中之「或曰」非專為《疏證》而發。戴君仁對比《冤詞》的「或
　　　曰」和《疏證》的內容，發現其中有些是對姚際恒（立方）和朱彝尊而發
　　　的。又說：「據毛氏自己說，『並敝鄉姚立方所著攻古文者，兼相質難』可
　　　知他所引來以駁辨的，不止閻氏一人。」

（二）《冤詞》雖然有和閻氏爭勝的意思，但《冤詞》一書「並不是對付閻氏一個
　　　人，而是對付自宋至清初許多疑古文者。」毛氏所駁不與閻氏相干，閻氏
　　　自然不必追改《疏證》的內容。所以「閻氏書有缺文，或由生前未定本，
　　　或由沒後其孫學林刻書時散佚。」

（三）閻氏對《冤詞》不答辯的理由，是因為毛氏好辯，「態度又欠平和，人家都
　　　不願惹他。」

（四）《四庫提要》所說《疏證》一書未完成的說法可信。

錢、戴二說最根本的不同在於錢說從閻、毛二人的爭勝好名，推論閻氏根據《冤詞》自行刪改了《疏證》的內容卻不明言，想要讓後人因此認爲《冤詞》無法勝過《疏證》。根據上述錢說第二條，今本《疏證》是閻若璩刪改過的本子，以今本《疏證》和《冤詞》內容對比，根本沒有辦法看出戴君仁所主張《冤詞》書中的「或曰」非專爲《疏證》而發，以及《冤詞》的寫作非專爲對付《疏證》一書的結果。亦即，根據錢穆的說法，戴君仁對《冤詞》和《疏證》的對比，根本沒有辦法對《疏證》刪改之前的實際情形有所反映。所以錢穆在看到戴君仁的意見之後所寫的〈讀張穆著閻潛邱年譜再論尚書古文疏證〉一文，仍舊堅持原來的意見。就戴君仁所提出的論據而言，即使《冤詞》中的「或曰」不是針對《疏證》一書而發，我們也不能因此就認定閻、毛二人沒有爭勝的意圖。這一點戴君仁也沒有辦法否認，所以他也說「從另一個意義上，說《冤詞》是專對付閻氏的，亦無不可。」（頁 106）又說：

> 他〔按，指毛氏〕要和閻氏爭勝，恐怕是素所積蓄，因李恕谷、錢曉城爭辯引起端緒，加上衛經反朱的成見，剛好在《隋書·經籍志》裡，又找到了一個錯誤的根據，於是巧辭強辯，寫成了八卷辯詞。（頁 108）

毛奇齡的論據是否可信，這裡暫時不討論。我們從閻、毛二人有爭勝的意思這一點來看，即使《冤詞》中的「或曰」不是專指閻氏，而且所辯的不只閻氏一人，閻若璩還是可以依據《冤詞》的內容，改動自己書中相關的論證。如此一來，戴君仁用來反駁錢穆最重要的理由，就不夠充分了。而從錢穆的立場來看，即使是胡渭〈序〉所載閻氏自述《疏證》未完成的說法，亦可以是閻氏的文過之詞而不必置信。反過來說，如果我們相信胡渭所引閻氏自述《疏證》未成書的話，則錢穆的推測就又沒什麼根據，戴君仁的說法則可以得到支持。

由於材料不足，對《疏證》闕文產生的原因，很難有較確定的判斷，我們也就不刻意去求解了。

二、《疏證》與《考異》、《尚書譜》的關係

明代的梅鷟是以考據的方式對「古文二十五篇」進行辨僞的第一人。他在這方面的代表作是《考異》和《尚書譜》。《疏證》第一一九條說：

> 余讀《焦氏筆乘》稱家有梅鷟《尚書譜》五卷，專攻古文《書》之僞……求其《譜》凡十載，得于友人黃虞稷家，急繕寫以來。讀之，殊武斷也。然當創闢弋獲時，亦足驚作僞者之魄。採其若干條散各卷中，其無所附麗者，特錄於此。（卷八，頁 29，總頁 1169）

戴君仁指出：

> 他沒有提到《尚書考異》，一定未見此書。《尚書譜》這書，《四庫》
> 存目。《提要》說：「驚因宋吳棫、朱子及元吳澄之說，作《尚書考異》
> 及此書。《考異》引據頗精核，此則徒以空言詆斥，無所依據。」閻氏說
> 《尚書譜》武斷，當不爲過，他若見到《考異》，必會佩服其精核的。（《閻
> 毛古文尚書公案》，頁31）

認爲閻若璩並沒有看過《考異》。今本《疏證》引用梅鷟意見的有十處，分別出現
在第一一九條正文以及第十、十三、十四、十九、七十四、七十六、七十八、一
一九條的按語中（第七十六條的按語出現兩處）。以之與《考異》和《尚書譜》對
比，可知全出於《尚書譜》〔註10〕。如《疏證》第七十六條的按語：

> 梅氏鷟謂〈中庸〉「辟如行遠必自邇，辟如登高必自卑」，《古文》
> 以「若」代「辟如」，以「升」代「登」可也，而以「陟」代「行」則不
> 可。何則？《書》「汝陟帝位」、《詩》「陟彼崔嵬」，凡「陟」皆升高之義，
> 無有用在「退」字上者。（卷五下，頁25，總頁520）

這是論〈太甲下〉「若升高，必自下。若陟遐，必自邇」的來源與不合理的地方。
《考異》只說：

> 〈中庸〉曰：「辟如行遠必自邇，辟如登高必自卑」、《詩》「陟彼崔
> 嵬」、〈堯典〉「陟方乃死」皆以言升高之意，則不若〈中庸〉行字之妥也。
> 〔按，《平津館叢書》本作此。若據白鶴山房本或《四庫》本則只有「〈中
> 庸〉曰」一句。〕（頁371）

而《尚書譜》卷三〈古文根株削掘譜〉之「四曰昧用文之式」下則說：

> 「若升高，必自下。若陟遐，必自邇。」椀脫〈中庸〉之「辟如行
> 遠必自邇，辟如登高必自卑」而以「若」字換〈中庸〉之「辟如」字。

〔註10〕平津館本《考異》有顧廣圻的〈校定尚書考異序〉說：「其書不甚顯於世，故著錄
家有五卷、四卷、一卷之不同。而書名或稱《考異》，或稱《譜》。文字彼此多寡分
合互異。」認爲《考異》與《尚書譜》是同一書的異名。但從筆者所看到《北京圖
書館古籍珍叢刊》經部第一冊所收的《尚書譜》與《尚書考異》看來，二者顯然爲
不同的著作。戴君仁說：「《四庫》著錄梅氏的書，《考異》和《譜》是兩部書。《尚
書考異》五卷入經部書類；《尚書譜》五卷，書類存目。《經義考》也把梅氏鷟《讀
書譜》四卷，《尚書考異》一卷，分爲二書。顧氏的話，恐有問題。」（《閻毛古文
尚書公案》頁32）這個說法是對的。這本《尚書譜》對今本《尚書》的考證意見，
與《考異》一致。在寫法上，《考異》以對文獻（如〈大序〉、經文等）逐段逐句提
出指責爲主，故不免有些零散。《尚書譜》則綜合地提出梅鷟對今本《尚書》的眞
偽問題的意見，比較能看出梅鷟的整體見解。

以「升」字換〈中庸〉之「登」字，以「陟遐」字換〈中庸〉之「行遠」
字也。《詩》曰：「陟高山」、「陟在巘」，〈周書〉「新陟王」，凡「陟」字
皆升高之義，不當用在「遐」字上。（頁 451）

筆者所能看到的《尚書譜》是清代抄本的影印。我們比對上面所引的三段文字，
除了所引用的例子略有不同：《疏證》與《考異》同引《詩‧卷耳》「陟彼崔嵬」，
《尚書譜》則泛指《詩經》中的「陟」字；於《尚書》，《疏證》引〈舜典〉「汝陟
帝位」，《考異》引〈舜典〉「陟方乃死」，《尚書譜》則引〈康王之誥〉的「新陟王」
外，我們可以很明顯看出《疏證》所引的是《尚書譜》。其它九條的情形，亦與此
相近。由此，我們似可以接受戴君仁的說法。

可是，惠棟在《古文尚書考》裡曾經引用《疏證》的內容。惠棟說：

癸亥春，於友人許得太原閻君《古文疏證》，其論與予先後印合。……
閻君之論，可以助我張目者，因采其語附于後。其博引傳記逸書別爲一
卷，亦間附閻說。（《皇清經解》，卷三五一，頁 17）

癸亥即乾隆八年。據閻學林〈尚書古文疏證識〉，《疏證》刻成於乙丑，即乾隆十
年。則乾隆八年《疏證》尚未刻成，惠棟所看到的應該是抄本。《古文尚書考》所
引可分爲兩個部分，一是可作爲惠棟張目的，爲上卷的附錄。二是放在下卷「博
引傳記」的部分。（詳見附錄）與今本《疏證》對比：

（一）凡是在今本《疏證》中找得到的，除了一條（附錄壹之第十五條）出現在
　　　卷八（《疏證》第一一四條）外，全都出現在第五卷以前〔註11〕。

（二）第一部分所引用的，全部可以在今本《疏證》裡找到。

（三）惠棟在第二卷引用「梅鷟曰」十二次；可是所引用的文字過於簡略，我們
　　　無法判斷這是引自《考異》還是《尚書譜》。

（四）第二部分所引用的共九十八條，其中只有二十四條在今本《疏證》找得到
　　　（分別是附錄貳之第九、十六、二十二、二十四、二十五、二十九、三十
　　　一、三十二、三十三、四十一、四十二、四十四、四十五、四十六、四十
　　　七、五十、五十七、五十八、五十九、六十、六十五、六十七、七十一、

〔註11〕沈果堂〔彤〕在乾隆十五年所作的〈古文尚書攷序〉說：「太原閻百詩，近儒之博
且精者。著《尚書古文疏證》五卷，先得定宇之指。」（《皇清經解》卷三二九，《果
堂集》，頁 24）這個本子，張穆《艮齋文集》卷四〈沈果堂鈔尚書古文疏證五卷本
跋〉說：「此本五卷，凡四冊。第三卷仍缺。……第五卷則借惠定宇本補足。」（頁
1，總頁 516）則沈氏所看到的《疏證》本爲四卷本，依惠本補爲五卷。至於惠本
是否亦以沈本補充，則不得而知。

－33－

八十八條）。另外還有三條之部分文字可以在今本《疏證》找得到（見附錄二之第十五、二十六、五十一條）。所以，共有七十一條不見於今本《疏證》。

我們將第二部分的引文與《考異》對比，發現這七十一條注明爲「閻若璩曰」卻在今本《疏證》裡找不到的引文，除了一條（附錄貳之第七十一條），都可以在《考異》中找到，而且幾乎都是原文照抄。如〈大禹謨〉「不廢困窮惟帝時克」下：

> 閻若璩曰：「俞」見前篇。「允」字亦見前篇。「若茲」見〈周誥〉諸篇。「嘉言」即「昌言」之別。「伏」字見〈盤庚〉「毋或敢伏小人之攸箴」。「野無遺賢」見《詩小序》。「萬邦咸寧」見《易大傳》。「稽于眾」見〈召誥〉「稽我古人之德」、「稽謀自天」之「稽」字。「舍己從人」〔按，《考異》有「無告」二字〕見《孟子》。「不虐無告」即「天下之窮民而無告者」。〔按，《考異》此句作「〈王制〉亦曰：『天民之窮而無告者』」〕「不虐」〔按，《考異》多「二字」兩字〕即〈洪範〉「無虐」字。文十五年季文子曰：「君子之不虐幼賤」。〔按，《考異》多「不廢」二字〕「廢」字見《周禮》〔按，《考異》無「《周禮》」二字〕「八柄」。「困窮」二字凡二次用，一則〈商書〉「子惠困窮」。「惟帝」二字見〈皐陶謨〉。「時克」做「時舉」。此可見蒐集之大略。（《皇清經解》卷三五二，頁 1）（引文〔 〕中的文字是與《考異》不同的地方。下同。）

這段話亦見於《考異》（《考異》頁 350）。

又如〈武成〉「予小子其承厥志」下：

> 閻若璩曰：〈中庸〉「武王善繼人之志」〔按，《考異》作「〈中庸〉曰：『武王達孝，善繼人之志』」〕今改作「承厥志」者，不宜全寫〈中庸〉也。但〈中庸〉所謂「志」者，制禮作樂之志也。此所謂志欲集大統之「志」也。語順而志荒矣。〔按，《考異》作「語圓而意悖矣」〕（《皇清經解》卷三五二，頁 19）

亦然（《考異》頁 380）。

又如對〈周官〉篇「少師、少傅、少保曰三孤」句的考證。《古文尚書考》引閻若璩曰：

> 公孤見《周禮》。太師、太傅、太保、少師、少傅、少保見賈子《新書》。今案，《周禮》孤卿于三公之下，卿大夫之上，而無三孤之數。賈子有三公三少之數，而非三孤之稱。今太師、太傅、太保爲〔按，「爲」，《考異》作「曰」〕三公；少師、少傅、少保曰三孤。則正用賈生〈保傅〉之語〔按，「語」，《考異》作「篇」〕，而特即三少之少字從《周禮》

之孤字耳。(《皇清經解》卷三五二,頁23)

《古文尙書考》所引「閻若璩曰」的話,自「今案」以下,除兩個字有小異,文句與《考異》(《考異》頁387)完全相同。

我們認爲,上述例子都包含了考證者解釋之語,不只引用文獻。若不是閻氏看過而且引用了《考異》,就很難解釋這種現象。

而即使少數不是原文照引的例子,在意思上亦沒有什麼差別。如〈大禹謨〉:「稽于眾,舍己從人」,《古文尙書考》說:

> 閻若璩曰:《孟子》稱舜捨己從人,今入于舜曰中以稱堯,非也。(《皇清經解》卷三五二,頁1)

《考異》則說:

> 「舍己從人」一句,《孟子》蓋以言大舜樂善之誠。此則舜之言,而以惟堯能之,略不同耳。孟子,大賢也,且生又后,安得與大舜爭強,奪堯而即與舜!(頁350)

據此,可以斷定《古文尙書考》所引「閻若璩曰」的材料,絕大部分出自《考異》。

從上面的現象,我們認爲除非惠棟引錄了不實的材料,否則閻若璩必然看過《考異》這部書,而且曾經得到《考異》相當大的啓發,甚至曾經大量引用《考異》的內容。

至於《疏證》只引用《尙書譜》,並特別指出《尙書譜》內容「武斷」,可能閻氏眞的認爲《尙書譜》的論證不夠詳密。但閻氏若眞的如此認爲,站在引用他人說法的立場,又不應只錄「武斷」的《尙書譜》,而把原來大量引用的《考異》完全刪除卻不說明。當然,這亦可能是《疏證》未完成或有亡佚所致。只是依《疏證》卷八對閻氏之前以及同時的辨偽論證皆有所引用,且多加贊揚的情形看來,閻氏對梅鷟的評斷並不公平。比較明顯的例子是《疏證》對明代郝敬《尙書辨解》的評價說:

> 今文古文之別,首獻疑於吳才老,其說精矣。繼則朱子反復陳說,只是一義,曰:「伏生倍文暗誦,乃偏得其所難,而安國考定於科斗古書錯亂摩滅之餘,反專得其所易,則不可曉耳。」其實伏生非倍文暗誦,說具第一卷。近代郝氏敬始大暢厥旨,底蘊畢露。《讀書》三十條,朱子復起,亦不得不歎如積薪。(《疏證》卷八,頁16,總頁1143)

認爲郝敬始大暢伏生非背文暗誦之旨。他的《讀書》三十條,「朱子復起,亦不得不歎如積薪」。伏生非背文暗誦的說法,在《尙書譜》、《考異》都已經有所說明。而《疏證》所說「朱子復起」的話,不論是針對伏生背文暗誦的說法,還是針對

《讀書》三十條對今本《尚書》的辨偽，評價都是很高的。此一情形，戴君仁《閻毛古文尚書公案》認爲：

> 郝敬是明朝萬曆時人，時代比梅氏晚，他的書應該比梅氏進步，可是並不如此。他的《尚書辨解》是把古文二十五篇屏置在最後，而加以指摘。都是籠統的批評，並沒有下一點考證的工夫，只説些類似評文的話。……比起梅氏質實研究的作風，殊有愧色。閻若璩只見到梅氏的《尚書譜》，而沒有見到《尚書考異》，所以他不大稱贊梅氏，而贊郝氏説：「朱子復起，亦不得不歎如積薪。」這話實在應該用於梅氏，因爲他比宋元人，實在是後來居上。（頁 22）

戴君仁未看過《尚書譜》，所以對《疏證》未稱贊梅鷟的情形，認爲是因爲閻氏沒看到《考異》的結果。實則遑論閻氏看過《考異》的事實，即使就閻氏看過的《尚書譜》來説，閻氏亦不應作出「武斷」的判斷。因爲站在單純地證明今本《尚書》爲偽的立場，《尚書譜》的論證要比《考異》來得明確而清楚。而且，我們對比《尚書譜》與《疏證》的論證發現，閻氏對漢代《古文尚書》篇目、篇數的考證，受《尚書譜》的影響是非常大的（詳第五章）。閻氏對《尚書譜》的批評與不説明他看過《考異》，是頗值得留意的事情。

　　根據上面所説，配合錢穆所強調閻氏好名好勝的性格加以推測，閻氏恐怕有貶抑梅鷟而將辨偽古文的功績佔爲己有的可能。所以，閻氏一方面指出《尚書譜》武斷，且完全不提《尚書譜》在篇目方面的考證（詳第五章），而於曾經引用《考異》的部分，更是完全刪去，盡量只留下異於《考異》的部分。從今本《疏證》的內容看來，閻氏的論證絕大部分與《考異》不相重複，或有《考異》略而《疏證》詳的情形，可見出一些端倪。只是，其詳細情形已不可考了。無論如何，《疏證》和梅鷟的著作有密切的關係，則是很清楚的。

　　其次，前面引錢穆的説法，認爲今本《疏證》第三卷全佚的原因是《疏證》前四卷雖先完成，然其後復多增易。從上面的例子可以證明，今本《疏證》的確經過不小的改動。錢穆又認爲「今卷三各條或已散併其文於他卷，故遂空留其條目。」這第三章的條目是：

　　第三十三，言〈大禹謨〉句句有本
　　第三十四，言〈泰誓〉、〈武成〉句句有本
　　第三十五，言襲用《論語》、《孝經》
　　第三十六，言襲用《周易》、《尚書》、《毛詩》
　　第三十七，言襲用《周禮》、二《記》（《大戴禮》附）

第三十八，言襲用《左傳》、《國語》

第三十九，言襲用《爾雅》

第四十，言襲用《孟子》、《荀子》

第四十一，言襲用《老子》、《文子》、《列子》、《莊子》

指明其用以辨偽的材料有《論語》、《孝經》、《周易》、《尚書》、《毛詩》、三《禮》、《大戴禮》、《左傳》、《國語》、《爾雅》、《孟子》、《荀子》、《老子》、《文子》、《列子》、《莊子》。若從惠棟所引的部分來看，其用以辨偽的材料亦不出這個範圍。則這第三卷的內容，恐怕有一些就是閻若璩引用《考異》的部分〔註12〕。

從上文的說明，我們深信以《疏證》與《冤詞》、《考異》、《尚書譜》對比，對了解《疏證》這部書有重要的幫助。本文所要展示的工作，就是對這三人四部著作的對比成果。

第三節 《疏證》的內容

這一節，我們試著對《疏證》的內容作一簡單的分類，以方便以下的討論。關於《疏證》的內容，已有許多學者加以整理。其中比較全面的，是戴君仁《閻毛古文尚書公案》（頁 50 至 56）所分的十四類。這十四類是：

第一類、泛論晚出《古文尚書》是偽書。

第二類、分別的根據古書引用《尚書》各篇之語，以證知晚出古文之偽。

第三類、妄說、妄語及誤解、誤認、誤本、誤倣者。

第四類、自各種古書中剽竊而來者。

第五類、牴牾不合者。

第六類、不似者。

第七類、忘而未採者。

第八類、將一作二者。

第九類、旁證者。

第十類、申論前條者。

〔註12〕顧廣圻雖誤以《考異》與《尚書譜》為同一書，但他說：「《疏證》第三卷言〈大禹謨〉、〈泰誓〉、〈武成〉句句有本。言襲用《論語》、《孝經》、《易》、《書》、《詩》、《周禮》、《禮記》、《左》、《國》、《爾雅》、《孟》、《荀》、《老》、《文》、《列》、《莊》，其中採驚語必多。今全卷有錄無書，然則驚書之存，正可補《疏證》之缺。」（《校定尚書考異序》）則頗為合理。

第十一類、證《孔傳》之偽者。

第十二類、辨〈大序〉者。

第十三類、前人及時人疑古文者。

第十四類、與辨偽無關者。

但是核諸各條內容，發現戴氏對有些條目的歸類並不恰當。

例如第十五條「言《左傳》、《國語》引《逸書》今皆有」、第十六條「言《禮記》引《逸書》皆今有，且誤析一篇為二」的內容都是在說明「古文二十五篇」襲自《左傳》、《禮記》引《尚書》的文句及其破綻，應歸入第二類，而戴氏歸入第一類。

第二十條「言《古文孝經》以證《書》」依其內容是關於《古文尚書》篇目的問題，應歸入第一類，而戴氏將之歸入第九類。

第二十一條「言古文《禮》經以證《書》」戴氏將之歸入第九類。但是其內容只是表示他對《逸禮》與漢代《古文尚書》同為孔壁所出，所受待遇不同而感到不平，與「古文二十五篇」證偽沒有什麼關係，應歸入第十四類。

第九十二條「言《安國傳》梁岐在雍州解仍是」，戴氏將之放在第十一類「證《孔傳》之偽」，說「雖相反亦可附此」（頁55）。我們認為既然不是用來證明「古文二十五篇」為偽，仍當歸入第十四類。

由於例子有不少，這裡就不詳舉。

其次，從了解《疏證》的辨偽方法的立場來看，戴氏所分的十四類雖然很全面，但由於每一類間的關係是平列的，我們很難透過這樣的分類對《疏證》的實際辨偽方法有所了解。何況有些類性質相近，可以歸併。如第二、四兩類都是在說明「古文二十五篇」的文句出自他書，可以合併為一個大類。三、五兩類都屬於「古文二十五篇」內容的缺失，故也可以合併。第六類實與第五類相近，不必獨立出來。第七類亦與第二類相近，可以合併。第九類除了前面所舉當歸入第一類之第二十條與當歸入第十四類之第二十一條外，其它四條都是「文句」的問題，可以歸入第二或四類。至於第十類，都是依附於其他各條的論據，也沒有必要獨立出來。

於是，依每一條正文主要內容的傾向，以及上述的情況，將全書的分類重新調整如下。由於所根據的是內容而不是「條目」，因此有些「條目」與內容不配合的條文，在下面的歸類中乍看起來會顯得有些突兀。

第一類：泛論漢代《古文尚書》篇數、篇目以及流傳歷史。

第一條：言《兩漢書》所載《古文》篇數與今異

第二條：言《古文》亡於兩晉之亂，故無以證晚出《書》之僞

第三條：言鄭康成所註《古文》篇名與今異

第四條：言《古文》書題、卷數、篇次當如此

第十七條：言安國《古文》學源流眞僞

第二十條：言《古文孝經》以證書

第一百二十條：言與石華峙論東漢時今文與逸篇或離或合

第二類：以文句證僞。

1、「古文二十五篇」襲用他書所引《尚書》文句：

第六條：言古文〈伊訓〉見《三統歷》及《鄭註》者，今遺

第七條：言晚出〈秦誓〉獨遺《墨子》所引三語爲破綻

第九條：言《左傳》「德乃降」之語今誤入〈大禹謨〉

第十條：言《論語》「孝乎惟孝」爲句，今誤點斷

第十一條：言《孟子》引《書》語今誤入兩處

第十二條：言《墨子》引《書》語今妄改釋

第十三條：言《左傳》引〈夏訓〉語今彊入〈五子之歌〉

第十四條：言《孟子》引今文與今合，引古文與今不合

第十五條：言《左傳》、《國語》所引《逸書》皆今有

第十六條：言《禮記》引《逸書》皆今有，且誤析一篇爲二

第二十七條：言〈君陳〉以「爾有嘉謀嘉猷」等語作成王，誤

第五十一條：言兩以《孟子》引《書》敘事爲議論

第五十二條：言以《管子》引〈秦誓〉史臣辭爲武王自語

第五十五條：言僞〈秦誓〉明兩載〈漢志〉，今仍與之同

第五十六條：言《爾雅》解鬱陶爲喜，今誤認爲憂

第五十七條：言〈大禹謨〉讓皋陶不合〈堯典〉讓稷契

第六十一條：言伊尹稱字于太甲爲誤倣〈緇衣〉，亦兼爲〈序〉誤

第六十二條：言〈周官〉從《漢·百官公卿表》來，不合《周禮》

第六十八條：言古文〈畢命〉見《三統歷》，以與己不合遺末句

第七十四條：言古人以韻成文，〈大禹謨〉、〈泰誓〉不識

第七十七條：言《史記》有「〈夏書〉曰」，今忘采用

第七十八條：言《說文》有〈虞書〉、〈商書〉、〈周書〉等，今忘采用

第七十九條：言《左傳》引〈夏書〉作釋辭，〈大禹謨〉不當爾

第八十條：言《左傳》引〈蔡仲之命〉追敘其事，今不必爾

第九十七條：言商祀、周年亦可互稱，不必盡如《爾雅》

2、「古文二十五篇」襲用他書文句：

第三十一條：言「人心惟危，道心惟微」純出《荀子》所引《道經》（第三十
　　　　　　二條：「言古書如此者頗多」附）

第六十三條：言〈泰誓〉有族誅之刑，為誤本《荀子》

第六十四條：言〈胤征〉有「玉石俱焚」語為出魏、晉間

第六十七條：言考定〈武成〉未合《左傳》數紂罪告諸侯之辭

第七十六條：言《論語》譬喻之辭今悉改而正言

第三類：以內容證偽。

第五條：言古文〈武成〉見劉歆《三統歷》者，今異

第八條：言《左傳》載夏日食之禮，今誤作季秋

第十八條：言趙歧不曾見《古文》

第十九條：言安國註《論語》與今《書傳》異

第二十三條：言晚出《書》不古不今，非伏非孔

第二十五條：言《說文》皆《古文》，今異

第二十六條：言晚出〈武成〉、〈泰誓〉仍存「改元觀兵」舊說

第四十九條：言兩以追書為實稱

第五十條：言兩以錯解為實事

第五十三條：言〈武成〉「癸亥甲子」不冠以二月，非書法

第五十四條：言〈泰誓上〉「惟十有三年春」繫以時，非史例

第五十八條：言晚出書增「帝曰」、竄「僉曰」，不合唐虞世大公

第五十九條：言重華、文命與放勳皆帝王號，偽作者不知

第六十條：言偽作者依〈書序〉撰太甲事，不合《孟子》

第七十三條：言〈五子之歌〉不類夏代詩

第八十一條：言歷法推仲康日食，〈胤征〉都不合

第八十五條：言〈武成〉認商郊牧野為兩地

第八十六條：言〈泰誓上〉、〈武成〉皆認孟津為在河之南

第九十八條：言〈泰誓〉聲紂之罪詬厲已甚，必非聖人語

第一百條：言安國〈冏命〉傳誤合《周禮》太馭、太僕為官，本《漢・表》

應劭注

第一百一條：言〈蔡仲之命〉「周公辟于管叔」本王肅〈金縢〉辟字解

第一百三條：言〈大禹謨〉於「四海困窮」上插入他語似舜誤會堯之言

第一百四條：言太康失國時母已不存，「五人御母以從」乃妄語

第一百十四條：言朱子於《古文》猶爲調停之說

第二、三類的區分標準是：（一）凡是用來說明「古文二十五篇」襲用他書所引《尚書》文句的，都歸入第二類第一部分。（二）凡說明「古文二十五篇」襲用他書文句的，都歸入第二類第二部分。（三）凡論證之目標不明確指向說明「古文二十五篇」襲用他書文句或襲用他書所引《尚書》文句的，都歸入第三類。

第四類：辨《孔傳》、〈大序〉之僞。

1、《孔傳》之僞：

第二十二條：言《書傳》用《毛詩傳》

第六十九條：言安國《傳》就經下爲之，漢武時無此

第七十五條：言〈旅獒〉馬、鄭讀獒曰豪，今仍本字

第八十七條：言漢金城郡乃昭帝置，安國《傳》突有

第八十八條：言晉省穀城入河南，安國《傳》已然

第八十九條：言濟瀆枯而復通乃王莽後事，安國《傳》亦有

第九十條：言安國《傳》三江入震澤之非

第一百十二條：言今本《孔傳》以《洛書》數有九，禹因之以成九類之說非

2、〈大序〉之僞：

第一百七條：言安國〈書序〉謂「科書廢已久」本許愼〈說文序〉

第五類：〈堯典〉、〈舜典〉、〈皋陶謨〉、〈益稷〉分篇的問題。

1、〈堯典〉、〈舜典〉之分篇：

第六十五條：言今〈堯典〉、〈舜典〉本一，爲姚方興二十八字所橫斷

2、〈皋陶謨〉、〈益稷〉之分篇：

第六十六條：言今〈皋陶謨〉、〈益稷〉本一，別有〈棄稷〉篇見《揚子》

第六類：前人及時人疑《古文》。

第一百十三條：言疑《古文》自吳才老始

第一百十五條：言馬公驪信及《古文》可疑

第一百十六條：言郝氏敬始暢發《古文》之偽

第一百十七條：言鄭氏瑗疑《古文》二條

第一百十八條：言王充耘疑《古文》三條

第一百十九條：言梅氏鷟《尚書譜》有未採者，錄于篇

第一百二十一條：言姚際恒攻偽《古文》有勝余數條，載于篇

第七類：與辨偽無關者。

第二十一條：言《古文禮經》以證《書》

第二十四條：言《史記》多《古文》說，今異

第七十條：言安國《傳》不甚通官制

第七十一條：言穎達《疏》最下，證以〈武成〉

第七十二條：言白居易補〈湯征〉書久可亂眞

第八十二條：言以歷法推〈堯典〉，《蔡傳》猶未精

第八十三條：言以歷法推古文〈畢命〉「六月朏」正合

第八十四條：言以歷法推成湯三月丙寅日正合

第九十一條：言安國《傳》「華山之陽」解非是

第九十二條：言安國《傳》梁岐在雍州解仍是

第九十三條：言《蔡傳》灉沮二水解不屬兗州

第九十四條：言《蔡傳》不諳本朝輿地

第九十五條：言〈禹貢〉甸服里數所至

第九十六條：言《史記》榮陽下引河爲〈禹貢〉後

第九十九條：言書之隱見亦有時運。古文盛行已久，後當廢

第一百五條：言百篇〈小序〉伏生所未見，然實出周秦之間

第一百六條：言晚出《古文》與眞《古文》互異處猶見於《釋文》、孔《疏》

第一百十一條：言東漢時眞《古文》可以正《今文》之脫誤

第一百二十八條：言安國從祀未可廢，因及漢諸儒

　　此外，在《疏證》各條的按語裡，也有關於辨偽的意見。但爲了不使論文太過支蔓，本文不作專門的處理。

　　本文所處理的部分，是上述的第一、二、三類的論據。第四類論的是《孔傳》、〈大序〉的眞偽。第五類是〈堯典〉、〈舜典〉，〈皐陶謨〉、〈益稷〉分篇的問題。

這兩類與「古文二十五篇」整體經文的眞僞判斷無直接的關係。第六類與閻氏的意見無直接關係。第七類與「古文二十五篇」辨僞無關。這四類的材料只在必要的時候加以提及，不特別去討論。

第三章 《尙書古文疏證》的「根柢」論證

　　清代經學家在考據上的成就，顯然不是出於偶然的巧合，而是基於嚴謹的方法。可是，他們只是默默地運用著一些方法，卻極少把這些方法當作討論的對象。《疏證》的成就，無疑跟閻氏所運用的方法有一定的關聯，但閻氏對自己所運用的方法，並沒有明確的、詳盡的交代。在《疏證》全書中，閻氏對自己的辨僞方法有比較顯著說明的，多數學者都認爲是第一一三條的按語。因此，近世學者關於《疏證》辨僞方法的討論，就逐漸把第一一三條的按語中的「根柢、支節」說視爲閻氏辨僞方法的核心〔註1〕。所以，接下來兩章就透過「根柢、支節」說，對《疏證》所提出「古文二十五篇」爲僞的論證，作一說明。

第一節　「根柢、支節」說與《疏證》的辨僞方法

一、「根柢」與「假設」

　　《疏證》第一一三條的按語說：

> 天下事由根柢而之枝節也易，由枝節而返根柢也難。竊以考據之學
> 亦爾。予之辨僞古文喫緊在孔壁原有眞古文，爲〈舜典〉、〈汩作〉、〈九
> 共〉等二十四篇，非張霸僞撰。孔安國以下，馬、鄭以上，傳習盡在於

〔註1〕近世學者在討論《疏證》的辨僞方法時，雖大多會提到第一三三條的按語，但眞正以這條材料作爲閻氏辨僞方法核心的，要到戴君仁《閻毛古文尙書公案》才比較明顯。戴氏之後的林慶彰先生、劉人鵬則更明確地標舉「根柢、支節」說作爲閻氏辨僞方法的重心所在。在戴氏之前，這條材料的地位與《疏證》其它內容並無不同。

是。〈大禹謨〉、〈五子之歌〉等二十五篇則晚出，魏、晉間假託安國之名
者。此根柢也。得此根柢在手，然後以攻二十五篇，其文理之疎脫，依
傍之分明，節節皆迎刃而解矣。不然，僅以子史諸書仰攻聖經，人豈有
信之哉！（卷八，頁3，總頁1118）

閻氏這一段話的意思，並不是非常明確。不過，卻提供我們了解《疏證》論證的
大方向，即《疏證》對「古文二十五篇」的辨偽論證，可以區分爲「根柢」與「支
節」兩個部分。因此，對於這條按語的了解，最關鍵的地方自然是「根柢」和「支
節」的所指與兩者間的關係。「支節」指對「古文二十五篇」內容的考證，這一點
過去大致沒有異說。至於「根柢」，前人的研究中有一種常見的說法，認爲閻氏所
謂的「根柢」是「假設」或「假說」。像容肇祖〈閻若璩的考證學〉就以這段文字
作爲閻若璩考證方法中的「假設通則例」〔註2〕：

> 學問的起點，是起于疑難。疑難有了，要解決他，就要找出他的關
> 繫所在，多搜類例，反復研求，以爲全部的證明的預備。在未全部解決
> 時，當然先有假設通則，然後逐步的推求尋證，于解決方較爲容易。閻
> 若璩考證《古文尚書》，是先有了假設通則，然後逐步研求的，這即是他
> 所説的「由根柢而之枝節」。（《容肇祖集》頁632）

容氏的意思，在指出學術研究中，假設是一個重要的過程（這一點是我們所接受
的）。只是他並未明確地以「假設通則」作爲了解閻氏辨偽工作的中心。

至劉人鵬《閻若璩與古文尚書辨偽》則明確地指出「根柢、支節」說即是「假
說演繹法」：

> 當他〔閻氏〕在辨《古文尚書》之偽時，先認定：「孔壁原有眞古
> 文，爲〈舜典〉、〈汩作〉、〈九共〉等二十四篇，非張霸偽撰。孔安國以
> 下，馬、鄭以上傳習盡在於是。〈大禹謨〉、〈五子之歌〉等二十五篇則晚
> 出魏、晉間，假託安國之名者。」（頁156）

認爲「根柢」是閻氏進行《古文尚書》辨偽工作之前所立的假說，並強調：

> 這個假說的獲得，不是從任何文獻材料歸納來的，若璩之前，我
> 們找不到任何文獻材料可以歸納出：「漢孔壁眞古文即孔安國至馬、鄭
> 所傳的十六篇」這樣的結論。這是一個開創性的學者初看資料後一個
> 瞬間的洞見。並且他必須設計精密的證據去證成這個假設，以取信於

〔註2〕戴君仁《閻毛古文尚書公案》亦謂「他所謂根柢，就是先有一個假設，這假設也就
是一個翻案，翻孔《疏》以鄭注〈書序〉二十四篇爲偽的舊説。」（頁77）這個説
法，和容肇祖是相同的。

人。（頁156）

在他看來，《疏證》裡羅列文獻證據的目的只是用來讓閻氏的「假說」或「假設」取信於人〔註3〕。從以上的材料可見，容氏以至於劉氏對「假說」的性質及其在《疏

〔註3〕見《閻若璩與古文尚書辨偽》頁153～179。其中，劉人鵬「由根柢而之支節」的
　　　說明是：

　　　　閻若璩說，考據之學的要點和天下其他的事情一樣，是「由根柢而之枝節也
　　　易，由枝節而返根柢也難」，因此要先「得此根柢在手」，掌握了這個根柢以
　　　後，再解決枝節的問題，也就是拿這個根柢去「攻」二十五篇之偽，把二十
　　　五篇的疏脫、依傍之處都指出來，所有的問題就都可以迎刃而解了。（頁154）

　　　其對「由根柢而之支節」之程序上的說明，是可以接受的。但他強調這就是「假說
　　　演繹法」，指出：

　　　　閻氏的由根柢而之枝節顯然說明了考證工作的方法不是由經驗材料為起點的
　　　歸納，而是由假說為起點的演繹。什麼是「歸納」，什麼是「演繹」，本是邏
　　　輯上一個專業的問題，本文不予計較。在此只是借用這兩個詞，分別兩種方
　　　法：一是由實證材料出發，由個別資料的排比觀察而得到假說或結論，這種
　　　方法我們暫稱之為「歸納法」；一是由創造性的假說出發，先有一個尚未以任
　　　何方式證明的洞見，而後由這個洞見去對實證材料作解釋或推論，這種方法
　　　我們暫稱之為「演繹法」。閻若璩的方法是先有一個根柢，做為論證或建立假
　　　說的基礎，再以這個根柢去解決材料上的各種問題。我們之所以要強調這是
　　　「假說演繹法」，是要強調：演繹法的結論必然包含在前提之中，它不可能出
　　　現超出前提之外的結論。……另外，我們不認為假說的產生是由於觀察、排
　　　比、研究材料的結果（如前文所引梁啟超所謂的歸納法步驟。）因為必須要
　　　先有假設，才會知道要如何觀察材料、排比什麼材料、如何排比材料。假說
　　　——也就是閻若璩所謂的根柢——的產生，是一種面對材料之前所具備的知
　　　識或觀念對材料作詮釋或創造的結果。……而胡適所謂的「演繹」，是歸納法
　　　中的演繹，本文所謂的「假說演繹」，則已揚棄了歸納。因為並沒有單純的材
　　　料可以讓我們歸納。（頁154）

　　　他解釋《疏證》「根柢與支節」的重點放在「歸納法」不能成立與「假說」、「假設」
　　　就是閻氏所謂的「根柢」的認定上，並由此建立《疏證》以至於考據學的一般方法
　　　「假說演繹法」。對於劉氏所說考據學中「歸納法」不能成立，本文認為第一、「歸
　　　納法」本身雖存在許多問題，但除了認為「歸納法」不能成立這一種態度外，更有
　　　許多學者為「歸納法」的成立與理論內涵的豐富提出正面的見解。科學哲學家對「歸
　　　納法」的否定，於今日尚未成為定論。劉氏在接受卡爾・巴伯的說法時，並未同時
　　　對他何以不接受其它意見的理由提出說明。這在卡爾・巴伯之理論尚未成為定論，
　　　且「歸納法」一直是傳統邏輯中一個重要部門的今日，其作法並不恰當。第二、過
　　　去學者所說清代考據學具有科學精神或其中運用了科學方法（如「歸納法」），與其
　　　說是嚴格意義地說清代考據學運用了與西方科學相同的方法，不如說這是一種「類
　　　比」或近於「格義」的用法。加上科學和考據學所處理對象的不同，若直接以西方
　　　科學的觀念加以套用，勢必引起了解上的困難。如劉氏對考據學中所謂的「證明」，
　　　便是如此。他說：

　　　　我以為，所謂的證明是：如果我原本不知道《古文尚書》是一本偽書，則透
　　　過閻氏的證據，可以指向一個唯一的答案；並且閻氏對於偽作始末有合理而

證》的地位理解或不盡相同，但他們都同樣認爲「根柢」就是「假說」或「假設」。

一般來說，「假說」是考證者從發現問題以至解決問題的過程的一個環節。「假說」尚未證明以前是「假說」；在證明之後則爲「結論」，在考據上就是「論斷」。依閱讀《疏證》的「讀者」的角度而言，是否接受《疏證》論斷的判定依據不在「假說」本身，而在《疏證》證成「假說」的論證是否可以成立。站在這個立場，本文就不特別去考慮「假說」或「假設」在《疏證》論證中的地位問題。「假設」或「假說」於學術研究、考據學中的作用，是無可懷疑的，但並不能因此就斷言《疏證》的「根柢」一定是「假說」或「假設」。

關於「根柢、支節」說的意義，如果仔細檢討《疏證》的相關內容，就會發現所謂的「根柢」，正是閻氏根據種種文獻材料「歸納」得來的「結論」。「根柢」是閻氏通過史書、《注》、《疏》有關漢代《古文尚書》篇目的記載的比較工作，對今本《尚書》真偽材料所作的基本區分。透過這個工作，閻氏認定漢代所傳的《古文尚書》就是與《今文尚書》相同的部分加上鄭玄所說的「《逸書》十六篇」。至於今本《尚書》中的「古文二十五篇」則是偽造的。這種基本區分，劃定了今本《尚書》裡那些篇章爲「偽」、那些「不偽」，並且同時確定了《古文尚書》之「真本」的篇目。所以，「根柢」初步確定出了「《逸書》十六篇」的「真」傳本，證明「古文二十五篇」爲偽，替「支節」的工作，即是針對「偽」的「古文二十五篇」之內容作進一步的考證的工作，奠定了基礎。因此，把「根柢」視爲「假說」，顯然與閻氏的做法不合。

綜合上文的說明，我們接受林慶彰先生在《清初的群經辨偽學》的意見。他認爲第一一三條的按語「指出了閻氏一重要觀念，即辨偽的根本應先分別晚出《書》非孔壁《古文》」，並分析說：

> 其一，辨偽最重要的是要從根本入手，再討論枝節問題就很容易，如果先從枝節問題下手，要返回根本問題就很困難。其二，辨《偽古文》最要緊的事是將孔壁《真古文》與魏、晉假託孔安國之《偽古文》加以分開。其三，從《偽古文》文理疏脫、依傍處加以考辨，問題即可迎刃

完整的交待，使我知道這是偽書，並且知道唯一的偽作經過。（頁148）
其結果，自然會覺得過去學者以「歸納法」來說明清代考據學，充滿了疑問。則劉氏以巴伯反對「歸納法」的理由，用來反對過去學者所說考據學中的「歸納法」，恐怕無法令人信服。不過，這並不就示我們完全接受過去學者對清代考據學的意見。至於劉氏認定「根柢」就是「假設」，並認爲「假說演繹法」是考證工作的一般方法，則失於武斷。

而解。以上即閻氏辨僞的根本方法。《疏證》卷一第一、二、三條，即是
此種辨僞方法的展示。（頁 159）

嚴格地說，林先生所說的第二點應該就是「根柢的工作」，第三點則是「支節的工
作」。只是林先生未把今本《尚書》全書與「古文二十五篇」分開來討論，只是含
糊地說晚出《書》或《僞古文》。分別來說，「古文二十五篇」之僞、〈大序〉之僞
和《孔傳》之僞在意義上並不相同，混在一起，易在討論上造成不必要的誤會。
事實上，這第一一三條的按語明確地指明是針對「二十五篇」而言，故我們在說
明的過程中，乃盡量區分開來〔註 4〕。何況《疏證》對於經、《傳》是否出於一人
之手的問題，並沒有很好的論證〔註 5〕；「古文二十五篇」的眞僞才是整個今本《尚
書》證僞討論中，對今本《尚書》之地位影響最大的部分。從這個角度說，本文
的討論實以《疏證》對「古文二十五篇」眞僞論證之檢討爲中心。

二、閻若璩「根柢、支節」說的相關材料

　　就目前所能看到的閻氏著作中，有三段文獻與「根柢、支節」的說法有關。
除了上文所舉的第一一三條的按語外，分別是《疏證》第三十一條的按語和《潛
邱劄記》所收的〈與劉超宗書〉。這兩段話正可作爲以上的分析的佐證。
　　《疏證》第三十一條的標題是「言『人心惟危，道心惟微』純出《荀子》所
引《道經》」。這一條的主要內容是檢討〈大禹謨〉「人心惟危，道心惟微；惟精惟
一，允執厥中」的來源，以及論證此十六字並非《尚書》所本有，故〈大禹謨〉

〔註 4〕劉人鵬就較明確地把「根柢、支節」說的對象限制在解決「古文二十五篇」之僞的
　　　　問題。見《閻若璩與古文尚書辨僞》第二章第一節（頁 153 至 179）。
〔註 5〕《疏證》明確論證「古文二十五篇」與《孔傳》出於一人之手的只有一處。第五十
　　　　三條的按語說：
　　　　　〈召誥〉「惟二月既望，越六日乙未」，望者，十六日庚寅。自庚寅數至二十
　　　　　一日乙未正六日。蓋連望日而數，非離本日，此今文書法也。孔安國不達茲
　　　　　例，謂望爲十五日。果爾，何得曰：「越六日？」此與晚出〈武成〉「越三日
　　　　　庚戌」誤同。益驗古文與《傳》出一手。（卷四，頁 12，總頁 286）
　　　　按，以《傳》文與經文的異同作爲證明經、《傳》出於一人之手的理由，是有問題
　　　　的。首先，除非可以保證如果孔安國爲今本《尚書》作傳，他的注解必然無誤。否
　　　　則，從《傳》文與《今文尚書》的書法不合，並不能證明這書必不出於眞漢代孔安
　　　　國之手。其次，我們亦無法由《傳》文的內容與「古文二十五篇」一致，認爲《傳》
　　　　文與「古文二十五篇」必定出於一人之手。因爲從注解與經文的關係來看，二者有
　　　　一致之處是很平常的現象。因此，《疏證》認爲經、《傳》出於一人之手的理由，事
　　　　實上只有梅賾同時獻上經文和《孔傳》一點。但從這一點實不能知道經、《傳》的
　　　　關係爲何。所以，《疏證》所認定的經、《傳》出於一人之手的說法，並無確據。

實爲後人所僞造。閻若璩在這一條指出，他之所以能夠根據《荀子》所引《道經》來證明〈大禹謨〉爲僞，而不會認爲《荀子》引用〈大禹謨〉，主要的理由是：

> 且余之不信而加闢之者，亦自有說。讀《兩漢書》見諸儒傳經之嫡派既如此矣，讀《註》、《疏》見古文卷篇名目之次第又如此矣。然後持此以相二十五篇，其字句之脫誤愈攻愈有，攟拾之繁博愈證愈見，是以大放厥辭，昌明其僞。不然，徒以「道經」二字而輕輕議歷聖相傳之道統，則一病狂之人而已矣，豈直得罪焉已哉。（卷二，頁57，總頁246）

他之所以不信十六字心傳的理由，並不只是《荀子》引《道經》，而是他考察《兩漢書》所載《尚書》的流傳與《注》、《疏》所載篇目，發現與今本《尚書》不合，於是由此劃定〈大禹謨〉等二十五篇爲僞，然後更進一步對「古文二十五篇」的內容加以考證，指出其中的種種問題。這樣的論證，與第一一三條的按語中所說的「根柢」是一致的。在這個基礎上衡量二十五篇，則「其字句之脫誤愈攻愈有，攟拾之繁博愈證愈見」，與第一一三條的按語中所說的「支節」也是一致的。因此，這一條雖無「根柢」、「支節」之名，而有「根柢」、「支節」之實。

此外，《疏證》在第一一三條的按語裡，「根柢」與「支節」相對而言，「根柢」是「支節」的基礎。〈與劉超宗書〉裡雖然沒有用「根柢」和「支節」這對詞語，但「河」與「海」、「源」與「流」對言，所表示的關係與「根柢」和「支節」是大體相同的。閻氏說：

> 前札謂不肖虛己，亦虛于先生之前耳，豈他鄉里小兒所能得其心折哉！今亦有不虛者，是《古文尚書疏證》得大關鍵處，傳經的〔按，「的」應是「嫡」之誤字〕派得于《漢書》，卷篇名目得自于《註》、《疏》，然後持此以攻擊，句字之脫誤迎刃而解矣。此古人先河後海、從源及流之學問。若沾沾以句字賞其工，猶未爲盡也。（《潛邱箚記》卷六）

在這段敘述裡，「先河後海」、「從源及流」之「河」、「源」與「海」、「流」的區分是：「傳經的派」與「篇卷名目」是「河」、「源」；「字句之脫誤」則是「海」、「流」。這和一一三條的按語「根柢」與「支節」的區分是一致的。據此，「根柢」、「支節」所指的對象，就大致可以確定了。

根據上述的理解，閻氏所謂「根柢」的考證與「支節」的考證，是不同的兩個工作。所以，我們可以將《疏證》考證「古文二十五篇」眞僞的論證依據「根柢」和「支節」兩個不同方面的工作提出檢討。按照第二章對《疏證》內容的分類，第一類正是《疏證》對「根柢」的考證，二、三類則屬「支節」的部分。以下即針對《疏證》在「根柢」方面的論證提出說明。至於「支節」的部分，則留

待第四章再討論。

第二節　《古文尚書》篇數、篇目、流傳歷史的「傳統說法」

　　在正式討論《疏證》所謂「根柢」的工作前，先對唐代以前關於《古文尚書》（包括今本《尚書》）的重要記載略作說明。從內容上大略可以分爲兩組，一是在今本《尚書》出現或流傳之後至清代公認今本《尚書》爲僞之前的「傳統說法」。認爲漢代孔安國所傳的《古文尚書》即是今本《尚書》，至於鄭玄諸人所傳與《今文尚書》大致相同的《古文尚書》雖亦有所承，但並不是孔安國的原本。主要的材料有〈大序〉、《尚書正義》（以下簡稱《正義》）〔註6〕、《經典釋文》（以下簡稱《釋文》）、《隋書・經籍志》（以下簡稱《隋志》）等。二是在今本《尚書》出現之前，篇數的記載異於「傳統說法」的《史記》、《漢書》、《後漢書》、《論衡》等材料。「傳統說法」認定「古文二十五篇」眞的傳自孔安國的意見，是閻若璩等認爲「古文二十五篇」爲僞的人所要駁斥的。駁斥的重點放在對漢代《古文尚書》篇數與篇目的計算上。第二組材料是辨僞者用來駁斥「傳統說法」的重要依據，所以放在下一節對「根柢」說明時一併處理。應注意的是，這一節的目的在指出「傳統說法」的根本意見及不同文獻間的內部異同，而不是在討論《古文尚書》眞僞的歷史事實。亦即著重在「傳統說法」說了些什麼，而不是它說得對不對。職此之故，我們的說明角度就和前人不盡相同。

　　「傳統說法」裏，由於〈大序〉附於今本《尚書》中，一般都視爲今本《尚書》的一部分，而且《釋文》、《正義》和《隋志》的說法都是根據〈大序〉來的，因此〈大序〉最爲重要。另外，《正義》對〈大序〉所作的說明和補充，是後來對漢代《今文尚書》和《古文尚書》篇目還原的重要依據。相對而言，《釋文》和《隋志》反而不是那麼重要。由於「傳統說法」認爲今本《尚書》就是漢代《古文尚書》，所以其對漢代《古文尚書》來源的說明，事實上即是對今本《尚書》來源的交代。故這一節所敘述「傳統說法」對《古文尚書》的說明，實代表「傳統說法」同時對漢代《古文尚書》與今本《尚書》的意見。

〔註6〕本文所引用的《正義》，以較通行的南昌府學本《十三經注疏》爲準，同時以《宋單疏本尚書正義》校對。若有重要的差別，才特別注出，否則不另外說明。

一、「傳統說法」對篇數、篇目的意見

首先，對〈大序〉的說法作一說明。〈大序〉說：

> 漢室龍興，開設學校，旁求儒雅，以闡大猷。濟南伏生，年過九十，失其本經，口以傳授，裁二十餘篇。……至魯共王好治宮室，壞孔子舊宅以廣其居，於壁中得先人所藏古文虞、夏、商、周之書……悉以書還孔氏……增多伏生二十五篇。伏生又以〈舜典〉合於〈堯典〉，〈益稷〉合於〈皋陶謨〉，〈盤庚〉三篇合為一，〈康王之誥〉合於〈顧命〉，復出此篇并〈序〉，凡五十九篇，為四十六卷。其餘錯亂摩滅，弗可復知。悉上送官，藏之書府，以待能者。承詔為五十九篇作傳，於是遂研精覃思，博考經籍，採摭群言，以立訓傳。約文申義，敷暢厥旨，庶幾有補於將來。〈書序〉，序所以為作者之意，昭然義見，宜相附近，故引之各冠其篇首。定五十八篇既畢，會國有巫蠱事，經籍道息，用不復以聞，傳之子孫，以貽後代。（《正義》，卷一，頁 10，總頁 9）

根據這段敘述可以知道，〈大序〉認為伏生《尚書》是沒有本經的，而且亦未明說伏生《尚書》所傳的篇數是二十幾篇。除此之外，可以歸納出〈大序〉對《古文尚書》和伏生《尚書》篇數、篇目異同的說法主要有兩點：首先是孔壁《古文尚書》在未作傳前有五十九篇，分為四十六卷。其中一篇是〈小序〉，安國作《傳》將這篇〈小序〉分別散入各篇之前，所以剩下五十八篇。這裡應特別注意〈大序〉是把〈小序〉算作五十九篇中之一篇的。其次是《古文尚書》和伏生《尚書》篇目的異同。首先，《古文尚書》比伏生本多出二十五篇。這二十五篇的篇目，〈大序〉沒有說明，據《釋文》的說法是：〈虞書〉的〈大禹謨〉，〈夏書〉的〈五子之歌〉、〈胤征〉，〈商書〉的〈仲虺之誥〉、〈湯誥〉、〈伊訓〉、〈太甲〉三篇、〈咸有一德〉、〈說命〉三篇，〈周書〉的〈泰誓〉三篇、〈武成〉、〈旅獒〉、〈微子之命〉、〈蔡仲之命〉、〈周官〉、〈君陳〉、〈畢命〉、〈君牙〉、〈冏命〉。《正義》的說法（見卷二）和《釋文》相同。這裡應注意的是由於漢代晚出〈泰誓〉（以下簡稱「漢〈泰誓〉」）的內容和今本《尚書》的〈泰誓〉（以下簡稱「今本〈泰誓〉」）不同，因此《釋文》和《正義》都將今本〈泰誓〉三篇算在二十五篇的範圍之內。其次，《古文尚書》剩下的三十三篇，（〈小序〉已併入各篇，故不算）內容與伏生《尚書》大致相同，但在篇目的分合上，與伏生《尚書》有些不同。分別是：伏生本的〈堯典〉，在《古文尚書》裡分為〈堯典〉和〈舜典〉兩篇。伏生本的〈皋陶謨〉，在《古文尚書》裡分為〈皋陶謨〉和〈益稷〉兩篇。伏生本的〈盤庚〉為一篇，在《古文尚書》裡則分為三篇。伏生本的〈顧命〉，在《古文尚書》裡分為〈顧命〉和〈康王之誥〉兩篇。

關於《古文尚書》與伏生《尚書》的異同，《隋志》也指出：

> 孔安國以今文校之，得二十五篇。其〈泰誓〉與河內女子所獻不同。又濟南伏生所誦，有五篇相合。安國並依古文，開其篇第，以隸古字寫之，合成五十八篇。（《隋書》卷三十二，頁915）

而《釋文》則說：

> 博士孔安國以校伏生所誦，爲隸古寫之，增多伏生二十五篇，又伏生誤合五篇，凡五十九篇，爲四十六卷。（卷一，頁14）

《隋志》和《釋文》之增多伏生二十五篇以及伏生有五篇相合兩點，都和〈大序〉一致；但是《古文尚書》的總篇數則有五十八和五十九之別。原因可能是〈大序〉本身就已提出百篇〈小序〉本來合爲一篇（五十九篇），後來作傳者將〈小序〉散於各篇之前（五十八篇），因而相差一篇。故無論是五十八篇還是五十九篇，都可以視爲與〈大序〉的意見一致。所以《隋志》說：「安國並依古文，開其篇第，以隸古字寫之，合成五十八篇」，即是把〈小序〉散入各篇之前的結果。至於《釋文》所說的五十九篇雖無法確定是否爲孔安國整理前的算法，但由其對〈大序〉「凡五十九篇」的注解說：「即今所行五十八篇。其一是百篇之序。」（卷三，頁2）可知《釋文》說五十九篇，應該是把〈小序〉算作一篇的（不過，《釋文》所說的篇數在總體的計算上仍有問題，詳後）。

　　在〈大序〉的基礎上，就可以檢討「傳統說法」中關於篇數、篇目的問題。

（一）伏生《尚書》的篇目、篇數與是否有本經的問題

　　據〈大序〉，今本《尚書》與伏生《尚書》相同的部分，篇目的分合仍有不同，故多出伏生五篇。伏生《尚書》爲二十八篇（這是從伏生《尚書》的立場說的）。如果把這五篇都分開，則爲三十三篇（這是從今本《尚書》篇目的立場說的）。根據《正義》，伏生二十八篇（一卷爲一篇，詳後）是：

卷一、〈堯典〉	卷二、〈皋陶謨〉
卷三、〈禹貢〉	卷四、〈甘誓〉
卷五、〈湯誓〉	卷六、〈盤庚〉
卷七、〈高宗肜日〉	卷八、〈西伯戡黎〉
卷九、〈微子〉	卷十、〈牧誓〉
卷十一、〈洪範〉	卷十二、〈金縢〉
卷十三、〈大誥〉	卷十四、〈康誥〉

卷十五、〈酒誥〉	卷十六、〈梓材〉
卷十七、〈召誥〉	卷十八、〈洛誥〉
卷十九、〈多士〉	卷二十、〈無逸〉
卷二十一、〈君奭〉	卷二十二、〈多方〉
卷二十三、〈立政〉	卷二十四、〈顧命〉
卷二十五、〈費誓〉	卷二十六、〈呂刑〉
卷二十七、〈文侯之命〉	卷二十八、〈秦誓〉

〈大序〉只說伏生《尚書》「裁二十餘篇」（《正義》卷一），並沒有明說確實的篇數。但如前所還原，我們據〈大序〉對今本《尚書》與伏生《尚書》對比的說法，可以推出其所指的伏生《尚書》篇數是二十八篇（五十八減二十五再減五）。其中不包括漢〈泰誓〉。

《隋志》、《正義》的意見和〈大序〉一致。《隋志》說：

> 至漢，唯濟南伏生口傳二十八篇。又河內女子得〈泰誓〉一篇，獻之。（《隋書》卷三十二，頁914）

《正義》對〈大序〉「裁二十餘篇」的解釋則更詳細的指出：

> 〔漢書〕〈儒林傳〉：「孝文帝時，求能治《尚書》者，天下無有，聞伏生治之，欲召。時伏生年已九十有餘，老不能行，於是詔太常，使掌故晁錯往受之。〔……〕得二十九篇，即以教於齊、魯之間。」是「年過九十」也。按，《史記》：「秦時焚書，伏生壁藏之。其後兵火起，流〔亡〕。漢定天下，伏生求其書，亡數十篇，獨得二十九篇以教于齊魯之間。」則伏生壁內得二十九篇。（卷一，頁11，總頁10）

孔穎達發現，《史記‧儒林傳》與《漢書‧儒林傳》對伏生《尚書》的記載是都二十九篇，這和根據〈大序〉作出的推算不合。《正義》對《史》、《漢》所說「二十九篇」的解釋是：

> 二十九篇，自是計卷。若計篇，則三十四，去〈泰誓〉猶有三十一。案，《史記》及〔《漢書》〕〈儒林傳〉皆云：伏生「獨得二十九篇以教齊、魯。」則今之〈泰誓〉非初伏生所得。案，馬融云：「〈泰誓〉後得。」鄭玄《書論》亦云：「民間得〈泰誓〉。」《別錄》曰：「武帝末，民有得〈泰誓〉書於壁內者，獻之。與博士，使讀說之數月，皆起傳以教人。」則〈泰誓〉非伏生所傳。而言二十九篇者，以司馬遷在武帝之世，見〈泰誓〉出而得行，入於伏生所傳內，故爲史摠之，并云伏生所出，不復曲

別分析云民間所得。其實得時，不與伏生所傳同也。（《正義》卷一，頁
11，總頁 10）

認為二十九篇所計算的是卷數，而且其中的漢〈泰誓〉三篇（合為一卷）不是伏
生所傳。所以，《正義》的說明以漢〈泰誓〉為核心，指出《史記》、《漢書》所載
伏生《尚書》二十九篇，是將後得的漢〈泰誓〉算進去的結果。因而若除去漢〈泰
誓〉，以卷數計當為二十八篇（卷）。

又《正義》指出，若以篇數計，則伏生《尚書》有三十四篇，不算漢〈泰誓〉
三篇則為三十一篇。這裡出現一個問題，即若以篇數算，伏生《尚書》應為三十
三篇，不算漢〈泰誓〉應該只有三十篇，而《正義》在這裡卻多出一篇。這多出
來的一篇有四種可能：其一，多出〈小序〉一篇。《正義》在說明今本《尚書》和
伏生《尚書》分篇的異同時說：「伏生二十九卷而〈序〉在外。」（卷一，頁 15，
總頁 12）又說：「孔則於伏生所傳二十九篇內，無古文〈泰誓〉；除〈序〉，尚二十
八篇。」（卷二，頁 2，總頁 17）則《正義》應該認為伏生《尚書》是有一篇〈小
序〉的。不過，在卷數的計算上，這一篇〈小序〉並不在計算之列。既然在卷數
的計算上不算〈小序〉，則我們在這裡實亦無法證明《正義》在這裡所說的三十四
篇、三十一篇是否把〈小序〉也算進去。加上《正義》對伏生《尚書》是否有〈小
序〉並未有明確的說明，所以，我們亦無法保證《正義》這裡多出來的一篇就是
〈小序〉。其二，多出從〈顧命〉分出的〈康王之誥〉。但若站在《正義》解釋〈大
序〉的立場，依〈大序〉的說法，伏生《尚書》的〈顧命〉和〈康王之誥〉是合
為一篇的。除非《正義》誤解〈大序〉，否則不大可能違背〈大序〉的講法。因此，
多出一篇〈康王之誥〉的說法亦不可取。其三、根據前面所引《正義》「二十九篇，
自是計卷。若計篇，則三十四，去〈泰誓〉猶有三十一」的上下文看來，可以發
現《正義》似乎不是在說明〈大序〉所載伏生《尚書》的篇數或《正義》本身所
認定的伏生《尚書》篇數，而是在說明《史記》、《漢書》對伏生《尚書》篇數的
記載。《史記》中把〈顧命〉、〈康王之誥〉分開為兩篇，則所謂的三十四或三十一
篇，可能是《正義》站在《史記》的立場所作的說明，而與《正義》本身的立場
無關。不過，就篇數上看，這兩篇應該是合為一卷的，否則在卷數上亦將多出一
卷。這在《正義》裡仍然沒有明確的說明。其四、可能是《正義》把鄭玄所注的
《古文尚書》（正好是三十四篇）與《今文尚書》或伏生《尚書》混而無別（說明
見後），所以就把伏生《尚書》的篇數與鄭注《尚書》的篇數混在一起了。只是若
按照這個說法，仍與二十九卷的卷數不合。由於《正義》的說明並不清楚，因此
後人在復原伏生《尚書》的篇數、篇目時，就有種種異說。就情理來推，第一、

三種情形成立的可能性較大。只是，實無明確的證據。

　　從上面的說明可以知道，《正義》、《隋志》都認為二十九篇是二十八篇加上後得漢〈泰誓〉的結果。而不論《正義》的解釋是否合於事實，我們不能否認《史》、《漢》的記載可以引起學者認為伏生《尚書》本來就是二十九篇的可能〔註7〕。《釋文》就是如此認為的，但其對伏生《尚書》篇數的記載，仍有問題。《釋文》說：

　　　　伏生失其本經，口誦二十九篇傳授。（卷一，頁11）

又於〈大序〉「裁二十餘篇」下的注解說：

　　　　二十餘篇，即馬、鄭所注二十九篇也。（卷三，頁2）

據此，《釋文》認為伏生《尚書》本來就有二十九篇。《釋文》又說：

　　　　漢宣帝本始中，河內女子得〈泰誓〉一篇，獻之。與伏生所誦合三
　　　十篇，漢世行之。（卷一，頁11）

二十九篇加上後出的漢〈泰誓〉正好成為三十篇，與〈大序〉、《正義》、《隋志》的記載不同〔註8〕。

　　《釋文》認為伏生《尚書》為二十九篇，卻沒有說明這二十九篇比〈大序〉諸說的二十八篇多出那一篇，又認為加上漢代後得〈泰誓〉為三十篇，顯然和《正義》的見解不同。如果《釋文》主張伏生《尚書》本有二十九篇，對今本《尚書》與伏生《尚書》篇目的異同卻仍遵從〈大序〉（比伏生《尚書》多出〈舜典〉、〈益稷〉、〈盤庚〉兩篇、〈康王之誥〉共五篇）的說法，除非所說的二十九篇內有一篇

〔註7〕明清有不少學者即認為伏生《尚書》本來就有二十九篇。據劉起釪《尚書學史》（頁七十一）的整理，主要有三種說法：一、二十九篇中無〈泰誓〉，而以〈書序〉當一篇。如梅鷟、朱彝尊、陳壽祺、陳喬樅。二、二十九篇中無〈泰誓〉，而有自〈顧命〉分出的〈康王之誥〉一篇。如江聲、龔自珍、俞正燮、皮錫瑞、王先謙。〔按，江聲主伏生《尚書》二十八篇之說，非二十九篇。〕三、伏生二十九篇內本有〈泰誓〉。如王鳴盛、王引之。〔按，毛奇齡亦主此說。〕

〔註8〕蔣善國《尚書綜述》（頁21、22）認為陸德明對伏生《尚書》篇數的說法，與孔穎達相同，並引用《釋文》（並未注明卷數）：

　　〈泰誓〉本非伏《書》，司馬遷以武帝之世見〈泰誓〉之出而得行，因入于伏
　生所傳之內。

為據。可是我們核對《通志堂經解》本、抱經堂本《釋文》，乃至黃焯《經典釋文彙校》都沒有這段話。反而毛奇齡《冤詞》卷一頁8裡有這段材料。蔣氏恐怕是從《冤詞》轉引來的。另外，張西堂《尚書引論》頁39也引了這段話，並於後面增加了「故曰二十九篇」六字，指出這是出自《經典釋文敘錄》的意見，則不但誤引，而且還誤加「故曰二十九篇」。劉人鵬《閻若璩與古文尚書辨偽》頁43亦引了的和張西堂相同的材料，不過只注明為陸德明的意見，未說明出處。劉氏恐怕是從《尚書引論》轉引而來。這些說法都不可信。

是〈小序〉，且這篇〈小序〉與今本《尚書》的〈小序〉相合，否則上文曾指出《釋文》所說《古文尚書》有五十九篇，其與五十八篇的差別就不可能是今本《尚書》散入各篇之前的百篇〈小序〉，而是來自伏生《尚書》的某一篇。但在《釋文》裏實找不到這一篇就是〈小序〉的說明。何況如前所說，《正義》在卷數的計算上，是把〈小序〉排除在外的。《釋文》的二十九篇如果把〈小序〉也算作一篇，很難作出合理的解釋。

但是，如果這一篇不是〈小序〉，而是來自伏生《尚書》的某一篇，依〈大序〉的說法，亦不可能是晚出的漢〈泰誓〉，或是〈大序〉所說的〈舜典〉、〈益稷〉、〈盤庚〉（兩篇）和〈康王之誥〉之任何一篇。且這又和上文指出《釋文》所說的五十九篇有一篇可能是〈小序〉以及「二十餘篇」即馬、鄭所注二十九篇的說法不合（按，馬、鄭所注是包括漢〈泰誓〉在內的。詳後）。

據此，我們認為《釋文》在調和〈大序〉與《史》、《漢》的說法時，未能作出合理的說明〔註9〕。不過，儘管有上述的問題，一般仍認為《釋文》的意見是沿著〈大序〉來的。這是因為《釋文》在《尚書音義》的部分用的是今本《尚書》。《釋文·序錄》就說：「今以孔氏為正。」（卷一，頁14）所以，一般對《釋文》在篇數計算上的差異多未予以注意。像吳承仕的《經典釋文序錄疏證》在注解上述段落時，就根本不提《釋文》在篇數的計算上與〈大序〉、《正義》有別，只說明《釋文》對伏生《尚書》是否有本經記載的選擇乃「陸氏當陳隋之交，孔《書》大行，世所崇信，故用偽〈序〉『失其本經』之說，而退《漢書》於注中。〈序錄〉述《尚書》古今文原委，胥視此矣。」（頁54）

此外，我們注意到〈大序〉雖說伏生《尚書》「失其本經」，但《正義》發現《史記》曾說伏生有本經。對於這個現象，《正義》說：

> 案，《史記》：「秦時焚書，伏生壁藏之。其後兵火起，流〔亡〕。

〔註9〕陳夢家《尚書通論》頁51認為《釋文》所說伏生《尚書》原有二十九篇，是因為〈顧命〉和〈康王之誥〉分為二篇。但我們從《釋文》本身的敘述，卻看不出有這個意思。另外，《經典釋文彙校》頁5引惠棟說：

> 二十八篇合〈序〉一篇，為二十九篇，增今文〈大誓〉，為三十篇。

認為伏生《尚書》原有〈小序〉，為二十九篇。加上後得的〈泰誓〉一篇則為三十篇。這個說法似乎較合理，但亦無確據。王鳴盛《尚書後案》則說：

> 伏書二十九內本有〈太誓〉，不至宣帝始得。且《孔疏》云：「伏書二十九篇而〈序〉在外。」是伏書因加〈序〉或可稱三十耳。非以合〈太誓〉稱三十。

（《皇清經解》卷四三四上，頁21）

認為伏生二十九篇本有〈太誓〉，加上〈小序〉才可稱為三十篇。這個說法否定了《釋文》的意見，但對《釋文》所提算法的來源，仍無法作出有力的解釋。

> 漢定天下，伏生求其書，亡數十篇，獨得二十九篇以教于齊魯之間。」
> 則伏生初實壁內得之，以教齊魯。傳授既久，誦文則熟。至其末年，因
> 其習誦，或亦目暗，至年九十，晁錯往受之時，不執經而口授之故也。（卷
> 一，頁11，總頁10）

顯然是爲〈大序〉和《史記》強作調停。所以，後來參與「古文二十五篇」眞僞
之辨的梅鷟、閻若璩乃至毛奇齡，都反對〈大序〉伏生《尚書》「失其本經」的說
法，而同意《史記》有本經的記載。

（二）鄭注《古文尚書》與「《逸書》十六篇」

《正義》指出《古文尚書》和鄭注《古文尚書》篇數與篇目的異同：

> 壁內所得，孔爲傳者凡五十八篇，爲四十六卷。三十三篇與鄭註同，
> 二十五篇增多鄭註也。（卷二，頁2，總頁17）

這裡所說的「五十八篇」指的是今本《尚書》。「三十三篇」是五十八篇減去二十
五篇，亦即是上文所說的今本《尚書》從伏生二十八篇加上分出的五篇。這是從
今本《尚書》的立場提出的說明。《正義》比較今本《尚書》和鄭注《古文尚書》，
發現今本《尚書》中有三十三篇的內容與鄭注相同，另外有二十五篇是鄭注所無
的。由於鄭注《古文尚書》的內容實和伏生《尚書》相同（詳後），故今本《尚書》
增多鄭注的二十五篇應該就是所謂的「《逸書》」。這樣一來，就出現一個問題，即
漢人的記載大都說《逸書》有十六篇而不是二十五篇。《正義》亦發現這一點，說：
「劉歆、賈逵、馬融之等並傳孔學，云十六篇逸。」（卷二，頁3，總頁18）（按，
《正義》此句話所舉雖只有三人，實不止此數。詳後。）

《正義》的解釋是：

> 其二十五篇者……但孔君所傳，值巫蠱不行，以終前漢，諸儒知孔
> 本有五十八篇，不見《孔傳》，遂有張霸之徒，於鄭註之外，僞造《尚書》
> 凡二十四篇，以足鄭註三十四篇爲五十八篇。其數雖與孔同，其篇有異。
> 孔則於伏生所傳二十九篇內無古文〈泰誓〉；除〈序〉尚二十八篇，分出
> 〈舜典〉、〈益稷〉、〈盤庚〉二篇、〈康王之誥〉爲三十三，增二十五篇爲
> 五十八篇。鄭玄則於伏生二十九篇之內，分出〈盤庚〉二篇、〈康王之誥〉
> 又〈泰誓〉三篇爲三十四篇。更增益僞書二十四篇爲五十八。（卷二，頁
> 2，總頁17）

二十五篇的篇名，上文已有說明。我們順著這段話，對鄭注《古文尚書》與「《逸
書》十六篇」提出如下的說明：

1、《正義》所說鄭玄三十四篇的算法是伏生二十九篇分出〈盤庚〉二篇、〈康王之誥〉一篇、漢〈泰誓〉三篇。只是，若依據這樣的算法，應該是三十五篇。我們前面已經指出《正義》所說「伏生二十九篇」是加上漢〈泰誓〉的結果。而且《正義》在這裡雖說「〈泰誓〉三篇」，在實際的計算上卻只有加二，「三」應該是《正義》的錯字〔註10〕。所以，鄭玄所注的古文篇目是這樣的：

〈堯典〉一	〈皋陶謨〉二	〈禹貢〉三
〈甘誓〉四	〈湯誓〉五	〈盤庚〉（三篇）六、七、八
〈高宗肜日〉九	〈西伯戡黎〉十	〈微子〉十一
〈泰誓〉（三篇）十二、十三、十四	〈牧誓〉十五	〈洪範〉十六
〈金縢〉十七	〈大誥〉十八	〈康誥〉十九
〈酒誥〉二十	〈梓材〉二十一	〈召誥〉二十二
〈洛誥〉二十三	〈多士〉二十四	〈無逸〉二十五
〈君奭〉二十六	〈多方〉二十七	〈立政〉二十八
〈顧命〉二十九	〈康王之誥〉三十	〈費誓〉三十一
〈呂刑〉三十二	〈文侯之命〉三十三	〈秦誓〉三十四

而今本《尚書》除去「古文二十五篇」之後的三十三篇，與鄭注三十四篇的差別是從鄭注本的〈堯典〉分出〈舜典〉，〈皋陶謨〉分出〈益稷〉，並除去漢〈泰誓〉三篇的結果（三十四加二再減三）。今本《尚書》這三十三篇和鄭注三十四篇減去漢〈泰誓〉三篇之後的內容，除了分篇之外（即較鄭注本多出〈舜典〉和〈皋陶謨〉兩篇），大致上是相同的。所以，若從鄭注本身來說是三十四篇，若以今本《尚書》為標準則是三十三篇〔註11〕。

〔註10〕王鳴盛《尚書後案》就直接說〈泰誓〉二篇。(《皇清經解》卷四三四上，頁14)
〔註11〕蔣善國《尚書綜述》說：
　　　唐代學者多把伏《書》篇數分作三十三或三十四，並且企圖通過鄭注《尚書》的篇數，來肯定伏《書》的篇數。《尚書正義》說：「案壁內所得，孔為傳者，凡五十八篇，為四十六卷。三十三篇與鄭注同，二十五篇增多鄭注也。」(〈堯典〉〈虞書〉疏) 又說：「前漢諸儒知孔本有五十八篇，不見《孔傳》，遂有張霸之徒，于鄭注之外，偽造《尚書》凡二十四篇，以足鄭注三十四篇為五十八篇。其數雖與孔同，其篇有異。……鄭玄則于伏生二十九篇之內，分出〈盤庚〉二篇、〈康王之誥〉，又〈泰誓〉三篇，為三十四篇，更增益偽書二十四篇，為五十八。」(同上) 惟它先說「三十三篇與鄭注同」，後說「以足鄭注三十四篇」，所說鄭注《尚書》的篇數已先後有了矛盾（差一篇），我們知道鄭玄注《書》只注與今文相同的二十九卷，二十九卷至多分成三十三篇，非末後加一篇〈書序〉是湊不上三十四篇的，唐朝人為了湊合三十四篇的數目，

2、《正義》並不否定鄭玄所注的古文三十四篇確有所承。《正義》說：

〔逸十六篇〕與安國不同者，良由孔註之後，其書散逸，傳註不行，以庸生、賈、馬之等，惟傳孔學經文三十三篇，故鄭與三家同以爲古文，而鄭承其後，所註皆同賈逵、馬融之學，題曰《古文尚書》。篇與夏侯等同，而經字多異。夏侯等書「宅嵎夷」爲「宅嵎鐵」，「昧谷」曰「柳谷」，「心腹腎腸」曰「憂腎陽」，「剕刵劓剠」云「臏宮剕割頭庶剠」，是鄭註不同也。（卷二，頁3，總頁18）

《正義》的解釋是雖然膠東庸生、賈逵、馬融傳安國之學，但由於《孔傳》在漢代並不流行，這些人只傳「孔學經文三十三篇」。（這裡所說三十三篇，即是以今本《尚書》爲標準說的。）雖然這三十三篇的內容和今文所傳相同，但由於馬、鄭諸人所傳確有所承，所以在經文的文字上，仍與《今文尚書》有異。不過，從整體來說，二者的差異仍以篇目爲主。由於鄭注和伏生《尚書》之別主要是漢〈泰誓〉的問題，如果不刻意強調（當然，二者的差別並不只有〈泰誓〉，還有篇次、篇名等的不同，但其影響並不大），則鄭注、伏生《尚書》、《今文尚書》在內容上是一致的。因此，《正義》所說的鄭注就經常和漢代所流傳的《古文尚書》、伏生《尚書》或《今文尚書》混而不別。《正義》在提到《今文尚書》時，在不同的文脈中，就有二十八（伏生《尚書》不加漢〈泰誓〉）、二十九（伏生《尚書》加漢〈泰誓〉）、三十三（今本《尚書》與伏生《尚書》內容相同的部分）、三十四（鄭注《古文尚書》的篇數）篇的說法。

3、由於《正義》並不否認鄭注古文是有所承的。所以，他對「《逸書》十六篇」的說明，認爲是「張霸之徒」依據鄭玄所傳承的古文篇數僞造二十四篇以補足爲五十八篇。由於「張霸之徒」的意思並不明確，後來引起兩種不同的理解。一是認爲「張霸之徒」指的就是張霸。清代主張「古文二十五篇」爲僞的學者，幾乎都如此了解這一句話。一是認爲指的是「像張霸這一類的人」。像清代張崇蘭《古文尚書私議》以及最近劉人鵬的論文都是持這種意見。這對「古文二十五篇」真僞的了解，造成了極大的影響。劉人鵬說：

硬把〈顧命〉下半分成〈康王之誥〉，顯有錯誤。（頁27）
認爲《正義》本身對鄭注《尚書》篇數的敘述有所矛盾。事實上，這是沒有讀懂《正義》的結果。如同本文所說，《正義》所說「三十三篇與鄭注同」，是指今本《古文尚書》裏有三十三篇和鄭注本相符，這是以今本《尚書》爲標準的說法。至於後來又說「鄭注三十四篇」，則是以鄭注爲標準的算法。由於蔣氏不能了解《正義》文脈意義的差別，所說唐人算法的錯誤，事實上並不存在。

孔穎達把「張霸」當作是「作僞者」的一個代表；把「不知名的某位作僞者」就稱爲「張霸之徒」，意爲：「像張霸這一類的人」。孔穎達知道成帝時張霸僞造百兩篇的事，他說：「前漢之時，有東萊張霸僞造《尚書》百兩篇。」（卷一，頁9下）提及僞造百兩篇的事，他說是「張霸」；而討論西漢僞〈泰誓〉時說：「有『張霸之徒』僞造〈泰誓〉以藏壁中，故後得而惑世也。」（卷一，頁11下）他說的是「張霸之徒」，即：某個作僞者。述及漢代十六篇，即二十四篇時也說：「有『張霸之徒』於《鄭註》之外僞造《尚書》凡二十四篇。」顯然孔穎達並非對張霸僞書無知，而所謂張霸之徒並不等於張霸。《漢書·律歷志》中劉歆所引〈武成〉與《孔傳》本〈武成〉不同，孔穎達引了劉歆〈武成〉，而後說：「與此經不同，彼是焚書之後，有人僞爲之。漢世謂之『逸書』。」（卷十一，頁20上）「有人」也就是張霸之徒。（《閻若璩與古文尚書辨僞》頁78）

這些說明大體是不錯的。因此，《正義》所說的「張霸之徒」應該是指「像張霸一樣的僞造者」。這就牽涉到鄭玄所提「《逸書》十六篇」是不是眞的出自孔安國的問題。這在後面還會予以討論。

4、「《逸書》十六篇」的篇目，《正義》指出：

> 所增益二十四篇者，則鄭註〈書序〉：〈舜典〉一、〈汩作〉二、〈九共〉九篇十一、〈大禹謨〉十二、〈益稷〉十三、〈五子之歌〉十四、〈胤征〉十五、〈湯誥〉十六、〈咸有一德〉十七、〈典寶〉十八、〈伊訓〉十九、〈肆命〉二十、〈原命〉二十一、〈武成〉二十二、〈旅獒〉二十三、〈冏命〉二十四。以此二十四爲十六卷，以〈九共〉九篇其〔共〕卷除八篇，故爲十六。故〈藝文志〉、劉向《別錄》云：「五十八篇。」〈藝文志〉又云：「孔安國者，孔子後也。悉得其書。」以古文又多十六篇，篇即卷也。即是僞書二十四篇也。（卷二，頁2，總頁17）

從《正義》的敘述可以看出：逸書的篇數，從劉向至鄭玄，都說是十六篇（如果把〈九共〉算作九篇，則爲二十四篇）。孔穎達當時所看到的材料，是鄭玄所注的〈書序〉。這時候，在考證上涉及一個問題：鄭玄所說的篇目是否可信？這個問題的解決，就要關聯於「流傳歷史」的了解。上面提到的「張霸之徒」的問題，亦可以納入這一方面的討論中。

二、「傳統說法」對「流傳歷史」的意見

「古文二十五篇」眞僞的考證中，流傳歷史的考證可以分爲兩個部分。（一）

是今本《尚書》出現之前，孔壁《古文尚書》的流傳狀況。這一部分的問題會影響篇數、篇目計算。（二）是關於今本《尚書》本身的流傳記載是否可靠。我們分別說明。

（一）今本《尚書》出現之前，孔壁《古文尚書》的流傳狀況

這一部分，最大的困難是關於孔壁《古文尚書》流傳的記載充滿了難以抉擇的異說。先看《正義》的說法。《正義》指出，劉歆、賈逵、馬融、服虔、杜預、鄭玄諸人皆不見今本《尚書》：

> 劉歆作《三統曆》論武王伐紂，引今文〈泰誓〉云：「丙午逮師」，又引〈武成〉：「越若來三月，五日甲子，咸劉商王受」並不與孔同，亦不見《孔傳》也。後漢初賈逵奏《尚書疏》云：「流為鳥」，是與孔亦異也。馬融〈書序〉云：「經傳所引〈泰誓〉，〈泰誓〉並無此文」又云：「逸十六篇絕無師說」，是融亦不見也。服虔、杜預註《左傳》「亂其紀綱」並云：「夏桀時」，服虔、杜預皆不見也。鄭玄亦不見之，故註〈書序〉、〈舜典〉云「入麓伐木」，註〈五子之歌〉云：「避亂於洛汭」，註〈胤征〉云「胤征，臣名」，又註〈禹貢〉引〈胤征〉云：「厥匪玄黃，昭我周王」，又註〈咸有一德〉云：「伊陟、臣扈曰」，又註〈典寶〉引〈伊訓〉云：「載孚在亳」，又曰：「征是三朡」。又註〈旅獒〉云：「獒讀曰豪，謂是道豪之長」。又古文有〈仲虺之誥〉、〈大甲〉、〈說命〉等見在，而云「亡」。其〈汨作〉、〈典寶〉之等一十三篇見亡而云「已逸」，是不見古文也。（卷二，頁2，總頁17）

《正義》根據諸人的著作對「古文二十五篇」以及《孔傳》的引用或使用狀況，指出諸人皆不曾看過「古文二十五篇」與《孔傳》。這一個證明，是可以成立的。但是其背後的解釋，則可以有兩種可能：一是由劉歆諸人之不見，認為他們對《古文尚書》的敘述有誤，以「逸十六篇」為偽。另一種可能則是由劉歆諸人沒有看過「古文二十五篇」，認為「古文二十五篇」是偽的。由於同一個文獻現象可以作出完全不同的推論，我們就不能直接由劉歆諸人皆不曾看到今本《尚書》，證明「古文二十五篇」的真偽問題，而是要通過劉歆諸人與漢代《古文尚書》的關係，從這些人看到或知道漢代真《古文尚書》的篇數、篇目以至於內容的可能性提出判斷。（這一點，在下文會有說明）應該注意的是，《正義》特別強調鄭玄亦不見今本《尚書》及其《傳》文，卻特別指出鄭玄在注《尚書》時，是自覺傳授孔安國之古文的。《正義》說：

　　案，伏生所傳三十四篇〔按，這裏所說的三十四篇應該就是《正義》以鄭註三十四篇稱伏生《尚書》的例子。〕者，謂之今文。則夏侯勝、夏侯建、歐陽和伯等三家所傳，及後漢末蔡邕所勒石經是也。孔所傳者，膠東庸生、劉歆、賈逵、馬融等所傳是也。鄭玄《書贊》云：「我先師棘子下生安國亦好此學。衛、賈、馬二三君子之業，則雅才好博，既宣之矣。」又云：「歐陽氏失其本義，今疾此蔽冒，猶復疑惑未悛。」是鄭意師祖孔學，傳授膠東庸生、劉歆、賈逵、馬融等學，而賤夏侯、歐陽等。何意鄭註《尚書》亡、逸並與孔異，篇數並與三家同。（卷二，頁 3，總頁 18）

《正義》所說膠東庸生諸人對漢代孔壁《古文尚書》的傳承，主要根據《漢書·儒林傳》和鄭玄《書贊》。《正義》說：

　　三家之學傳孔業者，《漢書·儒林傳》云：「安國傳都尉朝子俊，俊傳膠東庸生，生傳清河胡常，常傳徐敖，敖傳王璜及塗惲，惲傳河南桑欽。」至後漢初，衛、賈、馬亦傳孔學。故《書贊》云：「自世祖興，後漢衛、賈、馬二三君子之業是也。」所得傳者，三十三篇古經，亦無其五十八篇及《傳》，說絕無傳者。（卷二，頁 3，總頁 18）

指出鄭玄所傳的古文，不是今本《尚書》。根據上面所引《正義》的說法，鄭玄所傳雖然不是今本《尚書》，（即《正義》眼中的真《古文尚書》）只要《漢書》和《書贊》所說有據，則鄭玄所傳三十三篇亦屬漢代孔壁《古文尚書》的傳本。事實上，上文已經說過，《正義》對這三十三篇的內容、注解並不排斥。所以，辨偽者的討論重點，實落在「逸十六篇」的真偽上。

　　與《正義》類似，《釋文》敘述《古文尚書》自孔安國以後的傳承以及今本《尚書》的出現說：

　　〔孔安國〕以授都尉朝。司馬遷亦從安國問故，遷書多古文說。劉向以中古文校歐陽、大、小夏侯三家經文，脫誤甚眾。都尉朝授膠東庸生，庸生授清河胡常，常授虢徐敖，敖授琅邪王璜及平陵涂惲，惲授河南乘欽。王莽時諸學皆立，惲、璜等貴顯。范曄《後漢書》云：「中興，扶風杜林傳《古文尚書》，賈逵為之作訓，馬融作傳，鄭玄注解，由是《古文尚書》顯於世。」案：今馬、鄭所注並伏生所誦，非古文也。孔氏之本絕，是以馬、鄭、杜預之徒皆謂之《逸書》。（卷一，頁 13）

《隋志》也說：

　　〔孔安國〕私傳其業於都尉朝，朝授膠東庸生，謂之《尚書古文》

之學，而未得立。後漢扶風杜林，傳《古文尚書》，同郡賈逵爲之作訓，
馬融作傳，鄭玄亦爲之注。然其所傳，唯二十九篇，又雜以今文，非孔
舊本。自餘絕無師說。晉世秘府所存，有《古文尚書》經文，今無有傳
者。及永嘉之亂，歐陽、大、小夏侯《尚書》並亡。濟南伏生之傳，唯
劉向父子所著《五行傳》是其本法，而又多乖戾。（《隋書》頁 915）

這兩段記載所說的《古文尚書》傳承是：

孔安國→都尉朝→膠東庸生→清河胡常→虢徐敖→琅邪王璜

平陵涂惲→河南乘欽

這個傳承的根據是《漢書·儒林傳》。其中乘欽即是桑欽。《釋文》、《正義》、《隋
志》都同樣提到這一個傳承，但自桑欽以後的傳承，則都沒有說明。

又所提到的杜林漆書，現在所能見到的記載只有《後漢書·杜林傳》：

〔杜林〕前於西州得漆書《古文尚書》一卷，常寶愛之，雖遭艱困，
握持不離身。出以示宏等〔指衛宏、徐巡〕……宏、巡益重之，於是《古
文》遂行。（頁 937）

以及《後漢書·儒林傳》：

扶風杜林傳《古文尚書》，林同郡賈逵爲之作訓，馬融作傳，鄭玄
注解，由是《古文尚書》顯于世。（頁 2566）

由此，我們無法知道漆書與孔安國《古文尚書》有什麼關係。而且杜林所傳的《古
文尚書》到底是傳自孔安國的《古文尚書》，還是漆書與《古文尚書》的混合本，
亦無記載。則賈逵、馬融、鄭玄的注解所根據的是什麼樣的《古文尚書》，皆無法
從上面的敘述中得知〔註 12〕。對這個問題的不同認定，實與「古文二十五篇」眞
僞的判斷有著密切的關係。

《隋志》說「晉世秘府所存，有《古文尚書》經文，今無有傳者」的「今無
有傳者」可以有兩種解法。一是指《隋志》的作者當時已經看不到這個秘府藏本。
第二種解法則以這個「傳」爲「傳注」之意。於是「無有傳者」只是沒有「傳注
之人」的意思。毛奇齡即是以第二種理解作爲他立論的根據。但一般都以第一種
解法作爲依據。

從上面的說法，我們發現《隋志》與《釋文》補充了《正義》在鄭注本傳承

〔註 12〕唐晏《兩漢三國學案》卷四就說：

杜林漆書，世豔稱之，且後人因其云「古文雖不合時」一語，遂以林入之古
文派下。不知杜林所謂古文，正以所得西州漆書一卷而言，其於孔氏壁中原
文，未知同異若何。且又止一卷，安足以爲據耶？（頁 181）

上所缺乏的說明，也突顯出杜林所傳的《漆書》對我們了解東漢《古文尚書》的影響，而《隋志》記載文義的模糊，則造成考證上的爭論。然總體來說，《隋志》、《釋文》、《正義》的意見大體上是一致的。

（二）今本《尚書》本身的流傳記載是否可靠

《正義》對今本《尚書》在東晉的出現與流傳有如下的記載：

> 歷及魏晉，方始稍興。故馬、鄭諸儒，莫觀其學。所注經傳，時或異同。晉世皇甫謐獨得其書，載於《帝紀》，其後傳授，乃可詳焉。但古文經雖然早出，晚始得行，其辭富而備，其義弘而雅，故復而不厭，久而愈亮。江左學者，咸悉祖焉。（〈尚書正義序〉，頁2，總頁3）

認為今本《尚書》要到晉皇甫謐才流傳開來。其詳細情形，《正義》說：

> 至晉世王肅註《書》，始似竊見《孔傳》，故註「亂其紀綱」為夏太康時。又《晉書・皇甫謐傳》云：「姑子外弟梁柳邊得《古文尚書》，故作《帝王世紀》往往載《孔傳》五十八篇之書。」《晉書》又云：「晉太保公鄭沖以《古文》授扶風蘇愉，愉字休預，預授天水梁柳字洪季，即謐之外弟也。季授城陽臧曹字彥始，始授郡守子汝南太守梅賾字仲真，又為豫章內史，遂於前晉奏上其書而施行焉。」時已亡失〈舜典〉一篇，晉末范甯為解時已不得焉。至齊蕭鸞建武四年，姚方興於大航頭得而獻之，議者以為孔安國之所註也。值方興有罪，事亦隨寢。至隋開皇二年，購慕遺典，乃得其篇焉。然孔註之後，歷及後漢之末，無人傳說。至晉之初，猶得存者，雖不列學官，散在民間，事雖久遠，故得猶存。（卷二，頁3，總頁18）

又說：

> 昔東晉之初，豫章內史梅賾上《孔氏傳》猶闕〈舜典〉，自此「乃命以位」以上二十八字，世所不傳；多用王、范之注補之，而皆以「慎徽」已下為〈舜典〉之初。至齊蕭鸞建武四年，吳興姚方興於大航頭得《孔氏傳》古文〈舜典〉，亦類太康中書，乃表上之。事未施行，方興以罪致戮，至隋開皇初，購求遺典，始得之。（卷三，頁1，總頁34）

從這兩段說明，可知：其一，王肅與《孔傳》有關，但其關係密切到何種程度，從《正義》的敘述只能模糊的知道二者在注解上有相似之處。這一點，《釋文》也說：

> 王肅亦注今文，而解大與古文相類，或肅私見《孔傳》而秘之乎？
> 江左中興，元帝時豫章內史枚賾奏上孔傳《古文尚書》。（卷一，頁13）

從《釋文》的補充可以知道，王肅所注只有今文的部分，畢竟與今本《尚書》有別。

其二，據《正義》所引的《晉書》，皇甫謐是第一個正式引用今本《尚書》的人。

其三，據《正義》所引《晉書》，今本《尚書》的傳承是：

（晉）鄭沖→蘇愉→梁柳→臧曹→梅賾

由於今本《晉書》不見《正義》所引的內容，所以上述二、三兩點是否可信，就引起後人的討論。

其四，《正義》認為今本《尚書》自孔安國之後，一直到東晉重新出現的這段長時間都沒有正式的傳承，只流傳在民間；但也正因為在民間流傳，所以得以保存下來。

其五，梅賾上今本《尚書》時，缺了〈舜典〉篇的《孔傳》與經文開頭二十八字。今本〈舜典〉的經文開頭二十八字與《孔傳》是姚方興所上的本子。在此之前的〈舜典〉不但經文的開頭有缺文，而且注解是根據王、范注所補的。

辨偽者對這一部分材料的討論意見，有兩個方向：一是由今本《尚書》在皇甫謐之前沒有人看到，認為來源可疑。這一點基本上是上述漢人所見皆為「《逸書》十六篇」的另一種說法。二是對《正義》記載的正確性提出反駁，由此說明《正義》所說的傳承乃出自偽托。不過，辨偽者對第二點並不必然會提出意見。

此外，應當注意《隋志》的說法：

至東晉，豫章內史梅賾，始得安國之傳，奏之。（《隋書》頁915）

所謂的「安國之傳」也可以有兩種理解方式。一是以「安國之傳」泛指今本《尚書》經文、《孔傳》、〈大序〉、〈小序〉之整體。二是專指《孔傳》。毛奇齡即主張第二種說法，認為梅賾所上的只是《孔傳》傳文；至於經文，則本來就沒有失傳。這合著上文所引《隋志》：「晉世秘府所存，有《古文尚書》經文，今無有傳者」構成毛氏論證上的主要根據，與我們由《正義》所得到的了解，顯然有別。

第三節　《疏證》「根柢」的工作

這一節，我們討論閻若璩的相關論證。《疏證》對今本《尚書》篇數、篇目以及流傳歷史（即所謂「根柢」者）的意見，主要見於第一、二、三、四、十七、二十與第一二〇條。其中，又以前四條最為重要。

一、篇數、篇目的計算

（一）伏生《尚書》篇數的問題

　　關於伏生《尚書》的篇數，閻若璩與「傳統說法」相同，主二十八篇。例如第三條的按語：

　　　　竊意伏生於正記二十八篇外……（卷一，頁 9，總頁 52）

第十四條的按語：

　　　　今文二十八篇亦從屋壁得之。（卷一，頁 43，總頁 119）

第五十三條：

　　　　二十八篇之書，有單書月以紀事……（卷四，頁 11，總頁 284）

第五十四條：

　　　　朱子有古史例不書時之說。以二十八篇書考之……（卷四，頁 14，
　　　　總頁 289）

都是如此主張。唯第十八條的按語：

　　　　愚意此王肅、康成注，亦即三家所同伏生二十九篇，以古文字寫之
　　　　者。（卷一，頁 14，總頁 160）

則說是二十九篇，與其它地方不同。然整體來說，《疏證》認爲伏生《尚書》爲二十八篇則無疑問。清代的惠棟、戴震、江聲、孫星衍等亦持相同的意見〔註 13〕。對漢〈泰誓〉，閻若璩認爲是僞書。如《疏證》第七條說：「僞〈泰誓〉三篇」（卷一，頁 23，總頁 80）。所以，張西堂《尚書引論》說：

　　　　他不反對〈泰誓〉後得之說，而屢云「二十八篇之書」（《續經解》
　　　　卷三十，頁 10、頁 12）可見他也是信伏書原只有二十八篇，將〈泰誓〉
　　　　加入，才成爲二十九篇，不是以〈書序〉加入的。（頁 94）

　　不過，《疏證》有一點和「傳統說法」之〈大序〉不同，即閻氏認爲伏生《尚書》是有本經的。第十四條的按語說：

　　　　〈書大序〉云：「伏生年過九十，失其本經，口以傳授。」此亦是
　　　　魏晉間衛宏使女傳言教錯之說盛行，故撰序者採入而不覺其於史文相
　　　　背。劉歆有言：「晁錯從伏生受《尚書》，《尚書》初出於屋壁，朽折散絕，

〔註 13〕惠棟之說見《古文尚書考》（《經解》卷三五一，頁 1）。江聲之說見《尚書集註音
　　　疏》（《經解》卷四〇二，頁 6）。戴震之說見《尚書義考》（收於《戴東原先生全集》）。
　　　孫星衍之說見《尚書今古文注疏》〈泰誓〉篇的注解。按，張西堂《尚書引論》以
　　　程廷祚《晚書訂疑》亦主伏生《尚書》爲二十八篇（頁 95）。然觀《晚書訂疑》，
　　　程氏之意當以伏生《尚書》爲二十九篇，今篇名可考者唯二十八篇，其中一篇則不
　　　能確定，非主二十八篇者。程氏之說見《經解續編》卷一五八，頁 10。

　　「今其書見在。」曾口授云乎哉！（卷一，頁 43，總頁 119）
伏生《尚書》是否有本經雖然不會影響《疏證》「根柢」的論證，但對「支節」的
論證則有影響。（詳後）

（二）漢代《古文尚書》與今本《尚書》篇數、篇目的異同問題

　　辨偽者在這一部分所處理的問題可以綜合為二，一是說明《逸書》應為十六
篇而非二十五篇。二是說明漢代《古文尚書》與《今文尚書》相同部分的分篇與
今本《尚書》不同。《疏證》對第二個問題的論述，主要放在「支節」的部分。所
以，這裡只討論第一個問題。這是「根柢」問題的核心。

　　《疏證》第一條「言《兩漢書》所載古文篇數與今異」（卷一，頁 1，總頁 35）
從《漢書・儒林傳》、〈藝文志〉和〈楚元王傳〉的記載指出西漢對《古文尚書》
篇數的說法，都是多出今文十六篇：

　　　　《漢書・儒林傳》：「孔氏有《古文尚書》，孔安國以今文字讀之，
　　　因以起其家《逸書》，得十餘篇，蓋《尚書》茲多於是矣。」〈藝文志〉：
　　　「《古文尚書》者，出孔子壁中。武帝末，魯共王壞孔子宅，〔……〕得
　　　《古文尚書》及《禮記》、《論語》、《孝經》凡數十篇，皆古字。〔……〕
　　　孔安國者，孔子後也。悉得其書，以考二十九篇，得多十六篇。安國獻
　　　之，遭巫蠱事，未列於學官。」〈楚元王傳〉：「魯恭王壞孔子宅，欲以為
　　　宮，而得古文於壞壁之中，《逸禮》有三十九，《書》十六篇。天漢之後，
　　　孔安國獻之。」夫一則曰「得多十六篇」，再則曰「逸書十六篇」，是《古
　　　文尚書》篇數之見於西漢者如此也〔註14〕。

其中《漢書・儒林傳》的記載，與《史記・儒林傳》相同。這兩項文獻都只說得
到《逸書》「十餘篇」，所以《古文尚書》多出今文十六篇的說法，就閻氏所列的，
只有〈藝文志〉和〈楚元王傳〉兩項材料〔註15〕。不過，比較上顯然十六篇要比
二十五篇更符合十餘篇的數目。如果沒有其他更可信的異說，以兩者互相比較，

〔註14〕「因以起其家逸書得十餘篇」有兩種斷句方式，一是如論文所斷。這是《史記索隱》
　　　的斷法。另一種則斷為「因以起其家，逸書得十餘篇」，見王念孫父子《讀書雜誌》
　　　說：
　　　　「孔氏有《古文尚書》，而以今文讀之，因以起其家，《逸書》得十餘篇。」《索
　　　隱》出「起其家《逸書》」五字，解曰：「起者，謂起發以出也。」引之曰：「當
　　　讀『因以起其家』為句，『《逸書》』二字連下讀。起，興起也。家，家法也。」
　　　（三之六，頁 16，總頁 160）
〔註15〕事實上，若就成書時間而言，《漢書》亦當屬於東漢的材料。

自然十餘篇與十六篇歸爲一類是比較合理的。

其次是東漢對《古文尚書》篇數的說法：

　　　　《後漢書・杜林傳》：「林前於西州得漆書《古文尚書》一卷，常寶
　　愛之，雖遭艱困，握持不離身。」後出示衛宏等，遂行於世。同郡賈逵
　　爲之作訓，馬融、鄭康成之傳、注、解皆是物也。夫曰「《古文尚書》一
　　卷」，雖不言篇數，然馬融〈書序〉則云：「逸十六篇」，是《古文尚書》
　　篇數之見於東漢者又如此也。

認爲〈杜林傳〉雖然只說得到一卷的《古文尚書》，不明言篇數，但馬融指出是「逸
十六篇」，由於杜林、衛宏、賈逵、馬融、鄭玄所傳的《古文尚書》有傳承的關係，
故閻氏認爲東漢所看到眞正的孔壁《古文尚書》傳本多出《今文尚書》的篇數正
是十六篇，與西漢所看到的篇數相合。今本《尚書》的篇數卻增多《今文尚書》
二十五篇，和兩漢所看到的《古文尚書》不同，所以《疏證》認爲「古文二十五
篇」是僞書：

　　　　此書不知何時遂亡。東晉元帝時，豫章內史梅賾忽上《古文尚書》，
　　增多二十五篇。無論其文辭格制，迥然不類，而只此篇數之不合，僞可
　　知矣。

從《疏證》的意見可以知道閻氏認爲東漢鄭玄的傳本是眞正從孔安國所傳出
的《古文尚書》。在《疏證》第三條：「言鄭康成所註《古文》篇名與今異」和第
四條：「言《古文》書題、卷數、篇次當如此」，閻氏都順著這個見解提出進一步
的說明。第三條（卷一，頁5，總頁44）說：

　　　　孔則增多於伏生者二十五篇；鄭則增多於伏生者十六篇。

指出今本《尚書》增多伏生的篇數、篇目與鄭注有別。他先列出今本《尚書》中
「古文二十五篇」的篇目：

　　　　二十五篇者，即今世所行之〈大禹謨〉一、〈五子之歌〉二、〈胤征〉
　　三、〈仲虺之誥〉四、〈湯誥〉五、〈伊訓〉六、〈大甲〉三篇九、〈咸有一
　　德〉十、〈說命〉三篇十三、〈泰誓〉三篇十六、〈武成〉十七、〈旅獒〉
　　十八、〈微子之命〉十九、〈蔡仲之命〉二十、〈周官〉二十一、〈君陳〉
　　二十二、〈畢命〉二十三、〈君牙〉二十四、〈冏命〉二十五是也。

然後列出鄭注增多伏生十六篇的篇目：

　　　　十六篇者，即永嘉時所亡失之〈舜典〉一、〈汩作〉二、〈九共〉九
　　篇三、〈大禹謨〉四、〈益稷〉五、〈五子之歌〉六、〈胤征〉七、〈典寶〉
　　八、〈湯誥〉九、〈咸有一德〉十、〈伊訓〉十一、〈肆命〉十二、〈原命〉

十三、〈武成〉十四、〈旅獒〉十五、〈冏命〉十六是也。十六篇亦名二十

四篇，蓋〈九共〉乃九篇，析其篇而數之，故曰二十四篇也。

這十六篇的篇目是以《正義》作爲材料的依據。在列出兩者篇目的差別後，閻氏
支持鄭注十六篇爲可信，說：

鄭所註《古文》篇數上與馬融合，又上與賈逵合，又上與劉歆合。

歆嘗校秘書，得《古文》十六篇，傳問民間則有安國之再傳弟子膠東庸

生者學與此同。逵父徽實爲安國之六傳弟子。逵受父業，數爲帝言《古

文尚書》與經、傳、《爾雅》詁訓相應，故古文遂行。此皆載在史冊，確

然可信者也。孔穎達不信漢儒授受之《古文》，而信晚晉突出之《古文》，

且以〈舜典〉、〈汨作〉、〈九共〉二十四篇爲張霸之徒所僞造，不知張霸

所僞造乃《百兩篇》，在當時固未嘗售其欺也。《百兩篇》不見於〈藝文

志〉，而止附見〈儒林傳〉。《傳》云：「文意淺陋，篇或數簡。帝呂中書

校之，非是。霸辭受父，父有弟子樊，並詔存其書。後樊並謀反，迺卒

黜之。」曾謂馬融、鄭康成諸大儒而信此等僞書哉！大抵孔穎達纂經翼

傳，不爲無功，而第曲徇一說，莫敢他從。如《毛詩》、《戴記》則惟鄭

義之是從；至於《尚書》則又黜鄭而從孔，是皆唐人粹章句，爲義疏，

欲定爲一是者之獎也。噫！熟知此一是者竟未嘗是也哉！

由於閻若璩要以鄭注十六篇反對「古文二十五篇」，這與《正義》的「傳統說法」
正好相反。閻氏自然必須對《正義》的說法提出反駁。他的反駁有兩個理由，一
是指出鄭注《尚書》的《逸書》十六篇確有依據。二是指出《正義》以鄭注十六
篇爲「張霸之徒」所僞造的說法不可信。

關於第二個理由，上一節亦已指出，《正義》所謂的「張霸之徒」並不是指張
霸這個人。因此，閻氏把「張霸之徒」解爲張霸，然後以張霸的百兩篇僞書在漢
時已經爲人所揭發，作爲《正義》的說法不可信的理由，這樣的反駁根本上是誤
解《正義》的意思，並不能成立。但是，換一個角度來看，如果我們承認《正義》
所說的「張霸之徒」正是「像張霸這一類的人」的意思，是不是就表示《正義》
正確無誤？《正義》亦無法提出有力的正面論證來支持這個說法。只是閻若璩以
至於清代絕大多數主張「古文二十五篇」爲僞的人都未從這個方向提出明確的解
答。《正義》所說「《逸書》十六篇」的僞造者「張霸之徒」既然提不出文獻上的
依據加以證成；而閻氏等辨偽者亦誤解了《正義》「張霸之徒」的意思，則對鄭註
《尚書》的「《逸書》十六篇」是否才是眞正孔壁所傳的《古文尚書》（即第一個
理由）的討論，就成爲閻氏所說的「根柢」能否成立的關鍵。

關於第一個理由，我們在上一節已經強調《正義》並不認爲鄭注三十四篇完全沒有根據。《正義》所明指爲「張霸之徒」所僞造的是「《逸書》十六篇」。所以，閻氏在這裡舉出鄭注的歷史傳承作爲反駁的依據，事實上也是《正義》相信鄭注三十四篇有所依據的理由。兩者的區別只是在相不相信「《逸書》十六篇」的眞實性。欲證成「《逸書》十六篇」才是漢代的眞《古文尚書》，有兩條途徑：一是正面地提出這「《逸書》十六篇」是眞孔安國所看到或傳下的。二是對「古文二十五篇」的可信度予以摧毀。第一條途徑的具體作法就是提出鄭注《古文尚書》乃自孔安國一脈傳下者。這在《疏證》裡除了第一條證明「《逸書》十六篇」篇數在兩漢皆無異說屬這方面的工作外，第十七條「言安國古文學源流眞僞」（卷二，頁 1，總頁 133）更正面地說明漢代孔安國《古文尚書》的傳承情形：

> 安國古文之學，其傳有四：一傳于都尉朝，朝傳庸譚，譚傳胡常，常傳徐敖，敖傳王璜、塗惲，惲傳桑欽；王莽時立於學官，璜、惲皆貴顯。惲又傳賈徽，徽傳子逵，逵數爲肅宗言《古文尚書》，詔選高才生從逵學，由是古文遂行。一傳于兒寬，一傳于其家。〈孔僖傳〉所謂：「自安國以下世傳《古文尚書》」是也。一傳于司馬遷，遷書所載多古文說是也。東漢杜林於西州得漆書《古文尚書》一卷，常寶愛之。後歸京師，出以示衛宏、徐巡曰：「林流離兵亂，常恐斯經將絕，何意東海衛子、濟南徐生復能傳之，是道竟不墜於地也。古文雖不合時務，然願諸生無悔所學。」宏、巡益重之。林同郡賈逵爲之作訓，馬融作傳，康成注解，《古文》之說大備。康成雖云受之張恭祖，然其《書贊》曰：「我先師棘子下生安國亦好此學」，則其淵源于安國明矣。

其中就特別強調鄭玄淵源於安國。這麼作的目的，無非是想要說明如果《逸書》眞爲十六篇，而且鄭玄在漢代《古文尚書》的傳承亦無疑問，除非《正義》所引的「鄭注〈書序〉」有誤，否則鄭玄所說的「《逸書》十六篇」篇目自然也應該是可信的。此「《逸書》十六篇」篇數、篇目既與「古文二十五篇」不同，若我們相信漢代孔安國《古文尚書》是唯一的，則「古文二十五篇」自不可信。《疏證》之「根柢」考證，實以此爲主要論證。所以《疏證》第四條說：

> 夫史傳之所載如此，先儒之所述如此，猶以爲是不見古文；將兩漢諸儒盡鑿空瞽語而直至梅賾始了了耶？嗚呼！其亦不思而已矣。（卷一，頁 11，總頁 57）

至於第二條途徑，除順著第一條途徑所證成之漢人所言「《逸書》十六篇」爲可信，漢人無提及「古文二十五篇」，以此疑漢代並無所謂「古文二十五篇」，《疏

證》更企圖指出「古文二十五篇」內容的種種疑問，說明「古文二十五篇」之不可信。惟此「內容」之考證，屬於「支節」的範圍，留待下一章再討論。就漢無人提及「古文二十五篇」的考證來說，涉及今本《尚書》流傳記載的問題。

二、今本《尚書》流傳的記載

這一部分的問題主要有兩個。一是由今本《尚書》在皇甫謐之前沒有人看到，認爲來源可疑。這個問題一方面是支持以篇目、篇數對比所還原之漢人所見《古文尚書》篇目、篇數的論證，另一方面也是辨偽者認爲今本《尚書》不可靠的主要理由。二是對《正義》所記載今本《尚書》出現的過程之質疑。由於《疏證》贊同《正義》對今本《尚書》出現過程的記載，因此在這裡就可以不予討論〔註16〕。這一部分，實際上所要處理的是第一個問題。

第二節檢討《正義》之傳統說法已指出，《正義》並非不知道漢人皆不曾看過「古文二十五篇」及《孔傳》傳文。但由於《正義》認爲今本《尚書》眞的傳自孔安國，故所作的解釋是：正因爲沒有看到，所以在他們的著作裡對《古文尚書》

〔註16〕《疏證》第十七條說：

> 東晉元帝時，汝南梅賾奏上《古文尚書》，乃安國所傳。其篇章之離合，名目之存亡絕與兩漢不合。賾自以得之臧曹，曹得之梁柳，皇甫謐亦從柳得之而載于《帝王世紀》。柳得之蘇愉，愉得之鄭沖，鄭沖以上則無聞焉。嗚呼！其果安國之舊耶？抑魏、晉之間假託者耶？余嘗以梅氏晚出書，自東晉迄今歲次壬子一千三百五十六年，而屹與聖經賢傳並立學官，家傳人誦莫能以易焉者，其故蓋有三焉：皇甫謐高名宿學，左思〈三都〉經其片語，遂競相讚述，況渠實得孔書，載于《世紀》，有不因之而重者乎！是使此書首信於世者，皇甫謐之過也。……（卷二，頁1，總頁134）

如第二節所指出，這一節傳承歷史的根據，正是《正義》的說法。如果閻氏認爲此說不可信，必然提出反對的意見。《疏證》在第十九條按語（卷二，頁21，總頁173）引用了梅鷟的話：

> 又按，梅氏鷟亦謂：「何晏集解《論語》與鄭沖同上。沖號爲授古文者，其古文必熟習。于《書》云：『孝乎惟孝』不應引『包曰』截爲句，而當據〈君陳〉以正之。于『予小子履』不應依《墨子》爲〈湯誓〉，而當曰：此在〈湯誥〉篇。今不然者，知沖未授古文也。授古文者，誣沖之辭也。借沖之聲力以重其書也。沖不可以被誣，其不可以不辨。」論亦愈出愈奇，故採入焉。

閻氏隨之在下一條按語對梅鷟的話提出反駁：

> 又按，梅氏之論如此，余復考之《正義》引《晉書》：「晉太保公鄭沖以古文授扶風蘇愉字休預」。以授《書》在其暮年，與上《論語》時不同。上《論語》爲魏光祿大夫，在正始中，魏尚盛。此書出於魏、晉之間，安得預見之而載之《集解》！未可以是爲沖誣。然則此書實始授自沖云。

則閻氏明確地贊同《正義》對今本《尚書》在魏、晉時期的流傳記載。

的相關記載就有和今本《尚書》不合的地方。表面上，《正義》的解釋很合理；可是，如果配合漢代的相關文獻記載來看，就會發現：《正義》所引人物有漢代的劉歆、賈逵、馬融、服虔、鄭玄等人和晉代的杜預，他們都與漢代《古文尚書》的流傳有密切的關係，劉歆更是典校過中秘的藏書。《古文尚書》據「傳統說法」，雖遭巫蠱之禍沒有立於學官，但之前已經送上書府，中秘應有藏書，劉氏父子看到中秘所藏漢代的《古文尚書》傳本的可能性是非常大的。而如上引《疏證》第十七條所指出，賈、馬、鄭諸人於孔安國亦有傳承的關係，即使他們在中秘看不到《孔傳》的傳文，於《古文尚書》篇目、篇數的認識卻不太可能有太大的錯誤。據「傳統說法」，《尚書孔傳》在漢代雖然不傳，與今文相同的三十四篇卻一直有明確的傳承記載。沒有師說的十六篇雖然不傳，但其篇目、篇數的說法除了與「古文二十五篇」不同外，亦沒有其他理由證明為不可信。在這種情形下，《正義》的推論就會引起質疑。

　　既然漢人所見的《古文尚書》非常可信，「古文二十五篇」自然不可信。正因為懷疑「古文二十五篇」，閻氏在篇目、篇數的對比上，自然而然地就以漢人所列的篇數、篇目為可信，而不信今本《尚書》的篇目、篇數。漢人對《古文尚書》篇數、篇目的說法，就成為今本《尚書》為偽的論證之一，而且是重要的論證。因此，在《疏證》第一條裡，閻若璩才會說：「無論其文辭格制迥然不類，而只此篇數之不合，偽可知矣。」諸儒不見「古文二十五篇」，與漢人對「《逸書》十六篇」的記載可信度頗高這兩點實為同一個論證的兩方面說法。這應該是「古文二十五篇」（或今本《古文尚書》）辨偽最核心的論證，也是了解《疏證》辨偽論證的關鍵。《疏證》對漢代《古文尚書》「真實」流傳歷史考證，亦必須在這個基礎上才有意義。

　　事實上，《疏證》在說明的過程中，時時不忘對漢代諸儒對《古文尚書》的相關說法作出正面的說明，亦即對傳統說法中的相關部分作出反駁。就對「古文二十五篇」的證偽來說，「諸儒不見」的說法得到證成，《疏證》「根柢」的論證已經算是基本完成。至於像第二條：「言《古文》亡於西晉亂，故無以證晚出之偽」、第二十條：「言《古文孝經》以證書」、第二十三條：「言晚出《書》不古不今，非伏非孔」、第一二○條：「言與石華峙論東漢時《今文》與逸篇或離或合」以及散見於《疏證》的相關內容，都可以算作補充說明。

　　不過，《疏證》在完成其「根柢」之證成後，他補充說明《古文尚書》流傳歷史的方式頗值得注意。如第十七條的按語：

　　　　按，〈孔子世家〉：「安國為今皇帝博士，至臨淮太守，蚤卒。」司

馬遷與安國遊，記其蚤卒應不誤。然考之《漢書》，又煞有可疑者。〈兒寬傳〉：「寬以郡國選詣博士受業，孔安國補廷尉文學卒史。時張湯為廷尉。」案，湯為廷尉在武帝元朔三年乙卯。〈楚元王傳〉：「天漢後，孔安國獻古文書，遭巫蠱之難，未施行。」案，巫蠱難在武帝征和元年己丑，二年庚寅，相距凡三十五、六年。漢制，擇民年十八以上，儀狀端正者，補博士弟子。則為之師者年又長于弟子。安國為博士時，年最少如賈誼亦應二十餘歲矣。以二十餘歲之博士，越三十五、六年始獻書，即甫獻書而即死，其年已五十七、八且望六矣，安得為蚤卒乎？況孔氏子孫都無高壽者，不過四十、五十耳。四十、五十俱不謂之蚤卒，何獨於安國而夭之乎？頗不可解。又安國〈大序〉謂：「得壁中書，悉上送官，承詔為五十九篇作傳，於是遂研精覃思，博考採摭以立訓傳。既畢，會國有巫蠱事，用不復以聞。」是獻書者一時，作《傳》畢而欲獻者又一時也。作《傳》畢而欲獻，會國有巫蠱，則初獻書時未有巫蠱，何不即立于學官？而乃云：「以巫蠱，遂不及施行」邪？蓋偽作此書者知兩漢秘府有古文而無訓傳，今又并出訓傳，不得不遷就傅會其說以售其欺耳。（卷二，頁3，總頁138）

《疏證》發現《史記》對孔安國生存年月的記載與《漢書》對孔安國獻書時間的記載無法配合。他的解決方式是：

> 又按，予嘗疑安國獻書遭巫蠱之難，計其年必高，與馬遷所云蚤卒者不合。信《史記》蚤卒，則《漢書》之獻書必非安國；信《漢書》獻書，則《史記》之安國必非蚤卒。然馬遷親從安國遊者也。記其生卒必不誤者也。竊意天漢後，安國死已久，或其家子孫獻之，非必其身，而苦無明證。越數載，讀荀悅《漢紀·成帝紀》云：「魯恭王壞孔子宅，得《古文尚書》，多十六篇。武帝時，孔安國家獻之，會巫蠱事，未列於學官。」於安國下增一家字，足補《漢書》之漏，益自信此心此理之同，而〈大序〉所謂作《傳》畢，會國有巫蠱，出於安國口中，其偽不待辯矣。（卷二，頁5，總頁141）

認為這是《漢書》在「安國」之下漏了一個「家」字。補了這個字，《史記》與《漢書》的記載就有不再互相衝突。閻氏對《史》、《漢》記載的衝突，並不採取完全否定《史記》或否定《漢書》的處理方式，而是以校勘的手段達到對《史》、《漢》異說並存的調和結果，然後用這個結果來否定〈大序〉。閻氏是根據已經證成的「根柢」對《尚書》流傳記載的材料作出區判的工作。從《疏證》的論證來看，閻氏

在證成其「根柢」的意見之後，有意把其他材料依「根柢」作出特定方向的解釋，尤其是在《疏證》涉及漢人說法本身就有矛盾的情形時，特別明顯。如第二十條，「言古文《孝經》以證書。」舉桓譚《新論》證明漢代《古文尚書》的篇數與卷數說：

> 傳《孝經》者有二：一今文十八章。漢興，長孫氏四家，張禹傳之。一古文二十二章。出自孔氏壁中，安國傳之。〈藝文志〉曰：「今文皆同，唯古文字讀多異。」桓譚《新論》曰：「古《孝經》千八百七十二字，今異者四百餘字。」孔氏本亡於梁而復出於隋。當時儒者固以誼傳爲劉炫作，校之今文，僅多〈閨門〉一章，分〈庶人〉章爲二，〈曾子敢問〉章爲三，以合二十二章之數而已。無所爲異也。宋儒司馬光從而尊信，朱子爲之刊誤，亦未能盡去古文。獨草廬吳氏其論始定，曰：「以桓譚所言考證古文皆不合，參諸邢氏《疏》說，則其僞也決矣。」愚謂桓譚《新論》足以證今古文《孝經》之僞，豈不足以證《古〔原衍一「古」字，刪〕文尚書》之眞哉？《新論》又曰：「《古文尚書》舊有四十五（五當作六）卷爲十（十上脫五）八篇。古佚《禮記》有五十六卷，古《論語》有二十一卷，蓋嘉論之林藪，文義之淵海。」所云卷數、篇數、章數皆與〈漢志〉合，其小有不合，則傳寫之譌。如〈漢志〉「與」譌爲「學」，「十七」譌爲「七十」之類。世有劉歆，自能正之。予尤愛桓譚作於建武以前，〈武成〉篇尚存，故不曰五十七，曰五十八，亦足見事之眞者無往而不得其貫通。事之贗者，無往而不多所抵捂也。（卷二，頁 22，總頁 175）

《新論》對《古文孝經》篇目的記載並無問題，所以以之證《古文孝經》之僞，自無疑問。但《新論》對《古文尚書》篇數的記載明明是「四十五卷爲十八篇」。閻氏將之改成「四十六卷爲五十八篇」，然後說「所云卷數、篇數、章數皆與〈漢志〉合，其小有不合，則傳寫之譌」。如果把這段論證獨立來看，要用這樣的推論證明建武以前的《古文尚書》篇數是四十六卷五十八篇，根本不能爲我們所接受。但若了解《疏證》對材料的處理方式，就可明白《疏證》在這裏爲何如此了。

三、漢代《古文尚書》篇目的還原

最後，我們說明《疏證》所還原出的漢代《古文尚書》篇目。《疏證》第四條（卷一，頁 10，總頁 53）說：

> 《漢書・藝文志》載：「《尚書》古文經四十六卷」，即安國所獻之

壁中書也。次載「《經》二十九卷。」即伏生所授之今文《書》也。班固
於四十六卷之下自注曰:「爲五十七篇」,顏師古又於「五十七篇」之下
引鄭康成《敍贊》注曰:「本五十八篇,後又亡其一篇,故五十七。」愚
嘗疑不知所亡何篇,後見鄭康成有言:「〈武成〉逸書,建武之際亡。」
則知所亡者乃〈武成〉篇也。

認爲漢代眞孔壁古文《尚書》是五十八篇,四十六卷。由於建武時〈武成〉篇亡
逸,所以又有五十七篇的說法。閻氏對這五十七篇,四十六卷《古文尚書》篇目
作了如下的復原:

今依此五十八篇敍次之,則:〈堯典〉一、〈舜典〉二、〈汩作〉三、
〈九共〉九篇十二、〈大禹謨〉十三、〈皋陶謨〉十四、〈益稷〉十五、〈禹
貢〉十六、〈甘誓〉十七、〈五子之歌〉十八、〈胤征〉十九,是爲〈虞夏
書〉。〈湯誓〉二十、〈典寶〉二十一、〈湯誥〉二十二、〈咸有一德〉二十
三、〈伊訓〉二十四、〈肆命〉二十五、〈原命〉二十六、〈盤庚〉三篇二十
九、〈高宗肜日〉三十、〈西伯戡黎〉三十一、〈微子〉三十二,是爲〈商
書〉。僞〈泰誓〉二〔三〕篇三十五、〈牧誓〉三十六、〈洪範〉三十七、〈旅
獒〉三十八、〈金縢〉三十九、〈大誥〉四十、〈康誥〉四十一、〈酒誥〉四
十二、〈梓材〉四十三、〈召誥〉四十四、〈洛誥〉四十五、〈多士〉四十六、
〈無逸〉四十七、〈君奭〉四十八、〈多方〉四十九、〈立政〉五十、〈顧命〉
五十一、〈康王之誥〉五十二、〈冏命〉五十三、〈費誓〉五十四、〈呂刑〉
五十五、〈文侯之命〉五十六、〈秦誓〉五十七,是爲〈周書〉。

以五十七篇釐爲四十六卷,則:

〈堯典〉卷一、〈舜典〉卷二、〈汩作〉卷三、〈九共〉九篇卷四、〈大
禹謨〉卷五、〈皋陶謨〉卷六、〈益稷〉卷七、〈禹貢〉卷八、〈甘誓〉卷
九、〈五子之歌〉卷十、〈胤征〉卷十一、〈湯誓〉卷十二、〈典寶〉卷十
三、〈湯誥〉卷十四、〈咸有一德〉卷十五、〈伊訓〉卷十六、〈肆命〉卷
十七、〈原命〉卷十八、〈盤庚〉三篇卷十九、〈高宗肜日〉卷二十、〈西
伯戡黎〉卷二十一、〈微子〉卷二十二、僞〈泰誓〉三篇卷二十三、〈牧
誓〉卷二十四、〈洪範〉卷二十五、〈旅獒〉二十六、〈金縢〉卷二十七、
〈大誥〉卷二十八、〈康誥〉卷二十九、〈酒誥〉卷三十、〈梓材〉卷三十
一、〈召誥〉卷三十二、〈洛誥〉卷三十三、〈多士〉卷三十四、〈無逸〉
卷三十五、〈君奭〉卷三十六、〈多方〉卷三十七、〈立政〉卷三十八、〈顧
命〉卷三十九、〈康王之誥〉卷四十、〈冏命〉卷四十一、〈費誓〉卷四十

二、〈呂刑〉卷四十三、〈文侯之命〉卷四十四、〈秦誓〉卷四十五、百篇
〈序〉合爲一篇卷四十六。

然後說：

> 凡此皆按之史傳，參之《註》、《疏》，反覆推究，以求合乎當日之
> 舊。始之而不得其說，則茫然以疑；既之而忽得其說，則不覺欣然以喜。
> 以爲雖寡昧如予，猶得與聞於斯文也，詎不快哉！唐貞觀中，詔諸臣撰
> 《五經義訓》，而一時諸臣不加詳考，猥以晚晉梅氏之書爲正，凡漢儒專
> 門講授，的有源委之學，皆斥之曰妄。少不合於梅氏之書者，即以爲是
> 不見古文。夫史傳之所載如此，先儒之所述如此，猶以爲是不見古文；
> 將兩漢諸儒盡鑿空瞽語，而直至梅賾始了了耶？嗚呼！其亦不思而已
> 矣。世之君子，由予言而求之，平其心，易其氣，而不以唐人義疏之說
> 爲可安，則古學之復也，其庶幾乎。

閻氏對篇目的還原，仍是以《正義》爲材料的根據。這一條所復原的篇目裡，以
篇數算的五十七篇不包括〈小序〉在內；而以卷數算的四十六卷卻說「百篇〈序〉
合爲一篇卷四十六」，彼此相差一篇。《疏證》於此並沒有提出說明，而只是強調
他所復原的篇目與今本《古文尚書》不同。第四條的按語說：

> 又按，四十六卷之分，鄭以同題者同卷，異題者異卷，已鬐次之上
> 矣。孔則以同序者同卷，異序者異卷，其同序者，〈大甲〉、〈盤庚〉、〈説
> 命〉、〈泰誓〉皆三篇共序，凡十二篇，只四卷。〈大禹謨〉、〈皋陶謨〉、〈益
> 稷〉、〈康誥〉、〈酒誥〉、〈梓材〉亦各三篇共序，凡六篇，只二卷。外四
> 十篇，篇各有序，凡四十卷。通共序者六卷，故爲四十六卷也。然《鄭
> 註》四十六卷原無〈武成〉，而以百篇〈序〉實爲末卷。孔則有〈武成〉
> 一篇，篇自爲序，已足四十六卷之數，故不便以百篇〈序〉復爲一卷，
> 只得引之，各冠其篇首，曰：「宜相附近」，此則遷就之辭云。（卷一，頁
> 12，總頁 58）

認爲今本《尚書》在卷數上的分配是錯的。《疏證》在這裡的作法，亦和前面所說
相同，爲閻氏根據已經證成的「根柢」對《尚書》流傳記載的材料作出區判的工
作。否則以這條論證獨立來看，兩者在篇目上的不同，就證明今本《尚書》的眞
僞而言，並不能說明什麼。我們看《疏證》第四條的按語裡的另一個論證：

> 又按，〈虞書〉、〈夏書〉之分，實自安國《傳》始。馬融、鄭康成、
> 王肅、《別錄》題皆曰「〈虞夏書〉」，無別而稱之者。孔穎達所謂：「以虞
> 夏同科，雖虞事亦連夏」是也。即伏生〈虞傳〉、〈夏傳〉外，仍有一〈虞

夏傳〉。鄭康成〈序〉又以〈虞夏書〉二十篇,〈商書〉四十篇,〈周書〉四十篇,《贊》曰:「三科之條,五家之教,是虞夏同科也。」及余觀揚子《法言》亦曰:「虞、夏之書渾渾爾,〈商書〉灝灝爾,〈周書〉噩噩爾。」則可證西漢時未有別〈虞書〉、〈夏書〉而爲二者。杜元凱《左傳註》僖公二十七年,引〈夏書〉:「賦納以言,明試以功」三句,註曰:「《尚書・虞夏書》也。」則可證西晉時未有別〈虞書〉、〈夏書〉而爲二者。逮東晉梅氏書出,然後書題、卷數、篇名盡亂其舊矣。(卷一,頁13,總頁59)

除非可以找到更有力的理據,否則只提出今本《尚書》和鄭註對〈虞夏書〉的分合有別,實和單純的篇目比對一樣,並不能解決任何問題。在這個例子,閻氏就舉出揚雄《法言》、杜預《左傳註》作爲旁證來支持鄭玄。除此之外,「根柢」這一個條件是不可忽略的。否則,我們會發現《疏證》僅從《法言》就判斷「西漢時未有別〈虞書〉、〈夏書〉而爲二者」;僅以《左傳註》就斷定「西晉時未有別〈虞書〉、〈夏書〉而爲二者」的作法太過輕率。

第四章 《尚書古文疏證》的 「支節」論證

第一節 《疏證》以「支節」證偽的企圖

　　承上一章所言，《疏證》在證成其「根柢」之後，區分了今本《尚書》中，經文之偽與不偽的部分。這時侯，「支節」的工作是透過內容的考證進一步由「古文二十五篇」的各種痕跡證明其偽以及用怎樣的方式造偽。

　　關於《疏證》這一部分的論證，一般（如第二章註解第十所舉諸家）都認為《疏證》這一部分的工作是閻氏透過「古文二十五篇」內容的考察證偽的工作。只是前人在說明上，大多用《疏證》「以某某證偽」的方式來處理，並不能很好地表現出《疏證》實際辨偽工作的特性。不過，他們都認為《疏證》在內容方面的考證與證明「古文二十五篇」為偽具有密切的關聯則無疑問。然而，劉人鵬卻有如下的意見：

　　　　閻若璩《疏證》第五條以下的論證，我們必須掌握他由根柢而之枝
　　節的方法去瞭解，也就是說，他是在根柢穩固之下，對枝節的問題作解
　　釋；並且是針對個別的問題，一一提出解釋。這些個別問題的解釋，只
　　能個別去瞭解，無法定出概括的原則。他意在建構與解釋。其實他所論
　　證的是：二十五篇是如何偽的，而不是用證據來證明：二十五篇是偽的。
　　「二十五篇是偽作」，已完成於根柢的論證中，亦即：第一至四條論證了
　　兩漢真古文十六篇的可信及流傳始末後，二十五篇之偽已無須證明，而
　　只須說明偽跡了。若我們不由這個途徑去瞭解，則閻氏的論證充滿了矛

盾與臆說。(《閻若璩與古文尚書辨偽》，頁 217)

劉氏這段話可以分成兩個方面，一是他認爲《疏證》的「支節」是在「根柢」穩固之下對「支節」的問題作解釋。這一點依我們上一章的了解，應可以接受。二是他認爲《疏證》對「古文二十五篇」眞偽的考證在「根柢」就已經完成了。「支節」只是閻氏通過對材料的「解釋」與「建構」，說明「古文二十五篇」是如何偽造出來的，與「證偽」無關。並以《疏證》全書對「古文二十五篇」內容考證的所有工作，都屬這一種與「證偽」無關的「支節」。他認爲，「支節」若不從「這個途徑去瞭解，則閻氏的論證充滿了矛盾與臆說」。這點用在對《疏證》論證的評價上，或許有其特見；但若用在了解《疏證》的論證，顯然有問題。

我們認爲閻氏用了什麼方法辨偽是一回事，他的方法能否有效地達到「證偽」的目標則是另一回事。即使從今日的角度看來，《疏證》的論證無法成功地證明「古文二十五篇」爲偽，甚至「充滿了矛盾與臆說」，我們亦不能說他的企圖與所用的方法不存在，或在閻氏當時亦爲無效的論證。因爲方法、考證對象、使用者不同，乃至時代共同的知識背景不同，都會影響考證的結果。劉氏顯然混淆了上述問題。他受到自己對《疏證》論證評價的影響，以致於對《疏證》的內容無法作出相應的了解。

按照劉氏的理解，《疏證》「支節」方面的論證不但沒有證偽的功能，閻氏亦沒有從「支節」之論證客觀證偽的「企圖」。因爲證明「古文二十五篇」爲偽的工作「已完成於根柢的論證中，亦即：第一至四條論證了兩漢眞古文十六篇的可信及流傳始末後，二十五篇之偽已無須證明，而只須說明偽跡了」。劉氏用這個說法來統攝《疏證》所有「支節」方面的論證是無法讓我們接受的，因爲閻氏在「支節」部分的論證表現出強烈地證明「古文二十五篇」爲偽的企圖；而且在某一個立場上說，亦可能達到實際證偽的效果。前文曾提到，閻氏所提的「根柢、支節」說本身並不是一種很精細而清楚的說明，只能提供我們有限的訊息。我們對《疏證》辨偽工作的了解，仍應以《疏證》辨偽論證的實際表現爲準，不應反以閻氏所提出的「話頭」來衡定《疏證》的所有論證。

關於《疏證》「支節」部分的工作與劉氏理解的問題，我們舉兩個例子加以說明。第一個例子是第八十一條「言以歷法推仲康日食，〈胤征〉都不合」說：

今余既通歷法矣，仲康在位十三年，始壬戌，終甲戌。以《授時》、《時憲》二歷推算，……則仲康始即位之歲，乃五月丁亥朔日食，非季秋月朔也。食在東井，非房宿也。在位十三年中，惟四年九月壬辰朔日有食之，卻又與經文「肇位四海」不合。且食在氐末度，亦非房宿也。

夫歷法疏密，驗在交食，雖千百世以上，規程不爽，無不可以籌策窮之。
以仲康四年九月朔日食而誤附于「肇位四海」之後，以元年五月朔日食
而謬作「季秋集房」之文，皆非也。⋯⋯而魏、晉間書乃出一妄男子，
多憑虛妄處之。論以歷法則不合於天文，以典禮則不合於夏制。屢折之
於理既如彼其乖，茲參之以數復如此其謬，曾謂天下萬世人兩目盡睒而
無一起而正之者乎！（卷六上，頁1，總頁597）

這一條是對〈胤征〉內容的指責。所用的方法是以《授時》、《時憲》二曆的推算
來證明〈胤征〉對日食記載的不可信。閻氏指出〈胤征〉的錯誤有兩點：一、仲
康即位那一年是五月丁亥朔日食，不是在季秋月朔。位置則在東井而不是房宿。
二、仲康在位十三年的時間裡，只有四年九月壬辰朔日食，與經文「肇位四海」
不合，而且位置也不是在房宿。

　　暫且不論閻氏的推算是否無誤，或他用後代的曆法推算東周歷王共和以前的
日食是否可以成立；閻氏用《授時》、《時憲》二曆推算夏代日食的方法，顯然不
是劉氏所說的「建構」史實與「解釋」文獻可以含括的。事實上，由於過去相信
《尚書》為中國最早的歷史記載，加上過去的人對經書的尊崇，認為經書的作者
或是刪定者「孔子」所整理或著作的書是最完美的。只要它不是偽書，其內容（包
括「義理」和「史料」兩方面）必不可能有錯誤。在這種特殊背景下，證明〈胤
征〉內容的不合史事，的確可以達到至少對〈胤征〉的真偽有所懷疑的結果。而
且，即使閻氏用後代曆法推算夏代日食的方法有可議之處，亦不表示閻氏沒有用
這個方法證偽的企圖或《疏證》不存在這一個辨偽方法。最多，只能說閻氏對方
法的使用不當。然而，我們發現劉文對《疏證》這一類以內容證偽的論證全未處
理。他所舉的例子都是《疏證》關於「文句襲用」部分的論證。

　　第二是以劉氏自己所舉的《疏證》第三十一條「言人心惟危道心之微純出《荀
子》所引《道經》」為例。閻氏說：

　　二十五篇之書，⋯⋯其精密絕倫者在虞廷十六字。⋯⋯余曰：此蓋
純襲用《荀子》，而世舉未之察也。《荀子・解蔽篇》：「昔者舜之治天下
也」云云「故《道經》曰：『人心之危，道心之微，危微之幾，唯明君子
而後能知之。』」此篇前又有「精於道」、「一於道」之語，遂檃括為四字，
復續以《論語》「允執厥中」〔按，〈堯曰篇〉〕以成十六字，偽古文蓋
如此。或曰：安知非《荀子》引用〈大禹謨〉之文邪？余曰：合《荀子》
前後篇讀之，引「無有作好」〔按，〈修身篇〉、〈天論篇〉〕四句，則冠
以「《書》曰」，引「維齊非齊」〔按，〈王制篇〉〕一句則冠以「《書》

曰」，以及他所引《書》者十，皆然。甚至引「弘覆乎天，若德裕乃身」
〔按，〈富國篇〉〕則明冠以〈康誥〉，引「獨夫紂」〔按，〈議兵篇〉〕
則明冠以〈泰誓〉，以及〈仲虺之誥〉亦然。豈獨引〈大禹謨〉而輒改目
爲《道經》邪？予是以知「人心之危，道心之微」，必眞出古《道經》，
而僞古文蓋襲用，初非其能造語精密至此極也。（卷二，頁56，總頁244）

閻氏認爲十六字心傳襲自《論語・堯曰篇》「允執厥中」之語以及《荀子・解蔽篇》
所引的《道經》。這是由文獻（〈大禹謨〉與《荀子》、《論語》）的對比，指出其因
襲關係的考證。一般面對這種考證論斷，很自然地會提出一個問題：爲什麼不是
《荀子》引自〈大禹謨〉而是〈大禹謨〉襲自《荀子》呢？閻氏在這裡的作法是
從《荀子》引《尚書》的慣例加以說明。他指出，《荀子》引《書》有十處都指明
「《書》曰」，甚至有指明出自何篇的，爲什麼只有引〈大禹謨〉時卻改爲「《道經》」，
和《荀子》引《書》的體例不合？所以閻氏由此認爲《荀子》所引的是《道經》，
與《尚書》無關。現在，〈大禹謨〉中竟然有這一段話，足以證明〈大禹謨〉是僞
造的而且襲用了《荀子》引《道經》的話。

　　就發問者的問題而言，除非閻氏對《荀子》的引證本身有問題（如閻氏對《荀
子》引《書》的了解有誤），否則這樣的回答顯然自成一個完整的段落。從這個立
場來說，就算閻氏在這裡的說法不能成立，《疏證》用「支節」的論證「證明」「古
文二十五篇」爲僞的企圖還是非常明顯的。

　　但劉氏在說明了《疏證》上述的論證之後，接著指出閻氏在同條的按語（卷
二，頁57，總頁246）中還有進一步的討論。我們先看閻氏的說法（下面的說明
順序全依《疏證》原文，未加改動。爲了說明方便，我們加以編號）：

　　　　【一】或難余曰：虞廷十六字爲萬世心學之祖。子之辭而闢之者，
　　不過以荀卿書所引偶易爲《道經》，而遂概不之信。吾見其且得罪於聖經
　　而莫可逭也。

有人問閻氏，十六字心傳是心學最早的根據，你只以《荀子》將之引作《道經》
就認爲這是僞的，這樣作是不是「得罪於聖經」而不可原諒呢？發問者認爲十六
字心傳的重要性非常大，光從《荀子》引《書》的體例來辨僞，是不能讓人接受
的。進一步來說，這隱含了兩種意思：

（一）十六字心傳是「聖經」，而《荀子》是「子書」。以「子書」辨「聖經」
　　　之僞，是無法讓人接受的。這並不一定表示從純粹考證的角度而言，閻
　　　氏的證據不夠充分；而是出自人們於對「聖經」的信仰，不肯就此相信
　　　這十六字心傳是僞造的。這是心理上的問題。

（二）表示純就證據上講，閻氏的證據不具辨僞的力量。這是辨僞論證推論
　　　是否可信的問題，與人們對「聖經」的信仰無關。

當然，這兩方面的意思也可以同時並存。不過，從以下的對話裡可以發現，發問者的意見實傾向於第一種意思。閻若璩對上述問題的回答是：

> 【二】余曰：唯唯否否，「堯曰：咨爾舜〔……〕允執其中。」傳心之要，盡于此矣。豈待虞廷演爲十六字而後謂之無遺蘊與？且余之不信而加闢之者……〔按，此即第三章第一節所引第三十一條的按語之文，此略〕……昌明其僞。不然，徒以「道經」二字而輕輕議歷聖相傳之道統，則一病狂之人而已矣，豈直得罪焉已哉。且此十六字以上，如「汝唯不矜，天下莫與汝爭能」，《荀子·君子篇》語也。十六字以下，「無稽之言勿聽，弗詢之謀勿庸」，亦《荀子·正名篇》語也。其各各有依傍，而初非能自撰出者。

閻氏的回答，可分爲三點：

第一，傳心之要以《論語》所說已經足夠。這是從義理上說明十六字心傳不
　　　是不可動搖的。
第二，閻氏之所以不信十六字心傳的理由，並不只是《荀子》引《道經》一
　　　點。從他對「根柢」乃至於對「支節」的考證，發現「古文二十五篇」
　　　的疑問非常多，所以才敢指出「古文二十五篇」爲僞。不然只以《荀
　　　子》引《道經》這一個孤證就認爲十六字心傳爲僞，其罪過就不只是
　　　得罪「聖經」而已，恐怕是個病狂之人。
第三，從這十六字心傳的上下文來看，也都是出自《荀子》，不是作僞者能夠
　　　自己杜撰出來的。這一點是從十六字心傳的上下文亦出自抄襲，類推
　　　十六字心傳之不可信，並不是只針對這十六字心傳挑毛病而已。

從第一點可以知道，閻氏所面對的顯然十六字心傳之「義理」地位的問題要比考證的問題來得嚴重。第二、三點閻氏偏重在指出他對十六字心傳的考證，就「古文二十五篇」（或今本《尚書》）的整體來看，並不是孤證。按語繼續說：

> 【三】或曰：荀卿之造語，卻若是其精乎？

經過閻氏上面的回答，還是不能讓人相信十六字心傳是僞的，所以閻氏的反對者又問閻若璩，荀卿可能說出這麼精到的話嗎？與上面發問者的問題合看，可以很明確的了解在這一條按語裡，發問者的問題與閻氏的回答都是環繞在上面所指出的第一個意思上提出的。由於發問者的問題根本不在《疏證》正文所提出的論證能否成立。所以閻氏的回答是：

【四】余曰：語之尤精者，荀子固自言爲《道經》矣。作者之謂聖，
述者之謂明，荀子縱不得儒之醇，將不得爲述者乎哉？嗟乎！「人心之
危，道心之微」，此語不知創自何人，而見之《道經》，述之《荀子》，至
魏、晉間，竄入〈大禹謨〉中，亦幾沈埋者七八百年。有宋程、朱輩出，
始取而推明演繹，日以加詳，殆眞以爲上承堯統，下啓孔教者在此。蓋
以其所據之地甚尊，而所持之理原確也。噫！抑孰料其乃爲僞也乎。

認爲這不是荀子自己說的，而是荀子引用《道經》。到了魏、晉「古文二十五篇」的
作者又從《荀子》錄出這段話，由於義理上相當精到，所以後人都信以爲眞。閻氏
在這裡特別指出，《荀子》雖然自己無法有如此精到的見解，但卻可以引用《道經》。

【五】或曰：朱子於古文嘗竊疑之，獨至〈大禹謨〉及十六字則闡
發之不遺力，子與其疑也，寧信。

只是，發問者仍然不肯相信十六字心傳爲僞的事實，故舉出朱子對十六字心傳的
重視，認爲與其對十六字心傳加以懷疑，不如相信它。這個問題的提出，就更明
顯的表示這已不是單純文獻眞僞的問題，而是人們在心裡願不願意去相信十六字
心傳爲僞了。

【六】余曰：《荀子》固有言矣：「信信，信也。疑疑，亦信也。」
余之疑僞古文也，正以其信眞聖經也。不然，〈大學〉一篇，於《記》者
千餘年，而經兩程子出，始尊信表章，迄今翕然無異議。余豈獨私有憾
於二十五篇者而黨同伐異，嘵嘵然不置若此哉！

所以閻氏的回答乃說明自己辨偽的態度，是在相信「眞聖經」，而不在「黨同伐異」。

上面的對話裡，我們注意到，人們不肯相信十六字心傳爲僞的理由主要是因
爲心理上不願意接受「聖經」爲僞。在這種情形下，閻氏辨十六字心傳爲僞的根
據：《荀子》之「子書」的身份，根本不能讓人相信具有對「聖經」辨僞的效力。
這顯然和第三十一條「或曰：安知非《荀子》引用〈大禹謨〉之文邪？」不是同
一個脈絡中問題。

於是，我們看劉氏如何處理《疏證》這一條文獻（見《閻若璩與古文尚書辨
偽》頁 223 至 224）。他先舉出【一】，指出「這裡顯示：閻氏僞古文，必須對抗心
學的重要根據」。然後舉出【四】自「人心之微」以下的話，說「他〔閻氏〕十分
清楚，自程朱就開始注重這十六字了」。然後在指出這裡所謂的「心學」不是指陸
王之學後，接著說「這裡僅分析，當閻若璩負擔著『得罪聖經』的罪名時，他如
何面對這樣的控告呢？」然後劉氏引【二】自「堯曰」至「豈直得罪焉已哉」爲
止的話。分析說：

這裡重申他之攻古文由根柢而之枝節的旨趣，必須在根柢即由《兩漢書》、《註》、《疏》中得出真古文的傳授、卷篇名目次第建立穩妥之後，以真攻僞，其僞愈見；麋〔按，當爲「攟」之誤〕拾之繁博不是「證據」，而是肯定了二十五篇爲僞作之後才看得出來的僞跡。而如果單單以孤立的十六字問題，謂其出於《荀子》，即所謂以子、史仰攻聖經，人將不之信；況且，以其萬世心學之祖的地位，人必以爲是《荀子》引〈大禹謨〉，而非〈大禹謨〉襲《荀子》。但若是在根柢建立完固之後，把十六字的問題放在枝節的地位上，由根柢去解釋，則二十五篇之僞就昭然若揭了。

由此可見，閻若璩十分清楚，「找出來源」並不能「證明」其僞作，不足以服人；如果沒有根柢的建立，只是說，十六字出自《荀子》，根本不足以撼動道統之說。閻氏也承認，這十六字所持之理原確，但孰料其乃爲僞也！義理的真僞，在歷史的真僞之辨僞中，成爲不相干的問題。（頁 224）

劉氏的引證顯然有問題：

第一，他引用【二】，略去了我們前文所說的第三點。所以，在他的分析裡亦根本不考慮「支節」在閻氏這一段話的地位，而把《疏證》所有的證僞功能完全歸於「根柢」。

第二，他的說明完全不考慮《疏證》的上下文，而是截取其中一段話，就認爲「閻氏十分清楚，『找出來源』並不能『證明』其僞作，不足以服人」。事實上，閻氏在第三十一條正文的工作不僅止於「找出來源」（還透過《荀子》引書的體例「證明」〈大禹謨〉襲用《荀子》），更沒有自認爲他在「支節」（正文）裡的工作不能「證明」十六字心傳爲僞作。閻氏按語裡的考證「不足以服人」，問題並不在《疏證》「支節」的考證論證，而在人們對經書的信念無法動搖。

第三，劉氏雖然引了《疏證》傳心之要盡在《論語》所引已經足夠的話，但他完全無視於此，反而說「閻氏也承認，這十六字所持之理原確，但孰料其乃爲僞也！義理的真僞，在歷史的真僞之辨僞中，成爲不相干的問題」。劉氏所說閻氏認爲這十六字所持之理原確的根據是【四】的話，這一點我們可以承認。但我們並不能由此斷定閻氏認爲義理的真僞在歷史的真僞之辨爲不相干的問題。因爲從《疏證》在這裏的表現，閻氏似乎認爲「古文二十五篇」之「義理」無誤，並不能保證「古文二十五篇」必定爲真；但「義理」之誤，必然表示「古文二十五篇」爲僞。而且，閻氏強調傳心之要的

義理是襲自《論語》和《道經》，表示他認為「古文二十五篇」義理不誤的部分，並不是偽造者所創造，而是用了他書的義理。從這裡來說，可取的義理並不是來自偽書，而是來自偽書所據以偽造的「真」材料。

所以，從我們對《疏證》第三十一條正文與按語上下文的了解，以及對劉氏之說明所提出的問題可以知道，劉氏不但無法真正了解《疏證》「支節」的工作，而且在這裡他將按語與正文混為一談，誤解了《疏證》的意思。

無可諱言，閻氏在肯定「根柢」之後，在「支節」部分的工作必然會受到「根柢」的影響。閻氏在論證上亦有些地方的確不夠客觀。劉氏的意見提醒了我們必須注意《疏證》論證在這方面的缺失。但我們決不能由「不夠客觀」這一點認為《疏證》「支節」部分的工作與「古文二十五篇」的「證偽」無關。在這種情形下，我們還是贊同過去大多數學者認為「支節」與辨偽有密切關係的作法，只是必須對「支節」的工作作進一步的說明。

第二節　「支節」的論證原則

一、《疏證》「支節」的內容

一般所使用的辨偽方法，很少直接以書的內容的是非作為判斷真偽的標準，因為偽書的道理不一定是錯的，真書的道理也未必是對的。考證者經常以書中可能反映出成書時間的內容作為考證的線索。如梁啟超《古書真偽及其年代》（頁43）的「乙、從文義內容上辨別」的「一、從字句罅漏處辨別」所列三點：「（子）從人的稱謂上辨別」，其中又可分為三點：「（A）書中引述某人語，則必非某人作。若書是某人作的，必無『某某曰』之詞」，「（B）書中稱謚的人出於作者之後，可知是書非作者自著」，「（C）說是甲朝人的書，卻避乙朝皇帝的諱，可知一定是乙朝人做的」；「（丑）用後代的人名、地名、朝代名」，亦分三點：「（A）用後代人名」，「（B）用後代地名」，「（C）用後代朝代名」；「（寅）用後代的事實或法制」，分兩點：「（A）用後代的事實」，「（B）用後代的法制」，都是這一個方向的考慮。而即使是「四、從文章辨別」（分為四點：「（子）名詞」、「（丑）文體」、「（寅）文法」、「（卯）音韻」），「五、從思想上辨別」（分為「（子）從思想系統和傳授家法辨別」，「（丑）從思想和時代的關係辨別」，「（寅）從專門術語和思想的關係辨別」，「（卯）從襲用後代學說辨別」），表面上似乎與內容的是非有關的部分，亦不是從文章的優劣或思想本身的對錯作為辨偽的依據。如他在「從專門術語和思想的關

係辨別」所舉的例子說：

> 今本《鄧析子》第一篇是〈無厚〉。有人說鄧析爲「無厚」之說。到底鄧〔「鄧」原誤作「鄭」〕析著了書沒有，本是問題。許是戰國時人著書託名鄧析，亦未可知。「無厚」是戰國學者的特別術語。《墨經》：「端體之無厚而最前者也」、《莊子》：「以無厚〔按，「厚」原作「後」〕入有間」，無閒的意義，《墨經》說解作幾何學上的「點」，無面積〔按，「積」原作「種」〕的可言。《莊子》譬做極薄的刀鋒，無微不入，只是一種象徵。戰國名家很喜歡討論這點，這無厚的意義也是學者所俱知的。《鄧析子》既號稱是名家的書，對於這點應該不致誤解，不料今本卻很〔按「很」原作「後」〕使人失望。《無厚》篇開頭便說「天於人，無厚也。君於民，無厚也。父於子，無厚也。兄於弟，無厚也。……」竟把厚字當作實際的具體的道德名詞看，把無厚當作刻薄解。這種淺薄的思想，連專門術語也誤解誤用，虧他竟想假託古書。從這點看，《鄧析子》既不是鄧析的書，也不是戰國人所僞造，完全是後世不學無術的人嚮壁虛造的。（頁 57）

就必須以戰國時代的學者對「無厚」這個術語的共同用法作爲根據，來判斷《鄧析子》對「無厚」的用法是不是可能出現在鄧析的時代。沒有其他戰國時代「無厚」用法的對比，是無法用來判斷今本《鄧析子》的眞僞的。因此，內容要成爲辨僞的證據，在常態的推論上，一定要以與「成書時間」考證相關的部分作爲依據。而且，這類證僞方法一般而言只能消極的否定原題名作者之誤。亦即，我們只能從某一部著作的內容中找到與原題名作者所處時間相衝突，或之後才出現的「特徵」（如用了後代的人名、地名等），然後由此特徵推出此書的成書時間要比原題名作者所處的時代晚。依過去對較寬泛意義僞書的判斷方式，既能證明某書的成書時代比原題名作者或著錄的時間晚，自然就可以稱之爲「僞書」了。

除了上面所列的「內容」方面的論證，還有用「文句」考證的作法。梁氏《古書眞僞及其年代》（頁 46）的「乙、從義義內容上辨別」的「二、從抄襲舊文處辨別」（分爲「（子）古代書聚歛而成的」，「（丑）專心作僞的書剽竊前文的」，「（寅）已見晚出的書而勦襲的」），「三、從佚文上辨別」（分爲「（子）從前已說是佚文的，現在反有全部的書，可知書是假冒」，「（丑）在甲書未佚以前，乙書引用了些，至今猶存，而甲書的今本卻沒有或不同於乙書所引的話。可知甲書今本是假的」）就是這一方面的工作。這是純粹由文句的對比證明一書的眞僞。所以，以「內容」作爲考證的根據，可以分爲「文句」的對比和內容的考證兩部分。閻氏的論證亦包括了這兩方面。

　　《疏證》「支節」的條文佔了《疏證》所有辨僞論證的絕大部分。這些材料依其主要的內容，大致可以歸併爲「文句」方面的論證與內容的論證。「文句」方面的論證，最重要的是對「古文二十五篇」以襲用他書文句的方式作僞的證明。《疏證》在這裏經常以指出「古文二十五篇」襲用的「破綻」爲證，這是《疏證》證明「古文二十五篇」襲自他書的主要論證。其條目集中在《疏證》卷一，包括這一卷的第九、十、十一、十二、十三、十四、十五、十六條，以及卷二的第三十一條（第三十二條附）和卷五的第五十五條。這一類是《疏證》「支節」論證的核心。

　　在這一類論證中，閻氏的論證重心實放在以「古文二十五篇」的文句與他書所引《尚書》文句的比較。這時候，辨僞者的解釋方向經常必須涉及兩個方面：一是指出用以比較的材料爲「眞實可信」者。二是透過某些文獻現象證明「古文二十五篇」與用以對比的他書所引《尚書》文句有襲用的關係，而且是「古文二十五篇」襲用他書的單向關係。然後由襲用這一點，證明《疏證》在「根柢」部分的論證所初步劃定的「古文二十五篇」的確是僞造的。這一部分的工作相當於梁啓超《古書眞僞及其年代》所說辨僞方法「（乙）從文義內容上辨別」的「從抄襲舊文處辨別」和「從佚文上辨別」兩項。

　　在證明了「古文二十五篇」的確是由襲用他書文句的方式僞造，閻氏乃進一步對其中襲用的各種情形提出說明。其說明不外是當「古文二十五篇」的文句與他書所引《尚書》文句相同時，指出這是因爲「古文二十五篇」襲用他書的結果。如果是「古文二十五篇」的文句異於他書所引《尚書》文句，則閻氏必須說明這是「古文二十五篇」在襲用上的缺失。其中雖然亦有論證「古文二十五篇」「襲用」的情形，但在說明上卻不是那麼清楚。就《疏證》的表現而言，可以分爲：

（一）是指出「古文二十五篇」襲用他書所引《尚書》文句及其問題。這一類主要是通過已經證明的「古文二十五篇」襲自他書的認定，進一步指出「古文二十五篇」其他襲用情形。這一類有第二十七、五十一、五十二、五十七、六十一、七十四、七十九、八十條。

（二）是指出有他書所引《尚書》佚文而未經襲用的情形。這一類亦是透過已經證明的「襲用」關係，認爲「古文二十五篇」在材料上仍然有所遺漏。這一類有第六、七、六十八、七十七、七十八條。

（三）是對「古文二十五篇」襲用他書文句的說明。這一類的重點事實上與第（一）類相近。其區別只是在第（一）類是指出「古文二十五篇」襲用他書所引《尚書》文句，這一類則是指出襲用他書文句。屬於這一類的有第五十六、

六十二、六十三、六十四、六十七、七十六、九十七條。

我們發現，指出「古文二十五篇」的文句襲自他書的工作，早在梅鷟的《尚書譜》和《考異》就已經大量使用。特別是「從抄襲舊文處辨別」的考證方式，是《尚書考異》處理「古文二十五篇」內容最主要的工作，只是《考異》裡缺乏論證。其中部分的論證雖然可以由《尚書譜》補充，但對於「古文二十五篇」以襲用他書文句的方式偽造的證明並未提正面的處理，而閻若璩於此，則有非常大的改善〔註1〕。

其次，對「古文二十五篇」內容的考證，就是第二章對《疏證》所作分類之「第三類：以內容證偽」的部分。屬於這一類的條文共有二十四條，分別是第五、八、十八、十九、二十三、二十五、二十六、四十九、五十、五十三、五十四、五十八、五十九、六十、七十三、八十一、八十五、八十六、九十八、一〇〇、一〇一、一〇三、一〇四、一一四條。這一部分所涵括的層面非常廣泛，而且在不同的層面之間有時很難作出明確的劃分。如果不要求很精確的區別，依前人的整理大概有文義、曆法、史例、史實、文例、義理、禮制、地名、訓詁等方面。關於內容的指責，閻氏的解釋是由於造偽者對史實、曆法等諸多方面的知識不足所造成。依梁啓超所說的辨偽方法，這應該是「（乙）從文義內容上辨別」的「從字句罅漏處辨別」的全部和「從文章上辨別」、「從思想上辨別」的一部分。這部分的論證，在梅鷟的書上大多是用「義理」的是非作為判斷的標準，故較無說服力，在閻若璩的論證裡則有較大的進步。其背後的思考原則為，如果「古文二十

〔註1〕如果不能先證明「古文二十五篇」是用「襲用他書文句」的方式造出來的，其結果就像張蔭麟〈古文尚書公案的反控與再鞫〉所認為：「湊集古籍引用逸文，顯露破綻。而所湊集之書，成於壁書出現之前者搜尋晚出二十五篇文詞之來源，並指出其湊集之破綻」的辨偽理由無效。他說：

彼所出爲湊集之材料，可分三種：
（子）古書中明言引《尚書》之文且著篇名者。
（丑）明言爲引《尚書》之文，而未著篇名者。
（寅）古書中非引用之文。
末一種之相同者，有三種可能的原因：
1、古文襲用他書。
2、他書襲用古書。
3、古文與他書同用現成文語。
但就其相同，而不能證明其由於第（1）種原因，或無第（2）第（3）兩種原因之可能者，不能斷定《晚書》之湊集。……無論（子），（丑）或（寅）種之相同，即使能證明其爲《晚書》之湊集，而所從集湊之書成於壁書發現之前者，則亦不能斷定《晚書》之偽。何也，因吾人不能證明壁書之必爲信史，而無成於湊集之可能也。（《張蔭麟文集》頁5。）

五篇」是眞的，則它是中國最早的一部史書，而且經過聖人的整理，在古人的心目中，其內容不可能有錯誤。於是若發現「古文二十五篇」與其它史料的內容有不合的地方，而且證明這是「古文二十五篇」之誤，就可以證明「古文二十五篇」不是出於聖人，或不是最早的史書。這等於是證明「古文二十五篇」爲僞。

二、《疏證》對所根據材料的處理

上面所說，有些是材料（文句）的問題，有些則是內容的問題。由於閻若璩對內容問題的論證大多是透過材料的處理而來，所以對論證所根據的材料的選擇就特別重要。就「古文二十五篇」的考證來說，以「可信」或「可靠」的《尚書》之內容作爲對比的依據，最能達到證明的目的。其次才是與《尚書》的時代相近的文獻記載作對比。從現存材料上看，與「古文二十五篇」辨偽相關的重要《尚書》傳本可大略區分爲三階段，即（一）先秦（二）漢代（三）東晉。其中，東晉《尚書》最重要的自然是梅賾所上的今本《尚書》。由於這個本子晚出，因此有眞、僞的判斷問題，是辨偽者的考證對象。除去這個本子，過去對先秦與漢代《尚書》內容之「可靠」、「可信」或「不可靠」、「不可信」的認定情形大致如下：

先秦《尚書》可能只有一個本子，也可能有多種不同的傳本，實際的情形尚不清楚，其內容只能從先秦典籍所引用略知一二〔註2〕。不過，由於梅鷟、閻若璩、毛奇齡三人（乃至大部分的清代學者）都認定先秦《尚書》即孔子所傳的本子，

〔註 2〕如羅根澤〈由墨子引經推測儒墨兩家與經書之關係〉說：
引《書》者三十四，則以校除重複五則，實二十九則。在此二十九則中，篇名文字俱不見《今古文尚書》者至有十四則之多；其餘篇名文字與《今文尚書》不同者一則；文字不見《今文尚書》者六則；引〈泰誓〉而不見今本二則，與今本有出入者二則，〈泰誓〉雖在今文，但傳出於河內女子，不得與伏生所傳並論；引《詩》、《書》不明而可附於《書》者一則，亦不見於《今古文尚書》。統上二十六則，非不見於《今古文尚書》，即與《今古文尚書》大異。與《今文尚書》雖字句有異同，而大體無殊者止有三則，而此三則又止在〈呂刑〉一篇。故概括言之，即謂《墨子》所引《書》，與《今古文尚書》全殊，亦無不可也。古人引書，不沾沾於舊文，故字句每有改竄，然懸殊至此，則不能一委於引者所改竄也。（《古史辨》（四），頁 279）
張西堂《尚書引論》甚至說「《尚書》在先秦時『既無成書，便無所謂完全或殘缺』這樣的提法。」（頁 3）認爲在先秦時，《尚書》根本沒有成書。所以顧頡剛〈尚書版本源流〉指出十一個關於《尚書》未能解決的問題，第一個問題就是「《尚書》在秦火以前究竟有多少篇？它是百家的讀本呢，還是一家的讀本？」（《古籍整理與研究》第四輯，1989 年三月一版）他的學生劉起釪在《尚書學史》更明確地說：「所以對於《書》的搜集編排不止儒家一家，其他諸子也在搜集編排，有的或且過之。我們只能說，流傳到漢代的《書》，才是儒家傳下來的。」（頁 12）

他們都沒有特別去考慮，或有意忽略先秦《尚書》是否只有一個本子的問題。所以，以下所說的先秦《尚書》就不特別處理是否有其他不同傳本。先秦《尚書》傳本自然是用以對比的重要根據。

漢代《尚書》最重要的是伏生所傳的《今文尚書》與孔壁《古文尚書》。

一般都認爲伏生《今文尚書》是從先秦留傳下來的，雖然原本已佚，卻大體保存於今本《尚書》之中。這一點，梅、閻、毛三人亦沒有異議。在閻、毛諸人的論證裡，伏生《今文尚書》的地位是與先秦《尚書》相近的。

孔壁《古文尚書》有三種說法，一是認爲這個本子是漢代的孔安國所僞造。如吳澄《書纂言》、梅鷟《考異》、《尚書譜》。二是認爲這個本子是先秦所傳下，並非僞造。如閻若璩《疏證》以及清代大多數認爲梅賾所上今本《尚書》爲僞的學者都這麼認定。然而，所有這些學者都認爲其原本皆已失傳，只能從漢代其他典籍所引用略知一二。這也是考證上的重要根據。而如前所說，《疏證》的「根柢」在某個意義上，正是對漢代《古文尚書》的證成。第三，認爲今本《尚書》的經文與漢代孔安國的《古文尚書》是同一個本子。如自〈大序〉以下，陸德明、孔穎達以至清代主張「古文二十五篇」爲眞的學者（包括毛奇齡）大都是這麼主張的（不過，《孔傳》、〈大序〉則另有不同的說法）。

在區分了上述材料之後，由於考證者認爲先秦《尚書》曾存在過，是「眞」的《尚書》，雖然已經不傳，但它的一些片段透過間接的方式仍然可以爲後人所掌握。因此，主張「古文二十五篇」爲「僞」的閻若璩在論證過程中展示出如下的思考方式：如果「古文二十五篇」是「眞」的，表示與先秦《尚書》是同一個本子，所以「古文二十五篇」內容就必須與先秦《尚書》流傳的「材料」相符。根據這一點，閻氏的推論乃集中在找出「古文二十五篇」的內容與先秦《尚書》不符的部分。因爲先秦《尚書》既然已經被確認爲「眞」，當「古文二十五篇」被證明與先秦《尚書》不符時，其眞僞就會被懷疑。然而，先秦《尚書》只是重要的傳本之一，在眞僞的判斷上，還必須把漢代《古文尚書》一起考慮進去。如果只是純就「文句內容」的對比來判斷其關係，而且認定先秦《尚書》只有一個本子（是經孔子刪定的《尚書》）〔註3〕，下列情形都是可能出現的：壹、若漢代《古

〔註 3〕由於此點梅、閻、毛三人於此皆表贊同，故這裡不討論這個問題。若加入這個條件，則「古文二十五篇」眞僞問題將會變得非常複雜。事實上，「清儒治《尚書》之學者如閻若璩、惠棟、江聲、王鳴盛，皆不懷疑孔子刪《書》之說」（張西堂《尚書引論》，頁 29），因此我們在了解清人的意見時，可以暫時不處理這個問題，在檢討其論證的內容時，才有必要加以考慮。

文尚書》非先秦《尚書》傳本，則「古文二十五篇」有三種可能。即第一，是先秦《尚書》傳本而不是漢代《古文尚書》傳本。第二，是漢代《尚書》傳本而不是先秦《古文尚書》傳本。第三，不是先秦《尚書》傳本也不是漢代《古文尚書》傳本（梅鷟所主張屬此）。貳、若漢代《古文尚書》是先秦《尚書》傳本，則「古文二十五篇」有兩種可能。即第一，是漢代《尚書》傳本也是先秦《尚書》傳本（毛奇齡所主張屬此）。第二，不是漢代《尚書》也不是先秦《尚書》傳本（閻若璩所主張屬此）。根據上述情形，要判斷「古文二十五篇」為「偽」，至少出現兩種標準〔註4〕：

第一、相對於先秦《尚書》，如果「古文二十五篇」不是先秦《尚書》的傳本，則可以稱為「偽」。如壹之第二、三種情況和貳之第二種情況。

第二、不論漢代《古文尚書》是不是源自先秦，「古文二十五篇」既被稱為是漢代《古文尚書》的傳本，則只要能夠證明這個本子與漢代《古文尚書》不同，就可以稱為「偽」。如貳之第一、三兩種情況和貳之第二種情況。

　　這其中可以為兩個標準都稱為「偽」的，是壹之第三種情況和貳之第二種情況兩項。本文討論對象之梅鷟和閻若璩對「古文二十五篇」的認定，正分屬這兩項。就考證上說，不論先秦《尚書》和漢代《尚書》的關係如何，他們都是要證明「古文二十五篇」「不是先秦《尚書》傳本，也不是漢代《古文尚書》傳本」。順著上述的思路，我們認為站在閻氏的立場，對內容的考證方式是透過「古文二十五篇」與先秦《尚書》或漢代《古文尚書》的對比，證明「古文二十五篇」為偽。因此，證明或說明《疏證》所根據的材料足以代表已經無法看到原書的先秦《尚書》或漢代《尚書》，就非常重要。

　　其中，有許多材料閻氏曾特別強調其可信。在《疏證》裏就經常可以看到閻氏對《今文尚書》、《周禮》、《禮記》、《左傳》、《國語》、《論語》、《孟子》、《荀子》、《墨子》、《管子》、《史記》、《漢書》、《說文》等時代較早，而且有較充分的理由指出其

〔註4〕這兩種工作，劉人鵬説：
　　　　當我們要判定《古文尚書》之眞偽時，所謂「眞」與「偽」可以有兩種意義：第一，《尚書》原題爲虞、夏、商、周時代的文獻，被認爲是「上古聖人之書」。所謂「眞」，是指它的確是上古三代時的文，若證明它不是當時文獻，則它是偽的；第二，《古文尚書》根據文獻記載是漢代孔壁發現的，如果今所見孔傳本確是漢孔壁所藏《古文尚書》，則它是眞的，否則即偽。……由閻若璩的考證看，他並沒有分別這二個標準。基本上他認爲：如果《古文尚書》眞是孔壁所藏，則一定是眞的三代文獻；因此，有時他以第一個標準判定它偽，有時則以第二個標準判定它偽。（《閻若璩與古文尚書辨偽》頁18）

中引錄先秦《尚書》或漢代《古文尚書》文句可信，或與先秦《尚書》、漢代《尚書》所記載的內容（如官制、禮制等）接近的材料，特別提出說明。如第十四條說：

> 《書》有今文、古文，此自西漢時始然，孟子時固無有也。無有則同一百篇而已矣。（卷一，頁401，總頁114）

五十一條說：

> 趙氏稱孟子尤長《詩》、《書》。其於《書》之辭必熟習，必不以古人口中語認爲敘事，又必不以古人口中語妄續之於後與或妄增之於前，自亂其引古之例，斷斷然已。（卷四，頁7，總頁274）

就是肯定《孟子》所引爲眞《尚書》。

六十七條說：

> 《左氏》不應有誤。（卷五上，頁6，總頁396）

在同一條的按語又說：

> 或問：孔書援《左氏》以爲重，其遵若繩尺，莫敢或爽固矣。不識《左氏傳》果一無所誤乎？抑有乎？余曰：誤亦未免，特比他書差密耳。（卷五上，頁6，總頁396）

則是肯定《左傳》所引爲眞《尚書》。

二十四條說：

> 其不同於古文，不特如前所列而已也。《漢書·儒林傳》：「安國授都尉朝，而司馬遷亦從安國問故，遷書載〈堯典〉、〈禹貢〉、〈洪範〉、〈微子〉、〈金縢〉諸篇多古文說。」余嘗取遷書所載諸篇讀之，雖文有增損，字有通假，義有補綴，及或隨筆竄易以就成已一家言，而要班固曰「多古文說」，則必出於古文而非後託名古文者所可並也。余故備錄之以俟好古者擇焉。（卷二，頁34，總頁199）

則是肯定《史記》所引爲眞《尚書》。

二十五條說：

> 其不同於古文，又不特如前所列而已也。許愼〈說文解字序〉云：「其稱《易》孟氏，《書》孔氏，《詩》毛氏，《禮周官》，《春秋左氏》，《論語》、《孝經》皆古文也。」愼子沖上書安帝云：「臣父本從賈逵受古學，考之於逵，作《說文》。」是《說文》所引《書》正東漢時盛行之古文，而非今古文可比。余嘗取之以相校，除字異而音同者不錄，錄其俱異者於左。（卷二，頁46，總頁224）

第七十八條說：

余向謂《說文》皆古文，今異者亦只字句間。然從其異處論之，已覺義理長，非安國書可比。今且有安國所不載，辭至多，其必出賈侍中所授二十四篇也可知。（卷五下，頁 28，總頁 525）

則是肯定《說文》所引爲眞《尚書》。

第五條：

古文〈武成〉篇，建武之際亡。當建以前，劉向、劉歆父子校理秘書，其篇固具在也。……歆作《三統歷》引〈武成〉篇八十二字……夫一古文也，劉歆見之於三百年前信而有徵如此；梅賾獻之於三百年後僞而無稽如此。（卷一，頁 13，總頁 60）

則是肯定《三統歷》所引爲眞《尚書》。

第六十二條：

《周禮》眞聖人之書。（卷四，頁 42，總頁 346）

同條按語又說：

《周禮》聖人書。雖一字不可擅易如此。（卷四，頁 45，總頁 351）

又說：

益驗《周禮》眞出周公，而僞作者之多所抵梧云。（卷四，頁 46，總頁 354）

則是肯定《周禮》的內容與《尚書》相符。

諸如此類，不論閻氏所提出的理由能否讓我們接受，這是閻氏在考證過程中，對材料所作的基本認定。這個工作事實上和我們在說明「根柢」時，指出《疏證》透過「根柢」的證成，對伏生《尚書》、漢代「眞」《古文尚書》的認定是同一性質的工作。從《疏證》所有的論證來看，閻氏雖未對所根據的材料都提出說明，但這一個判定工作是確實存在的。

下面，正式對《疏證》的「支節」考證論證提出說明。

第三節　「古文二十五篇」襲用他書文句的證明

一、《疏證》證明「古文二十五篇」襲用他書的方法

考證「古文二十五篇」襲自他書文句，光是指出用以對比的材料可信，並不一定能說明文句之因襲關係。於是，閻氏必須先證明「古文二十五篇」的文句襲自他書，再由「古文二十五篇」文句之襲自他書證明「古文二十五篇」爲僞。《疏

證》所根據的，主要有斷句（第九、十條）、文義（第十一、十二、十三條）、文
例（第十四、十五、十六條）和文句出處（第三十一、五十五條）。其中文句出處
之例，《疏證》第五十五條「言僞〈泰誓〉明兩載《漢志》，今仍與之同」說：

> 《漢·刑法志》引《書》曰：「立功立事，可日永年」，魏、晉間作
> 僞書者似以此爲《逸書》之文，於〈泰誓〉中篇微易其文，竄入之曰：「立
> 定厥功，惟克永世」。不知〈郊祀志〉明云：「〈大誓〉曰：正稽古立功立
> 事，可日永年，丕天之大律。」顏注：「今文〈泰誓〉，〈周書〉也。」蓋
> 僞〈泰誓〉唐代尚存，故師古得以知之。今將以僞〈泰誓〉爲足信乎？
> 不應爲晚出書遂廢。以僞〈泰誓〉不足信乎？又不應晚出書復與之同。
> 蓋魏、晉間此人正以鄙薄僞〈泰誓〉，不加熟習，故不覺己之所撰，釐革
> 之未盡耳。（卷四，頁 16，總頁 294）

由《漢書》所引〈大誓〉，顏師古註明出自漢代〈泰誓〉，斷定這是「古文二十五
篇」誤用《漢書》所引漢〈泰誓〉的文句。斷句之例，如第十條「言《論語》『孝
乎惟孝』爲句，今誤點斷」說：

> 書有句讀本宜如是，而一旦爲晚出《古文》所割裂，遂改以從之者。
> 《論語》：「《書》云：『孝乎惟孝，友於兄弟，施於有政。』」三句是也。
> 何晏《集解》引漢包咸《註》云：「孝乎惟孝，美大孝之辭。」是以「《書》
> 云」爲一句，「孝乎惟孝」爲一句。《晉書·夏侯湛昆弟誥》：「古人有言，
> 孝乎惟孝，友於兄弟。」潘岳〈閒居賦序〉：「孝乎惟孝，友於兄弟，此
> 亦拙者之爲政也。」是其證也。僞作〈君陳〉篇者，竟將孝乎二字讀屬
> 上，爲孔子之言。歷覽載籍所引《詩》、《書》之文，從無此等句法。（姚
> 際恒立方曰：「古人引用《詩》、《書》未有撮取《詩》、《書》中一字先爲
> 提唱者。」）「然則載籍中亦有『孝乎惟孝』句法耶？」余曰：「有之。〈仲
> 尼燕居〉：『子貢曰：「敢問將何以爲此中者也？」子曰：「禮乎禮，夫禮，
> 所以制中也。」』『禮乎禮』，非此等句法耶？僞作古文者，不又於句讀間
> 現露一破綻耶？」（卷一，頁 33，總頁 99）

就是以《論語》的斷句證明〈君陳〉之誤，從而認定這是「古文二十五篇」襲用
之誤。文義之例如第十三條「言《左傳》引〈夏訓〉語，今彊入〈五子之歌〉」
說：

> 書有古人纏引，忽隔以他語，亘千載莫能知，而妄入古文中庚續之
> 者，〈五子之歌〉：「有窮后羿因民弗忍，距於河」是也。《左氏》襄四年，
> 晉侯欲伐戎。魏絳曰：「勞師於戎而弗救陳，是棄陳也。諸華必叛。戎，

禽獸也。獲戎失華，無乃不可乎？〈夏訓〉有之曰：『有窮后羿。』」公
曰：「后羿何如？」魏絳遂不便復引〈夏訓〉，止據其事以對曰：「昔有夏
之方衰也，后羿自鉏遷於窮石」云云，末引〈虞箴〉，仍及「在帝夷羿，
冒於原獸」。此乃古人文章密處。今試思「有窮后羿」下，其語可得知乎？
不可得知。果是「因民弗忍，距於河」而魏絳將引此鶻突語以告悼公乎？
此又當爲一破綻耳。（卷一，頁 38，總頁 109）

由《左傳》引〈夏書〉的文義，證明眞正的〈五子之歌〉「有窮后羿」下所接的不
是「因民弗忍，距於河」，從而認爲這是襲用他書文句的破綻。文例的例子如《疏
證》第十五（卷一，頁 403，總頁 119）、十六（卷一，頁 404，總頁 121）條是透
過對《國語》、《左傳》、《禮記》引《逸詩》和《逸書》的比較，認定「古文二十五
篇」襲用這三書的文句。閻氏指出，根據對杜預註《左傳》、韋昭註《國語》、
鄭玄註《禮記》的統計：《左傳》引《詩》一五六次，引《逸詩》十次。引《書》
二十一次，引《逸書》三十三次。《國語》引《詩》二十二次，引《逸詩》一次；
引《書》四次，引《逸書》十次。《禮記》引《詩》一〇二次；引《逸詩》三次。
引《書》十六次；引《逸書》十八次。他認爲《詩》之逸文較少，《書》的逸文較
多的原因，是因爲「《詩》三百篇見存，故《詩》之逸自少。古《書》放闕既多，
而《書》之逸自倍於《詩》。」（卷一，頁 403，總頁 120）現在鄭、杜、韋三人稱
爲「《逸書》」的部分，幾乎都可以在「古文二十五篇」中找到。如果先秦《尚書》
有百篇，除去伏生所傳尚有六十九篇「《逸書》」。現在大部分的逸文都集中在「古
文二十五篇」裡出現，太不合理。於是，閻氏論斷這是造僞者襲用《左傳》諸書
所引《尚書》文句的結果。

　　《疏證》在證明了「古文二十五篇」是以襲用的方式僞造後，乃進一步說明
各種襲用的例子。其中可以分爲三種情況。

（一）是指出「古文二十五篇」襲用他書所引《尚書》文句及其問題

　　如《疏證》第八十條「言《左傳》引〈蔡仲之命〉追敘其事，今不必爾」說：

更例以今文之例，如武王命康叔爲衛侯，作〈康誥〉，直云：「王若
曰：孟侯，朕其弟，小子封。」平王以晉侯爲方伯，作〈文侯之命〉，直
云：「王若曰：父義和。」無所庸序也。即古文〈微子之命〉、〈君陳〉亦
爾。讀《左氏・定四年傳》，祝佗述蔡仲之事，其命書云：「王曰：胡無若
爾考之違王命也。」意此必古〈蔡仲之命〉發端第一語。蓋若劈面一喝，
聞者心悸。戮其父而用其子，自與平常封襃者不同。若將是語綴入篇之中，

勢便懈甚。至以乃祖文王與爾考並提，其無乃非類也乎！在祝佗述其事，自不得不追其顛末曰：「昔周公相王室，以尹天下，〔……〕管、蔡啓商，惎間王室，王於是乎殺管叔而蔡蔡叔，以車七乘徒七十人。其子蔡仲改行帥德，周公舉之以爲己卿士，見諸王而命之以蔡。」而僞作是篇者，亦如其例，彷彿其辭曰：「惟周公位冢宰，正百工，群叔流言，乃致辟管叔于商，囚蔡叔于郭鄰，以車七乘，降霍叔于庶人，三年不齒。蔡仲克庸祗德，周公以爲卿士，叔卒，乃命諸王邦之蔡。」以爲篇端之序。學者試平心以思，此爲《左氏》本《書》乎？抑《書》襲《左氏》也。或曰：「據子言，《書》直以『爾考之違王命』起其蔡叔獲罪之由，終且莫知矣。」余曰：「朱子言古者有編年之史，有每事別紀之史。編年，《春秋》是也。每事別紀，《書》是也。《書》二〈典〉所載，上下百餘年，而〈武成〉、〈金滕〉諸篇，或更數月，或歷數年，其間豈無異事，蓋必具於編年之史，而今不復見矣。余亦謂蔡叔獲罪，蓋必具於編年之史，而不必贅序于〈蔡仲之命〉也。」或曰：「子必以書無序而後可。」余曰：「是何言，《書》有有序者，無序，則其指不見。有不必序者，彊序，則祗覺其贅而已。吾願學者以《書》自《書》，不必如引《書》者之追其事。《傳》自《傳》，亦無庸以《傳》之文闌入於《書》而已矣。」（卷五下，頁35，總頁539）

在這個例子裏，表面上，閻氏似乎是透過《左傳》證明今本〈蔡仲之命〉乃仿《左傳》之文。事實上，如果不是已經證明或認定「古文二十五篇」是以襲用的方式造僞，單就這個例子來看，並沒有說明問題的能力。

（二）是指出有他書所引《尚書》佚文而未經襲用的情形

如閻氏在第七條「言晚出〈泰誓〉獨遺《墨子》所引三語爲破綻」（《疏證》卷一，第七條，頁23，總頁80）認爲漢代後得的〈泰誓〉三篇雖然出於武帝之前，但爲僞書。漢代的馬融曾經加以懷疑，指出：

〈泰誓〉後得。案其文似若淺露。

又云：

「八百諸侯，不召自來，不期同時，不謀同辭。」及「火復於上，至於王屋，流爲雕。」至「五以穀俱來舉火。」神怪得無在子所不語中乎！又《春秋》引〈泰誓〉曰：「民之所欲，天必從之。」《國語》引〈泰誓〉曰：「朕夢協朕卜，襲於休祥，戎商必克。」《孟子》引〈泰誓〉曰：「我武惟揚，侵于之疆，取彼凶殘，我伐用張，于湯有光。」《孫卿》引

〈泰誓〉曰：「獨夫受。」《禮記》引〈泰誓〉曰：「予克受，非予武，惟
朕文考無罪。受克予，非朕文考有罪，惟予小子無良。」今文〈泰誓〉
皆無此語。吾見書、傳多矣，所引〈泰誓〉而不在〈泰誓〉者甚多，弗
復悉記，略舉五事以明之，亦可知矣。（《正義》卷十一，頁2）

這段話可以歸結爲三個理由：一是這一篇晚出。二是內容淺露，而且涉及神怪，
與孔子不語怪力亂神不合。第三是他所看到的書、傳很多，其中引用〈泰誓〉的
文字，卻不見於漢代〈泰誓〉的，相當多。根據馬融的話，閻氏以「古文二十五
篇」裡的〈泰誓〉與先秦典籍所引〈泰誓〉對比，發現融所指出書、傳引〈泰誓〉，
卻不見於漢代〈泰誓〉的五個例子，在「古文二十五篇」裡的〈泰誓〉都找得到。
但閻氏發現《墨子‧尚同篇》引〈大誓〉曰：「小人見姦巧乃聞不言也。發罪鈞。」
卻不見於「古文二十五篇」。

對於這個情形，閻氏說：

馬融明言「書、傳所引〈泰誓〉甚多，弗復悉記，略舉五事以明之」，
非謂盡於此五事也。而僞作《古文》者不能博極群書，止據馬融之所及
而不據馬融之所未及，故《墨子‧尚同篇》有引〈大誓〉曰：「小人見姦
巧乃聞不言也。發罪鈞。」

他認爲僞造「古文二十五篇」之〈泰誓〉的人看到馬融對漢代〈泰誓〉的考證，
只把馬融所舉的五個例子都收羅在所造的〈泰誓〉中以取信於人；卻忽略馬融所
說「書、傳所引〈泰誓〉甚多」的話，把馬融所提及的五個例子用在所造的〈泰
誓〉裡。一方面又無法「博極群書」，把古籍中關於〈泰誓〉的材料都找出來，於
是漏掉《墨子‧尚同篇》引用〈泰誓〉的話。他強調《墨子》所引的〈泰誓〉的
確是先秦傳下來的「眞」〈泰誓〉。他說：

墨子生孔子後，孟子前，《詩》、《書》完好，未遭秦焰。且其書甚
眞，非依託者比，而晚出之《古文》獨遺此數語，非一大破綻乎？

指出墨子生存的年代晚於孔子，早於孟子，在當時《詩》、《書》是完整的，尚未
遭到秦始皇焚書的破壞。因此《墨子》所引必然是眞的孔子刪訂百篇《尚書》裡
的〈泰誓〉。現在，「古文二十五篇」的〈泰誓〉沒有這段「眞」〈泰誓〉，是僞造
者露出了破綻。

從上面的例子可以看出來，閻氏特別強調《墨子》引書的可信，亦即對材料
根據之可信加以說明。倒是「古文二十五篇」的〈泰誓〉是否只引了馬融所舉的
五個例子，反而不重要。所以閻氏自己在同一條的按語裡就指出：

然晚出之古文除馬融所舉五事外，亦知剽竊「紂有億兆夷人」，即

於《墨子》亦知剽竊「文王若日若月，乍照光于四方于西土」，亦知剽竊……獨未及引「小人見姦巧」之言，遂爲逗漏。然亦幸而有此逗漏矣。（卷一，頁26，總頁84）

「古文二十五篇」的〈泰誓〉並不止用了馬融所舉的五個例子，但這並不影響閻氏的整體論證〔註5〕。

（三）是對「古文二十五篇」襲用他書文句的考證

如《疏證》第六十四條「言〈胤征〉有『玉石俱焚』語爲出魏、晉間」說：

> 荀卿曰：「誥誓不及五帝。」故《司馬法》言：「有虞氏戒於國中，夏后氏方誓於軍中，殷誓於軍門之外，周將交刃而誓之。」當虞舜在上，禹縱征有苗，安得有會群后，誓于師之事！此不足信。《司馬法》曰：「入罪人之地，見其老弱，奉歸無傷。雖遇壯者，不校勿敵。敵若傷之，藥醫歸之。」其以仁爲本如此。安得有「火炎崑岡，玉石俱焚」，如後世檄文以兵威死敵之事。既讀陳琳集有〈檄吳將校部曲文〉，末云：「大兵一放，玉石俱碎。雖欲救之，亦無及已。」《三國志‧鍾會傳》：「會移檄蜀將士吏民曰：『大兵一發，玉石俱碎。雖欲悔之，亦無及已。』會與琳不相遠，辭語竝同，足見其時自有此等語，而僞作者偶忘爲三代王者之師，不覺闌入筆端。則此書之出魏、晉間又一佐已。（卷四，頁52，總頁366）

認爲〈胤征〉「火炎崑崗，玉石俱焚」的話乃誤襲魏、晉間的用語。事實上，即使《司馬法》的說法可信，僅就陳琳集和《三國志》有相同的話來看，還是很難推出一定是如閻氏所說的情況。這亦是閻氏在確認了「古文二十五篇」爲僞，且是以襲用他書文句的方式僞造後，所作的說明。

〔註5〕劉人鵬對《疏證》的論證提出反駁，説：
> 就古文〈泰誓〉言，如果它的內容全等於古經傳所引。那麼我們可以説它的可疑度十分高。因爲古經傳若是恰好把一篇〈泰誓〉的內容，一句一字完全引過，似乎太過湊巧。但今本古文〈泰誓〉是否如此呢？不然。自梅鷟以來，辨僞派學者許多都在僞《古文尚書》找「出處」。屈萬里先生的《尚書釋義》已在古文每一篇中，凡「採輯」之處皆於文下注出，我們查〈泰誓〉，並非句句皆有出處。再就古經傳所引〈泰誓〉言，閻若璩已經舉出了，仍有經傳所引不在古文〈泰誓〉中的例子。換一個角度看，這一篇〈泰誓〉，有些見於經傳所引，有些不見於經傳所引；並且經傳所引有些在其中，有些不在其中，其實沒有什麼格外特別之處。（《閻若璩與古文尚書辨僞》頁235）

劉氏所反駁的，閻氏自己早已在按語中作了修正。

二、《疏證》證明「古文二十五篇」襲用他書的方法的效力

　　就前述《疏證》四種證明「古文二十五篇」文句襲用他書的方法，文義是影響最大的。因爲除了以文句出處證明的第三十一條以《荀子》引《書》的體例，五十五條直接以《漢書》顏師古註作爲判斷的根據，不涉及文義；不論是以斷句還是文例論證，經常要涉及文義判斷的問題，但這卻不是一個很好的根據。例如《疏證》第九條「言《左傳》德乃降之語今誤入〈大禹謨〉」（卷一，頁 30，總頁 94）以《左傳》莊公八年：

　　　　夏，師及齊師圍郕，郕降於齊師。仲慶父請伐齊師。公曰：「不可，
　　我實不德，齊師何罪，罪我之由，〈夏書〉曰：『皋陶邁種德，德乃降』，
　　姑務修德以待時乎。」秋，師還。（《左傳正義》卷八，頁 16）

證明〈大禹謨〉「皋陶邁種德，德乃降」是抄襲的。閻若璩發現〈大禹謨〉「皋陶邁種德，德乃降」這句話亦見於《左傳》。閻氏的論證有兩個重點：首先他認爲兩個文獻的文義並不一致。在〈大禹謨〉的「降」字讀作「絳」，意思是「下也」。但《左傳》莊公八年卻讀作「訌」，爲「降服」的意思，二者不同。他強調《左傳》的「降」「必音訌，方與上文『郕降於齊師』、經文『郕降於齊師』相合」。其次，他根據杜預《註》的斷句，認爲《左傳》所引的〈夏書〉只有「皋陶邁種德」一句；「德乃降」是莊公的話，並不屬於〈夏書〉。閻氏爲了證明他對《左傳》這句話了解的正確性，又舉出《左傳》與〈中庸〉類似句型與文義的例證加以證成。他說：

　　　　《左氏》引古人成語，下即從其末之一字申解之者，固不獨莊八年
　　夏爲然也。宣十二年，君子引《詩》曰：「『亂離瘼矣，爰其適歸』，歸於
　　怙亂者也。」夫襄三十一年，北宮文子引《詩》云：「『靡不有初，鮮克
　　有終』，終之實難。」昭十年，臧武仲引《詩》曰：「『德音孔昭，視民不
　　佻』，佻之謂甚矣。」皆其例也。又不獨《左氏》爲然也，〈中庸〉卒章
　　引《詩》曰：「『德輶如毛』，毛猶有倫。」亦其例也。若必以「德乃降」
　　爲《書》語，則「毛猶有倫」亦應見於〈烝民〉詩矣，何未之見也。且
　　己苟有德，乃爲人所降服者，亦不獨見於莊八年夏而已也。僖十九年載
　　文王伐崇，退而修教，而崇始降。僖二十五年載文公圍原，退而示信，
　　而原始降。昭十五年載穆子圍鼓，既令之以殺叛，復令之以知義，而後
　　從而受其降。

於是，閻氏斷定這是僞造〈大禹謨〉的人誤斷《左傳》的結果。說：

　　　　凡「德乃降」之爲莊公釋《書》之語皆歷歷有證。而僞作古文者一

時不察，並竄入〈大禹謨〉中，分明現露破綻。

表面上，斷句的處理才是主要的論據。閻氏透過確認《左傳》的斷句，把「德乃降」剔除在〈夏書〉之外。既然「德乃降」不屬於〈夏書〉中的句子，現在〈大禹謨〉中竟然有這三個字，表示這的確是〈大禹謨〉襲用了《左傳》，而且僞造〈大禹謨〉的人因有所誤解而加以襲用。這是在《左傳》文義的基礎上進一步的認定。所以，對《左傳》和〈大禹謨〉文義關係的處理，是論證的關鍵。於此，閻氏似乎認爲如果「古文二十五篇」的僞造者襲用了他書的文句，就不應該改動原句在原書文脈中的意思。這必須考慮兩方面的問題。首先，古書引用他書，就文字來說，經常有所增減。俞樾《古書疑義舉例》卷三「古人引書每有增減例」說〔註6〕：

> 《日知錄》曰：「《書·泰誓》：『受有億兆夷人，離心離德；予有亂臣十人，同心同德。』《左傳》引之則曰：『〈大誓〉所謂商兆民離，周十人同者眾也。』《淮南子》：『舜釣於河濱，期年而漁者爭湍瀨，以曲隈深潭相與。』《爾雅注》引之則曰：『漁者不爭隈。』此皆略其文而用其意也。」按：今〈泰誓〉僞書，即因《左傳》語而爲之，不足據。然《管子·法禁篇》引〈大誓〉曰：「紂有臣億萬人，亦有億萬之心；武王有臣三千而一心。」則〈大誓〉原文詳而《傳》所引略，誠如顧氏說也。……蓋古人引書，原不必規規求合也。（頁46）

由於顧炎武並不認爲「古文二十五篇」是僞造的，所以他認爲《左傳》和〈泰誓〉的不同是《左傳》在引用〈泰誓〉時，略其文而用其意。俞樾則接受了「古文二十五篇」是僞的這一個論斷，所以認爲《日知錄》的引證不足據。但他又從《管子》引〈大誓〉的文字異於《左傳》，認爲顧炎武的論斷是對的。無論如何，從這個例子的確可以證明古人引書在文句上每有增減改動的事實。既然有所增減改動，就很難保證對文義不會造成影響。所以孫奕《示兒編》曾舉例說：

> 《鹽鐵論》文學所引《孟子》乃曰：「居今之朝不易其俗，而成千乘之勢，不能一朝居。」與今《孟子》：「由今之道無變今之俗，雖與之天下，不能一朝居。」文義大異。（轉引自張舜徽《廣校讎略》頁108，收於《校讎學系編》。）

其次，即使在文字上沒有增減改易，如《疏證》這一個例證，我們仍然無法保證在文脈意義上不會有所不同。在這個例子裏，實無法保證「皋陶邁種德，德乃降」

〔註6〕又如全祖望《經史問答》卷七說：「《孟子》七篇所引《尚書》、《論語》及諸禮文，互異者十之八九。古人援引文字，不必屑屑章句。而《孟子》爲甚。」（《皇清經解》卷三〇八，頁7）

這句話在原來〈夏書〉裏的文脈意義一定與《左傳》引用時的文脈意義一致。

這時候，除非閻若璩可以證明他所舉的證據與先秦《尚書》的文句不僅在文字上相同，而且在文脈意義上亦是一致的；否則閻若璩在這裡以文義的不同為基礎，對「古文二十五篇」襲用他書所引《尚書》文句的破綻的指責就不一定能成立。當然，可以考慮的是，雖然古人引用他書在文句的改變以及上下文脈的不同會影響我們對文義的了解，但在一般情況下，兩者一定會在一個範圍內相近或相同。只是這一個範圍可大可小，若沒有確證，或其它的論證，光從兩項有疑問的材料作對比，很難判斷誰引誰，或誰引的比較接近原書。

同樣地，文例的考證有些例子亦必須建立在文義的基礎上。前面所舉的《疏證》第十四條「言《孟子》引今文與今合，引古文與今不合」說：

> 《書》有今文、古文，此自西漢時始，然《孟子》時固無有也。無有，則同一百篇而已矣。何《孟子》引今文《書》，由今校之，辭既相符，義亦胳合；及其引古文《書》，若〈泰誓〉上、〈泰誓〉中、〈武成〉，辭既不同，而句讀隨異，義亦不同，而甚至違反，試為道破，真有令人失笑者焉。《孟子》引今文者六：「時日害喪」二句（一），「若保赤子」（二），「舜流共工于幽州」五句（三），「二十有八載」五句（四），「殺越人于貨」三句（五），「享多儀」四句（六）。惟「竄三苗」，竄作殺；「罔不諴」上有「凡民」二字。然許氏《說文》引〈周書〉，正作「凡民罔不諴」，亦可證非《孟子》自增之也。至「天降下民」為《書》辭，玩其文義，似應至「武王恥之」止，今截至「曷敢有越厥志」，趙歧讀「其助上帝寵之」為句，「四方」字屬下，今以「寵之四方」為句，「有罪無罪」下削去「惟我在」三字，以「予」字代「天下」，是《書》原指民言，今竟指君言矣。「有攸不為臣」一段截去首句，「東征」上增「肆予」二字，「綏厥士女」下復出「惟其士女」，「紹我周王見休」一句變作「昭我周王，天休震動」二句，其不同至如此，然猶可言也。若義理之抵牾，敍議之錯雜，則未有如前所論「王曰無畏」一節者也。豈孟子逆知百餘年後《書》分今文、古文，而於古文時多所改竄，抑孟子當日引《書》原未嘗改竄，故今以真書校之，祇覺其合，而晚作偽《書》者，必須多方改竄以與己一類，而遂不顧後有以《孟子》校者之不合耶？此又一大破綻也。（卷一，頁40，總頁114）

表面上這是以《孟子》引今文《尚書》與引「古文二十五篇」的情形對比，發現二者有明顯的差距，然後認為這是破綻；事實上卻是透過對個別例子文義的對比

爲基礎，所作的說明。

由於文義認定的結果會因人而異，這時候如何加強所確認文義的正確性，就成爲《疏證》證明「古文二十五篇」襲用他書文句的關鍵。《疏證》所依賴的是文例的引證。如果能夠同時舉出數例之文義都是一致的，則文義的判定就可以較爲確定。像第十二條「言《墨子》引《書》語今妄改釋」說：

> 一書有被引數處，雖微有增易，義則歸一者。《墨子》之引〈仲虺之告〉于〈非命〉三篇是也。〈非命〉上篇，〈仲虺之告〉曰：「我聞于夏人矯天命，布命于下，帝伐之，惡襲喪厥師。」中篇，〈仲虺之告〉曰：「我聞有夏人矯天命，布命于下，帝式是惡，用闕師。」下篇，〈仲虺之告〉曰：「我聞有夏人矯天命于下，帝式是增，用爽厥師。」三處。下文《墨子》皆各從而釋之曰：「此言桀執有命，湯特非之。」曰喪師，曰闕師，曰爽師，此豈吉祥善事！而僞作古文者嫌與己不合，易之曰：「式商受命，用爽厥師。」孔安國《傳》曰：「爽，明也。用明其眾，言爲主也。」不與《墨子》悖乎？夫以《墨子》引之之複如此，釋之之確如此，而僞作者不又現露一破綻耶？（卷一，頁 36，總頁 105）

舉出《墨子·非命》三篇引用〈仲虺之誥〉的文義都是一致的。在這種情形下，其對文義的確定，就比只單從上下文脈加以認定（如《疏證》第九條）要有力得多。

同理，由於《疏證》對斷句的認定是以文義爲基礎的，故亦有類似的問題。在解決上亦可以用文例來增強其可信度。不過，應注意所舉文例與所欲證明的例子之間，關係的密切程度將影響文例的論證力量。如《疏證》第十條雖舉出大量的文例，但都無法證明是源出於〈君陳〉篇，故只能用來證明《論語》的斷句爲「孝乎惟孝」，卻無法證明〈君陳〉的斷句有誤，與第十二條所舉的三個文例都明確地指明引自〈仲虺之誥〉不同。故在論證的效力上，自然有別。因此，我們認爲文例的運用是《疏證》論證過程中，最重要的部分。

第四節　從「古文二十五篇」之內容辨僞的論證

《疏證》透過內容證僞的論證，過去學者的研究多用列出《疏證》以史例證僞、以禮制證僞、以地名證僞等的方式處理。這樣的說明並不足以清楚說明《疏證》實際的辨僞方法，因爲我們可能可以列出一、二十種「以某某證僞」的條例，卻仍然無法窮盡；而且亦無法說明爲什麼這些條例可以有證僞的效力。所以這裡就不如此處理，而只透過《疏證》的例子說明閻氏在內容辨僞工作的主要原則。

與「文句」的考證相同，《疏證》在這裡的工作仍然是以文獻的對比為主，故閻氏在處理上，亦包括了材料根據的判定與內容的處理兩個工作，其中以內容的處理為優先工作，但在論證上則以材料根據的判定為中心。除去前面已經提及的文義、文例問題，以下分別從較常為人們提及的以曆法、史例、史事、禮制、地理、官制等方面證偽的論證提出說明。

一、曆法：

在《疏證》全書的論證裏，以曆法證偽的例子（第八十一條）是較特殊的。由於對過去之禮制、地理、訓詁乃至聖人所傳下的「義理」等方面的了解，主要以文獻記載為媒界。所以，《疏證》的論證，實以文獻為主要對象。以曆法的推算作為辨偽的手段，雖然仍涉及文獻記載的問題，但相對於《疏證》其它的論證，在處理的過程中顯然與純粹對文獻處理的論證有別。第八十一條的引文已見第一節，此處從略。《疏證》在這裏企圖透過一種外於文獻材料處理的理據，證明「古文二十五篇」相關部分與事實不合。在這種證明方式下，只要在曆法推算的有效範圍內，且閻氏的推算無誤，就可以達到閻氏的目標。故《疏證》的作法能否達到辨偽的目的，主要看閻氏所選擇的論證是否可以成立，這是以所選擇內容本身的客觀程度與性質為重點的考證。

由於「古文二十五篇」本身是文字的材料，後人對過去的認識亦以文獻記載為主要媒介。閻氏當時地下文物的整理尚未有重要成果，因而《疏證》的論證雖然有曆法推算的例子，但總體來說仍然以文獻材料的對比為主。若單從文獻材料的對比而言，《疏證》在這一方面的論證就以對所依據的材料可信度的證成最重要。其作法是透過材料的對比證明「古文二十五篇」的內容有誤，並進而指明其偽。此一「材料」上的根據的證明，實與「文句」部分的考證無異。惟更注重《今文尚書》與經書的可信度。這一個現象可以由下列的例證看出來。

二、史例：

一般認為《疏證》以史例證偽的第五十三條「言〈武成〉『癸亥甲子』不冠以二月，非書法」說：

> 二十八篇之書有單書月以紀事，〈多士〉：「惟三月周公初于新邑洛」是也。有單書日以紀事，〈牧誓〉：「時甲子昧爽，王朝至于商郊牧野」是也。然亦以〈武成〉篇有「粵若來二月既死霸，粵五日甲子」之書。故讀

者可以互見，不必復冠以二月，此省文也。未有以此月之日紀事而仍蒙以
前月之名，使人讀去，竟覺有三十四日而後成一月者。有之，自晚出〈武
成〉始載。考〈召誥〉篇先書丙午，次戊申，又次庚戌、甲寅、乙卯、丁
巳、戊午、甲子，皆冠以三月。〈顧命〉篇先書甲子，次乙丑，又次丁卯、
癸酉，皆冠以四月。至〈洛誥〉篇，「戊辰，王在新邑烝祭歲。」止書日，
而必于後結一句曰：「在十有二月。」其詳明如此。今晚出〈武成〉先書
一月壬辰，次癸巳，又次戊午，師逾孟津，已在月之二十八日矣。復繼以
癸亥陳于商郊，甲子昧爽，受率其旅若林。是爲二月之四日五日，不見冠
以二月，豈今文書法耶！或曰：「〈洛誥〉亦嘗稱乙卯，〈費誓〉兩稱甲戌，
皆止有日。」余曰：「此自周公、伯禽口中之辭，指此日有此事云爾。豈
若史家記事垂遠，必繫日於月，有一定之體耶。」（卷四，頁 11，總頁 284）

按語說：

按，《國語》：「伶州鳩對景王曰：『昔武王伐殷，二月癸亥夜，陳。
未畢而雨。』」癸亥上加二月，其敘事之密如此。（卷四，頁 12，總頁 286）

閻氏以《今文尚書》爲依據，舉出〈多士〉、〈牧誓〉、〈召誥〉、〈顧命〉、〈洛誥〉，
以及《漢書·律曆志》所引「眞」〈武成〉，甚至按語所引的《國語》於紀事時都
冠以月分。而「古文二十五篇」中的〈武成〉則於一月冠以月分，於二月則不冠
月分，使一個月看起來竟像有三十四日之長。於是他斷定與《今文尚書》的書法
不合，以此作「古文二十五篇」爲僞的證據。至於今文中的〈洛誥〉和〈費誓〉
兩篇未注明月份，則是因爲其內容屬於「周公伯禽口中之辭，指此日有此事云爾」，
和史家記事的體例不同。

閻氏要透過「史例」來證明「古文二十五篇」爲僞，最重要的是要證明他所
舉出「古文二十五篇」的內容（史例）與實際不符。因此，在論證的重點上，就
有兩個方面。一是要能證明實際上的史例爲何。這時候，重點放在材料判定的工
作，即所根據的材料是否可信。在這個例子裡就是透過《今文尚書》以及《漢書·
律曆志》、《國語》證明古人紀事時都冠以月分。又對〈洛誥〉與〈費誓〉的例外
加以排除。二是要能夠證明「古文二十五篇」在此方面的內容與實際不符。在這
個例子裡就是指出「古文二十五篇」中的〈武成〉於一月冠以月分，於二月則不
冠月分，使一個月看起來竟像有三十四日之長。既然《今文尚書》、《漢書》、《國
語》是一致的，「古文二十五篇」之〈武成〉又非例外，表示〈武成〉的內容與實
際不符，故爲僞。這時候，閻氏的論證重點應該放在對所找到的相關內容的實際
情形的證明上。在這個過程中，所據材料的可信與否（如此例以《今文尚書》、《漢

書》、《國語》為證）是首要考慮的重點。《疏證》在以內容證偽的論證裡，除了曆法的例子，幾乎全為這一種論證方式的表現。

三、史事：

第二十六條：「言晚出〈武成〉、〈泰誓〉仍存改元觀兵舊說。」說：

《書·無逸》稱：「文王受命，惟中身，厥享國五十年」，《詩·大雅》稱：「文王受命，有此武功」，其所為受命之說，如是而已，無稱王改元事也。自〈周書〉以「文王受命九年，春在鄗」，而改元之說興。自《太史公書》以「詩人道西伯蓋受命之年稱王」，而稱王之說興。由漢迄唐，容有辯其不稱王，未有辯其不改元者。歐陽永叔〈泰誓論〉出，而文王冤始白。《禮記·中庸》稱：「武王壹戎衣而有天下」，〈樂記〉稱：「武始而北出，再成而滅商」，無所為觀兵更舉之事。自偽〈泰誓〉三篇興，以觀兵為上篇，伐紂為中下二篇，以合于〈書序〉十一年伐殷，一月戊午渡孟津之別，《太史公書》悉詳載之。由漢迄宋初，未有敢辯其非者，而伊川程子出，則謂武王無觀兵，而武王之冤始白。是即張子所謂此事間不容髮，一日之間，天命未絕，則是君臣；當日命絕，則為獨夫之意也。大哉言乎！三代以下所未有也。今試平心易氣取晚出〈武成〉篇讀之，「我文考文王，誕膺天命，以撫方夏，惟九年，大統未集。」非即受命改元之妄說乎？〈泰誓〉上篇曰：「我文考肅將天威，大勳未集，肆予小子發，以爾有邦冢君，觀政于商。」非即三年服畢，觀兵孟津之說乎？又曰：「惟受罔有悛心云云，予小子夙夜祗懼，以爾有眾，底天之罰。」非即歸居二年，聞紂虐滋甚，更徧告諸侯，東伐紂之說乎？凡此書出於魏、晉之間，群言淆亂之日，皆歷有明徵，而世之儒者，必欲曲為文解，以九年為自專征，始觀政為非觀兵。若以此晚出諸篇為大有異于偽〈泰誓〉者。嗚呼！其亦未之思也已矣。（卷二，頁50，總頁231）

《疏證》這一條從文王沒有稱王改元之事，以及武王並無觀兵之事兩個方面來證明〈武成〉與〈泰誓〉之偽。依我們上文所說，在閻氏的前提下，若「古文二十五篇」的內容有錯誤，則可以證明「古文二十五篇」之偽。《疏證》這一條即是對此所作的努力。閻氏認為文王未稱王改元所根據的材料是《書·無逸》稱：「文王受命，惟中身，厥享國五十年。」和《詩·大雅》稱：「文王受命，有此武功。」都沒有稱王改元的記錄。所以，認為稱王改元之說不可信。其中所舉的《書·無逸》、《詩·大雅》、《禮記·中庸》、〈樂記〉是閻氏的材料根據。透過這些材料，

閻氏認爲〈武成〉和〈泰誓〉的內容有誤，故不可信。

四、禮制：

《疏證》以禮制證僞的第八條「言《左傳》載夏日食之禮，今誤作季秋。」說：

> 日食之變爲人君所當恐懼修省，然建子、建午、建卯、建酉之月，
> 所謂二至二分，日有食之，或不爲災，其餘月則爲災。爲災之尤重者，
> 則在建巳之月焉。蓋自冬至一陽生，至此月而六陽並盛，六陰並消於此。
> 而忽以陰侵陽，是爲以臣侵君，故先王尤忌之。夏家則瞽奏鼓，嗇夫馳，
> 庶人走。周家則樂奏鼓，祝用幣，史用辭。雖名有四月、六月之別，皆
> 謂之正月。正月者，正陽之月，非春王正月之月也。《左氏》昭十七年：
> 「夏六月甲戌朔，日有食之，祝史請所用幣。」禮也。平子不知而止之
> 曰：「唯正月朔，慝未作，日有食之」，於是乎用幣於社，伐鼓於朝，其
> 餘則否。太史曰：「在此月也，日過分而未至，三辰有災，於是乎百官降
> 物，君不舉，辟移時；樂奏鼓，祝用幣，史用辭。故〈夏書〉曰：『辰不
> 集於房，瞽奏鼓，嗇夫馳，庶人走』，此月朔之謂也。當夏四月，是謂孟
> 夏。」夫太史首言此禮在周之六月，繼即引〈夏書〉以證夏禮，亦即在
> 周之六月朔。周之六月是爲夏之四月，可謂反覆明切矣。此非二代同禮
> 之一大驗乎！而僞作古文者略知歷法，當仲康即位初有九月日食之事，
> 遂於〈胤征〉篇撰之曰：「乃季秋月朔，辰弗集於房，瞽奏鼓，嗇夫馳，
> 庶人走。」不知瞽奏鼓等禮，夏正未嘗用之於九月也。是徒知歷法而未
> 知夏之典禮也。或又有曲爲之說者，曰：「夏質周文，故禮亦異。」不知
> 三代典禮有從異者，亦有從同者；有當革，亦有當沿者。此正沿而同之
> 禮也。即以上文「道人以木鐸徇于路，官師相規，工執藝事以諫，正月
> 孟春於是乎有之」〔按，〈胤征〉只至「工執藝事以諫」止，「正月孟春」
> 句爲《左傳》之文〕，非襄十四年師曠所引〈夏書〉之文乎！考之《周
> 禮》小宰之職：「正歲帥治官之屬而觀治象之法，徇以木鐸曰：不用灋者，
> 國有常刑。」周之正歲即夏之正月，同爲建寅，同徇以木鐸，此非二代
> 同禮之又一大驗乎！噫，作古文者自謂博考經籍，採摭群言，而往往博
> 而或不能精，採百而或有時漏一，故多所留破綻，以來後人指議，吾安
> 得起斯人而面問之哉。（卷一，頁27，總頁88）

閻氏發現《左傳》昭公十七年平子所引〈夏書〉對日食之禮的記載，是在夏之四
月所行之禮。夏之四月相當於周之六月。於是閻氏從《左傳》的上下文脈指出祝

史引用〈夏書〉，正是以夏禮證明周禮六月日食之禮，這是夏、周同禮的例子。然後根據這一從《左傳》得出的例證，指出〈胤征〉篇對夏代九月日食亦用相同的禮制是錯誤的。於是認爲這是僞造《古文尚書》的人不懂夏代禮制而致誤。

五、地理：

地理的考證亦是閻氏極爲得意的學問。第八十五條：「言〈武成〉認商郊牧野爲二地。」說：

> 今文〈牧誓〉篇「王朝至於商郊牧野，乃誓。」牧野在朝歌之南，即商郊地，猶有扈氏之郊名甘云爾，非二地也。故誓師之辭曰：「于商郊」，不必復言牧野。《詩·大雅》曰：「矢于牧野」，又曰：「牧野洋洋」，即不必言商郊。僞作〈武成〉篇者昧于此義，敘武王「癸亥陳于商郊，俟天休命，甲子昧爽，受率其旅若林，會于牧野。」似武王於癸亥僅頓兵商郊，次日甲子昧爽，始及牧野誓師，誓已而戰。一地也，分作兩地用之，可乎？……曾謂當日史臣如尹佚輩，親從征伐，一動一言，莫不紀述，乃獨不察于地理如此哉！

首先，他根據《今文尚書》的〈牧誓〉指出「商郊」和「牧野」是同一個地方。現在〈武成〉篇說：「既戊午，師逾孟津。癸亥，陳于商郊，俟天休命。甲子昧爽，受率其旅若林，會于牧野。」在敘述中把「商郊」和「牧野」分開了。於是閻氏認爲這是把一個地方當作兩地，以當日史臣親從征伐的情形加以推測，不當有此錯誤發生才對。在這一則論證裏，閻氏的根據是〈牧誓〉。但我們注意到今本《孔傳》對〈牧誓〉「商郊牧野」的注解是：「紂近郊三十里，地名牧。」則《孔傳》認爲，「商郊」指的是「商的近郊」，爲一種泛稱。「牧野」則是指「近郊三十里」的一個叫作「牧」的地名，爲專稱。因此，就《孔傳》的注解看來，「牧野」可以包括在「商郊」的範圍裏。《孔傳》的作者本來就沒有把「商郊」、「牧野」分作兩地的意思。《孔傳》和《正義》對〈武成〉「商郊」、「牧野」的解釋，以《孔傳》對〈牧誓〉的解釋來看，顯然沒有閻氏所說「一地也，分作兩地用之」的情形。不過，儘管閻氏對文獻的了解可能有問題，他根據〈牧誓〉來證明〈武成〉篇和《孔傳》的錯誤的作法則是很明顯的。

六、官制：

第六十二條：「言〈周官〉從《漢·百官公卿表》來，不合《周禮》。」說：

　　《周禮》眞聖人之書。其猶有疑焉者，亦不盡在煩文碎節，而在一二大端處。如封公以方五百里，遞而降之，男百里，則不合於《孟子》。止載冢宰以下六卿職掌，而不上及太師、太傅、公孤等官，則不合於《書·周官》篇。不知不合於《孟子》，誠屬可疑；不合於《書·周官》篇，蓋無足疑也。〈周官〉篇其自《漢·書百官公卿表》來乎！〈表〉云：「夏、殷亡聞焉，〈周官〉則備矣。天官冢宰、地官司徒、春官宗伯、夏官司馬、秋官司寇、冬官司空，是爲六卿，各有徒屬職分，用於百事。太師、太傅、太保，是爲三公，蓋參天子，坐而議政，無不總統，故不以一職爲官名。又立三少爲之副，少師、少傅、少保，是爲孤卿，與六卿爲九焉。記曰三公無官。言其有人，然后充之。」以此運爲中一段。《禮記·明堂位》：「有虞氏官五十，夏后氏官百，殷二百，周三百。」〈文王世子〉：「設四輔及三公，不必備，唯其人。」又運爲首一段及中。或曰：「然則太師、太傅等竟無復有是官與？」余曰：「是何言哉！箕子父師即太師也。比干少師乃孤卿之首，見今文《書》。以西伯昌、九侯、鄂侯爲三公見《史記》。降至周，太公爲太師。太公罷，周公由太傅遷太師。周公薨，畢公繼之。若召公，則終身焉官太保。皆班班可考，安得謂之無是官與？」或曰：「然則曷不載《周禮》？」余曰：「古者三公多繫兼官，唯六卿是實職。《周禮》蓋載其實職者也。其中有三公云何，孤云何，皆六卿職之所及，亦莫或遺，安得以不冠諸首而謂《周禮》非成書與？又安得以晚出書旁採《漢表》而忘其所自出與？」（卷四，頁42，總頁346）

首先，閻氏指出《周禮》是「眞聖人之書」（暫時不管閻氏的理由是否可信），因此其對周代官制的記載是可信的。然後閻氏以《周禮》和僞〈周官〉篇的內容相對比，發現《周禮》不載太師、太傅、公孤等官，與之不合。從這一個不合的現象證明「古文二十五篇」之〈周官〉之誤，進而認爲〈周官〉之「僞」。此一考證方式，亦與前面所舉的其它例子沒什麼不同。

　　根據上述的舉證，我們可以知道《疏證》對內容的考證，除了以曆法證僞稍有不同，其餘的處理方式都是相近的。

　　最後我們補充一點。從上面的說明可知，《疏證》「支節」的工作中，以「文句」襲用證僞和以「內容」證僞是兩種不同的工作。但由於文句襲用的失誤，有時會影響內容的正確性，這時候，表現在《疏證》「支節」的論證裡，對內容的考證和對「文句」的考證就無法作出很明確的區分。以上面所舉的第六十二條爲例，就證明〈周官〉爲「僞」來說，閻氏的工作只要能證明〈周官〉篇的內容有誤就

足夠了。從這裡來看，是以內容證偽的工作。不過《疏證》更進一步指出〈周官〉篇的來源。他發現〈周官〉與《漢・百官公卿表》、《禮記・明堂位》和〈文王世子〉相合。既然〈周官〉已經證明爲偽，而且〈周官〉篇出現的時間又晚於《漢書》、《禮記》，於是閻氏認爲這是偽〈周官〉篇襲自《漢・百官公卿表》、《禮記・明堂位》和〈文王世子〉。就認定〈周官〉襲自《漢書》、《禮記》的考證而言，則又是以「文句」的襲用證偽的工作。在這一條論證裡，證明〈周官〉之「偽」，就是爲〈周官〉篇和《漢書》、《禮記》的襲用關係作說明（事實上，「襲用」的關係未必可以成立，但至少可以證明〈周官〉篇和《漢書》、《禮記》出於同一來源）。類似的例子多出現在上述「文句」考證之（一）（三）類。

第五章 結論：「根柢」與 「支節」的檢討

　　這一章將透過梅鷟與毛奇齡對「古文二十五篇」真偽的考證，檢討《疏證》的辨偽論證所隱含的問題。討論分為兩部分：第一部分是透過梅鷟《尚書譜》與《疏證》「根柢」論證的對比，指出《疏證》的「根柢」論證並非獨創。第二部分是透過毛奇齡《冤詞》對《疏證》「支節」論證的反駁，指出《疏證》對「古文二十五篇」以襲用的方式作偽的判斷，並不是唯一的解釋。其以內容的考證證明「古文二十五篇」為偽，亦受限於材料的特質而成果有限。由於論文的重點是對《疏證》的研究，引用梅、毛論證的目的主要在提供《疏證》相關論證的了解之用，故於梅、毛二人的敘述就只選擇足以說明《疏證》特色的部分。

第一節 《尚書譜》與《冤詞》的考證成績

一、《尚書譜》與「支節」的論證

　　一般了解梅鷟的辨偽論證，所依據的材料為《考異》。但是《考異》在篇數、篇目的考證，要比《尚書譜》來得簡略，而一般學者又不易看到《尚書譜》，所以對梅、閻二人在「古文二十五篇」辨偽地位的判斷，就出現像張西堂《尚書引論》的說法：

> 這是要以〈舜典〉篇名之可疑來證晚書之偽，……關於其他的篇名，他雖也有懷疑，但始終未完全舉出十六篇之名以與二十五篇對照，這到了閻若璩才完全舉出，所以他對於這一點還不算成功，不過開了一個路徑而已。（頁158）

認為梅鷟在篇目、篇數考證的論證不如《疏證》完備。光從《考異》的論證來看，的確是如此；但我們發現《尚書譜》對此實有詳細的說明。事實上，就「根柢」部分的論證而言，梅鷟除了認為漢代《古文尚書》是孔安國所偽造，與「古文二十五篇」同為偽書，而且漢代《古文尚書》又經張霸所改動這一點之外，在對漢人所見《古文尚書》篇目、篇數的還原上，閻氏與梅氏的意見極為接近。至於梅鷟和閻若璩雖然都認為「古文二十五篇」是東晉時造偽者蒐集群書中的材料編纂而成，但梅鷟對「古文二十五篇」「文句」襲用關係的考證不如《疏證》詳密〔註1〕。因此，本文對梅鷟和閻若璩論證的對比，就只處理《尚書譜》與《疏證》「根柢」論證相關的部分。梅鷟關於「支節」的工作，只在這裏略加說明。

　　就指出「古文二十五篇」襲用之跡的工作而言，《尚書譜》與《考異》的作法是相同的，只是在整體的說明上，《尚書譜》較《考異》來得明確。因為單從《考異》來看，無論在篇數、篇目的考證或是對文句襲用考證的說明都不太足夠，很容易為人認為梅鷟的考證本身較為疏略。若從《尚書譜》來說，我們可以很清楚地看出《尚書譜》整體辨偽工作的重心實放在篇數、篇目、諸儒未見等《疏證》所謂「根柢」的考證上，而文句的襲用在《尚書譜》整體的考證上是較次要的部分。把「文句內容」相關材料的考證重點放在「諸儒未見」的證明上，這一點是《考異》不曾特別強調的。例如《尚書譜》卷三〈鄭仲、何晏同上論語集解考〉在引用《論語集解》作論證時，指出：

　　　　《集解》所引「孔曰」者，即安國所作《論語傳》也，乃安國之手
　　筆也。舉安國之手筆為證，則晉人將何辭以對云。「書云孝乎」章，安國
　　不言〈君陳〉篇，是未見二十五篇之〈君陳〉矣。（頁442）

從孔安國注《論語》並不注明「孝乎」句出自〈君陳〉篇，推斷孔安國實未曾看過「古文二十五篇」的〈君陳〉篇。《尚書譜》對「諸儒不見」的論證是有條理的論述。《尚書譜》卷三分別從《史記》、《漢書》引用《尚書》，趙岐注《孟子》、杜預注《左傳》等將《孟子》、《左傳》等所引《尚書》文句注為《逸書》，卻大多可以在「古文二十五篇」中找到，證明司馬遷、班固、趙岐諸人皆未曾看到「古文二十五篇」，然後由此證明「古文二十五篇」之偽。（詳後）在證明「諸儒不見」這一點之後，進一步認為「古文二十五篇」文句與他書相同的部分，是作偽者襲自他書。然後才提及文句襲用的關係與所引伸的問題。如指出朱子受校人之欺說：

〔註1〕例如戴君仁《閻毛古文尚書公案》（頁23至31）說明梅、閻二人相同的考證結果
　　時，在所舉的八個例子裡，經常會提到這個意思。

　　〈君陳〉篇上竊《國語》「令德孝共」之句，不〔下〕茸《論語》「惟
孝友于兄弟」之語，固重復太甚。偶脱「孝乎」二字，遂註爲《書》之
言孝。假令同生包咸之世，未見〈君陳〉之文，必不敢即以「孝乎」爲
夫子之言。自古引「書云」、「書曰」之下，而又爲自己口氣者恒少故也。
知「書云高宗諒陰」，若于高宗點句，則不通矣。使朱子無據《古文》，
而欲異諸註，必曰巴氏等以「孝乎惟孝」爲句，未知孰是。非然，必曰
其義亦通。非然，則曰其義非是。必不如今之寂無一語也。寂無一語者，
挾〈君陳〉以自信故耳。受校人之欺四也。（頁 443）〔註2〕

試圖從古人引書的體例和上下文的語氣說明《論語》「孝乎」句的斷句應依包咸的
注解，並認爲朱子於「孝乎」斷句是錯的。在這裏，梅氏說明的重點是從〈君陳〉
篇之誤說明朱子依〈君陳〉篇作爲《論語》斷句的依據不可從。整體來說，《尚書
譜》的論證就比《考異》清楚。《考異》對〈君陳〉篇「惟汝令德孝恭，惟孝友于
兄弟，克施有政，命汝尹茲東郊，敬哉！」句的考證爲：

　　　　〈周語〉「單襄公曰：『晉襄公曰：驩，此其孫也。而令德孝恭，
　　　非此其誰。』」《論語》「《書》云：『孝乎惟孝，友于兄弟，施于有政。』」
　　　今作「克施」。〔按，抄本、《四庫》本皆止此。《平津館叢書》本多出
　　　「《左・定四年》：『祝佗謂萇宏曰：以尹天下』〈皐陶謨〉『敬哉有土』」。〕
　　（頁 388）

直接認定〈君陳〉篇這一段話分別抄自《國語・周語》下、《論語・爲政篇》、《左
傳》定公四年和《今文尚書・皐陶謨》，而對何以如此判斷的理由則沒有說明。

　　《疏證》「支節」部分的論證則在梅鷟的基礎上，有進一步的發展。以〈君陳〉
篇的例子而言，閻若璩並未處理「惟爾令德孝恭，惟孝友于兄弟，克施有政，命
汝尹茲東郊，敬哉！」全句的出處問題，他只對「惟爾令德孝恭，惟孝友于兄弟」
提出意見。以《疏證》第十條「言《論語》『孝乎惟孝』爲句，今誤點斷」的論證
（引文已見頁 141）與《尚書譜》相比較，閻若璩的說明方向和梅鷟不同。依第四

〔註 2〕《疏證》第十條的按語亦引用《尚書譜》這段內容：
　　又按，梅氏鷟亦謂〈君陳〉篇上竊《國語》：「令德孝恭」之文，下輯《論語》：
　　「惟孝友于兄弟」等語，以顧重復，遂去「孝乎」二字，若爲釋書者之辭。
　　試思，凡引「書云」、「書曰」之下，曾有自爲語氣者乎？即如「子張曰：『《書》
　　云：「高宗諒陰，二年不言。」』」竟斷「書云高宗」四字爲句，文理尚通乎？
　　朱子《集註》不聞致疑，總緣壓於《古文》耳。某嘗謂朱子固受校人之欺，
　　此其一爾。（卷一，頁 34，總頁 102）
　文句與今所見的《尚書譜》略有不同，但並不影響其所要表達的意見。

章所說，這一條論證是證明「古文二十五篇」以襲用他書（《論語》）所引《尚書》文句的方式作偽。他舉出何晏《集解》、《晉書・夏侯湛昆弟誥》、潘岳〈閒居賦〉都斷《論語》為「孝乎惟孝，友于兄弟」，證明《論語》這一句不應如〈君陳〉篇斷作「孝乎，惟孝友于兄弟」，認為這是作偽者在句法間露出的破綻。既然《論語》所引「《書》云」的斷句和「古文二十五篇」的〈君陳〉不同，表示這是〈君陳〉篇的作者襲用上的失誤。所以《疏證》強調「歷覽載籍所引《詩》、《書》之文，從無此等句法」，並引姚際恒的話、《禮記・仲尼燕居》篇與「孝乎惟孝」相似的句法證明他對「孝乎惟孝」句的斷句不誤。在按語部分又舉出《素問》、《靈樞經》、《史記》、〈漢桂陽太守周憬碑銘辭〉、《法言》、《公羊傳》、《爾雅》、《春秋繁露》來說明「孝乎惟孝」的句法是存在的。在另一條按語裡，又找到淳熙九經本《論語》的斷句、張耒〈淮陽郡黃氏友于泉銘〉、張齊賢〈弟子贊〉、《太平御覽》引《論語》，和唐王利貞〈幽州石浮圖頌〉、梁元帝〈劉孝綽墓志銘〉、〈與武陵王書〉對《論語》「孝乎惟孝」句的斷句為證，認為將《論語》斷句改從〈君陳〉篇的斷法，始於朱子。

　　從閻氏的說明裡，可以很明顯地看出他所處理的材料和梅鷟極為接近。特別是推論《論語》依〈君陳〉篇斷句自朱子始，及偽造者將《論語》竄入〈君陳〉之因這兩部分，除了更精密地舉出大量文例加以證明，實和《尚書譜》的論證沒有什麼差別。只是梅鷟《考異》缺乏說明，《尚書譜》的論證重點則放在「諸儒不見」上，關於朱子之誤則是認定了〈君陳〉對「孝乎惟孝」句的斷句之誤後，對朱子《論語集註》何以出現錯誤的說明。這和《疏證》企圖透過文獻的對比，以《論語》的斷句證明這是〈君陳〉篇襲用《論語》，並露出破綻的方式，截然不同。從這裏正可看出《疏證》「支節」的考證是在《尚書譜》、《考異》的基礎上進一步的發展。

二、《冤詞》對「根柢」的考證

　　由於錢穆認為《疏證》曾在看了《冤詞》之後，刪改自己的論證；戴君仁則認為《冤詞》非專為《疏證》而發，故表面上《冤詞》似乎無法和《疏證》作對比。我們則認為，閻、毛二人既然有爭勝的企圖，且所面對的問題與材料又是共同的，他們對同一個問題的不同意見，實可視為他們對「古文二十五篇」真偽問題的論辨。而且，《冤詞》卷三〈古文之冤始于朱氏〉舉出朱子「某嘗疑孔安國書是假書」與「孔書至東晉方出，前此諸儒皆未之見，可疑之甚」兩段話，說：

　　　　朱氏欲註《尚書》，見孔《疏》有「兩漢諸儒皆不見」語，又有「梅

仲眞爲豫章內史，遂于前晉上其書」語，因不復深考，且並不究所由來，
竟以臆見斷之曰：此必假書，舍之不註，而以註屬之門人蔡沉，并授以
意，于從前不分今古文者，今特爲分之，且雜爲之説，以著其僞。凡諸
門弟子，爭相傳播。而元、明以來，又苦無通儒善讀書者爲之剖晰。其
在古學，則鹵莽蔑略，但抄竊詞句，而其在今學，則名爲通經，而實無
一經可通。且過遵朱氏，寧得罪先聖賢，必不敢一字道朱氏之謬。加之
入明至今，立學取士，皆用其所註書，雖孔子復出，無如之何。致使陋
劣之徒，旁搜曲引，吹毛索瘢，鍛鍊成獄，古經之冤，至此極矣。要其
説，則皆自「東晉方出」，「諸儒不見」兩大節始。（卷三，頁1）

從第三章的討論可以知道，《疏證》的推論核心正是「漢代諸大儒皆不曾見過『古
文二十五篇』」。毛氏「要其説，則皆自『東晉方出』，『諸儒不見』兩大節始」的
話，正表示他爲「古文二十五篇」申冤，並非於閻氏的辨僞關鍵全然沒有相應的
了解。可是，由於毛氏在「根柢」部分的意見，是以《隋志》以及改動過的《晉
書》爲根據建立的，在基礎上就有了問題。所以，我們的對比就以毛氏在「支節」
部分的論據爲重心。「根柢」部分的問題，則在這裏交代。

　　毛氏將「東晉方出」與「諸儒不見」分爲兩個問題。先看「東晉方出」的問
題，毛氏的意見可以分爲兩大部分：一是說明《古文尚書》雖然在當時沒有立爲
學官，但經文一直到東晉都是傳授不絕的，並非東晉方出。二是說明梅賾所上的
只是《傳》文。第一部分的意見見於《冤詞》卷三。毛氏舉出從漢至晉人對《古
文尚書》的傳授，卻未對其所舉諸人所傳的《古文尚書》爲何正是「古文二十五
篇」而不是「《逸書》十六篇」或其他傳本提出證明，故毛氏的論證重點實放在第
二部分他對東晉梅賾所獻只是《傳》文的見解上。他説：

　　　　而特以無《傳》之故，梅賾乃上孔氏《傳》以補《尚書》諸《傳》
　　之闕。是梅氏所上者，安國之《傳》，非古文之經也。安國之《傳》，東
　　晉始行。古文之經，非東晉始出也。故唐宗《晉書》，不載梅賾上書事，
　　以爲不關本經，不足輕重。而舊《晉史》及《隋・經籍志》則各爲載入。
　　然猶恐誤認《孔傳》爲古文，乃先曰：「晉世秘府所存有古文經文」，然
　　後曰：「至東晉豫章內史梅賾始得安國之《傳》奏之。」此其明白爲何如
　　者。乃不學之徒妄云梅賾上古文，以致一訛再訛，頓成此千古不白之冤
　　獄。嗟乎！諸書具在，何不明啓其書一讀之也。（卷三，頁3）

毛氏的根據是《隋志》，一般都認爲這是毛氏論證最重要的根據。他自己在《西河
文集》卷五〈寄閻潛丘古文尚書冤詞書〉、卷五〈復馮山公論太極圖説古文尚書冤

詞書〉以及《西河先生全集》之〈西河經集凡例〉毛氏「說經」的意見「勿自誤誤經」（頁7）裏都一再重申《隋志》對「古文二十五篇」眞僞討論的重要性。顯然毛氏自己的確以此爲立論的重要依據。

由於《隋志》的成書時間與《正義》相近，所以會引起《隋志》能否作爲立論根據的疑問。像《四庫全書總目提要》、皮錫瑞《古文尚書冤詞評議》、戴君仁《閻毛古文尚書公案》都有相同的懷疑。《提要》說：

> 考《隋書·經籍志》云……其敘述偶未分明，故爲奇齡所假借。然《隋志》作於《尚書正義》之後，其時古文方盛行。而云：「無有傳者」，知東晉古文非指今本。且先云：「古文不傳」，而後云：「始得安國之傳」，知今本古文與安國《傳》俱出，非即東晉之古文。奇齡安得離析其文以就己說乎。（卷十二，經部書類二，頁28，總頁291）

除了對《隋志》能否作爲根據提出懷疑外，又涉及對《隋志》文句的理解方式可以不同。《提要》對《隋志》文句的理解異於毛氏，其間的區別，正是第三章所指出的兩種對《隋志》文句的理解可能。又如果以《隋志》成書的時間來看，《提要》的意見是有問題的。《提要》認爲《隋志》的成書時間晚於《正義》，事實上《隋志》與《正義》的著作時間並沒有很大的差別〔註3〕，從成書時間立論，實無必要。但《提要》對當時背景的說明：「其時古文方盛」，則是合理的推斷。皮錫瑞說：

> 檢討大聲疾呼爲《古文尚書》鳴冤。其所據爲塙證者，《隋書·經籍志》也。然試問之曰：《隋書》何時人作乎？則必曰：唐初時人作矣。又試問之曰：唐初時《古文尚書》已立學，命儒臣作《正義》矣。夫以當時廷議立學官作《正義》，史臣安能灼知其僞？即知其僞，安敢昌言直斥其非！《隋志》所云雖歷歷可徵，要皆傳僞古文者臆造不經之說也。其不得執單詞以斷獄明矣。（《古文尚書冤詞平議》上，頁12）

就不說《隋志》晚於《正義》，而從唐初的時代背景立論。其作法是很合理的。所

〔註3〕《隋志》的成書時間，據呂紹虞《中國目錄學史稿》（頁88）在貞觀年間。喬好勤《中國目錄學史》則說：

> 於〔貞觀〕十五年又詔修五代史志，成書于高宗顯慶元年，共有十志三十卷。五史〔按，當爲「代」〕史志本爲五代諸史而作，通貫東漢以來典章制度，但因梁、陳史已各自成書，遂與《隋書》相合，故又稱《隋志》。其中〈經籍志〉四卷，總結了東漢以來的學術，是我國現存第二部史志目錄。（頁142）

則《隋志》（本文所稱的《隋志》，乃專指《經籍志》而言）修纂於貞觀十五年（641），成於高宗顯慶元年（656）。至於《正義》，亦是太宗時始修，至高宗永徽四年（653）始頒行天下。（見《尚書學史》頁209）二書的修纂時間，大致相當。

以，即使毛氏對《隋志》的理解方式沒有錯，亦不表示毛氏的立論可以成立。

另外，據毛氏所說，他的根據還有《正義》所引的舊《晉書》。但《冤詞》卷二在說明同一問題時，引用的舊《晉書》經戴君仁指出:

> 在〔《隋志》〕「奏上其書而施行焉」句下注云:「奏上其書者，奏所授受之孔氏傳，非古文經文也。」又《正義》引《晉書》，只說鄭沖以古文授扶風蘇愉，毛氏又覺得只有古文二字，更坐實是指經文，所以引用的時候，輕輕加了《尚書》二字，以便注成這只是《孔傳》，非古文經文。(《閻毛古文尚書公案》頁114)

如此一來，毛氏所據的《晉書》，亦是有問題的。

毛氏所認為梅賾所上只是《傳》文，以及《古文尚書》雖然在漢代沒有立為學官，但經文一直到東晉都是傳授不絕的，並非東晉方出的說法皆不能成立。由於毛奇齡並不注意對立論所根據的材料可信與否的證明，他在這一部分的立論就無法為我們所接受。亦即，他對「東晉方出」的反駁是失敗的。

至於「諸儒不見」的問題，毛氏的意見是:

> 至諸儒不見，則亦有說。按，徐仲山《傳是齋尚書日記》〔**按，此書未見**〕有云:舊謂漢魏儒者皆不見古文，故趙岐註《孟子》，鄭康成註《禮記》，韋昭註《國語》，杜預註《左傳》，其于引《古文尚書》所有之文皆註曰「《逸書》」，以是為古文作偽之據。此皆不學人所言。漢功令最嚴，其所極重者莫如學官，凡古學今學必立學官以主之，射策勸祿，皆在此數，出此者即謂之「逸」，以逸于學官外也。今文立學稱《尚書》，古文不立學即稱「《逸書》」，此如唐制書學然，其合于官寫者名官書，否則名野書。故宋洪邁曰:「孔安國《尚書》自漢以來，不立于學官。故《左傳》所引，杜氏輒註為『《逸書》』」〔按，《容齋續筆》卷一，「〈泰誓〉四語」條〕，以是也。況古文距今文之出，為時最晚，及甫出而巫蠱事發，不及立學，其私相授受，祇得安國親寫藏之于家一本已耳。除授受之外，焉能他及?又況寫經用竹簡木冊，未易傳遠，而民間以煩重之故，又難于更寫。然且門戶擠排，在博士甲乙高下，惟恐有他經相壓以致篡易，故有遺金中秘，使陰易其書以證己學者。觀劉歆甫移博士請立古文，而諸儒切齒，恨如仇讎，甚至師丹、龔勝為國重臣，且有乞骸骨以去者，而劉歆坐是，竟不得復齒于眾。此其間興廢之機。雖古文當前，亦孰肯顧而問之。然而無足怪者，傳者傳，不見者自不見也。(卷三，頁3)

認為漢代諸儒在他們的著作裡對「古文二十五篇」文句皆稱作「《逸書》」的理由

是因爲古文不立學官所致。關於這一點，戴君仁有如下的意見：

> 其實自漢至晉初諸儒，他們生得早，不及看見僞古文出世。所以注
> 書遇到引《書》而爲後來僞古襲用的文句，只注「《逸書》」，這正是疑古
> 文的一個強有力的啓示。毛氏顛倒過來說，「令甲所在，凡好古文者，皆
> 不敢踰越。」變成因不立學之故，凡是傳古文的，都不敢公開說。漢朝何
> 嘗有這樣法令，這是毛氏臆造出來的事實。(《閻毛古文尚書公案》頁118)

認爲這是毛氏所臆造出來的。本來，站在評斷閻、毛異說的立場，不應太過偏坦
其中一方。戴氏顯然是站在閻氏的立場說話的，所以他對毛氏的反駁就論證上講，
只有「漢朝何嘗有這樣法令，這是毛氏臆造出來的事實」一點，並未舉出可以讓
人信服的證據。故這一批評我們採保留的態度。

不過就算毛氏對漢代不立學官的經書稱「逸書」的說法可以成立，亦不表示
爲諸儒所不曾見到的「古文二十五篇」在漢代就存在了。因爲毛氏沒有更強的證
據足以證明東晉梅賾所獻的《古文尚書》只有《孔傳》；更何況毛氏對「令甲所在，
凡好古文者，皆不敢踰越」的說法亦未舉出實證。

第二節　《疏證》「根柢」的來源

一、梅鷟對漢代《古文尚書》篇數、篇目的意見

關於漢代《古文尚書》篇目、篇數與今本《尚書》的異同問題，〈考異序〉說：

> 及安國古文既出之後，分〈堯典〉「慎徽」以下爲〈舜典〉，分〈臯
> 陶謨〉「帝曰來禹」以下爲〈棄稷〉，分〈盤庚〉爲三篇，分〈顧命〉「王
> 若曰」以下爲〈康王之誥〉，凡復出者五篇。又於其間離逖改削，竄易穿
> 穴之變多，而《尚書》無完經矣。至其所治古文一十六篇者，多怪異之
> 說，及經書所引，皆不在其內，以故當時老師宿儒，尊信正經，不肯置
> 對苟從，據理辨難，不肯奏立學官，雖以劉歆移書之勤，猶譁攻不已。
> 其間或減或興，信之者或一二，不信者恒千百，其書遂不顯行於世，然
> 其遞遞相承，蓋可考也。此先漢眞孔安國之僞書，其顛末大略如此。至
> 東晉時，善爲模倣窺竊之士，……凡爲書者二十五篇。見詁訓之難通，
> 遂改易其字。見意義之丁寧，遂刊落其語。見〈棄稷〉之不可以名篇，
> 遂更爲〈益稷〉。見〈盤庚〉之上中下可以便己，〈大甲〉、〈悅命〉、〈泰
> 誓〉之上、中、下遂仍爲三篇。見報告之詞不可以離逖也，遂合「王出」

以下爲〈康王之誥〉。又見「愼徽五典」不可突起爲〈舜典〉也，遂增「曰

若」以下二十有八字。（頁331）

認爲漢代孔安國《古文尚書》是從伏生二十九篇分出〈舜典〉、〈棄稷〉、〈盤庚〉兩篇、〈康王之誥〉共五篇，再加上僞造的十六篇。梅鷟認爲伏生二十九篇是二十八加上〈小序〉一篇；但在《考異》裡，並未說明這篇〈小序〉在漢代《古文尚書》中如何安排，對漢代《古文尚書》的篇目亦未有清楚的交代，所以《考異》提供我們的正面資訊極爲有限。至於漢代《古文尚書》和今本《尚書》的異同，梅氏認爲今本在伏生《尚書》之外僞造了二十五篇，其中〈大甲〉、〈悅命〉、〈泰誓〉都倣〈盤庚〉分爲上中下，與伏生《尚書》相同的部分則依漢代孔安國《古文尚書》，除了〈棄稷〉改爲〈益稷〉外，又把〈康王之誥〉略加調整，並於〈舜典〉加上二十八字。不過，就論證上講，《考異》對漢代《古文尚書》與今本《尚書》篇目分合的異同，並不能有清楚的說明。這在《尚書譜》可以得到補充。

〈尚書譜序〉說：

至孝武世，延七八十年間，聖孫名安國者，專治古文，造爲僞書，

自謂以今文讀之，因以起其家，〈泰誓〉、十六篇顯行於世。（頁405）

認爲漢代《古文書尚》比伏生《尚書》多出〈泰誓〉與十六篇。這十六篇，《尚書譜》在〈孔安國專治古文譜〉（頁421）所列爲：〈舜典〉、〈汩作〉、〈九共〉、〈大禹謨〉、〈益稷〉、〈五子之歌〉、〈胤征〉、〈湯誥〉、〈咸有一德〉、〈典寶〉、〈伊訓〉、〈肆命〉、〈原命〉、〈武成〉、〈旅獒〉、〈冏命〉。這和《疏證》所列的「逸十六篇」是相同的。

梅鷟的說明是：

是十六篇者，子長言孔氏有之，而未嘗言其出于壁，雖安國亦未嘗

自言壞宅所還也。劉歆、班固亦皆言十六篇，與子長十餘篇合。則此十

餘篇，辭鄙淺而文多脫，雖非聖刪之正經，而實爲安國之古文。（頁421）

指出就篇數的記載言，漢代的劉歆、班固都說是十六篇，與《史記》所說十餘篇一致。故梅鷟認爲漢代孔安國的《古文尚書》比伏生《尚書》多出十六篇。這個意見和《疏證》相同，只是《考異》由《史記》不言孔氏《古文尚書》出自孔壁，認爲漢代孔安國的《古文尚書》是孔安國所僞造，非出於聖經之舊。這一點和《疏證》大不相同。應注意的是梅鷟雖認爲漢代《古文尚書》乃孔安國所僞造，卻不曾否認漢人所說的「逸十六篇」是安國古文。梅、閻說法的不同，主要在於對漢代《古文尚書》的眞僞的認定。

又，《尚書譜》在〈孔安國專治古文譜〉之〈孔安國私增序文〉「虞舜側徵，堯聞之聰明，將使嗣位，歷試諸難，作〈舜典〉」下說：

安國既裂正經，增〈舜典〉篇名，故不得不曾〔增〕〈舜典〉序文
也。（頁 422）

在「皋陶矢厥謨，禹成厥功，帝申之，作〈大禹〉、〈皋陶〉、〈益稷〉」下說：

安國因作〈大禹謨〉，故私增「大禹」二字；因裂出〈益稷〉，故私
增「益稷」二字。（頁 422）

在「康王既尸〔尸〕天子位，遂誥諸侯，作〈康王之誥〉」下說：

安國裂出〈康王之誥〉，故私增序文。……然〈舜典〉、〈康王之誥〉
同增篇名、增序文，自為一類。〈大禹〉、〈益稷〉因夫子原序而增二篇名，
止四字耳。學者不可不知。（頁 422）

認為〈舜典〉、〈康王之誥〉只增加了篇名，〈大禹謨〉、〈益稷〉則偽造序文。這雖
然是在說明〈小序〉的問題，但從梅氏的敘述可知，他認為「十六篇」裡的〈舜
典〉、〈益稷〉、〈康王之誥〉都是孔安國從伏生《尚書》割裂出來的。

另外，伏生二十九篇與漢代孔安國《古文尚書》的關係，《尚書譜》在〈史載
尚書序譜第五〉說：

孔安國首散〈序〉于各篇之端，使二十九篇之目俄空其一篇，此賊
之魁也。（頁 420）

認為在伏生《尚書》自為一篇的〈小序〉，孔安國將之散入各篇之中，則二十九減
〈小序〉一篇為二十八篇，正好補充了《考異》說明的不足。這裡尚有一個問題，
即《考異》只說孔安國又從伏生《尚書》分出〈舜典〉、〈棄稷〉、〈盤庚〉兩篇、〈康
王之誥〉共五篇，據此則梅鷟應認為是孔安國將伏生《尚書》二十八篇分為三十
三篇（二十八加五）。孔安國《古文尚書》全書的篇目為何，《考異》並未說明，
這亦可以由《尚書譜》加以補充。

首先，〈泰誓〉一篇，《尚書譜》在〈孔安國專治古文譜〉之「婁敬」下說：

偽〈泰誓〉之篇，立斷蛇雲覆之赤幟也。孔安國選擇人情之所喜談
而樂道者以造古文，故言出而人自信。采摭時俗之所習尚而趨向者以載古
事，故理偭而人莫察。……若夫宣帝時，何〔河〕內女子之所獻，與夫元
成間張霸偽造之所傳，則因默奪安國古文之鵲巢，以來晉人古文之鳩居，
故多為變閃之言，使人不得而捕其蹤，斯固不足信也已矣。（頁 423）

認為漢代晚出的〈泰誓〉亦是孔安國所偽造，後人卻誤以為出自河內女子所獻或
張霸所作。〈泰誓〉為孔安國所偽造，這和前面所引〈尚書譜序〉的說法是一致的。
而且，梅鷟在這裡認為孔安國的〈泰誓〉只有一篇。應該注意的是，梅鷟認為〈泰
誓〉一篇並不屬於「十六篇」的範圍，也不屬於伏生《尚書》的範圍。所以前面

所引的〈尙書譜序〉說「〈泰誓〉、十六篇顯行於世」，把〈泰誓〉和「十六篇」區分開來。

其次，一般所說的漢代《古文尙書》有五十八篇，梅鷟認爲這主要是張霸改動孔安國《古文尙書》的結果。〈劉向別錄古文尙書五十八篇譜〉還原出漢代《古文尙書》五十八篇的篇目：

〈堯典〉	〈舜典〉	〈汨作〉
〈九共〉九篇	〈大禹謨〉	〈皋陶謨〉〔〈益稷〉〕
〔〈禹貢〉〕〈甘誓〉	〈五子之歌〉	〈胤征〉
〈湯誓〉	〈湯誥〉	〈咸有一德〉
〈典寶〉	〈伊訓〉	〈肆命〉
〈原命〉	〈盤庚〉（三篇）	〈高宗肜日〉
〈西伯戡黎〉	〈微子〉	〈泰誓〉（三篇）
〈牧誓〉	〈武成〉	〈洪範〉
〈旅獒〉	〈金縢〉	〈大誥〉
〈康誥〉	〈酒誥〉	〈梓材〉
〈召誥〉	〈洛誥〉	〈多士〉
〈無逸〉	〈君奭〉	〈多方〉
〈立政〉	〈顧命〉	〈康王之誥〉
〈冏命〉	〈呂刑〉	〈文侯之命〉
〈費誓〉	〈秦誓〉（頁 428）	

按，其中〈益稷〉、〈禹貢〉兩篇原缺，當爲抄寫之誤，今補。這五十八篇的篇目，和閻若璩對五十七篇所作的復原，除了〈武成〉一篇閻氏認爲建武之際亡，除去之外，是完全相同的。對這五十八篇，《尙書譜》的解釋是：

> 劉向《別錄》五十八篇如此，可見安國將〈序〉散冠各篇之端矣。孔穎達《疏》云：「伏生今文三十四篇，并增益二十四篇，共爲五十八篇。所謂三十四篇者，鄭玄於伏生二十九篇之內，分出〈盤庚〉二篇，并〈康王之誥〉、〈泰誓〉三篇爲三十四篇。所謂一〔二〕十四篇者，〈舜典〉、〈汨作〉、〈九共〉九篇、〈大禹謨〉、〈益稷〉等共二十四篇。」可見劉向時亦全無東晉二十五篇之影響也。然鄭氏後漢末人，去向時遠，不過注向之《別錄》云爾。《書》豈鄭氏所分哉！乃向同時人張霸所分耳。霸增〈九共〉爲九篇，足二十四之數。後人因其足二十四篇之數，遂以十六篇爲

張霸偽作，豈不謬哉！正猶伏生壁出二十九篇，孔安國裂出〈舜典〉、〈益稷〉，晚又裂出〈康王之誥〉，又分散其序篇。霸從而裂出〈盤庚〉二篇、〈泰誓〉三篇，足三十四篇之數耳。因其足三十四篇，遂以〈泰誓〉亦為張霸偽作，豈不尤謬哉！夫張霸逞其私意小智，取伏生正經裂為三十四篇，又取安國古文增為二十四篇如此。（頁428）

這段話有下列重點值得注意：

1、梅鷟認為劉向時，所謂的五十八篇，大致上說，是內容同於伏生《尚書》的三十四篇（按，其中的〈泰誓〉不屬於伏生《尚書》，且分篇亦與伏生《尚書》不同。詳後）加上多出伏生《尚書》的二十四篇（按，其中〈舜典〉、〈益稷〉、〈康王之誥〉三篇的內容是從伏生《尚書》分出來的。詳後）。

2、劉向所說的五十八篇與孔安國的《古文尚書》篇數不同。梅鷟認為這是張霸所分，與鄭玄無關，並指出張霸所分出的篇目是：

（1）孔安國《古文尚書》多出伏生《尚書》之「十六篇」裡的〈九共〉本來只有一篇，張霸增加為九篇，所以就成為「二十四篇」。後人因為張霸分出二十四篇，所以就誤認為「十六篇」也是張霸所偽造。

（2）伏生《尚書》二十九篇，孔安國把〈小序〉散入各篇之中，成為二十八篇。孔安國又從這二十八篇裡分出〈舜典〉、〈益稷〉、〈康王之誥〉三篇。由於〈舜典〉、〈益稷〉是在「十六篇」之中的（「十六篇」篇目見前所引），所以二十八加一為二十九篇。這二十九篇，到了張霸又把〈盤庚〉分為三篇（加二），並加入原來是一篇的〈泰誓〉，而且也分為三篇（加三），就成為三十四篇（二十九加二再加三）。於是後人又以為〈泰誓〉亦張霸所偽造〔註4〕。

於是二十四加上三十四，就成為五十八篇。這個說明如果不管漢代《古文尚書》的真偽以及張霸的問題，單就對漢代《古文尚書》篇目、篇數的考證結果來說，根本和閻若璩的作法是相同的。閻若璩只是補充了四十六卷的算法。

二、梅鷟對今本《尚書》流傳記載的意見

我們在第三章說過，「古文二十五篇」證偽的關鍵之一是漢代諸大儒皆未看過「古文二十五篇」。這一點，梅鷟，乃至梅鷟之前的吳澄已經提出。《書纂言·目

〔註4〕〈史載尚書序譜第五〉說：「張霸以〈泰誓〉三篇默易〈舜典〉、〈益稷〉與〈序〉三篇，縱恣抄略，無賴莫當，此賊之黨也。」（頁420）按，此段話文義不明。

錄》說:

> 今攷傳記所引古書見於二十五篇之內者,如鄭玄、趙岐、韋昭、王
> 肅、杜預皆指為逸書,則是此二十五篇,漢、魏、晉初諸儒曾未之見也。
>
> (頁3,總頁8386)

又引朱子的話說:

> 孔《書》至東晉方出,前此諸儒皆未見,可疑之甚。

第一章曾經提到朱子對「古文二十五篇」經文並未提出「偽書」的明確判斷。我們核對吳澄所引朱子的話,《朱子語類》卷七十八的原文是:

> 某嘗疑孔安國《書》是假書。比毛公《詩》如此高簡,大段爭事。
> 漢儒訓釋文字,多是如此,有疑則闕。今此卻盡釋之,豈有千百年前人
> 說底話,收拾於灰爐屋壁中與口傳之餘,更無一字訛舛!理會不得。兼
> 〈小序〉皆可疑。〈堯典〉一篇自說堯一代為治之次序,至讓於舜方止。
> 今卻說是讓於舜後方作。〈舜典〉亦是見一代政事之終始,卻說「歷試諸
> 艱」,是為要受讓時作也。至後諸篇皆然。況先漢文章,重厚有力量。今
> 〈大序〉格致極輕,疑是晉、宋間文章。況孔《書》至東晉方出,前此
> 諸儒皆不曾見,可疑之甚!(頁1985)

在這段話裡,先是以《孔傳》與《毛傳》作對比,認為兩者風格不同,疑《孔傳》的真實性,然後疑〈小序〉,疑〈大序〉,最後才說「況孔《書》至東晉方出,前此諸儒皆不曾見,可疑之甚!」則這裡的「孔《書》」有兩種可能,一是指經文、〈大序〉、〈小序〉及《孔傳》。二是僅指朱子所提到的《孔傳》、〈大序〉和〈小序〉,而不包括經文在內。若是第一種情形,則吳澄的引用,自無疑問。若屬第二種情形,則吳澄之說,誤解了《語類》。我們認為一則《朱子語類》將這一段話放在「論《孔傳》」的部分,其次是《朱子語類》論《尚書》的其他材料並未有明確指出經文為偽的例子,因此吳澄應該是誤解了朱子這段話的意思;但儘管是誤解,朱子據此一理由對《孔傳》、〈大序〉、〈小序〉的懷疑,則無可致疑。吳澄將之擴展到經文的疑偽上,雖增加了朱子所疑的對象,卻是頗為合理的推論。

　　吳澄的意見,頗為梅鷟所承襲。在梅鷟的著作裡,經常提到漢代諸大儒皆未看過「古文二十五篇」的意見。如《考異》在《朱子語錄》條中引與吳澄所引朱子相同的話,然後附按語說:

> 晉人假孔安國書東晉方出,不惟前此諸儒皆不曾見,雖前此真孔安
> 國亦不曾見。蓋安國子孫孔臧、孔僖遞遞相承,安國諸弟子兒寬、庸生
> 表表人望,安國諸交董仲舒、太史遷名世儒者,曾無一人一言及於二十

五篇之內者，則亦不必置疑而的然可知其偽矣。……朱子……於東晉後
出偽書雖云「可疑之甚」，然不免表章尊顯，疑信相半，遂使蔡沉之徒從
厥攸好，違己所疑，豈匪過於放失，而同染污俗之見也歟！（頁339）

又《考異》在〈古文尚書十三卷〉條反駁馬端臨的意見說：

夫朝乃安國弟子，未曾授東晉古文也。僖乃安國數代曾孫，亦未曾
授東晉時古文也。兒寬以親授學安國，亦未曾授。太史公以親見安國，
皆未曾見。而云：「又復晦昧數百年」〔按，此為馬端臨的話〕，則其未
晦昧之前所見者，果何人耶？所傳者果何書耶？學者亦可以自悟矣。朱
子曰：「孔《書》是東晉方出，前此諸儒皆不曾見，可疑之甚。」邁特之
見，豈鼠肝蛙腹者所能及也邪！（頁338）

又〈尚書譜序〉說：

前此諸儒，如王肅、杜預，晉初人；鄭沖、何晏、韋昭，三國人；
鄭玄、趙岐、馬融、班固，後漢人；劉向、劉歆、張霸，前漢人；皆
未見。不曰「《逸書》」，則曰「今亡」。《史》、《漢》所載，惟〈秦〔泰〕
誓〉、十六篇遞傳，絕無二十五篇影響。其曰鄭沖、蘇愉，皆誣之耳。……
朱子曰：「古文東晉時方出，前此諸儒皆未之見。」豈不痛切而明快哉。
（頁405）

又《尚書譜》卷二說：

西漢古文偽也，東晉古文亦偽也。但〈泰誓〉、十六篇實出於安國，
安國故為作傳。不獨安國作傳，至杜林、賈逵、馬融、鄭玄等，猶相繼
作傳不已。今反曰：「安國必不為彼偽書作傳。」二十五篇之古文東晉時
方出，西晉、三國、兩漢所未之有之見者。而一旦偽為安國〈敘〉、《傳》
與古文，忽然而突出，此晉人之姦詐巧譎，而穎達認以為真，而不知西
晉以前儒者皆為逸書，況安國哉。斯不亦見其思之顛繆矣乎！（頁427）

在《尚書譜》裡，自卷三開始，更從《史記》、《漢書》、趙岐注《孟子》、鄭玄注
《禮記》、韋昭注《國語》、何晏《論語集解》、杜預注《左傳》等，從漢至今本《尚
書》出現之前的相關材料證明漢代諸儒皆不見「古文二十五篇」。如說：

趙岐，東漢質、和時人。凡引二十五篇古文者，岐皆以為逸篇。……
晉古文皆出於岐後，岐未之見，皆以為逸篇，況孔安國又先於岐二百餘年
前，岐所不見，而謂孔安國有之，且作〈大序〉、《傳》，可乎？（頁438）

這一部分在《尚書譜》的論證裡有很明確的說明。但梅鷟對相同論據的解釋太過集
中於諸儒不見的證明上，未進一步在「文句內容」的考證上作較精細的論證。這不

如《疏證》在「支節」的工作中，更進一步透過「古文二十五篇」文句與《禮記》、《孟子》等文獻的對比，論證「古文二十五篇」襲自他書文句，來得精密〔註5〕。

因此，《尚書譜》在花了三分之二的篇幅考證漢代《古文尚書》篇目、篇數的問題，並證明西晉以上諸大儒都沒有看到「古文二十五篇」之後，才在〈古文株根削掘譜〉指出「古文二十五篇」襲用或偽造他書文句內容的各種可能。並說：

歷考西晉以上諸儒皆未見古文，則古文東晉時方出，可疑之甚者，朱子之言，信而有徵矣。然後乃敢連其株根而悉削掘之。（頁446）

從《尚書譜》的論證而言，「文句內容」的指責是附屬於上述篇目、篇數、諸儒不見諸問題之論證下的。若單獨來看，其對「古文二十五篇」證偽的重要性較低，而且梅鷟亦未把論證的重點放在「文句內容」的考證上。若只求證明「古文二十五篇」為偽，而不考慮作偽者用什麼方式作偽，梅鷟的《尚書譜》已經完成主要的考證工作。閻若璩在「根柢」部分的工作是對梅鷟某些細節上的補充與修正。《疏證》對「古文二十五篇」辨偽的進一步貢獻，實在他對「文句內容」方面的精細工作，特別是對「古文二十五篇」是以襲用他書文句的方式偽造出來的證明。我們可以說閻氏一方面接受梅鷟的整體論證架構，另一方面又發展了「支節」部分的論證。

三、《尚書譜》與《疏證》關係的推測

透過上文的說明，梅鷟對漢代《古文尚書》流傳歷史的說明，如認為張霸所偽造的是五十八篇，這一點曾為閻若璩等人提出質疑，認為張霸所偽的應該是百兩篇。第三章曾指出，《疏證》的意見是在反對「傳統說法」之《正義》說「張霸之徒」偽造鄭註十六篇時提出來的，誤解了《正義》的意思。可是，同樣的反對理由與《尚書譜》的說法相參照，竟然像是針對梅鷟的誤解提出來的，而且是有效的反駁。只是這並不影響梅鷟對孔安國《古文尚書》篇目的還原，因為其對漢人所見《古文尚書》篇數、篇目還原的依據，主要是以漢人的記載為準的。

另外，閻氏在「根柢」裡對漢代《古文尚書》篇目、篇數的還原，根本與梅鷟相近；但他在《疏證》裡卻完全不提，反而強調是自己的特見。《疏證》第四條在說明閻氏所還原的漢代《古文尚書》篇目後，說：

〔註5〕《疏證》專門證明諸儒不見「古文二十五篇」的的論證，除了在「根柢」部分曾經提及，還見於第十八條「言趙岐不曾見古文」（卷二，頁11，總頁153）與第十九條「言安國註《論語》與今《書傳》異」（卷二，頁15，總頁162），在第十九條閻若璩亦以孔安國註《論語》，對《論語》引《尚書》的註解不註明出於「古文二十五篇」，證明「古文二十五篇」異於漢代的《古文尚書》。

> 凡此皆按之史傳，參之《註》、《疏》，反覆推究，以求合乎當日之舊。
>
> 始之而不得其說，則茫然以疑；既之而忽得其說，則不覺欣然以喜。以爲
>
> 雖寡昧如予，猶得與聞於斯文也，詎不快哉！（卷一，頁11，總頁56）

我們並不排斥閻氏在看到《尚書譜》之前已經作出他對篇目的還原的可能。但他不應在看到《尚書譜》與《考異》之後，深自隱晦，只說《尚書譜》「武斷」，而完全不提《尚書譜》對漢代《古文尚書》篇目的還原成果。《疏證》指明引用《尚書譜》的部分，都是梅鷟自認爲較次要的十條對「文句內容」考證的論證。

在梅鷟之前，元代的吳澄已認定「古文二十五篇」爲僞。《疏證》不提《尚書譜》的成果，卻對未以考證的方法全面地處理這個問題的吳澄的說法有詳細的評述。《疏證》第十七條的按語評吳澄說：

> 吳文正公〈尚書敍錄〉信可爲不刊之典矣。然其誤亦有六：一謂孔壁眞古文《書》不傳，不知傳至西晉永嘉時始亡失也。一謂〈舜典〉、〈汨作〉、〈九共〉等篇爲張霸僞作，不知此乃孔穎達之妄說也。一謂《漢志》古經十六卷即張霸僞古文書，不知《漢志》乃四十六卷，非十六卷，且即眞孔壁書，非僞書也。一謂梅賾並〈書序〉一篇爲五十九，不知定著仍五十八篇，〈序〉已各冠其篇首，不復爲一篇也。一謂唐撰《正義》，自是以後，漢歐陽、大小夏侯氏所傳者廢不復行，不知歐陽、大小夏侯氏學自晉永嘉時已亡，不待唐也。一謂漢、魏四百年間，諸儒所治不過二十八篇耳，不知此外仍有治《古文尚書》者也。以文正之博考精識，其於是經可謂專且勤矣，猶不免此謬誤，然則經學可易言與！（卷二，頁6，總頁144）

卻對以考證方式處理「古文二十五篇」眞僞問題，並有相當成績的梅鷟的主要論證全無說明。這對照我們在第二章所指出《疏證》曾經引用《考異》卻又完全刪去，且一字不提的情形看來，閻氏的心態是頗堪玩味的。即使我們用較寬容的態度爲閻氏迴護，說《疏證》是一部未完成的著作，或許閻氏在看到是《尚書譜》之後，未及更改《疏證》的內容；亦不能否認對「古文二十五篇」辨僞的許多論證，特別是「根柢」的論證，梅鷟已奠定了重要的基礎。

第三節　《疏證》「支節」的反省

由於閻若璩和毛奇齡都認定《尚書》是中國最早的史書，只要《尚書》是眞的，就文句引用的關係來說，自然只有他書襲自《尚書》；不可能是《尚書》襲自

他書。所以，雖然先秦《尚書》已經看不到了，從先秦諸書的「引用」，還可以略見一二。將「古文二十五篇」的文句與先秦諸書引《尚書》的材料相比較，如果兩者有不同的情形，就有兩種可能：一是今本《尚書》是僞的（不是先秦《尚書》傳本）。二是我們對先秦諸書引用《尚書》的知識不正確。

　　同樣地，漢代《古文尚書》不論是否就是先秦《尚書》的傳本；今日雖已無法看到其內容，同樣可以從漢人著作，特別是與《古文尚書》傳承有關的學者的著作所引用的《尚書》文句，或所註解的先秦典籍關於《尚書》文句的部分加以了解。用「古文二十五篇」的文句與這些材料相比較，如果兩者有不同的情形，依然有兩種可能：一是今本《尚書》是僞的（不是漢代《古文尚書》傳本）。二是我們對漢代諸書引用《古文尚書》的知識不正確。

　　由於《尚書》被認爲是三代的史料，其中有不少篇是當時的文告，對三代的史事、禮制諸方面的記載自然應該最爲可靠。如果「古文二十五篇」是「眞」的，除了文句必須與先秦《尚書》相合外，其對史事、禮制諸方面的記錄自然要合於三代的實際情況。將「古文二十五篇」與我們認爲可靠的三代史事、禮制等相比較，兩者若有不同，換言之，即「古文二十五篇」的內容有誤。此亦可以有兩種可能：或者「古文二十五篇」是僞的，或者我們對三代史事、禮制等的掌握有所偏差。

　　綜合上述三種情況，在「古文二十五篇」的眞僞考證裏，考證者在發現文獻上的可疑現象後，可能有兩種完全不同的考慮方向，即認爲「古文二十五篇」爲僞，或重新反省、修正自己對古籍或歷史、文化各方面的知識。就閻若璩與毛奇齡的立場來說，主張「古文二十五篇」爲僞的閻若璩自然是採取前一種方向，主張「古文二十五篇」爲眞的毛奇齡勢必採取後一種方向。由於毛氏的論據相對地晚於閻氏提出，且《冤詞》亦是以反駁前人的辨僞意見的方式安排，所以毛氏的論證主要有兩方面：其一、證明閻氏（或前人的考證意見）所用的「材料」不可信，即指出閻氏所根據的材料有誤。其二、證明閻氏對古籍或相關的知識不正確。毛氏的論證可以是這兩種反駁方式的任何一種，只要其中之一成立了，反駁就算成功。

　　在毛奇齡《冤詞》裡有專論「書詞之冤」與「書字之冤」的部分，相當於對《疏證》以文句內容考證所提論證的反駁。《疏證》以文句內容辨僞的論證在《冤詞》裡找得到相對意見的，約有十七條（按語不算，分別是《疏證》第七、八、九、十、十九、二十四、二十五、三十一、五十三、五十六、六十一、六十二、六十七、七十三、七十四、七十五、七十九條）。以下，就以此作爲討論的主要材料，透過《冤詞》的例子幫助我們去了解，並發掘《疏證》以內容作爲辨僞論證所可能遭遇的問題。

一、對「古文二十五篇」襲用他書文句的反駁

《冤詞》對《疏證》第九條（卷一，頁 30，總頁 94）討論〈大禹謨〉「皋陶邁種德，德乃降」這句話襲自《左傳》的說法提出反駁。按照第四章的了解，閻氏的論證主要有二點：一是從《左傳》的文意加以斷句，認為「德乃降」三字不屬於《尚書》的文字，而是莊公的話，然後由此證明〈大禹謨〉「皋陶邁種德，德乃降」誤襲《左傳》。二是從《左傳》上下文脈證明「降」字的字義為「降服」而不是「降下」，認為〈大禹謨〉在襲用時，誤解了文義。

毛奇齡回應主要是指出《疏證》對《左傳》引書的知識有誤，即指出《疏證》對《左傳》斷句的了解，以及對「降」字的了解都是錯的。首先，毛氏認為《古文》不立於學官，趙岐、杜預都沒看過《古文》，因此說：

> 今預實不見《古文》，不知「德乃降」是《書》文，而誤以「逸書」二字註之「邁種德」之下。此正不見之據，而說者復以此為古文偽案，則兩端矣。（卷四，頁 9）

關於杜預，閻氏在書中強調的有兩點：一是何以杜預註《左傳》引《尚書》稱為「逸書」的，在「古文二十五篇」裡都找得到（第十五條）？二是吳澄曾經指出的，為什麼鄭玄、趙岐、韋昭、杜預諸大儒都未見過「故二十五篇」（第十七條的按語）？這兩點所強調的都是杜預沒有看過「古文二十五篇」。表面上，這和毛氏所說一致，但閻氏由杜預沒有見過「古文二十五篇」，推斷「古文二十五篇」為偽，毛氏卻由此認為杜預對《左傳》引《書》的註解有誤。所以，在這個情形下，杜預是否看過「古文二十五篇」就無法作為論證的主要根據。對於《左傳》的斷句與文義關係的判斷應該由其它根據提出證明。

閻氏的根據是透過「《左傳》引古人成語，下即從其末之一字申解之」（《疏證》卷一，三十一，總頁 95）的習慣，以及《左傳》其他類似的情節中，「降」解作「降服」之義的用例加以證明（引文見第四章）。而毛氏的作法，亦是提出其他的用例加以反駁。他認為《左傳》莊公引用〈大禹謨〉，實為了對他話中「郕降」的意思作引證，而且《左傳》的「降」與〈大禹謨〉是可以相通的。毛氏指出《左傳》這段話：

> 明是以郕降之故，故引《書》之稱降者以解之。使祗「邁種德」三字，則與郕降何與而引其語？且德足降物，引《書》甫畢，然後以修德起意，故曰「如務」。未有連作己語，而復加「如務」以起其意者。至若「降」之音「絳」，與「降」之音「杭」，總作「下」解。如「城降」曰「城下」、「下心」曰「降心」、《詩》「我心則降」、《國語》「王降翟師」

皆是。《孔傳》以「降」解「下」，與〈釋言〉、《說文》皆同。正惟德足
以下人，故黎民懷之。《書》詞、《左傳》何異焉。（卷四，頁9）

如果《左傳》與〈大禹謨〉可以相通，則閻若璩所謂的破綻就不存在了。於此，
閻若璩在第九條的按語說：

> 或問：《韻會》云：「降，胡江切，服也。」《說文》亦作夅，又下也。
> 《詩·召南》「我心則降」，〈大雅〉「福祿攸降」，皆讀作平聲。是平聲音
> 內亦有下也之解，安知大禹當日云「德乃降」不讀作平聲，而陸德明非誤
> 音之乎？余曰：即與平聲音相通，而於《左傳》所引上下之文義終有不得
> 而通者。二十五篇之書所采集剽拾他書，因與其文義相背馳者，固不獨一
> 「德乃降」已也。《孟子》「象曰：鬱陶思君爾」此象之辭，「忸怩」則敘
> 事之辭。《國語》「晉平公欲殺豎襄，叔向曰：君其必速殺之，勿令遠聞。
> 君忸怩顏〔「顏」字當刪〕，乃趣赦之。」註曰：「忸怩，慙貌。」是其證
> 也。今竄入〈五子之歌〉中曰：「鬱陶乎予心，顏厚有忸怩。」以鬱陶、
> 忸怩並爲一人口氣，不失卻《孟子》之文義乎？王曰：「無畏寧爾也，非
> 敵百姓也。」此武王之辭。「若崩厥角稽首」，則敘事之辭。今竄入〈泰誓〉
> 中篇中曰：「罔或無畏，寧執非敵，百姓懍懍，若崩厥角。」皆以爲武王
> 口氣，不愈失《孟子》之文義乎！且詳玩其所引王曰，自是至商郊慰安商
> 百姓之辭，其與河朔誓師，固絕不相蒙者也。《史記·周本紀》載武王至
> 商國，商國百姓咸待於郊，於是武王使群臣告語商百姓曰：「上天降休」，
> 商人皆再拜稽首，武王亦答拜，即其事也。僞作古文者，既不辨古人文字
> 有議論夾敘事之體，又不辨武王時事有誓師、弔民之不同，而一概混置，
> 譌謬已甚，世猶以其爲經而交相贊焉，亦可謂矮人之觀場矣。（卷一，頁
> 32，總頁97）

《疏證》所引的「或曰」，意見實和毛奇齡的答辯相同。閻氏在這裡的回答引出《疏
證》在相關論證裡非常重要的問題，即他書文脈下的《尚書》引文的文義能保持
《尚書》的原意到什麼程度？我們認爲，除非有《尚書》的原文可以對照，否則
不同的例子的狀況都不盡相同，很難認定文義是否有所變動（參見第四章的說
明）。所以閻氏說「即與平聲音相通，而於《左傳》所引上下之文義終有不得而通
者」，就「德乃降」這個例子來說，並不能眞正回應毛奇齡《左傳》、〈大禹謨〉文
義可以相通，以及讀爲平聲的「降」亦有作「下」的意思的問題。

就閻氏在按語中所舉的例證來說，這兩個例證指出《孟子》之文義與〈五子
之歌〉、〈泰誓〉不合（分別見《孟子·萬章》上與〈盡心〉下）。可是我們發現這

兩個例子，在《孟子》裡都不是明引《尚書》的話，和〈大禹謨〉這個例子是不同的。如果說這兩個例子要對〈大禹謨〉這個論證有所幫助，唯一可能的情形是這兩個例子必須都是「古文二十五篇」襲自《孟子》所引《尚書》的文句而在文義上有所缺失，甚至必須舉出更多的例子來說明在「古文二十五篇」裡類似的情形是很普遍的。但這兩個例子之第二例裡，《孟子》所引的是否為《尚書》，並不得而知。即使真的是《尚書》，其所根據的《尚書》原文亦無法得知。《孟子》所引文義是否合於原書，實無從考知。而第一個例子頂多只能推出「忸怩」一詞在《孟子》裡與〈五子之歌〉裡有不同的用法。閻氏的說明並不成功。

所以楊伯峻《春秋左傳注》在莊公八年就把「德乃降」三字斷作〈夏書〉的話。說：

> 此為《逸書》文。《逸書》者，在漢立《尚書》博士所傳二十八篇之外者也。當時或尚未亡，其後始亡。偽《古文尚書》以此兩句入〈大禹謨〉篇。（頁173）

雖然認為今本《尚書》為偽，卻不以「德乃降」三字是莊公釋《書》之語。

由上面的例子可知，《疏證》證明「古文二十五篇」以襲用他書的手法偽造的考證裏，用文義、斷句作為考證理由的論證，未必可以證明「古文二十五篇」與他書文句的襲用關係。特別是單純以文義判斷為主的論證，是最不可信的。

又如《疏證》第三十一條證明十六字心傳襲自《荀子》所引《道經》。閻若璩的理由是《荀子》引《尚書》皆冠以「《書》曰」，甚至注明引自《尚書》何篇，唯獨這一則注明引自《道經》，不合《荀子》引《書》之例。閻氏證明十六字心傳非《尚書》文句，表面上是以文句出處作證，實際上則是用文例為證。第四章曾強調，使用適當的文例是《疏證》最可靠的根據。毛奇齡的反駁除了從文義上說明「《荀子》雖不引《書》文，而直引《書》意以為之解」（卷四，頁11）外，主要的論證是：

> 此正古《尚書》經之尊稱也。古以為〈帝典〉、王〈謨〉其相授之語實出自軒黃以來相傳之大道，故稱《道經》。此如《易通卦驗》云：「燧人在伏羲前實刻《道經》，以開三皇五帝之書。」故孔氏〈書序〉亦有云：「三墳為大道，五典為常道。」皆以「道」名，可驗也。《荀子》原以「人心」二句屬之舜之詔詞，故曰：「舜之治天下，不以事詔而萬物成。言不以事物告天下也。故《道經》曰：『人心之危，道心之危。』」而註者曰：「此〈虞書〉語。」此與《論語》所云：「舜亦命禹」正同。蓋《道經》之名，創自燧人，誰謂軒黃即老列乎！若謂「允執其中」《論語》祇此，

文上加三句便是行偽，則「惟精惟一，允執厥中」在馬融作《忠經》時
即引其文，非東晉梅氏所能假也。(《冤詞》卷四，頁10)

認為《道經》之名正是對軒黃以來相傳大道的尊稱，並不是道家的經典。這是以
《荀子》引《道經》合於《荀子》引《書經》之例來回護「十六字心傳」。在作法
上，試圖以證明《疏證》對《荀子》引《書》知識的錯誤來達成。然而，其所引
《忠經》是宋代的偽書，並不能作為證據〔註6〕。而且引緯書《易通卦驗》證明「《道
經》之名，創自燧人」，所根據的材料亦不能為人相信。所引〈大序〉亦與《道經》
無必然關係。毛氏想要反駁閻氏對內容的選擇與處理，但他本身對材料的判定根
本有問題，以致所提出的材料根據無法與閻氏相抗衡，所以他的反駁是失敗的。

但是，這並不表示《疏證》所有以文例為證的論證都是不可移易的。第四章
已經指出用文例論證的效力必須決定於所舉例證與所欲考證的對象關係的遠近。
而且，就算所提出的文例有很高度的概括性，亦不能保證沒有例外的情形出現。
像《疏證》第三十一條以《荀子》引《尚書》的例子來證明《道經》不是《尚書》，
由於《尚書》和《道經》的關係是很直接的，故效力較大。至於十五、十六條是
以《左傳》、《國語》、《禮記》引《今文尚書》和「古文二十五篇」的比例與引《詩》
和《逸詩》的比例相近；第十四條以《孟子》引《今文尚書》較少改動文字，引
「古文二十五篇」則較多改動的情形，認為是「古文二十五篇」襲用他書的破綻。
這在證據的解釋上就不如第三十一條直接，因為這三條都是對「古文二十五篇」
整體的泛論，其中例外的可能自然就較大。若在說明的過程中還涉及文義、斷句
的判定問題，如第十四條說：「《孟子》引今文《書》，由今校之，辭既相符，義亦
脗合。及其引古文《書》，若〈泰誓〉上、〈泰誓〉中、〈武成〉，辭既不同，而句
讀隨異，義亦不同，而甚至違反。試為道破，真有令人失笑者。」(卷一，頁40，
總頁114)其對「古文二十五篇」襲用他書的證明的力量自然就更小了。

從上面的討論可以發現，《疏證》對「古文二十五篇」以襲用的方式偽造的論
證，絕大部分並非完全確切不可移易的。就較可信的，以文例證明的例子而言，

〔註6〕《四庫提要》指出：
舊本題漢・馬融撰，鄭元〔玄〕註。其文擬《孝經》為十八章，經與註如出
一手。考融所述作具載《後漢書》本傳，元〔玄〕所訓釋載於《鄭志》目錄
尤詳。《孝經註》依託於元，劉知幾尚設十二驗以辨之，其文具載《唐會要》，
烏有所謂《忠經註》哉？《隋志》、《唐志》皆不著錄，《崇文總目》始列其名，
其為宋代偽書，殆無疑義。《玉海》引宋《兩朝志》載有海鵬《忠經》。然則
此書本有撰人，原非贗造。後人詐題馬、鄭，掩其本名，轉使真本變偽耳。(卷
九十五，頁4)

數量實在有限。如果「古文二十五篇」其它的疑點不一定非得以「古文二十五篇」
襲用他書文句作爲唯一的解釋，那麼《疏證》所指出的「破綻」就有可能是由「襲
用」之外的因素所造成。由第四章對《疏證》關於「古文二十五篇」「文句」襲用
關係的論證來說，除了證明「襲用關係」最主要的十條論證外，其它三類都是在
認定了「古文二十五篇」以襲用作僞後，作出的說明。因而，若十條主要的論證
並不是絕對可以成立，這三類所舉出的襲用情形就無法保證必然成立，或爲唯一
可能的解釋。

　　例如閻氏在第七條（引文見第四章）認爲漢代後得的〈泰誓〉三篇雖然出於
武帝之前，但爲僞書，漢代的馬融曾經加以懷疑。根據馬融的話，閻氏以「古文
二十五篇」裡的〈泰誓〉與先秦典籍所引〈泰誓〉對比，發現《墨子・尚同篇》
引〈大誓〉曰：「小人見姦巧乃聞不言也。發罪鈞」不見於「古文二十五篇」，認
爲這是造僞者不小心漏引的結果。第四章曾指出，閻氏在這一類論證重點在指出
《墨子》看到的是眞先秦〈泰誓〉。如果先秦〈泰誓〉是一唯的，而且「古文二十
五篇」的〈泰誓〉是眞的，就不應沒有《墨子》所引的這一句。我們來看毛奇齡
如何提出反對意見。毛氏的意見並不是針對閻氏而發的。他要反對的說法是：

　　　　《漢書》引〈泰誓〉云：「誣神者殃及二世。」又云：「立功立事，
　　惟以永年。」此數語〈泰誓〉無有。則雖收拾諸經傳，而仍有闕佚。何
　　則？一人爲僞，則耳目不及周也。（《冤詞》卷六，頁6）

認爲如果「古文二十五篇」的〈泰誓〉是眞的，就不應該有佚文存在。此說與上
述閻氏的意見頗爲接近，但對象是漢代著作所引的〈泰誓〉，與《疏證》的重點不
同。毛氏的回應是：

　　　　若據〈泰誓〉所佚語，何止此數。……蓋〈泰誓〉甚多，或伏壁〈泰
　　誓〉，或河內女子〈泰誓〉，彼所闕者，我何能一一收拾之？此固不足爲
　　古文難也。若〈康誥〉，今文也。然傳三十三年〔按，原誤作「三十二年」，
　　據《左傳》、《四庫》本改〕白季薦冀缺引〈康誥〉曰：「父不慈，子不祗，
　　兄不友，弟不共，不相及也。」今並無其文，何也？又昭二十年，齊侯
　　將飲酒，徧賜大夫苑。何忌辭曰：「與于〔青之〕賞者必及于其罰。在〈康
　　誥〉曰：『父子兄弟，罪不相及』。」此又無其文，是豈〈康誥〉僞書乎？
　　不特此也，伏生作《大傳》，自引〈盤庚〉曰：「若德明哉」，引〈酒誥〉：
　　「王曰：『封惟曰若圭璧』」，今〈盤庚〉、〈酒誥〉並無此也。不特此也，
　　《漢書・王莽傳》引《書》文曰：「言之不從，是謂不乂」。《白虎通德論》
　　引《尚書》文曰：「咨！四岳曰：『裕汝眾，或有一人王者』」，又云：「不

施予一人」，又云：「必立賞罰，以定厥功」，又云：「太社惟松，東社惟柏，南社惟梓，西社惟栗，北社惟槐」。許愼《説文》引《書》文：「囹圄升靈，半有半無」、「洪水浩浩，在夏后之詞」、「師乃搯」、「來就惄惄」……則今文、古文並無之。……仲長統《昌言》註引《孟子》云：「矯枉過直」，《後漢書・黨錮傳》註引《孟子》云：「正枉者必過其直」，讀《孟子》者不以《孟子》無此文而疑其偽。〈經解〉曰：「《易》曰：『君子愼始，差若毫釐，謬以千里』」，讀《易》者亦不以《易》失此句而議其闕佚。（《冤詞》卷六，頁 7））

我們將這段話歸納爲四點：第一，〈泰誓〉的佚文有很多。這是因爲〈泰誓〉有很多個本子，如伏生〈泰誓〉、河內女子〈泰誓〉，不可能將其中的內容都收入「古文二十五篇」的〈泰誓〉裡。這一點回答應該是針對漢代〈泰誓〉說的，可是卻可以引申出先秦〈泰誓〉是否只能有一個本子的問題。陳夢家《尚書通論》就說「自先秦至東晉，〈大誓〉共有六本」（頁 57）。其中的「戰國本甲（文王伐邘本）」和「戰國本乙（武王伐紂本）」都是先秦的傳本。加上第四節註一所說，先秦《尚書》傳本可能不止一個，且墨家的傳本又和儒家不同（但兩家的傳本不同到什麼程度仍不可知），閻氏如何能夠以此作爲辨偽的理由呢？從這一點來說，《墨子》所引〈泰誓〉文句未見於今本〈泰誓〉，是可以不用作偽者襲用不愼而有所遺漏作爲唯一解釋的。

毛氏提出的另外三點是第二，《今文尚書》裡的〈康誥〉、〈盤庚〉、〈酒誥〉都有佚文，我們卻不因此認爲它們都是偽書。第三，《漢書・王莽傳》、《白虎通》、《說文解字》所引《尚書》有今文、古文都找不到的佚文。第四，《孟子》和《易經》也都有佚文，但我們也不以此認爲它們是偽書。二、三、四點算是直接回應了閻氏的意見，即佚文的情形並不是「古文二十五篇」特有的，單從「有佚文」這一點，並不能直接和「偽造」關聯在一起。除非「有佚文」是偽書獨有的特徵，否則就無法單獨用來作爲辨偽的論證。毛氏的反駁即重在指出辨偽者對先秦《尚書》引文知識的錯誤。

這個反駁極有價值。以毛氏所引的〈康誥〉佚文爲例，據許錟輝《先秦典籍引尚書考》所提及，過去對《左傳》這段引文有兩種意見。一是認爲這是《左傳》引用〈康誥〉的文義，並不是引用〈康誥〉的原文。如孔穎達《春秋左注疏》、阮元《揅經室續集・左傳引康誥解》等。二是認爲這是《左傳》所引的是〈康誥〉佚文。如江聲《尚書集注音疏》、王鳴盛《尚書後案》、日人小島祐馬《左傳引經考證》等。（頁 92）姑且不論這兩個意見的是非，他們皆不以此懷疑〈康誥〉爲偽

書。可見有佚文與「古文二十五篇」襲自他書，是沒有必然關係的。

又如《疏證》第六十七條「言考定〈武成〉未合《左傳》數紂罪告諸侯之辭」：

> 晚出〈武成〉篇，《孔傳》不言其有錯簡，唐孔氏《疏》始言之。
> 於是宋儒劉氏、王氏輩紛紛考正，逮朱子而益密。《蔡傳》從之，以「底
> 商之罪」至「罔不率俾」七十八字，又「惟爾有神」四語，皆繫于「于
> 征伐商」下，爲初起兵禱神之辭，是已不知「紂爲天下逋逃主，萃淵藪」
> 在《左傳》昭七年爲武王數紂之罪以告諸侯之辭，非告神者。《左氏》不
> 應有誤，故僞作者只繫于「予小子其承厥志」下爲「王若曰」之辭。蓋
> 諸侯來受命，王特告之，並追述初起兵禱神如此，以見天與人歸，亦猶
> 〈湯誥〉篇援「予小子履」散作初請命伐桀之辭。又告諸侯之辭，亦追
> 述之也。此最作者苦心湊泊處，朱、蔡移置，必反爲所笑。昔人有言，
> 千載之下，難以情測也。余殆欲測其情云。（卷五上，頁6，總頁395）

由於《左傳》所引並不注明引自先秦的〈武成〉篇，所以我們將這一條論證歸入
「古文二十五篇」襲用他書文句的類型。從《疏證》的話可以明顯地看出閻氏在
這裏並不企圖證明「古文二十五篇」中的〈武成〉篇「襲用」《左傳》的關係，而
是在確認了兩者的「襲用」關係後，對文獻現象作出的推論。閻氏認爲，朱子、
蔡沈重新考定〈武成〉篇，實無必要。因爲「古文二十五篇」的僞造者正是襲用
了《左傳》昭公七年的文句與文義造出了〈武成〉篇。

對此，毛奇齡反駁郝敬：「〈武成〉無次第，先儒費解釋訂正，殊不悟其爲贗
也。」指出：

> 〈武成〉篇文敍事多而王言少，然連詞連敍，參錯盡變，並是古法，
> 原未嘗有一毫誤處。……而蔡沈註本稟朱氏意，竟爲移易，名曰〈考定
> 武成〉。……且其間有大謬者，原文告諸侯詞有「底商之罪，告于皇天后
> 土，所過名山大川。〔……〕今商王受無道，〔……〕爲天下逋逃主，
> 萃淵藪」諸句，蓋于告諸侯時，歷敍興師禱神之意，以張大其事也。朱
> 氏以爲禱神、告諸侯兩事兩詞，不宜合一，遂于「底商」以下分作兩節，
> 而不知《左傳》引經，原是一串禱神之詞，皆于告諸侯見之。如昭七年
> 《傳》：「芊尹無宇曰：『昔先王數紂之罪以告諸侯曰：「紂爲天下逋逃主，
> 罪淵藪。」』」則明屬一詞，不可分易。……夫目不識寶，商彝周鼎，誤
> 指瑕纇，猶當刳別其齒舌，況從而刻之、制之，千年神器壞于一旦，而
> 無良之人尚詬之爲贗鼎，豈非冤哉！（卷六，頁9）

所指出的文獻現象與《疏證》相同，亦同樣認爲朱子、蔡沈考定〈武成〉爲不必

要；但閻、毛二人對今本〈武成〉篇的真偽，卻可以有完全相反的認定。《疏證》對「古文二十五篇」「襲用」他書的判定不必是唯一的解釋。

二、毛奇齡對內容考證的意見

　　據第四章，《疏證》對內容的考證有兩類。一是第八十一條以曆法的推算證明「古文二十五篇」之〈胤征〉篇對天象的記錄不正確。二是透過文獻的考證，說明「古文二十五篇」之「內容」不合事實。就《疏證》的工作目標來說，閻氏要透過「古文二十五篇」內容的錯誤證明其偽是有根本上的困難的。因為，若「古文二十五篇」是真的，則它是中國最早的一部史書，而且經過聖人的整理。在古人的心目中，其內容不可能有錯誤（這一點閻氏亦無法反對）。對於閻氏想要透過發現「古文二十五篇」與其它史料的內容有不合的地方，而且由證明這是「古文二十五篇」之誤來斷定「古文二十五篇」不是出於聖人，或不是最早的史書，即「古文二十五篇」為偽，我們可以追問，依上述《尚書》是「中國最早的史書」的身份，要如何才能斷定「古文二十五篇」內容有誤？如果我們不知道它是偽的，當我們發現「古文二十五篇」與其它史料的記載不合，除非所根據的材料具有非常強的可信度，至少要與先秦《尚書》的地位相當，甚至更強，否則根本無從斷定「古文二十五篇」之誤。就這一點來說，一般的文獻記載的材料恐怕很難達到這個要求。因此，《疏證》在內容方面的考證，首先要面對的就是材料的問題。閻氏提出曆法的計算，實亦是在這一方面的努力（找到一個客觀的新材料作為論證的根據）。只是這在《疏證》裡畢竟只有一條，《疏證》的論證幾乎都是對文獻記載的處理。閻氏主要透過其他經書（《今文尚書》、《孟子》、《周禮》等）的內容以及先秦典籍引《尚書》作為材料的根據，這就變成以間接的資料作為主要依據的考證了。由於對這些材料的判斷必然要關聯著上下文加以了解，不同的人對這些材料的判定就有不同的意見。如此一來，閻氏的論證就未必可以成為定論。以下我們依閻氏所提出不同的文獻根據，舉出《冤詞》的反駁意見說明《疏證》在這方面工作所遇到的困難。

（一）以先秦典籍引《尚書》作為考證根據的問題

　　前面曾舉例的《疏證》第八條，閻氏企圖從《左傳》的上下文脈指出〈胤征〉篇對夏代九月日食禮制的記載是錯誤的，認為這是偽造《古文尚書》的人不懂夏代禮制而致誤。《左傳》所引的《尚書》，是閻氏的根據。然由於《左傳》引《書》是間接的史料，對《左傳》原文的理解不同，就會產生不同的判斷。所以，反對

閻氏的人就有「或又有曲爲之說者，曰：『夏質周文，故禮亦異。』」的意見。

我們可以用毛奇齡的說法來代表。《冤詞》說：

> 此夏、周異禮，而太史解說之詞也。夏禮日食每月皆鼓幣，而周禮唯正月鼓幣，餘月則否。正月者，夏之四月也。四月方立夏，陽氣正盛，日過春分，而猶未夏至，名爲正月。此月有災，則陽大弱矣。故唯此月日食，則奏鼓用幣，而他月則否。今六月鼓幣，平子不悟周之六月即夏之四月，因以爲疑。而太史解之曰：所云正月，即此六月也。是時日過分而未至，日食有災，當用鼓幣，故引〈夏書〉而曰：「此月朔之謂」，謂此凡月朔，皆用幣之謂也。曰：「當夏四月，謂之孟夏」者，謂周唯正月用幣，而六月亦用者，以爲六月當夏之四月，雖名爲季夏，而實是孟夏，故用之也。此正分解夏、周用幣之異，何曾以秋七月証夏四月！而讀古不解，妄生論議。按，隋顧彪云：「夏禮異于周禮。」而《正義》亦云：「先代尚質，用幣無等。周禮極文，故有用不用之別。」此在前儒已辨之，而猶爲置喙，何也？（卷五，頁5）

依毛氏對《左傳》昭公十七年的解釋，夏禮凡日食每月皆鼓幣，周禮日食只有「正月」鼓幣，而此「正月」指的是夏之四月。夏之四月即周之六月。平子並不了解這個意思，以爲「正月」就是周的一月，所以祝史乃對此加以解釋。在解釋中引用〈夏書〉，說「此凡月朔之謂也」的意思是說，在夏朝凡是月朔都要用幣。又說「當夏四月，謂之孟夏」的意思，則是強調周禮只有「正月」才用幣禮。於是毛氏認爲〈胤征〉並無錯誤。〈胤征〉既無誤，則閻氏的論斷自然就無法成立了。

閻、毛在這裡的爭論重點在他們對夏、周禮制的不同認識上。若要解決二人的爭論，應該從二人對夏、周禮制知識了解的是非上去處理。問題是夏代的禮制實無足夠的材料作爲佐證。閻、毛二人依《左傳》上下文義的判斷，很難得到明確的答案。所以，對毛氏之類的反駁，閻氏的回應亦只能說：「不知三代典禮有從異者，亦有從同者；有當革，亦有當沿者。此正沿而同之禮也。」然後舉出〈胤征〉「遒人以木鐸徇于路，官師相規，工執藝事以諫」亦出於《左傳》，且《左傳》以爲在「正月孟春」，並引《周禮》爲證。問題是，既然閻氏也承認三代典禮有從同、從異，當革、當沿者，則他應該進一步說明爲什麼〈胤征〉所載日食之禮爲從同者，但他卻舉了一個與日食之禮無關的例子，即使閻氏在回應時所舉的例子可以成立，亦無法證明〈胤征〉對日食之禮的記載有誤。因此，閻氏「此正沿而同之禮」的回答，是無法讓毛奇齡接受的。

（二）以《今文尚書》作為考證根據的問題

　　以史例證僞的第五十三條「言〈武成〉『癸亥甲子』不冠以二月，非書法」，透過與《今文尚書》的對比，認爲〈武成〉篇的史例與實際不合。閻氏以《今文尚書》作爲根據，是對材料根據的判定。至於對內容的處理，閻氏提出了兩點：一是古書記事必以月領干支。二是古人對日子的計算習慣把頭尾也算進去。這兩點〈武成〉篇皆不合。毛奇齡的說法見《冤詞》卷六：

> 　　古史文有不同，有以月領干支者，有不以月領干支者，有連本日起數者，有不連本日起數者，孔氏《正義》明云：「史官不同，故立文各異」是也。是以〈洛誥〉乙卯、戊辰俱不領月，而〈樂志〉十二律相生之法，自黃鐘至林鐘，劉向連本數謂之隔七，而班固離本數，即謂之隔八。況〈武成〉月日干支明見舊經。〈泰誓序〉見有：「一月戊午，師渡孟津」之文，〈泰誓〉中篇又曰：「惟戊午王次于河朔」，而《外傳》則云：「王以二月癸亥夜陳」，是戊午在一月，癸亥在二月，公然可知。若漢初有今文〈泰誓〉出于伏壁，又有〈武成〉逸篇不知出于何所，鄭康成云：「〈武成〉逸篇至建武年始亡」者，其文多見《漢‧律歷志》中，然亦曰：「惟一月壬辰旁死霸，若翼日癸巳，武王乃朝步自周，于征伐紂。」又曰：「惟四月既旁生霸，粵六日庚戌，武王燎于周廟。」其日月干支亦正相合，則壬辰、癸巳、丁未、庚戌無稍差軼。雖或越三越四，不過朝三暮四之小殊，何所分別。況此等攻訐，又明見舊疏早有解釋者。若謂作僞曖昧，不合書例，則〈畢命〉亦僞書也。其曰：「六月庚午朏，越三日壬申」，則連本日數，與《書》例合。豈有明于彼而獨暗此，此可省矣。（頁 10）

毛氏這段話，試圖解決上述閻氏提出的兩個疑問。先看書不書月的問題。毛氏認爲古史對日期並沒有固定的書法，並引《正義》的話爲證。但是所引《正義》的意見，並不是針對古史是否有以月領干支之體例提出的，而是對經文「丁未……越三日庚戌」不數「丁未」的算法與〈召誥〉「從前至今爲三日」（《正義》卷十一頁 12）不同所作的說明，應該是對日子算法問題的例證。其次，毛氏引用了漢代〈泰誓〉與《國語》作爲反證，認爲〈武成〉篇的「戊午在一月，癸亥在二月公然可知。」問題是，戊午在一月，癸亥在二月是不是公然可知，與史例的問題無關。第三是屬於《今文尚書》的〈洛誥〉篇就不領月，與閻氏所提出的體例不合。第三點閻氏已有回答，認爲這是周公口中之辭，與史家記錄之語不同。除非閻氏這一個回答不能成立，否則在「古文二十五篇」不以月領干支的反駁上，毛氏並不成功。

　　至於日子算法的討論，毛氏提出三點：首先，這個問題《正義》已有回答，

閻氏之前並非無人發現。其次，毛氏舉出三個例證，一是劉歆、班固對樂律隔七、隔八的見解不同。這個例證與日子的算法無關，最多只能說古人對類似數字的計算方式，並不是那麼固定。所以，在反對閻氏的論證上，效力不大。第二是「古文二十五篇」的〈武成〉月日干支與《漢書‧律歷志》的〈武成〉逸篇相合（毛氏認為此〈武成〉逸篇的來源不明）。依閻氏的見解，《漢書》所載的〈武成〉為真《古文尚書》，干支的相合，只能證明偽〈武成〉的干支記載無誤，卻無法說明偽〈武成〉史例不合的問題。第三是被閻氏認定為偽書的〈畢命〉篇對日子的算法竟然與《今文尚書》相符，但閻氏卻不以〈畢命〉為真。這應該是最強的一條，因為閻氏從今本《尚書》經文、傳文的體例相同，證明「古文二十五篇」為偽，卻沒有說明與〈洛誥〉不同是例外。所以，除非毛氏舉例有誤，否則閻氏的論證就未必可以成立。

　　從上面的例子可以知道，即使我們暫時不對閻氏在辨偽時所採的前提提出懷疑，《疏證》對「古文二十五篇」是否有誤的考證，也不是完全沒有問題的。其論證本身除非找到非常堅強的「可信根據」，否則將無法達到其證偽的目的。這一點在「古文二十五篇」辨偽的考證裡，因受到客觀材料的限制，幾乎是不可能達到的事。因此，我們可以說，閻氏以「內容」的考證作為辨偽論證的條文，很難達到辨偽的效果。而且，以今日的觀點來看，就算閻氏對「古文二十五篇」內容有誤的考證可以成立，也只能說明「古文二十五篇」的記載不真，卻無法由此認定這就是「古文二十五篇」為偽的證據。

第四節　結　語

　　透過上文的檢討可知《疏證》所提出的「根柢、支節」，的確可以作為了解閻氏考證「古文二十五篇」的方法的綱領。《疏證》的「根柢」首先透過漢代《古文尚書》篇數、篇目和流傳歷史的考證，指出「古文二十五篇」並不是漢人所看到的本子。由此對今本《尚書》經文的真偽，作了初步的區分，由此認為其中的「古文二十五篇」是偽的；和今文《尚書》相同的部分，才是可靠的。

　　在「支節」部分，閻氏的工作有二，一是透過對「古文二十五篇」的內容的證誤，論證「古文二十五篇」為偽書。第二是透過「古文二十五篇」「文句」與他書「文句」的對比，證明「古文二十五篇」是偽造者以襲用他書文句的方式造出來的。就閻氏的論證企圖言，內容的考證目標在於證明「古文二十五篇」之偽自無疑問。而「文句」部分的考證雖然重在證明「古文二十五篇」是如何偽的；但

能夠證明「古文二十五篇」是以襲用的方式偽造，也等於爲「古文二十五篇」之偽多提出一項證據。從這裏來說，閻氏不但有透過「支節」證偽的企圖，只要《疏證》「支節」的論證能夠爲人所接受，就有證明「古文二十五篇」爲偽的力量。

　　其次是關於《疏證》的批評。本文通過梅鷟的《考異》、《尙書譜》和《疏證》內容的對比發現，《疏證》「根柢」和「支節」兩方面的論證都不是由閻氏所獨創，顯然前有所承。然而從閻氏對於影響他的辨偽論證最大的梅鷟的敘述來看，他在「根柢」方面完全不提他曾經看過的《尙書譜》的成果，只引錄了十條《尙書譜》較次要的材料，並予以「武斷」的批評，於自己對漢代《古文尙書》篇數、篇目的考證則特別聲明爲獨創的表現來看，他對梅鷟的評斷實在有欠公允。在「支節」方面，閻氏引了少數《尙書譜》的說法，卻把《疏證》曾經大量引用《考異》的部分刪去，而且完全不提《考異》這部書。《疏證》在「支節」的論證雖然較梅鷟更加詳密，但這種作法對於在「古文二十五篇」辨偽有特殊貢獻的梅鷟仍是不公平的。

　　第三，由《冤詞》與《疏證》「支節」論證的對比可以看出，《疏證》在「支節」方面的論證受限於所根據的材料以及《尙書》這部書的特性，其對內容的證誤並非完全可以成立。而對「文句」部分的考證亦不能保證文句的「襲用」是「古文二十五篇」來源唯一的解釋。這一方面表示了「古文二十五篇」的問題還有討論的餘地，更顯示出過去爲大家所忽略的爲「古文二十五篇」辯護的意見，並非完全沒有價值。

附　錄

壹、《古文尙書考》（《皇淸經解》卷三百五十一）引《疏證》

一、梅氏所上之《孔傳》，凡傳記所引《書》語，諸儒並指爲逸《書》者，此書皆采輯掇拾以爲證驗，而其言率依於理，世無劉向、劉歆、賈逵、馬融輩之鉅識，安得不翕然信之，以爲眞孔壁復出哉！（今本《疏證》第二條）

二、鄭所註古文篇數上與馬融合，又上與賈逵合，又上與劉歆合。歆嘗典校秘書，得古文十六篇，傳聞民閒則有安國之再傳弟子膠東庸生者學與此同。逵父徽實爲安國之六傳弟子。逵受父業，數爲帝言《古文尙書》與經、傳、《爾雅》詁訓相應，故古文遂行。此皆載在史冊，確然可信者也。孔穎達不信漢儒授受之古文，而信晚晉突出之古文，且以〈舜典〉、〈汩作〉、〈九共〉二十四篇爲張霸之徒所僞造，不知張霸所僞造乃百兩篇，在當時固未嘗售其欺也。〈儒林傳〉云：「文義淺陋，篇或數簡。帝以中書校之，非是。」曾謂馬融、鄭康成諸大儒而信此等僞書哉！大氐孔穎達纂經翼傳，不爲無功，而第曲徇一說，莫敢他從。如《毛傳》、《戴記》則惟鄭義之是從；至于《尙書》則又黜鄭而從孔。是皆唐人粹章句，爲義疏，欲定爲一是者之弊也。（今本《疏證》第三條）

三、張霸書見于王充《論衡》所引者尙有數語，曰：「伊尹死，大霧三日。」此何等語，而可令馬、鄭諸儒見邪？張霸（之書）甫出即敗，王充淺識，亦知其未可信，而馬、鄭諸儒識顧出王充下邪？然則〈汩作〉、〈九共〉二十四篇必得之於孔壁，而非采《左傳》，按〈書敘〉者之所能作也。（今本《疏證》第三條的按語）

四、唐貞觀中，詔諸臣撰《五經義訓》，而一時諸臣不加詳攷，猥以晚晉梅氏之書爲正，凡漢儒專門講授，的有源委之學，皆斥之曰妄。少不合於梅氏之書者，即以爲是不見古文。夫史傳之所載如此，先儒之所述如此，猶以爲是不見古文；將兩漢諸儒書（峰按，「書」當爲「盡」）鑿空瞽說，而直至梅氏始了了邪？烏呼！其亦不思而已矣。世之君子，由予言而求之，平其心，易其氣，而不以唐人義疏之說爲可安，則古學之復也，其庶幾乎。（今本《疏證》第四條）

五、愚嘗謂僞作古文者正當據安國所傳篇數爲之補綴，不當別立名目自爲矛盾。

然揣其意，不能張空弮，冒白刀（峰按，「刀」當為「刃」），與直自吐其中之所有，故必張往籍以爲之主，摹擬聲口以爲之役，而後足以售吾之欺也。不然，此書出於魏晉之間，去康成未遠，而康成所註百篇書序明云：「某篇亡」，「某篇逸」，彼豈無目者而乃故與之牴牾哉？蓋必據安國所傳篇目一一補綴，則〈九共〉九篇將何從措手邪？此其避難趣易，雖自出于矛盾，而有所不恤也。（今本《疏證》第七條的按語）

六、近代鄭曉亦疑古文〈泰誓〉，謂僞〈泰誓〉無《孟子》諸書所引用者，人遂不之信。安知好事者不又取《孟子》諸書所引用者以竄入之，以圖取信于人乎？其見與余合。從來後人引前，無前人引後；獨此乃前人引後，非後人引前。（今本《疏證》第七條的按語）

七、凡晚出之古文所爲精詣之語，皆無一字無來處，獨惜後人讀書少，遂謂其自作此語耳。（今本《疏證》第八條的按語）

八、《左氏春秋內傳》引《詩》者一百五十六，引逸《詩》者十，引《書》者二十一，引逸《書》者三十三。《外傳》引《詩》者二十三（峰按，「二十三」《疏證》作「二十二」），引逸《詩》者一，引《書》者四，引逸《書》者十。蓋《三百篇》見存，故《詩》之逸者（峰按，「者」《疏證》作「自」）少；古《書》放闕既多，而《書》之逸自倍於前（峰按，「前」《疏證》作「《詩》」）也。何梅氏二十五篇出，向韋、杜二氏所謂逸《書》者皆歷歷具在？其終爲逸《書》者，僅昭十四年：「〈夏書〉曰：昏墨賊殺，皋陶之刑也」一則而已。夫《書》未經孔子所刪，不知凡幾；及刪成百篇，未爲伏生所傳誦尙六十九篇，其逸多至如此，豈《左氏》於數百載前逆知後有二十五篇，而所引不（峰按，「不」當為「必」）出於此邪？此必不然之事也。（今本《疏證》第十五條）

九、安國古文之學，一傳于（峰按，「于」《疏證》作「子」，誤）都尉朝，朝傳膠東庸生，生傳胡常，常傳徐敖，敖傳王璜、塗惲，惲傳桑欽；惲又傳賈徽，徽傳子逵，逵爲之作訓，馬融作傳，康成注解，古文之說大備。康成雖云：「受之張恭祖」，然其《書贊》曰：「我先師棘下生子安國亦好此學」則其淵源于安國明矣。東晉元帝時，汝南梅頤（峰按，「頤」《疏證》作「賾」，下同）奏上《古文尙書》其篇章之離合，名目之存亡絕與兩漢不合。頤自以得之臧曹，曹得之梁柳，皇甫謐亦從柳得之而載于《帝王世紀》。愚嘗以梅氏晚出之書，自東晉迄今一千三百餘年，而屹與聖經賢傳並立學官，家傳人誦，莫能以易焉者，其故有三焉：皇甫謐高名宿學，左思〈三都〉經

其片語，遂競相讚述，況得孔書，載于《世紀》，有不因之而重者乎！是使此書首信於世者，皇甫謐之過也。賾雖奏上，得立于學官，然南北兩朝猶遞相盛衰，或孔行而鄭微，或鄭行而孔微，或孔、鄭並行。至唐初貞觀，始依孔爲之疏，而兩漢專門之學頓以廢絕。是使此書更信于世者，孔穎達之過也。朱子分經與序爲二，以存古制。一則曰安國僞書，再則曰安國僞書，而爲之弟子者正當信以傳信，疑以傳疑，乃明背師承，仍遵舊說，是使此書終信於世者，蔡沈之過也。經此三信，雖有卓識定力，不拘牽世俗趣舍之大儒，如臨川吳文正公之〈尚書敍錄〉實有以成朱子未成之志者。而世亦莫能崇信矣，蓋可歎也夫！可歎也夫！（今本《疏證》第十七條）

十、吳文正謂〈舜典〉、〈汨作〉、〈九共〉等篇爲張霸僞作，不知此乃孔穎達之妄說也。（今本《疏證》第十七條的按語）

十一、《孟子》：「帝使其子九男二女」趙岐註曰：「〈堯典〉『釐降二女』，不見九男。孟子時《尚書》凡百二十篇，逸書有〈舜典〉之敍，亡失其文。《孟子》諸所言舜事，皆〈堯典〉及逸書所載。」則可證其未嘗見古文〈舜典〉矣。蓋古文〈舜典〉別自有一篇，與今之《尚書》析〈堯典〉而爲二者不同。故《孟子》引「二十有八載，放勳乃徂落」爲〈堯典〉不爲〈舜典〉。《史記》載「慎徽五典」至「四罪而天下咸服」于〈堯本紀〉不于〈舜本紀〉。孟子時，典謨完具，篇次未亂，固的然可信。馬遷亦親從安國問古文，其言亦未爲謬也。余嘗妄意「舜往于田」、「祇載見瞽瞍」與「不及貢」、「以政接於有庳」等語，安知非〈舜典〉之文乎？又「父母使舜完廩」一段，文辭古崛，不類《孟子》本文，《史記·舜本紀》亦載其事，其爲〈舜典〉之文無疑，然要可爲心知其意者道耳。（今本《疏證》第十八條）

十二、孔壁逸《禮》三十九篇，鄭康成注三《禮》曾引用之。愚謂《禮》與《尚書》同一古文，同爲鄭氏學，同見引于經注中。而在《禮》者雖篇目僅存，單辭斷語，奕代猶知寶之，欲輯爲經。而在《尚書》者，雖卷篇次第確有原委，甚至明指某句出某篇，如「載孚在亳」、「征是三朡」、「厥篚元黃，昭我周王」皆以爲是僞書，蓋以《禮》未爲諸儒所亂，而書則爲晚出之《孔傳》所詒厭也。豈不重爲此經之不幸哉。（今本《疏證》第二十一條）

十三、許愼《說文解字·序》云：「其偁《易》孟氏，《書》孔氏，《詩》毛氏，《禮周官》，《春秋左氏》，《論語》、《孝經》皆古文也。」愼子沖上書安

帝云：「臣父故太尉南閣祭酒憤本從賈逵受古學，考之於逵作《說文解字》。」是《說文解字》所引《書》正東漢時盛行之古文，而非今古文可比。（今本《疏證》第二十五條）

十四、古文傳自孔氏，後唯鄭康成所註者得其真。今文傳自伏生，後唯蔡邕石經所勒者得其正。今晚出之書，不古不今，非伏非孔。（今本《疏證》第二十三條）

十五、朱子於古文嘗竊疑之，至安國傳則直斥其偽，不知經與傳固同出一手也。（今本《疏證》第一百十四條）

貳、《古文尚書考》（《皇清經解》卷三百五十二）引《疏證》出自《考異》

筆者所見的《尚書考異》傳本有《北京圖書館古籍珍本叢刊》所收明白鶴山房抄本（一卷）、《四庫全書》本（為范懋柱天一閣藏本。原為一卷，《四庫》全書將之分為五卷）與《平津館叢書》本（六卷）。其中《四庫》本與白鶴山房本的內容極為接近。《平津館》本最晚出（嘉慶十九年），且有許多條目為另兩本所無。下面所引的《考異》，以白鶴山房本為依據，所附頁數則為《北京圖書館古籍珍本叢刊》第一冊之總頁碼。

又，以下《古文尚書考》皆簡稱《書考》。

一、〈舜典〉：「協于帝，濬哲文明」

《書考》：閻若璩曰：蓋倣篇首文、明、思三字而不覺其重複也。

《考異》：蓋倣篇首文、明、思三字而不覺其重復也。（頁347）

二、〈大禹謨〉：「曰若稽古大禹，曰文命敷于四海」

《書考》：閻若璩曰：「敷于四海」約〈禹貢〉「東漸」數句而成文。

《考異》：「敷于四海」約〈禹貢〉「東漸」數句之旨而成文。（頁349）

三、〈大禹謨〉：「稽于眾，舍己從人」

《書考》：閻若璩曰：《孟子》稱舜舍己從人，今入于舜曰中以稱堯，非也。

《考異》：「舍己從人」一句，《孟子》蓋以言大舜樂善之誠。此則舜之言，而以惟堯能之，略不同耳。孟子，大賢也，且生又后，安得與大舜爭強，奪堯而即與舜！（頁350）

四、〈大禹謨〉：「不廢困窮，惟帝時克」

《書考》：閻若璩曰：「俞」見前篇。「允」字亦見前篇。「若茲」見〈周誥〉諸篇。「嘉言」即「昌言」之別。「伏」字見〈般庚〉「毋或敢伏小人之

攸箴」。「野無遺賢」見《詩小序》。「萬邦咸寧」見《易大傳》。「稽于眾」見〈召誥〉「稽我古人之德」、「稽謀自天」之「稽」字。「舍己從人」見《孟子》。「不虐無告」即「天下之窮民而無告者」。「不虐」即〈洪範〉「無虐」字。文十五年季文子曰：「君子之不虐幼賤」。「廢」字見《周禮》「八柄」。「困窮」二字凡二次用，一則〈商書〉「子惠困窮」。「惟帝」二字見〈皋陶謨〉。「時克」做「時舉」。此可見蒐集之大略。

《考異》：「俞」見前篇。「允」字亦見前篇。「若茲」見〈周誥〉諸篇。「嘉言」即「昌言」之別。「伏」字見〈盤庚〉「毋或敢伏小人之攸箴」。「野無遺賢」見《詩小序》。「萬邦咸寧」見《易大傳》。「稽于眾」見〈召誥〉「稽我古人之德」、「稽謀自天」之「稽」字。「舍己從人」、「無告」見《孟子》。〈王制〉亦曰：「天民之窮而無告者」。「不虐」二字即〈洪範〉「無虐」字。文五十年季文子曰：「君子之不虐幼賤」。「不廢」，「廢」字見「八柄」。「困窮」二字凡二次用，一則〈商書〉「子惠困窮」。「惟帝」二字見〈皋陶謨〉。「時克」做「時舉」。此可見蒐集之大略。（頁 350）

五、〈大禹謨〉：「罔咈百姓以從己之欲」

《書考》：閻若璩曰：僖二十年，臧文仲曰：「以欲從人則可，以人從欲鮮濟。」

《考異》：僖二十年，臧文仲曰：「以欲從人則可，以人從欲鮮濟。」（頁 350）

六、〈大禹謨〉：「禹曰：於帝念哉」

《書考》：閻若璩曰：此一節全宗《左傳》。

《考異》：此一節全宗《左傳》。（頁 350）

七、〈大禹謨〉：「德惟善政，政在養民」

《書考》：閻若璩曰：文六年，邾文公曰：「命在養民。」

《考異》：文六年，邾文公曰：「命在養民。」（頁 350）

八、〈大禹謨〉：「水、火、金、木、土、穀惟修」

《書考》：閻若璩曰：「惟修」，修字見〈禹貢〉。

《考異》：「惟修」，修字見〈禹貢〉。（頁 350）

九、〈大禹謨〉：「皋陶邁種，德德乃降」

《書考》：閻若璩曰：孔《疏》云：「杜謂『德乃降』為莊公之語。」偽作古文者茫然不察，并竄入〈大禹謨〉中。

峰按，見今本《疏證》第九條。

十、〈大禹謨〉：「汝作士」

  《書考》：閻若璩曰：〈堯典〉：命臯陶曰：「汝作士，五刑有服。」

  《考異》：〈堯典〉：命臯陶曰：「汝作士，五刑有服。」（頁351）

十一、〈大禹謨〉：「民協于中，時乃功」

  《書考》：閻若璩曰：「民協于中」見〈呂刑〉：「士制百姓于刑之中」。「時乃功」見〈臯陶謨〉。

  《考異》：「民協于中」見〈呂刑〉：「士制百姓于刑之中」。「時乃功」見〈臯陶謨〉。（頁351）

十二、〈大禹謨〉：「罰弗及嗣，賞延于世」

  《書考》：閻若璩曰：二句用《孟子》：「罪人不孥，仕者世祿。」

  《考異》：「罰弗及嗣」用《孟子》：「罪人不孥」。「賞延于世」用《孟子》：「仕者世祿。」（頁351）

十三、〈大禹謨〉：「好生之德，洽于民心」

  《書考》：閻若璩曰：哀公問舜冠。孔子不對，曰：「其政好生而惡殺，所謂好生之德，洽于民心也。」

  《考異》：哀公問舜冠。孔子不對，曰：「其政好生而惡殺焉，所謂好生之德，洽于民心也。」（頁351）

十四、〈大禹謨〉：「克勤于邦，克儉于家」

  《書考》：閻若璩曰：〈夏本紀〉稱「禹爲人敏給克勤。」

  《考異》：〈夏本紀〉：「禹爲人敏給克勤。」（頁353）

十五、〈大禹謨〉：「女惟不矜，天下莫與汝爭能。汝惟不伐，天下莫與汝爭功」

  《書考》：閻若璩曰：「汝惟不矜，天下莫與汝爭能」《荀子·君子篇》語也。
《老子》曰：「不自伐，故有功。不自矜，故長大。惟不爭，故天下莫能與之爭。」后章又云：「自伐者無功，自矜者不長。」

  《考異》：《老子》曰：「不自伐，故有功。不自矜，故長。夫惟不爭，故天下莫能與之爭。」后章又曰：「自伐者無功，自矜者不長。」（頁352）

  峰按，《書考》所引「汝惟」至「《荀子·君子篇》語也。」，見今本《疏證》第三十一條按語。自「《老子》曰」以下則與《考異》相同。

十六、〈大禹謨〉：「人心惟危，道心惟微，惟精惟一，允執厥中」

《書考》：閻若璩曰：《荀子》此篇（〈解蔽篇〉）前又有「精於道，壹於道」
　　　之語，遂隱括爲四字，續以《論語》「允執厥中」以成十六字。僞
　　　古文蓋如此，初非其能造語精密如此也。
　　峰按，見今本《疏證》第三十一條。

十七、〈大禹謨〉：「肆予以爾眾士，奉辭伐罪」
　　《書考》：閻若璩曰：《左傳》：「知瑤伐齊曰：『以辭伐罪。』」
　　《考異》：哀二十三年，知瑤伐齊曰：「以辭伐罪。」（頁 358）

十八、〈大禹謨〉：「三旬，苗民逆命」
　　《書考》：閻若璩曰：本《左傳》：「文王聞崇德亂而伐之，軍三旬而不降。
　　　退修教而復之，因壘而降。」
　　《考異》：僖十有九年，子魚曰：「文王聞崇德亂而伐之，軍三旬而不降。退
　　　修教而復伐之，因壘而降。」（頁 357）

十九、〈大禹謨〉：「至誠感神」
　　《書考》：閻若璩曰：「誠」字，〈召誥〉：「其丕能誠于小民今休」。「感神」
　　　用《孝經》「通于神明」句。
　　《考異》：「誠」字見〈召誥〉：「其丕能誠于小民今休」。「感神明」用《孝經》
　　　「通于神明」句。（頁 360）

二十、〈大禹謨〉：「禹拜昌言曰：俞」
　　《書考》：閻若璩曰：全用〈皋陶謨〉文。
　　《考異》：「禹拜昌言曰俞」，全用〈皋陶謨〉語。（頁 360）

二一、〈大禹謨〉：「班師振旅」
　　《書考》：閻若璩曰：《左傳》襄十年，「荀偃、士　請班師。」又曰：「出曰
　　　治兵，入曰振旅。」
　　《考異》：《左傳》襄十年，「荀偃、士　請班師。」《傳》又云：「出曰治兵，
　　　入曰振旅。」（頁 358）

二二、〈五子之歌〉：「有窮后羿」
　　《書考》：閻若璩曰：書有古人纔引，忽隔以他語，　千載莫能知而妄入古
　　　文中庚續之者。〈五子之歌〉：「有窮后羿，因民不忍，距于河」是
　　　也。
　　峰按，見今本《疏證》第十三條。

二三、〈五子之歌〉：「民惟邦本，本固邦寧」

《書考》：閻若璩曰：《淮南・泰族訓》：「國主之有民也，猶城之有基，木之
有有根，根深則本固，基長則土寧。」

《考異》：〈泰族訓〉：「國主之有民也，猶城之有基，木之有有根，根深則本
固，基美則上寧。」（頁363）

二四、〈五子之歌〉：「有一于此，未或不亡」

《書考》：閻若璩曰：《戰國策》：「梁王魏嬰觴諸侯於范臺。酒酣，魯君避席
擇言曰：『昔者帝女令儀狄作酒而美，進之禹。禹飲而甘之，遂疏
儀狄，絕旨酒。曰：「後世必有以酒亡其國者。」又齊桓公曰：「後
世必有以味亡其國者。」晉文公曰：「後世必有以色亡其國者。」
楚王曰：「後世必有以高臺陂池亡其國者。」今主君之尊儀狄之酒
云云。有一于此，足以亡其國，今主君兼此四者，可無戒與！』」

峰按，見今本《疏證》第七十三條的按語。

二五、〈五子之歌〉：「明明我祖，萬邦之君，有典有則，貽厥子孫」

《書考》：閻若璩曰：邦之六典八則，首見〈天官・大宰〉、〈小宰〉之職。
又見〈司會〉、〈司書〉。乃歌大禹曰：「有典有則」，豈周因于夏禮
歟？抑夏歌襲《周禮》也。

峰按，見今本《疏證》第七十三條的按語。

二六、〈五子之歌〉：「鬱陶乎予心，顏厚有忸怩」

《書考》：閻若璩曰：《孟子》：「象曰：『鬱陶思君爾。』」此象之辭。「忸怩」
則敘事之辭。今竄入〈五子之歌〉中以鬱陶、忸怩並為一人口氣，
不失卻《孟子》之文義乎？

峰按，見今本《疏證》第九條的按語。

梅鷟曰：「顏厚」取諸《詩》。

閻又云：〈晉語〉：「平公射鴳忸怩顏。」

《考異》：《孟子》：「象曰：『鬱陶思君爾。』忸怩」，《詩》曰：「顏之厚矣。」
又〈晉語〉：「平公射鴳忸怩顏。」（頁364）

峰按，這一條是較為重要的例子。惠棟在引用兩個閻氏說法中間，夾進一
則梅鷟的話。這個現象表示惠氏所見閻說與梅說的資料來源可能不同。或
是惠氏對梅氏《尚書考異》和《尚書譜》的原書並未寓目，而是根據他書
轉引。第二個情形成立的可能較大。因為若惠氏看到梅鷟原書，就應該把
《疏證》與《考異》或《尚書譜》相同的例證歸諸梅鷟名下。

峰又按，我們應當注意到，今本《疏證》所保存的內容，絕大部分是具有論證過程的論據，刪去的則是與梅鷟相同，而且沒有論證過程的部分。在這一條例子可很清楚的看出來。

二七、〈嗣征〉：「聖有謨訓，明徵定保」

《書考》：閻若璩曰：襄廿一年，祁奚曰：「《詩》云：『惠我無疆』。《書》曰：『聖有暮勳，明徵定保。』夫謀而鮮過，惠訓不倦者，叔向有焉。」杜注：「惠訓不倦，惠我無疆也。」晉人改勳為訓，實因惠訓之訓而改之也。

《考異》：襄二十一年，祁奚曰：「《詩》曰：『惠我無』（原注：二句）。《書》曰：『聖有謨訓，明徵定保。』」杜注：「逸書。言聖哲有謀功者，當明安定之。」又曰：「夫謀而鮮過，惠訓不倦者，叔向有焉。」杜注：「謨鮮過，有謨勳者也。惠訓不倦，惠我無疆也。」孔穎達《正義》云：「此引《書》曰，〈夏書·胤征〉之文也。彼作『聖有謨訓』，此云『惠訓不倦』。」以為晉人改《書》之勳為訓，……實因惠訓之訓而改之也。（頁365）

二八、〈嗣征〉：「其或不恭，邦有常刑」

《書考》：閻若璩曰：《周禮·小宰職》：「正歲，帥治官之屬，觀治象之法，徇以木鐸曰：『不用法者，國有常刑。』」

《考異》：《周禮·小宰》：「正歲，帥治官之屬，觀治象之法，徇以木鐸曰：『不用法者，國有常刑。』」（頁364）

二九、〈嗣征〉：「乃季秋月朔，辰弗集于房，瞽奏鼓，嗇夫馳，庶人走」

《書考》：閻若璩曰：二至二分日有食之，不為災。惟建巳之月，以陰侵陽，以臣侵君，先王忌之。夏家則瞽奏鼓，嗇夫馳，庶人走。周家則樂奏鼓，祝用幣，史用辭。雖名有四月、六月之別，皆謂之正月。而偽作古文者遂曰：「乃季秋月朔」云云。不知瞽奏鼓等禮，夏家正未嘗用之於九月也。是徒知麻法而未知三代之典禮也。

峰按，見今本《疏證》第八條。

三十、〈嗣征〉：「玉石俱焚」

《書考》：梅鷟曰：「火炎崑崗，玉石俱焚」取諸《三國志》。

閻若璩曰：《晉書》袁宏〈三國名臣贊〉云：「滄海橫流，玉石同碎」

《考異》：《晉書》袁宏〈三國名臣贊〉云：「滄海橫流，玉石同碎」（頁365）

峰按，這一條亦是梅說與閻說一起出現。值得注意的是惠氏所引「梅鷟曰：『火炎崑崗，玉石俱焚』取諸《三國志》」之說，不見於《尚書考異》。而在《尚書譜·古文根株削掘譜》有：「《三國志》、《晉書》『火炎崑崗』二句。此造作〈胤征〉之由」（頁446）的話。則惠氏這裏所引的「梅鷟曰」，應出自《尚書譜》。但惠氏是否看到《尚書譜》原書，則無法得知。

三一、〈胤征〉：「嗚乎！威克厥愛，允濟」

    《書考》：閻若璩曰：「先時者」二語出《荀子·君道篇》。「殲厥渠魁，脅從罔治」出《易·離》上九爻詞曰：「王用出征，有嘉折首，獲匪其醜，無咎。」「威克厥愛允濟」出《左傳》昭二十三年傳。

    峰按，見今本《疏證》第八條的按語。

三二、〈仲虺之誥〉：「夏王有罪，矯誣上天以布命于下。帝用不臧，式商受命，用爽厥師」

    《書考》：閻若璩曰：《墨子》言桀執有命，湯特非之曰喪師，曰闕師，曰爽師。此豈吉祥善事？而偽作古文者易之曰：「式商受命，用爽厥師」訓喪為明，不與《墨子》悖乎？

    峰按，見今本《疏證》第十二條。

三三、〈仲虺之誥〉：「乃葛伯仇餉，初征自葛」

    《書考》：閻若璩曰：《孟子》「葛伯仇餉」一語繫於「亳眾往耕」下。此古文〈湯征〉篇文也。而「湯一征自葛始」，亦應為其文。今竄入〈仲虺之誥〉，非也。

    峰按，見今本《疏證》第十一條的按語。

三四、〈仲虺之誥〉：「慎厥終，惟其始」

    《書考》：閻若璩曰：〈表記〉：「子曰：『君子慎始而敬終。』」

    《考異》：〈表記〉：「子曰：『君子慎始而敬終。』」（頁365）

三五、〈仲虺之誥〉：「殖有禮，覆昏暴」

    《書考》：閻若璩曰：〈晉語〉：公孫固曰：「晉文公殆有禮矣。樹于有禮，必有艾。《詩》曰：『湯降不遲，聖敬日躋。』降，有禮之謂也。」

    《考異》：〈晉語〉：公孫固曰：「晉文子殆有禮矣。樹于有禮，必有艾。《詩》曰：『湯降不遲，聖敬日躋。』降，有禮之謂也。」（頁365）

三六、〈湯誥〉：「王歸自克夏，至于亳」

    《書考》：閻若璩曰：〈書序〉：「成王歸自奄，在宗周誥庶邦，作〈多方〉。」

〈多方〉曰：「王來自奄，至于宗周。」

《考異》：〈周書‧多方‧小序〉：「成王歸自奄，在宗周誥庶邦，作〈多方〉。」
又〈多方〉本篇：「王來自奄，至于宗周。」（頁 368）

三七、〈湯誥〉：「惟皇上帝，降衷于下民」

《書考》：梅鷟曰：「降衷」取諸夫差曰：「天降衷于吳。」

閻若璩曰：〈晉語〉：梁由靡曰：「以君之靈，鬼神降衷。」《內傳》：劉子曰：
「民受天地之中以生。」又「天誘其衷。」〈中庸〉曰：「天命之謂性。」

《考異》：〈晉語〉：梁由靡曰：「以君之靈，鬼神降衷。」〈吳語〉：夫差曰：
「今天降衷于吳。」《內傳》：劉子曰：「民受天地之中以生。」《左
傳》：「天誘其衷。」〈中庸〉曰：「天命之謂性。」（頁 367）

峰按，《尚書譜》說：「夫差曰：天降衷于吳。……此造作〈湯誥〉之由」（頁
447）。則惠氏所引梅鷟之語，同時見於《尚書考異》與《尚書譜》。

三八、〈湯誥〉：「並告無辜于上下神祇」

《書考》：閻若璩曰：〈晉語〉：韓宣子曰：「上下神祇，無不徧諭也。」哀十
六年《左傳》：「叫天無辜。」

《考異》：〈晉語〉：韓宣子曰：「上下神祇，無不徧諭也。」定公年，「渾良
夫叫天無辜。」（頁 367）

三九、〈湯誥〉：「降災于夏」

《書考》：閻若璩曰：〈微子〉：「天毒降災荒殷邦。」

《考異》：〈微子〉：「天毒降災荒殷邦。」（頁 367）

四十、〈湯誥〉：「以與爾有眾請命」

《書考》：閻若璩曰：《淮南‧汎論》云：「高皇帝云云，以與百姓請命于皇
天。」《漢書》：賈捐之曰：「賴漢初興爲百姓請命。」

《考異》：《淮南子‧汎論訓》上：「高皇帝云，以與百姓請命于皇天。」《漢
書》：賈捐之曰：「賴漢初興爲百姓請命。」（頁 367）

四一、〈湯誥〉：「凡我造邦，無從匪彝，無即慆淫，各守爾典，以承天休」

《書考》：閻若璩曰：韋昭注云：「先王之令，文武之教也。夫單襄公，周臣
也。」以周臣而對周天子而述周令，其爲鑿然可信無疑。而僞作古
文者，乃竄入〈湯誥〉中，其不足信可類推矣。

峰按，見今本《疏證》第十九條的按語。

四二、〈湯誥〉：「爾有善，朕弗敢蔽。罪當朕躬，弗敢自赦。惟簡在上帝之心。其

爾萬有罪，在予一人，一人有罪，無以萬方」

《書考》：閻若璩曰：安國親得古文二十五篇中有〈湯誥〉，豈有註《論語》時，不曰「出《逸書》某篇」者乎？余是以知「予小子履」一段必非眞古文〈湯誥〉之文蓋斷斷也。

峰按，見今本《疏證》第十九條。

又曰：《墨子》引〈湯誓〉曰：「予小子履，敢用玄牡，敢昭告于皇皇后帝。」《國語》內史過引〈湯誓〉曰：「余一人有辠，無以萬夫，萬夫有辠，在余一人。」墨子生孔之後，書未焚也。內史過又生孔子之前，《書》尚未刪也。而所引之書同于《論語》者，皆爲〈湯誓〉，則「予小子履」一段其爲古〈湯誓〉之辭無疑矣。古〈湯誥〉載見〈殷本紀〉，蓋作誓者一時，而作誥者又一時也。馬遷時，張霸之徒僞古文未出，而所見必孔氏壁中物，其爲眞古文〈湯誥〉無疑。

峰按，見今本《疏證》第十九條的按語。

四三、〈伊訓〉：「皇天降災，假手于我有命」

《書考》：閻若璩曰：《左傳》「上天降災。」又「天禍許國而假手于我寡人。」

《考異》：《左傳》隱十一年，鄭莊公曰：「天禍許國，鬼神實不逞於許君而假手于我寡人。」（頁 369）

四四、〈伊訓〉：「代虐以寬」

《書考》：閻若璩曰：《禮記》：「湯以寬治民而除其虐。」

峰按，見今本《疏證》第六條。

四五、〈伊訓〉：「今王嗣厥德，罔不在初」

《書考》：閻若璩曰：〈召誥〉有「今王嗣受厥命，若生子，罔不在厥初生。」爲初即位告戒之辭。

峰按，見今本《疏證》第六條。

四六、〈伊訓〉：「立愛惟親，立敬惟長，始于家邦，終于四海」

《書考》：閻若璩曰：《禮記》：「立愛自親始，立敬自長始。」《孝經》：「愛親者不敢惡於人。敬親者，不敢慢于人。愛敬盡于事親，而德教加于百姓，刑于四海。」

峰按，見今本《疏證》第六條。

四七、〈伊訓〉：「與人不求備」

《書考》：閻曰：《論語》「無求備于一人。」

峰按，見今本《疏證》第六條。

四八、〈伊訓〉：「作善降之百祥，作不善降之百殃」

　　《書考》：閻若璩曰：《易·文言》「積善之家，必有餘慶。積不善之家，必
　　　　　有餘殃。」

　　《考異》：《易》曰：「積善之家，必有餘慶。積不善之家，必有餘殃。」（頁
　　　　　369）

四九、〈大甲〉中：「惟三祀十有二月朔，伊尹以冕服奉嗣王歸于亳」

　　《書考》：閻若璩曰：〈周語〉：內史興曰：「太宰以王命命冕服。內史贊之三
　　　　　命而后即冕服。」又前篇內史過曰：「夫晉侯，非嗣也。」

　　《考異》：〈周誥〉：內史興曰：「太宰以王命命冕服。內史贊三命而后即冕服。」
　　　　　又前篇，內史過曰：「夫晉侯，非嗣也。」（頁 371）

五十、〈大甲〉中：「徯我后，后來無罰」

　　《書考》：閻若璩曰：兩書有本出一處，而偶爲引者所增易，而實與義無妨
　　　　　者。《孟子》齊人取燕章、宋小國章，兩引《書》「后來其蘇，后來
　　　　　其無罰」是也。而奈何「后來其蘇」既竄入〈仲虺之誥〉中，「后
　　　　　來其無罰」復竄入〈大甲〉中篇中邪！

　　峰按，見今本《疏證》第十一條。

五一、〈大甲〉下：「嗚呼！弗慮胡獲，弗為胡成，一人元良，萬邦以貞」

　　《書考》：閻若璩曰：《禮記》稱世子，今入伊尹口以訓長君，非也。

　　又云：《禮記》作「一有元良」，改爲一人。蓋見〈釋詁〉曰：「元良，首也。」
　　　　　遂以此語實之。郭璞曰：「元良，未聞。」

　　峰按，這一條的前半見於今本《疏證》第二十七條的按語。後半則不見於
　　　　梅、閻之書。

五二、〈咸有一德〉：「天難諶，命靡常」

　　《書考》：閻若璩曰：〈君奭〉曰：「天命不易，天難諶。」〈大雅〉曰：「天
　　　　　難諶斯。」又云：「天命靡常。」

　　《考異》：〈君奭〉曰：「天命不易，天難諶。」《詩·大雅》曰：「天難諶斯。」
　　　　　又曰：「天命靡常。」（頁 372）

五三、〈咸有一德〉：「今嗣王新服厥命，惟新厥德」

　　《書考》：閻曰：〈召誥〉：「越厥後王後民茲服厥命。」又曰：「今嗣王受厥
　　　　　命。」又曰：「王乃初服。」

《考異》：〈召誥〉曰：「越厥後王後民，祗服厥命。」又曰：「今嗣王受厥命。」又曰：「王乃初服。」（頁 372）

五四、〈咸有一德〉：「終始惟一，時乃日新」

《書考》：閻若璩曰：《荀子・議兵篇》：「愼終如始，終始惟一，夫是之謂大吉。」湯之盤銘曰：「苟日新。」

《考異》：《荀子・議兵篇》：「愼終如始，終始如一，夫是之謂大吉。」湯之盤銘曰：「苟日新。」（頁 372）

五五、〈說命〉下：「**爾尚明保予，罔俾阿衡，專美有商**」

《書考》：閻若璩曰：傅毅〈迪志詩〉曰：「於赫我祖，顯于殷國。二　阿衡，克光其則。」注曰：「阿衡，伊尹也。《古文尚書》曰：『爾尚明保予，罔俾阿衡，專美有商。』故曰二　也。言傅說功比伊尹而能光大其法則也。」

《考異》：《後漢書》：傅毅〈迪志詩〉曰：「於赫我祖，顯于殷國。二　阿衡，克光其則。」注曰：「阿衡，伊尹也。《古文尚書》曰：『爾尚明保予，罔俾阿衡，專美有商。』故曰二　也。言傅說功比伊尹而能光大其法則也。」（頁 375）

五六、〈大誓〉上：「**亶聰明**」

《書考》：閻曰：《詩》曰：「亶不聰。」〈中庸〉：「聰明足以有臨也。」

《考異》：〈祈父〉云：「亶不聰。」〈中庸〉云：「聰明足以有臨也。」（頁 378）

五七、〈大誓〉上：「**犧牲粢盛，既于凶盜**」

《書考》：閻若璩曰：晚出古文于「弃厥先神祇不祀」下增「犧牲粢盛」二句以合箕子之言。刪去「天亦縱弃紂而不保」一句，以便下接《孟子》書。豈《墨子》所見別有一篇〈大誓〉乎？亦可謂舛矣。

峰按，見今本《疏證》第十二條的按語。

五八、〈大誓〉中：「**雖有周親，不如仁人**」

《書考》：閻若璩曰：安國于《論語》「周親仁人」之文，則引管蔡微箕以釋之，而周之才不如商。于《尚書》之文則釋曰：「周至也。言紂至親雖多，不如周家之多仁人。」而商之才又不如周。其相懸絕如是。是豈一人之手筆乎？

峰按，見今本《疏證》第十九條。

五九、〈大誓〉中：「**今朕必往**」

《書考》：閻若璩曰：「今朕必往」，此是湯初興師告諭亳眾之言。今入武王
　　　　口中，其時武王師已次河朔，群后畢會，何必爲此言？不幾眛目而
　　　　道黑白邪？

峰按，見今本《疏證》第二十七條的按語。

六十、〈大誓〉中：「無畏，寧執非敵。百姓懍懍，若崩厥角」

《書考》：閻若璩曰：「無畏寧爾也，非敵百姓也」此武王之詞。「若崩厥角，
　　　　稽首」則敘事之詞。今皆以爲武王口氣，不愈失《孟子》之文義乎？

峰按，見今本《疏證》第九條的按語。

六一、〈大誓〉下：「崇信姦回」

《書考》：閻若璩曰：〈牧誓〉：「是崇是長，是信是使」摘取崇信二字。宣四
　　　　年，王孫滿曰：「商紂暴虐其下」又有「姦回昏亂」之句。襄三十
　　　　三年，閔馬父曰：「姦回不軌，禍倍下民可也。」

《考異》：〈牧誓〉：「是崇是長，是信是使」摘取崇信二字。

　　又：宣四年，王孫滿：「商紂暴虐其下」又有「姦回昏亂」之句。襄二十三
年，閔馬父曰：「姦回不軌，禍倍下民可也。」（頁 379）

六二、〈大誓〉下：「作奇技淫巧以悅婦人」

《書考》：閻若璩曰：〈王制〉曰：「作淫聲異服，奇技奇器，以疑眾殺。」〈月
　　　　令〉曰：「毋或作爲淫巧以蕩上心。」《漢書·禮樂志》曰：「〈書序〉：
　　　　殷周斷弃祖宗之樂，乃作淫聲，用變亂正聲以悅婦人。」

《考異》：〈王制〉曰：「作淫聲異服，奇技奇器，以疑眾殺。」〈月令〉：「毋
　　　　或作爲淫巧以蕩上心。」《漢書·禮樂志》曰：「〈書序〉：殷周斷弃
　　　　祖宗之樂，迺作淫聲，用變亂正聲以悅婦人。」（頁 379）

六三、〈大誓〉下：「古人有曰：撫我則后，虐我則讎」

《書考》：閻若璩曰：《淮南·道廣》曰：「伊佚曰：『四海之內，善之則吾畜
　　　　也。不善則吾讎也。」

《考異》：《淮南子·道廣訓》：「尹佚曰：『四海之內，善之則吾畜也。不善
　　　　則吾讎也。」（頁 379）

六四、〈武成〉：「予小子，其承厥志」

《書考》：閻若璩曰：〈中庸〉「武王善繼人之志。」今改作「承厥志」者，
　　　　不宜全寫〈中庸〉也。但〈中庸〉所謂志者，制禮作樂之志也。此
　　　　所謂志，欲集大統之志也。語順而志荒矣。

《考異》：〈中庸〉曰：「武王達孝，善繼人之志。」今改作「承厥志」者，不宜全寫〈中庸〉也。但〈中庸〉所謂志者，制禮作樂之志。此所謂志，欲集大統之志。……語圓而意悖矣。（頁380）

六五、〈武成〉：「所過名山大川曰：惟有道曾孫周王發，將有大正于商」

　　《書考》：閻若璩曰：玩其文義，乃是武王既定天下後，望祀山川。或初巡狩岱宗禱神之辭。非伐紂時事也。

　　　峰按，見今本《疏證》第二十六條的按語。

六六、〈武成〉：「華夏蠻貊，罔不率俾」

　　《書考》：閻若璩曰：《左傳》：北宮文子曰：「蠻夷帥服。」

　　《考異》：襄三十年，北宮文子曰：「蠻夷帥服。」（頁381）

六七、〈武成〉：「列爵惟五，分土惟三」

　　《書考》：閻若璩曰：《疏》引《孟子》班爵祿章，非是。《孟子》爵雖五等，卻連天子在內。地又四等，與「分土惟三」不合。蓋直用《漢書·地理志》也。益驗晚出書多出《漢書》。

　　　峰按，見今本《疏證》第六十七條的按語。

六八、〈旅獒〉：「狎侮君子」

　　《書考》：閻若璩曰：〈表記〉：子曰：「狎侮死焉而不畏也。」

　　《考異》：〈表記〉：子曰：「狎侮死焉而不畏也。」（頁382）

六九、〈旅獒〉：「不貴異物，賤用物」

　　《書考》：閻若璩曰：《淮南·精神》：「不貴難得之貨而器無用之物。」

　　《考異》：《淮南子·精神訓》：「不貴難得之貨，不器無用之物。」（頁382）

七十、〈旅獒〉：「犬馬非其土性不畜」

　　《書考》：閻若璩曰：《左傳》：慶鄭曰：「古者大事，必乘其產，生其水土而知其人心，安其教訓而服習其道。惟所納之，無不如志。」

　　《考異》：僖十五年，……度鄭曰：「古者大事，必乘其產，生其水土而知其人心，安其教訓而服習其道。惟所納之，無不如志。」（頁382）

七一、〈旅獒〉：「為山九仞，功虧一簣」

　　《書考》：梅鷟曰：「為山」取諸《論語》。「九仞」取諸《孟子》。

　　　閻若璩曰：非可言九仞，山當以百仞計也。且孔子為譬語，如《書》言則正語矣。

　　　峰按，見今本《疏證》第七十六條的按語。

峰又按，惠氏所引梅說，不見於《尚書考異》。《尚書譜》亦只有「爲山」取諸《論語》之說。（頁 441）

七二、〈微子之命〉：「崇德象賢」

《書考》：閻若璩曰：《左傳》文二年：「謂之崇德。」

《考異》：文二年：「謂之崇德。」（頁 383）

七三、〈微子之命〉：「作賓于王家」

《書考》：閻若璩曰：《左傳》宋樂大心曰：「我於周爲客。」改客作賓。用虞賓在位之字。

《考異》：昭二十五年，宋樂大心曰：「我不輸粟，我於周爲客。若之何使客！」改客作賓者，用虞賓在位之字。（頁 383）

七四、〈微子之命〉：「乃祖成湯」

《書考》：閻若璩曰：乃祖字出〈盤庚〉。

《考異》：乃祖字見〈盤庚〉。（頁 383）

七五、〈微子之命〉：「皇天眷佑」

《書考》：閻若璩曰：見〈周書〉。

《考異》：「皇天眷佑」見〈周書〉。（頁 383）

七六、〈微子之命〉：「誕受厥命」

《書考》：閻若璩曰：見〈周書〉。

《考異》：「誕受厥命」見〈周書〉。（頁 383）

七七、〈微子之命〉：「踐修厥猷」

《書考》：閻若璩曰：文元年「踐修舊好。」

《考異》：文元年《左傳》：「踐修舊好。」（頁 383）

七八、〈蔡仲之命〉：「惟周公位冢宰，正百工」

《書考》：閻若璩曰：「冢宰」字見《周禮》。「百工」字見〈虞書〉。

《考異》：「冢宰」字見《周禮》。「百工」字見〈虞書〉。（頁 384）

七九、〈蔡仲之命〉：「爾尚蓋前人之愆」

《書考》：閻若璩曰：「爾尚」二字見〈酒誥〉。「蓋前人之愆」見〈魯語〉：臧文仲曰：「孟孫善守矣。其可以蓋穆伯而守其後于魯乎。」

《考異》：「爾尚」二字見〈酒誥〉。「蓋前人之愆」見〈魯語〉：臧文仲曰：「孟孫善中矣。其可以蓋穆伯而守其後于魯乎。」（頁 386）

八十、〈周官〉:「少師、少傅、少保曰三孤」

　　《書考》:閻若璩曰:公孤見《周禮》。太師、太傅、太保、少師、少傅、少保見賈子《新書》。今案,《周禮》孤廁于三公之下,卿大夫之之上,而無三孤之數。賈子有三公三少之數,而非三孤之稱。今太師、太傅、太保爲三公;少師、少傅、少保曰三孤。則正用賈生〈保傅〉之語,而特即三少之少字從《周禮》之孤字耳。

　　《考異》:……今按,《周禮》孤廁于三公之下,卿大夫之上,而無三孤之數。賈子有三公三少之數,而非三孤之稱。今太師、太傅、太保曰三公;少師、少傅、少保曰三孤。則正用賈生〈保傅〉之篇,而特即三少之少字從《周禮》之孤字耳。(頁387)

八一、〈周官〉:「令出惟行,弗惟反」

　　《書考》:閻若璩曰:用劉向〈封事〉中語。

　　《考異》:《漢書‧劉向傳》上封事……。(頁387)

八二、〈周官〉:「以公滅私」

　　《書考》:閻若璩曰:文六年,臾駢曰:「以私害公。」

　　《考異》:文六年,臾駢曰:「以私害公。」(頁388)

八三、〈周官〉:「位不期驕,祿不期侈」

　　《書考》:閻若璩曰:《戰國策》曰:平原君引公子牟與應侯曰:「貴不與富期而富至。富不與梁肉期而梁肉至。梁肉不與驕奢期而驕奢至。」

　　《考異》:《戰國策》:平原君引公子與應侯曰:「貴不與富期而富至。富不與梁肉期而梁肉至。梁肉不與驕奢期而驕奢至。」(頁386)

八四、〈周官〉:「恭儉惟德」

　　《書考》:閻若璩曰:恭儉出《孟子》。

　　《考異》:《孟子》曰:「侮奪人之君,惡得爲恭儉。恭儉豈可以聲音笑貌爲哉。」(頁386)

八五、〈周官〉:「庶官乃和,不和政厖」

　　《書考》:閻若璩曰:亦用劉向〈封事〉中語。

　　《考異》:「劉向〈封事〉曰:……」(頁387)

八六、〈君陳〉:「惟爾令德孝恭」

　　《書考》:閻若璩曰:〈周語〉:單襄公曰:「驪,此其孫也。而令德孝恭,非此其誰。」

《考異》：〈周語〉：晉襄公曰：「驩，此其孫也。而令德孝恭，非此其誰。」
（頁 388）

八七、〈君陳〉：「黍稷非馨，明德惟馨」

《書考》：閻若璩曰：《左傳》所引者，書所謂「我聞者，曷聞哉，聞諸宮之奇而已。」

《考異》：（僖公五年）「所謂我聞者，曷聞哉，聞諸宮之奇而已。」（頁 388）

八八、〈君陳〉：「爾有嘉謀嘉猷，則入告爾后于內，爾乃順之于外，曰：斯謀斯猷，惟我后之德。嗚呼！臣人咸若時，惟良顯哉」

《書考》：閻若璩曰：「爾有嘉謀嘉猷」等語出于臣工之相告誡則爲愛君。出于君之告臣則爲導諛。導諛，中主所不爲，而爲三代令辟如成王爲之乎？

峰按，見今本《疏證》第二十七條。

八九、〈君陳〉：「惟民生厚」

《書考》：閻若璩曰：成公十六年，申叔時曰：「民生厚而德正。」

《考異》：成公十六年，申叔時曰：「民生厚而德正。」（頁 389）

九十、〈畢命〉：「王若曰：嗚呼！父師」

《書考》：閻若璩曰：「父師」二字見〈微子〉。

《考異》：「父師」二字見今文〈微子〉。（頁 389）

九一、〈畢命〉：「惟周公左右先王」

《書考》：閻若璩曰：襄十四年，劉定公曰：「昔伯舅大公，右我先王。」

《考異》：襄十四年，劉定公曰：「昔伯舅太公，右我先王。」（頁 389）

九二、〈畢命〉：「毖殷頑民」

《書考》：閻若璩曰：〈洛誥〉：「伻來毖殷。」〈大誥〉：「天亦用勤毖我民。」

《考異》：〈洛誥〉：「伻來毖殷。」〈大誥〉：「天亦用勤毖我民。」（頁 390）

九三、〈畢命〉：「道有升降」

《書考》：閻若璩曰：襄二十九年，叔向曰：「其以宋升降乎！」

《考異》：襄二十九年，叔向：「宋之樂，其以宋升降乎！」（頁 389）

九四、〈畢命〉：「予小子，垂拱仰成」

《書考》：閻若璩曰：《漢書・薛宣傳》：「馮翊垂拱蒙成。」《後漢書・孝章八子傳》曰：「清河王慶曰：『仰恃明主，垂拱受成。』」

《考異》：《前漢書・薛宣傳》：「馮翊垂拱蒙成。」見《後漢書・孝章八子傳》
日：「清河王慶曰：『仰恃明主，垂拱受成。』」（頁381）

九五、〈畢命〉：「服美于人，驕淫矜侉，將由惡成」

《書考》：閻若璩曰：襄二十七年，叔孫曰：「服美不稱，必以惡終。」

《考異》：襄二十七年，慶封之車美。叔孫曰：「服美不稱，必以惡終。」（頁390）

九六、〈君牙〉：「惟予小子，嗣守文武成康遺緒」

《書考》：閻若璩曰：「惟予」二字見〈康王之誥〉。「小子」見〈顧命〉。「嗣守文武」亦見〈顧命〉。

《考異》：「惟予」二字見〈顧命〉。「小子」見〈顧命〉。「嗣守文武」亦見〈顧命〉。

九七、〈君牙〉：「今命爾予翼，作股肱心膂」

《書考》：閻若璩曰：「予翼」見〈皋陶謨〉及〈周書〉。〈周語〉大子晉曰：「謂其能為禹股肱心膂。」

《考異》：「予翼」見〈皋陶謨〉及〈周語〉。〈周書〉大子晉曰：「謂其能為禹股肱心膂。」（頁392）

九八、〈冏命〉：「惟予一人無良，實賴左右前後有位之士，匡其不及。繩愆糾繆，格其非心，俾克紹先烈。今予命汝作大正，正于群僕侍御之臣，懋乃后德，交修不逮」

《書考》：閻若璩曰：《禮記》引〈大誓〉曰：「惟予小子無良。」《孟子》曰：「惟大人為能格君心之非。」〈楚語〉引衛武公曰：「朝夕以交戒我。」史老引武丁曰：「交修予，無予棄也。」賈子曰：「選天下之端士孝弟博聞有道術者，以衛翼前後左右，皆正人也。」後又曰：「太傅匡其不及。」

《考異》：《禮記》引〈大誓〉曰：「惟予小子無良。」《孟子》曰：「惟大人為能格君心之非。」〈楚語〉引衛武公曰：「朝夕以交戒我。」史老引武丁曰：「必交修予，無予棄也。」賈子曰：「選天下之端士孝弟博聞有道術者，以衛翼前後左右，皆正人也。」後文又曰：「太傅匡其不及。」（頁392）

主要參考書目

壹、本文所使用的梅、閻、毛三人著作：(依書名筆劃排列)

一、梅鷟著作：

1：《尚書考異》((明)白鶴山房抄本，收於《北京圖書館古籍珍本叢刊》第一冊，北京圖書館古籍出版編輯組編，出版年月不詳)。又《四庫全書》本，(臺北：臺灣商務印書館影印文淵閣《四庫全書》，1986 年 7 月初版)。又《平津館叢書》本，收於《叢書集成新編》第一○七冊，(臺北：新文豐出版公司，1985 年元月初版)。

2：《尚書譜》((清)抄本，收於《北京圖書館古籍珍本叢刊》第一冊)。

二、閻若璩著作：

1：《毛朱詩說》，《昭代叢書》乙集卷〔第〕一，收於《叢書集成續編》第一一一冊，(臺北：新文豐出版公司)。又見《疏證》卷五下，第八十條的按語。頁 39 至 62，總頁 548～593。

2：《孔廟從祀末議》(《昭代叢書》戊集卷第十，收於《叢書集成續編》第六十七冊)。又見《疏證》卷八，第一二八條及其按語。頁 56～76，總頁 1223～1263。

3：《四書釋地》(續、又續、三續)，(臺北：臺灣商務印書館《國學基本叢書》本，1968 年 12 月臺一版)。又(《四庫全書》本)。又《皇清經解》本，(臺北：復興書局，1961 年 5 月初版)。

4：《困學紀聞箋》(宋)王應麟著，(清)閻若璩箋，(《四庫全書》本)。又《翁注困學紀聞》(清)翁元圻注，《四部備要》本(臺北：臺灣中華書局，1966 年 3 月臺一版)。

5：《孟子生卒年月考》(臺北：臺灣商務印書館《國學基本叢書》本，附於《四書釋地》之後)。又(《檀几叢書》二集卷二題爲《孟子考》，收於《叢書集成續編》第二五九冊)。又(《皇清經解》本)。

6：《尚書古文疏證》(上海：上海古籍出版社影印乾隆十年眷西堂本，又以汪氏

振綺堂重修本配補，1987 年 12 月第一版）。又（《四庫全書》本）。又《續清經解》本，（臺北：藝文印書館），1965 年 10 月初版。

7：《喪服翼注》（《昭代叢書》庚集卷第四，收於《叢書集成續編》第六十八冊）。又收於《潛邱箚記》卷四。

8：《潛邱箚記》（《四庫全書》本）。又（《皇清經解》本）。

三、毛奇齡與《尚書》相關的著作：

1：《毛西河先生全集卷首》（（清）嘉慶年間刊《毛西河先生全集》本，蕭山陸凝瑞堂藏板）。

2：《古文尚書冤詞》（《毛西河先生全集》本）。又（《四庫全書》本）。

3：《西河文集》（臺北：臺灣商務印書館《國學基本叢書》本，1968 年 12 月臺一版），又（《四庫全書》本題爲《西河集》）。

4：《尚書廣聽錄》（《毛西河先生全集》本）。又（《四庫全書》本）。

5：《舜典補亡》（《毛西河先生全集》本）。又（《藝海珠塵》本，收於《叢書集成新編》第一○七冊）。

6：《經問》（《四庫全書》本）。又（《皇清經解》本）。

貳、主要參考書目：（按書名筆劃排列）

二　劃：

1：《十三經註疏》，南昌府學刊本，（臺中：藍燈文化事業公司，出版年月不詳）。

三　劃：

1：（魏）陳壽，《三國志》（臺北：鼎文書局，1993 年 2 月七版）。

四　劃：

1：辛冠潔等編，《中國古代佚名哲學名著評述》第一卷，（山東：齊魯書社，1985 年二月第一版）。

2：喬好勤，《中國目錄學史》（武昌：武漢大學出版社，1992 年 2 月第一版）。

3：呂紹虞，《中國目錄學史稿》（臺北：丹青圖書有限公司，1986 年臺一版）。

4：錢穆，《中國近三百年學術史》（臺北：臺灣商務印書館，1980 年 10 月臺十版。）

5：梁啓超，《中國歷史研究法》（臺北：里仁書局，1984 年 10 月 25 日）。

6：趙光賢，《中國歷史研究法》（北京：中國青年出版社，1988 年第一版）。

7：（清）陳喬樅，《今文尚書經說攷》（《續清經解》本）。

8：（魏）王肅注，《孔子家語》（中州：古籍出版社，1991 年 10 月第一版）。

9：（清）陳士珂，《孔子家語疏證》（《湖北叢書》本，收於《叢書集成新編》第

十八冊）。

10：（漢）孔鮒，《孔叢子》（臺北：臺灣商務印書館，1937 年 3 月初版，1988 年 5 月臺三版）。

11：（明）胡應麟，《少室山房筆叢》（臺北：世界書局，1980 年 5 月再版）。

12：（清）章學誠著，倉修良編，《文史通義新編》（上海：上海古籍出版社 1993 年 7 月第一版）。

13：朱承平，《文獻語言材料的鑒別與應用》（南昌：江西高校出版社，1991 年 10 月第一版）。

五 劃：

1：（清）惠棟，《古文尚書考》（《皇清經解》本）。

2：（清）張崇蘭，《古文尚書私議》（《尚書類聚初集》第六冊，臺北：新文豐出版公司，1984 年 10 月初版）。

3：（清）陸隴其，《古文尚書攷》（《學海類編》本，收於《叢書集成新編》第一〇七冊）。

4：（清）皮錫瑞，《古文尚書冤詞評議》（收於《尚書類聚初集》第七冊）。

5：（清）段玉裁，《古文尚書撰異》（《皇清經解》本）。

6：梁啟超，《古書眞偽及其年代》（臺北：臺灣中華書局，1981 年 11 月臺七版）。

7：余嘉錫，《古書通例》（臺北：丹青圖書有限公司，1986 年 5 月臺一版）。

8：（清）俞樾，《古書疑義舉例》（臺北：長安出版社，1978 年 5 月臺一版）。

9：（明）宋濂等著，《古書辨偽四種》（臺北：臺灣商務印書館《人人文庫》，1978 年 6 月臺一版）。

10：鄭良樹，《古籍辨偽學》（臺北：臺灣學生書局，1986 年 8 月初版）。

11：（漢）司馬遷，《史記》（臺北：鼎文書局，1986 年 10 月三版）。

12：余鶴清，《史學方法》（臺北：洪氏出版社，1975 年 2 月 1 日再版）。

13：杜維運，《史學方法論》（臺北：三民書局，1989 年 3 月十版（增定版））。

14：伯倫漢著，陳韜譯，《史學方法論》（臺北：臺灣商務印書館，1988 年 5 月臺八版）。

15：Robert Jones Shafer 著，趙干城、鮑世奮譯，《史學方法論》（A Guide To HISTORICAL METHOD），（臺北：五南圖書出版公司，1990 年）。

16：傅斯年，《史學方法導論》收於《傅斯全集》第二冊，（臺北：聯經出版事業公司，1970 年 9 月初版）。

17：許冠三，《史學與史學方法》（香港：自由出版社，1958 年 5 月，香港初版）。

18：John Tosh 著，趙干城、鮑世奮譯，《史學導論》（The PURSUIT of HISTORY），（臺北：五南圖書出版公司，2001 年）。

19：張致遠，《史學講話》（臺北：中國文化大學出版部印行，1984 年 2 月出

版）。

20：（清）紀昀等，《四庫全書總目》（臺北：藝文印書館，1979 年 12 月五版）。

21：（清）胡玉縉，《四庫全書總目提要補正》（臺北：木鐸出版社，1980 年 8 月印行）。

22：（宋）朱熹，《四書章句集注》（臺北：長安出版社，1991 年 2 月出版）。

23：（清）陳壽祺，《左海經辨》（《皇清經解》本）。

24：高本漢著，《左傳眞偽考及其他》（臺北：泰順書局，1971 年 11 月 1 日出版）。

25：周秉鈞譯注，《白話尚書》（湖南：岳麓書社，1990 年 8 月第一版 1992 年 11 月第二次印刷）。

六　劃：

1：屈萬里，《先秦文史資料考辨》（臺北：聯經出版事業公司，1983 年 2 月初版，1985 年 3 月第二次印刷。）

2：許錟輝，《先秦典籍引尚書考》（臺灣師範大學國文研究所博士論文，1970 年）。

3：江俠庵編譯，《先秦經籍考》（上海：文藝出版社，1990 年 12 月）。

4：（宋）黎靖德編，《朱子語類》（臺北：文津出版社，1986 年 12 月出版）。

5：（宋）朱熹撰，《朱文公文集》（臺北：臺灣商務印館發行，1980 年 10 月臺一版）。

6：（清）張穆，《舟齋文集》（《山右叢書》本，收於《叢書集成續編》第一五九冊）。

七　劃：

1：（唐）孔穎達，《宋單疏本尚書正義》，宋刻單疏本，據日本帝國圖書寮藏宋本影印，（臺北：鼎文書局，1972 年 4 月初版）。

八　劃：

1：（清）唐晏，《兩漢三國學案》（北京：中華書局，1986 年 12 月第一版）。

2：（清）李光地，《尚書七篇解義》（《四庫全書》本）。

3：（清）宋鑒，《尚書今文古文考辨》（稿本，國立中央圖書館藏善本）。又（《山右叢書》本，收於《尚書類聚初集》第六冊，題爲《尚書攷辨》）。

4：（清）孫星衍，《尚書今古文注疏》（臺北：文津出版社，1987 年 9 月出版）。

5：（清）王先謙，《尚書孔傳參正》（虛受堂刊本，收於《尚書類聚初集》第七冊）。

6：張西堂，《尚書引論》（臺北：崧高書社《研究叢刊》，1985 年 9 月出版）。

7：（清）王鳴盛，《尚書後案》（《皇清經解》本）。

8：李振興，《尚書流衍及其大義探討》（臺北：文史哲出版社，1982 年 6 月初版）。

9：（明）陳第，《尚書疏衍》（《四庫全書》本）。

10：陳夢家，《尚書通論》（臺北：仰哲出版社，1987 年 11 月）。

11：（清）簡朝亮，《尚書集注述疏》（臺北：鼎文書局，1972 年 4 月初版）。

12：（清）江聲，《尚書集註音疏》（《皇清經解》本）。

13：屈萬里，《尚書集釋》（臺北：聯經出版事業公司，1983 年 2 月初版，1986 年元月第二次印刷）。

14：《尚書綜述》，蔣善國，（上海：上海古籍出版社，1988 年 3 月第一版）。

15：（清）丁晏，《尚書餘論》（《續清經解》本）。

16：劉起釪，《尚書學史》（北京：中華書局，1989 年 6 月第一版）。

17：（明）郝敬，《尚書辨解》（《湖北叢書》本，《叢書集成新編》第一○七冊）。

18：林慶彰，《明代考據學研究》（臺北：臺灣學生書局，1986 年 10 月修訂再版）。

19：傅兆寬，《明梅鷟、郝敬尚書古文辨之異同》（文化大學中國文學研究所博士論文，1981 年 11 月）。

20：（清）沈彤，《果堂集》（《皇清經解》本）。

21：嚴耕望，《治史經驗談》（臺北：臺灣商務印書館，1981 年四月初版，1991 年 3 月六版）。

22：（清）程廷祚，《青溪集》（《金陵叢書》本，收於《叢書集成續編》第一九○冊）。

九　劃：

1：（漢）荀悅，《前漢紀》，《四庫叢刊正編》據上海涵芬樓用梁溪孫氏小淥天藏明嘉靖本景印，（臺北：臺灣商務印書館，1979 年 11 月臺一版）。

2：（清）黃宗羲，《南雷文定》（臺北：世界書局，1964 年 2 月初版）。

3：姚從吾《姚從吾先生全集》（一），（臺北：正中書局，1971 年 4 月臺初版，1988 年 10 月臺初版第四次印行）。

4：（南朝宋）范曄，《後漢書》（臺北：鼎文書局，1975 年 10 月初版）。

5：楊伯峻，《春秋左傳注》（北京：中華書局，1990 年 5 月第二版）。

十　劃：

1：（清）顧炎武，《原抄本顧亭林日知錄》（臺北：文史哲出版社，1979 年 4 月出版）。

2：（清）孫志祖，《家語疏證》（臺北：廣文書局，1970 年 4 月初版）。

3：（清）李塨，《恕谷後集》（《畿輔叢書》本，收於《叢書集成新編》第七十六冊）。

4：（宋）蔡沈，《書經集註》（臺北：新陸書局，1986 年 12 月出版）。

5：（元）吳澄，《書纂言》，《通志堂經解》本，（臺北：漢京文化事業有限公司出版年月不詳）。

6：（漢）桓譚，《桓子新論》，《四部備要》本，（臺北：臺灣中華書局據問經堂輯

本校刊，1966 年 3 月臺一版）。

7：（清）王先謙，《荀子集解》（臺北：藝文印書館，1988 年 6 月五版）。

8：（清）莫友芝，嚴陵峰編，《邵亭知見傳本書目》，《書目類編》據上海國學扶輪社排印本影印，（臺北：成文出版社，1978 年 7 月）。

十一劃：

1：張心澂，《偽書通考》（香港：友聯出版社有限公司，出版時間不詳）。

2：（吳）韋昭註，《國語》（臺北：漢京文化事業有限公司，1983 年 12 月 31 日初版）。

3：（清）崔述，《崔東壁遺書》（臺北：河洛圖書出版社，1975 年九月臺影印初版）。

4：（清）程廷祚，《晚書訂疑》（《續清經解》本）。

5：（清）方苞，《望溪先生文集》《四部叢刊初編》據上海涵芬樓景印咸豐元年戴鈞衡刊本，（臺北：臺灣商務印書館 1989 年。

6：傅兆寬，《梅鷟辨偽略說及尚書考異證補》（臺北：文史哲出版社，1988 年 7 月初版）。

7：楊翼驤、孫香蘭主編，《清代史部序跋選》（天津：天津古籍出版社，1992 年 10 月第一版）。

8：古國順，《清代尚書學》（臺北：文史哲出版社，1980 年 7 月初版）。

9：林慶彰，《清初的群經辨偽學》（臺北：文津出版社，1990 年 3 月出版）。

10：楊向奎，《清儒學案新編》第二卷，（濟南：齊魯書社，1988 年 6 月第一版）。

11：（清）張穆編，《清閻潛邱先生若璩年譜》（臺北：臺灣商務印書館，1978 年 6 月初版）。

12：劉人鵬，《陳第之學術》（國立臺灣大學中國文學研究所碩士論文，1988 年 5 月）。

十二劃：

1：（唐）魏徵，《隋書》（臺北：鼎文書局，1993 年 10 月七版）。

十三劃：

1：（清）全祖望，《經史問答》（《皇清經解》本）。

2：（唐）陸德明，《經典釋文》（《通志堂經解》本。又抱經堂本，（臺北：漢京文化事業有限公司，1980 年 2 月 15 日）。

3：吳承仕，《經典釋文序錄疏證》（北京：中華書局，1984 年 3 月第一版）。

4：黃焯，《經典釋文彙校》（北京：中華書局，1983 年 7 月北京第二次印刷）。

5：（清）朱彝尊，《經義攷》（京都：中文出版社，1978 年 8 月出版）。

6：（清）王念孫、王引之，《經義述聞》，《四部備要》本，（臺北：臺灣中華書局 1966 年 3 月臺一版）。

7：（清）劉師培，《經學教科書》（《劉申叔先生遺書》，臺北：華世出版社 1975年 4 月初版）。

8：（清）皮錫瑞，《經學通論》（臺北：臺灣商務印書館，1989 年 10 月臺五版）。

9：（清）皮錫瑞著，周予同注釋，《經學歷史》（臺北：漢京文化事業有限公司，1983 年 9 月 1 日初版）。

10：（清）萬斯同，《群書疑辨》（臺北：廣文書局，1972 年元月初版）。

11：（清）王鳴盛，《蛾術編》（臺北：信誼書局，1976 年 7 月初版）。

十四劃：

1：屈萬里，《漢石經尚書殘字集證》（臺北：聯經出版事業公司，1984 年七月初版）。

2：（漢）班固，《漢書》（臺北：鼎文書局，1987 年 4 月四版）。

3：陳國慶編，《漢書藝文志注釋彙編》（臺北：木鐸出版社，1983 年 9 月初版）。

4：（清）段玉裁，《說文解字注》，經韻樓本，（臺北：天工書局，1987 年 9 月再版）。

5：張舜徽，《廣校讎略》，收於《校讎學系編》（臺北：鼎文書局，1978 年 10 月 1 日初版）。

十五劃：

1：（清）錢大昕，《潛研堂文集》（上海：上海古籍出版社，1989 年 11 月第一版）。

2：（漢）王充著，黃暉校釋，《論衡校釋》（北京：中華書局，1990 年 2 月第一版）。

3：（清）孫詒讓，《墨子閒詁》（臺北：華正書局，1987 年 3 月初版）。

十六劃：

1：（清）成瓘，《篛園日札》（臺北：世界書局，1984 年 10 月再版）。

2：戴君仁，《閻毛古文尚書公案》（《中華叢書》，1979 年 2 月再版）。

3：劉人鵬，《閻若璩與古文尚書辨偽，一個學術史的個案研究》（國立臺灣大學中國文學研究所博士論文，1991 年）。

十七劃：

1：（清）戴震，《戴東原先生全集》（臺北：大化書局，1978 年 4 月初版，1987 年四月再版）。

十九劃：

1：（清）阮元，《疇人傳》（《皇清經解》本）。又（《文選樓叢書》本，收於《叢書集成新編》一○一冊）。

二十劃：

1：（清）齊召南，《寶綸堂文鈔》（《翠琅玕館叢書》，收於《叢書集成續編》一九一冊）。

二十二劃：

1：（清）王念孫、王引之，《讀書雜誌》（王氏家刻本，江蘇：古籍出版社 1985
年 7 月第一版）。

參、單篇論文：

五劃：

1：李零，〈出土發現與古書年代的再認識〉，《九州學刊》，三卷一期，（1988 年
12 月）。

2：程元敏，〈古文尚書之壁藏發現獻上及篇卷目次考〉，（《孔孟學報》第六十六
期，1993 年 9 月）。

3：戴君仁，〈古文尚書冤詞再平議〉，（《東海學報》二卷一期 1960 年 6 月）。

4：孫欽善，〈古代辨偽學概述〉，《文獻》第十四、十五、十六輯（1983~1984
年）。

5：羅根澤，〈由墨子引經推測儒墨兩家與經書之關係〉，收入《中國古史研究》（即
《古史辨》）第四冊，（1933 年 1 月。重印時間不詳）。

六劃：

1：李學勤，〈朱子的尚書學〉，福建：人民出版社，《朱子學刊》總第一輯，（1989
年）。

2：李學勤，〈竹簡家語與漢魏孔氏家學〉。《李學勤集》，黑龍江：教育出版社，
（1989 年 5 月第一版）。

八劃：

1：顧頡剛，〈尚書版本源流〉，《古籍整理與研究》第四輯，（1989 年 3 月一版）。

2：胡適，〈治學的方法與材料〉，收於《胡適作品集》（二），臺北：遠流出版事
業有限公司（1987 年 5 月遠流三版）。

十劃：

1：胡秋原，〈書經日食與中國歷史文化之天文學性，論閻若璩之虛妄與李約瑟中
國科學史天文篇〉，（《中華雜誌》八卷一期，1970 年 1 月）。

十一劃：

1：張蔭麟，〈偽古文尚書案之反控與再鞫〉，《張蔭麟文集》，《中華叢書》，叢書
委員會，（1956 年 12 月印行）。

2：劉文起，〈梅鷟尚書考異述略〉，《慶祝婺源潘石禪先生七秩華誕特刊》，中國
文化學院中文研究所、中國文學系編印（1977 年）。

3：胡適，〈清代學者的治學方法〉，收於《胡適作品集》（四），遠流出版事業有
限公司，（1986 年 5 月 5 日遠流一版）。

4：錢穆，〈跋閻百詩尚書古文疏證〉，《國立北平圖書館館刊》第九卷第三號，
　　（1935 年 5、6 月）。

十三劃：

1：李學勤，〈新發現簡帛與漢初學術史的若干問題〉，《臺大學報》哲學社會科學
　　版（1988 年第一期）。

2：鄧瑞，〈試論閻若璩的治學〉，《中國歷史文獻研究》（二），武昌：華中師範大
　　學出版社，（1988 年 8 月第一版）。

十四劃：

1：李學勤，〈對古書的反思〉，《李學勤集》，黑龍江：教育出版社，（1989 年 5 月
　　第一版）。

十五劃：

1：劉人鵬，〈論朱子未嘗疑古文尚書偽作〉，《清華學報》新二十二卷第四期，
　　（1992 年 12 月）。

2：黃紹海，〈閻若璩的經學思想〉，《江漢論壇》（1985 年 4 月）。

3：〈詮釋與考證，閻若璩辨偽論據分析〉，清代經學國際研討會論文，中央研究
　　院中國文哲研究所籌備處主辦，（1992 年 12 月）。

十六劃：

1：容肇祖，〈閻若璩的考證學〉《容肇祖集》，濟南：齊魯書社，（1989 年 9 月第
　　一版）。

2：蘇慶彬，〈閻若璩胡渭崔述三家辨偽方法之研究〉，《新亞書院學術年刊》第三
　　期（1961 年 9 月）。

3：夏定域，〈閻潛邱先生年譜補正〉，《東方雜誌》四十二卷十二號，（1946 年 6
　　月）。

十八劃：

1：胡秋原，〈關於「古文尚書孔安國傳」之公案〉，《中華雜誌》七卷九期（1969
　　年 9 月）。

二十二劃：

1：錢穆，〈讀張穆著閻潛邱年譜再論尚書古文疏證〉，《中國學術思想史論叢》
　　（八），臺北：東大圖書有限公司（1980 年 3 月）。

梁啓超的古書辨僞學

吳銘能　著

作者簡介

吳銘能，1963 年 2 月出生台灣省雲林縣。輔仁大學中國文學系學士，台灣師範大學國文研究所碩士。1994 年秋季，負笈北京大學受業孫欽善先生，鑽研中國古典文獻學，1997 年夏取得博士學位。曾任教慈濟護專、東南工專、中興大學、元智大學等校國文科通識教育課程，又在中央研究院史語所擔任助理、文哲所從事兩年博士後研究，主要學術專長在清代學術史與文獻檔案研究，有專著《梁啟超研究叢稿》及相關領域論文近二十篇。現在正跟隨黃彰健院士從事「二二八」專題研究。2005 年 7 月起，四川大學聘為歷史文化學院副教授職務。

提　要

　　梁啟超的《古書真偽及其年代》，是民國以來，第一本有系統討論辨識古書真偽及年代考證的專著，雖是演講的記錄，但內容充實，引人入勝，集清代以前辨偽學方法大成，在辨偽學史上，佔有很重要的地位。

　　梁啟超辨偽學理論的建立，在方法及實際運用上，有各種不同的批評，而他所做的考據，幾乎篇篇都有可議之處，但以其善於提出問題，擁有廣大讀者，於學術界具有莫大影響力，尤其他所提出的辨偽方法，在今天看來，仍有參考的價值。

　　本論文研究梁啟超的辨偽方法，主要根據《古書真偽及其年代》一書，實例則採用其人所有學術論著，做一全面性整理，指出其辨偽的特色、成就，並查其辨偽工作的限制的原因，實受性格騖博所累，及政局不安干擾；兼比較梁啟超和胡適、顧頡剛等人，雖皆對古書真偽作考辨，在意圖與方法，有極大的不同，同時「國故」的認知上，顯然梁啟超比胡適等人更勝一籌。

　　本文共分五章，計九萬言有餘。首章指出撰寫本文的目的與擬討論的重點；次章為梁啟超古書辨偽和疑古學派的關係，強調疑古辨偽在當時形成風氣，梁啟超與他們最大不同點何在，肯定其人能從「文獻上」及「德性上」雙方面著眼，對「國故」較有全面性的了解；三章言梁啟超古書辨偽的範圍與方法，顯示其人學問的淵博；四章乃梁啟超古書辨偽學的檢討，指出方法上、實例上的缺失，評判他的特色與貢獻，是本文最重要的部分；五章總結二、三、四章的觀點，並指出一己看法，以為未來突破梁啟超古書辨偽學成就的發展新方向。

目

錄

自 序

　　「梁啓超」這個名字，是在高中時代國文課本看到的，當時覺得這人文章寫得真好，洋洋灑灑，氣象萬千，行雲流水，怨慕泣訴，令人低迴流連！以後上近代史，又了解他以羈旅孤臣，適餐別館，亡命海外，辦報論戰，啓迪民智，憂國為民的情操，引起我極大關注，看到英氣耀眼、器宇軒昂的照片，不禁大驚：「此人果是才貌出眾！」

　　年齡增長，視野日益開拓，厭倦教科書沈悶乏味，喜歡找課外書籍閱讀，抒解心靈枯竭的饑渴。中國典籍，以司馬遷的《史記》及梁啓超的《飲冰室全集》讀來最有趣味，也是大學四年紮實用盡氣力全卷閱竟的二部大作。有時，黃昏課堂歸來，天色微量，獨倚窗臺，上下縱橫歷史興衰，極目凝思，英雄才大志高，逢否而剝，抑鬱誰語，唯有杜康，豈又是「鵜首賜秦尋常夢，莫是均天沈醉」詩句，所能抒衷情一二？有時，清夜沈沈，讀它千百遍也不厭倦，每有至情至性奇文，絲絲入扣，沁人肝脾，斯時枕案，竟不知東方之既白，我於是始知道「筆鋒常帶情感」的魔力有如此之大！

　　失意時，由司馬遷處得到隱約創傷撫慰，從梁啓超處得到「世界無窮願無盡，海天寥拓立多時」達觀進取鼓舞力量；事實上，已用內在無比同情之心，與兩位先生交遊，得到精神上難以形容充實之美！也認定以《史記》為研究所入學考試的專書，份量雖比同儕以《老子》為專書多很多，但卻能以「如見嘉賓」心情去應試。嘗想，還好專書沒有《飲冰室全集》，否則還真不知道「魚與熊掌」如何抉擇？

　　從大二下到大三下，整整一年的光陰，把梁啓超全部著作閱畢，雖然課堂成績一塌糊塗，期中考前一晚還在思索《新民叢報》與《民報》的論戰到底勝負，成績單一格又一格紅字，絲毫無所動心，以能有計畫讀完一部平常人難以讀完的偉大名著而感到欣悅！成績單上數目字，對我，已失去意義，因為自己很清楚堅持之後的代價，也就能釋然而無愧作了。

　　入研究所以來，本有意寫一部新的梁啓超傳，以表達對這位生命洋溢無比熱情「老友」的紀念，但總覺得他生活豐富，一生光芒萬丈，多彩多姿，可以記的事蹟太多了，非目前學養所能勝任，是主要原因。

　　論文自屬稿以迄於殺青，共費五十餘日乃成斯篇。撰寫期間，劉師紀曜給予

鼓勵與意見，使得進展極爲順利，也修正若干缺失，是最要感謝的。另外，輔仁大學林師明德提供許多圖片，使得論文增色不少，尤其於百忙之中，撥冗披閱，關愛如此，令人感動！家人的支持，王所長的關心，同窗的期勉，漚心瀝血的筆墨生活，……都是我所難忘的。

　　本論文以檢討任公古書辨偽之範圍、方法、缺失、特色與限制爲主幹，肯定他但開風氣之貢獻，允爲民國以來，古書辨偽學使之理論化之第一人。兼述及他對中國傳統文化抱持肯定的心路歷程，是胡適、顧頡剛等「疑古學派」者所無法理解的，對「國故」看法，彼此呈現相當歧見，也是自然的。首章言撰寫本文的目的，以及擬討論的重點；次章說明「疑古學派」的興起與影響，任公和胡適等的立場不同，因此對「國故整理」也表現出差異極大的觀點；三章討論任公古書辨偽的範圍與方法，以顯示其人學識的淵博、緻密的組織能力，是近代罕見的；四章爲本論文最重要部分，檢討任公古書辨偽學方法的侷限性，也影顯其特色，並給予學術上應有的地位；最後就本論文論點做一總結，同時提出一己心得，以殿末章。

　　「文章千古事，得失寸心知」，身處蕭條異代不同時，老杜地下有知，當欣慰千秋後一知己！拉雜數語，代爲是序。

　　歲次庚午年端陽前二日晨雨不盡時，吳銘能謹序於國立臺灣師範大學國文研究所。

《時務報》時期的梁啓超，文章就寫得出神入化，
〈變法通議〉長篇大作，即是此時完成的。

《新民叢報》時期的梁啓超，每日屬文五千言，驚心動魄，一字千金，
寫下了中國報業史上極風光的一頁。

學術事業時期的梁啟超，高文博學，近世罕見

古書真偽及其年代（卷一）

總論

本講演預備半年的時間題目是古書真偽及其年代全部分總論分論二篇分論是分別辯論古史的真偽和年代問題一部書換次序講下去總論共有五章第一章誹辨偽及考證年代的必要第二章誹偽書的種類及作偽的來歷附帶講誹年代錯亂的原因第三章講辨偽學的發達第四章講辨偽及考證年代的方法第五章講誹偽書的分別評價現在就先講總論

第一章　辨偽及考證年代的必要

書籍有假各國所同不祇中國為然文化發達愈久好古的心事愈強代遠年湮自然有許多後人偽造古書以臨當時的需要這也許是人類的通性免不了的不過中國人造偽的本事特別大而且發現得特別早無論那門學問都有許多偽書經學有經學的偽書史學有史學的偽書佛學有佛學的偽書文學有文學的偽書到處

飲冰室文集自序

著一編余數年來一所為

文也業而希之余曰無之

可乎能筆之為文當之作

飛之居山僚講百世之遠

也庶托其勢養之胸中

學成家數的梁啓超，書法也是一流的。

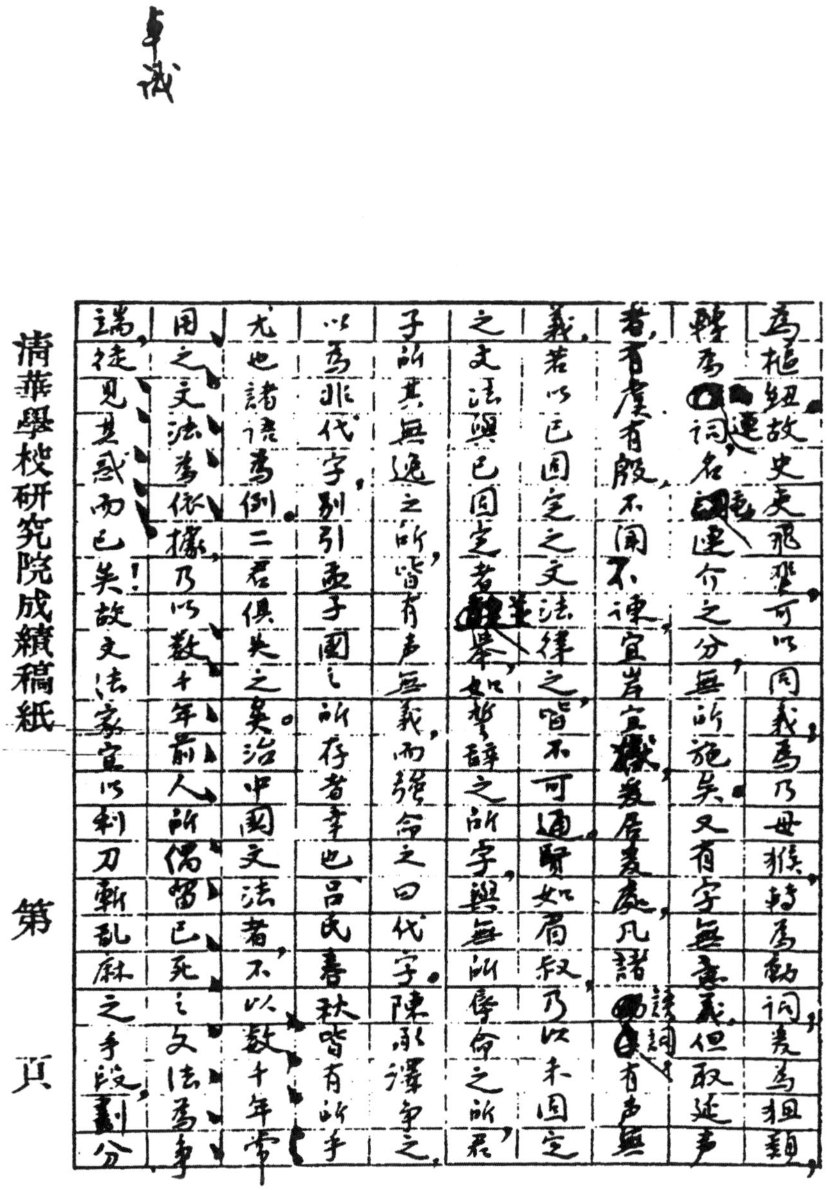
卓識

為樞紐故史更飛來可以同義為乃母猴轉為動詞羞為狙類
體為[illegible]詞名[illegible]連介之分無所施矣又有字無意義但取延聲
者有虞有殷不圖不諫宜岸宜獄爰居爰處凡諸[illegible]有聲無
義若以已固定之文法律之皆不可通賢如眉叔乃以未固定
之文法與已固定者[illegible]舉如發辭之所字與無所屬命之所君
子所其無逸之所皆有聲無義而強命之曰代字陳承澤爭之
以為非代字別引孟子國之所存者幸也呂氏春秋皆有所乎
尤也諸說為例二君俱失之矣治中國文法者不以數千年常
用之文法為依據乃以數千年前人所偶留已死之文法為準
繩徒見其惑而已矣故文法家宜以利刀斬亂麻之手段劃分

清華學校研究院成績稿紙 第 頁

梁啓超批閱學生（案：知名音韻學家王力）的論文，
上書有「卓識」二字，可看出他獎掖後生的學者風範。

第一章 緒 論

梁任公，一個充滿傳奇色彩的人物。

中國近代史上若沒有梁任公這個人物，恐怕將失色不少。梁任公在清末維新運動中，是個主要領導人之一，在戊戌政變之後，流亡日本，和革命黨人展開主張不同的論戰；同時他又是立憲派的主筆；民國成立後，他又是進步黨黨魁；論中國歷史上的改革運動，他佔有一席之地；論民國以來政黨政治史，他同樣是炙手可熱的人物；論中國報業發展史，他亦是居於最重要的領導地位；論文學革命，他更是風流人物，一支筆鋒常帶感情的健筆，收放自如，不知打動了多少人心，「新民叢報體」的特殊風格，足以使他在文學史上不朽。論著作之數量，有一千五百萬字上下，中國沒有人趕得上他，在世界上恐怕也是名列前茅。他喜歡寫信，丁文江、趙豐田編著的《梁任公先生年譜長編初稿》所搜求的遺札及家信，就有將近一萬封，核算下來，平均一天要寫一封信，也是世界上罕見的記錄。他性格多變，吸收新知極快，「不惜以今日之我和昔日之我戰」，一生達觀進取，生命表現出活活潑潑的興味。他的政治立場隨時在變，因此也迭被爭議，贊同他的人說他與時俱進，反對他的人罵他機會主義者。民國以來傑出的人物很多，但像他有如此多重身份的──政論家，文學家，史學家，宣傳家，書法鑑賞家，改革家，教育家……寡聞如我，卻找不出第二位。

也正因為梁任公的表現是多方面，因此研究他的人相當多，但只能就某一方面來說他，因為他性格複雜，著作太豐富了，要面面俱到不是容易的事。

他的生命不管在那一個階段，都在歷史上佔有舉足輕重的影響力，而一般研究者多偏向於探討在政治上、報業上的成就，以及文學上的革命，述及學術與教育就少多了。本文題目「梁啓超的古書辨僞學」，在梁任公一生多彩耀目的生命中，不是最重要的一頁，在他的學術生涯裏，也不是最主要的部分，但就古書辨僞學

而言，張心澂的《偽書通考》、屈萬里的《先秦文史資料考辨》、鄭良樹的《續偽書通考》、《古籍辨偽學》等，都是繼任公之後，有的是辨偽文章的搜集，有的是辨偽方法的推衍及補充，有的是辨偽方法的研究與檢討，甚至師大國文研究所高明先生的「治學方法」課程，談到有關古書辨識真偽方法，都是襲用任公的說法，由此可見，這雖然僅是任公學術領域中的一小部分，還是具有很大影響力！一般研究任公學術的人，往往把這一部分忽略，現在我重新翻此舊案，雖是小道，亦有可觀者焉。古書真偽的辨識是任公史學研究最強調的第一步，也是讀中國古書最基本的常識，我們絕不能馬虎。這是我撰寫此文的主要目的。

本文首先要探討的是以胡適、顧頡剛、錢玄同等人為主的「疑古學派」，在當時對中國古史表現出懷疑的態度，甚至是全面的否定，而提出了「層累地造成古史說」的假說，給傳統信史起了根本上的動搖，在當時學術界的影響是深遠而鉅大的，梁任公此時已退出政治舞臺，銳意致力於學術研究，面對這股來勢洶洶的浪潮，他是如何因應？他雖然也「勇於疑古」，也講古書的辨偽，但和胡適、顧頡剛等人的方法、目的有何不同呢？又他們對「國故」的看法有否異同？如果有不同，其根本不同之處何在？這是本文首要釐清的問題。

其次，任公的學術著作，有許多辨偽的觀點和傳統不同，又在北京燕京大學講演「古書真偽及其年代」，把中國古來辨偽書的歷史及方法，有組織、有系統地整理出來，在《中國歷史研究法》一書裏也很強調辨偽書雖不是歷史學的全部，但卻是頂重要的基本工作，因此本文專列一章討論任公辨偽工作的範圍及方法。

第四章是檢討任公古書辨偽學的缺失、特色，以及限制，並對他在此方面的評價，是本文最重要的部份。

第二章　梁啓超古書辨僞與
疑古學派之關係

「康長素、廖季平……惟其先以經學上門戶之見自蔽，遂使流弊所及，甚至於顛倒史實而不顧，凡所不合於其所欲建立之門戶者，則胥以僞書僞說斥之。於是不僅群經有僞，而諸史亦有僞。輓近疑古辨僞之風，則胥自此啓之」〔註1〕，錢賓四先生此言非僅道盡民國疑古學風興起之根源，同時亦不免深切責備晚清變法維新之人如康有爲者，以疑古辨僞爲政治革命之手段，胥致導入顧頡剛、胡適等人之激烈懷疑傳統古史系統論辯，使中國古史引燃前所未有之大革命，其用心良苦，誠可敬佩。然則以顧頡剛爲首疑古學派之興起，固受今文學家康有爲與古文學家章太炎極大之影響，自不待言，而胡適之由國外帶入「科學方法」，實爲關鍵之所在，其影響力尤大於康有爲、章太炎等人，顧頡剛所提「古史層累造成說」假設，其所用之方法，與胡適之所謂「科學方法」若合符節，是故胡適之爲疑古學派之啓蒙者，實非過譽之言。

梁任公早年追隨康有爲變法，自戊戌維新失敗，亡命日本，嗣後創立《清議報》、《新民叢報》、《國風報》等，於人心思想啓迪極大。民國肇建歸國，屢以政治活動不順遂，於是退出政治舞臺，轉向文化教育事業，於學術界亦有極大貢獻。任公在胡適之、顧頡剛等人疑古辨僞刺激之下，其所採取之態度爲何，本章之中亦將有所探討。

〔註1〕錢穆，《兩漢經學今古文平議》（臺北：東大圖書公司，民國67年7月臺再版）自序。

第一節　疑古學派的興起及其影響

顧頡剛於民國十二年書與錢玄同，討論中國上古史問題，信中提到對崔述《考信錄》極表欽佩，但不滿意之處有兩點：

> 第一點，他著書的目的是要替古聖人揭出他們的聖道王功，辨偽只是手段。他只知道戰國以後的話足以亂古人的真，不知道戰國以前的話亦足以亂古人的真。……所以他只是儒者的辨古史，不是史家的辨古史。
> 第二點，他要從古書上直接整理出古史蹟來，也不是妥穩的辦法，因為古代的文獻可徵的已很少，我們要否認偽史是可以比較各書而判定的，但要承認信史便沒有實際的證明了。崔述相信經書即是信史，拿經書上的話做標準，合的為真，否則為偽，所以整理的結果，他承認的史蹟亦頗楚楚可觀。但這在我們看來，終究是立腳不住的，因為經書與傳記只是時間的先後，並沒有截然不同的真偽區別，假使在經書之前還有書，這些經書又要降做傳記了。我們現在既沒有「經書即信史」的成見，所以我們要辨明古史，看史蹟的整理還輕，而看傳說的經歷卻重，凡是一件史事，應當看她最先是怎樣的，以後逐步逐步的變遷是怎樣的〔註2〕。

顧頡剛並提出他對上古史的看法，以為從《詩經》中可推知東周只有禹，而從《論語》中可知東周末年有堯舜，更在禹之前，戰國到西漢又創造了許多古皇、古帝〔註3〕。「時代越後，知道的古史越前；文籍越無徵，知道的古史越多。」於是他提出了「層累地造成的中國古史」假說，並解釋此說有三個意思：

> 第一、可以說明「時代愈後，傳說的古史期愈長」……周代人心目中最古的人是禹，到孔子時有堯舜，到戰國時有黃帝神農，到秦有三皇，到漢以後有盤古等。
> 第二、可以說明「時代愈後，傳說中的中心人物愈放愈大」，如舜在孔子時只是一個「無為而治」的聖君，到〈堯典〉就成了一個「家齊而後國治」的聖人，到孟子時就成了一個孝子的模範了。
> 第三、我們在這上，即不能知道某一件事的真確的狀況，但可以知道某一件事在傳說中的最早的狀況。我們即不能知道東周時的東周史，也至少能知道戰國時的東周史；我們即不能知道夏商時的夏

〔註 2〕顧頡剛，〈與錢玄同先生論古史書〉，見《古史辨》（臺北：藍燈文化事業公司，民國 76 年 11 月初版），第一冊，頁 59～60。

〔註 3〕同上書，頁 62～65。

　　商史，也至少能知道東周時的夏商史〔註4〕。

顧氏此說預設了一個「古人有意僞造古史」之前提，殊不知古書有有意僞造，亦有無意僞造，不可一切皆視爲有意僞造。

　　錢玄同收到此信之後，對顧氏大表贊揚，並希望他能以此方法，「常常考察，多多發明」。同時提醒顧頡剛，從前學者對於古書疑點，並不是毫無懷疑，「如唐之劉知幾、柳宗元，宋之司馬光、歐陽修、鄭樵、朱熹、葉適，明之宋濂、梅鷟、胡應麟，清之顧炎武、胡渭、毛奇齡、姚際恒、閻若璩、萬斯大、萬斯同、袁枚、崔述等人都是。不過那些時代的學術社會處於積威的迷信之下，不能容受懷疑的批評，以致許多精心的創見不甚能提起社會的注意，就是注意了也只有反射著厭惡之情」〔註5〕。至晚清經康有爲《新學僞經考》及《孔子改制考》之推移，更產生空前未有之影響，「第一、清學正統派之立腳點，根本動搖；第二、一切古書，皆須重新檢查估價，此實思想界之一大颶風也〔註6〕。」事實上，顧頡剛已從康有爲著作得到古書有許多都是不可靠之啓示，但他並不盲目接收，只同意諸子託古改制及六經中參雜了許多儒家的託古改制，並不信服孔子作六經之觀點〔註7〕。同時對今文家表達了極度不滿：

　　　　我覺得他們拿辨僞做手段，把改制做目的，是爲運用政策而非研究
　　　　學問。他們的政策，是第一步先推翻了上古，然後第二步說孔子託古作
　　　　六經以改制，更進而爲第三步把自己的改制引援孔子爲先例，因爲他們
　　　　的目的只在運用政策作自己的方便，所以雖是極鄙陋的讖緯也要假借了
　　　　做自己的武器而不肯丟去〔註8〕。

然而，到底是不敢公開反對，直到上了胡適的課之後，才徹底「衝決網羅」，因此胡適之實具有關鍵性之影響。

　　胡適之在民國六年學成歸國，受聘於北京大學，與陳獨秀、劉半農、錢玄同等人合辦雜誌，鼓吹新思想。民國七年一月《新青年》以新面貌出現，成就最大爲胡適之所領導之下的文學革命，並介紹西方的實證主義和個人主義，攻擊「孔家店」與不合時宜的舊道德，改革傳統繁文褥節的喪禮，宣揚民主自由、科學觀念，並親手整理「斷爛朝報的中國哲學史，澄清了浮夸淫瑣的文字障，創立了新

〔註4〕同上書，頁60。
〔註5〕顧頡剛，《古史辨》第一冊〈自序〉，頁78。
〔註6〕梁啓超，《清代學術概論》（臺北：中華書局，民國69年1月臺九版），頁56。
〔註7〕《古史辨》第一冊，頁26。
〔註8〕同上書，頁45。

式標點」，在短短幾年之間，中國社會掀起了朝氣蓬勃的活力，整個思想界活活潑潑，熱鬧非凡〔註9〕。

在一切傳統重新估價與批判的大環境籠罩下，顧頡剛受其師胡適之「新方法」的洗禮之後，提出「層累地造成的中國古史」之假設，不僅是大膽的，而且也是空前所未有之議論，實較康有為更跨進了一大步，因而所引起之爭議，乃較前為大。

最先發難者為劉掞藜，他對「禹是上帝派下來的神，不是人」，表示不能同意，引經據典，列了許多條材料，做了不同顧氏之解釋而加以反對，並對顧氏以傳說的經歷作為上古史事之研究方法及偽書之認定，提出強烈抨擊：

> 今顧君只因沒有看見重重複複地將堯舜禹的事實寫上，遂以為〈堯典〉、〈皐陶謨〉、〈禹貢〉是在《論語》之後編定完備，那麼我們也沒有看見《詩經》上詩篇重重複複地寫在《論語》裏，我們遂可說「在《論語》之後，后稷、文王、武王的事蹟編造完備了，于是有〈生民〉、〈大明〉、〈皇矣〉等出現」嗎〔註10〕？

在同時，胡堇人也發表了類似意見，並以《史記》所敘商代文物事實與出土之甲骨文拓片，無有太大誤差，推想「商代如此，夏代便也可知，可見那堯、舜、湯決不是完全杜撰了」；更以〈堯典〉所載天象和春秋時代不同而又暗合歲差公例，來證明上古史事絕非如顧氏所言堯、舜、禹、湯係層累造成，對於顧氏「附會周納」表示無法信服，並要其尋出充分證據〔註11〕。

有了劉掞藜及胡堇人兩人之反駁，顧頡剛亦發表〈答劉胡兩先生書〉回應，提出了八個小題目做為討論的重點：

（1）禹是否有天神性？

（2）禹與夏有沒有關係？

（3）禹的來歷在何處？

（4）〈禹貢〉是什麼時候做的？

（5）后稷的實在如何？

（6）堯舜禹的關係如何？

（7）〈堯典〉、〈皐陶謨〉是什麼時候做的？

（8）現在公認的古史系統是如何組織而成的？

觀乎此洋洋大觀項目，可知非僅是考據某一書篇之真偽，亦牽涉到重新整理上古

〔註9〕李敖，《胡適研究》（臺北：文星書店，民國53年3月初版），頁2～4。
〔註10〕《古史辨》第一冊，頁83～89。
〔註11〕同上書，頁93～96。

信史之標準，故非少數一二人即可以完成，亦非短期間即能有結論。儘管如此，此種實事求是之懷疑精神，頗值得稱道。

接著，在推翻非信史方面，提出了四項標準：

（一）打破民族出於一元的觀念。

（二）打破地域向來一統的觀念。

（三）打破古史人化的觀念。

（四）打破古代為黃金世界的觀念。

巧合的是，顧氏所提此四項標準，和梁啟超《中國歷史研究法》第一章提及欲成一適合現代中國人所需之中國史二十二個重要項目，竟有甚多雷同之處〔註12〕。梁氏《中國歷史研究法》早在民國十年即已出版，顧頡剛是否因梁氏而有所啟發，吾人不得而知，但顧頡剛曾經看過此書，則是不容置疑的〔註13〕。

顧氏之友錢玄同也發表了一篇〈研究國學應該首先知道的事〉以為聲援。雖然錢氏此文所提「研究國學的人有三件應該首先知道的事」，和前述三人所討論之問題無直接關係，但細細尋思文章深意，難免有為顧氏大張旗鼓之嫌〔註14〕。

之後，顧頡剛和劉掞藜皆有長篇文字討論，雙方在同樣之經籍上，各有不同詮釋，在無確切古物出土驗證下，因此孰是孰非，難以判定。以後，柳詒徵以顧氏不知《說文》誼例駁之，引起顧頡剛、錢玄同、魏建功等人的不同意見，古史辨運動於焉展開。觀乎《古史辨》可知當時辨偽疑古風氣之盛況〔註15〕。

由於顧頡剛等人勇於疑古，而掀起古史辨運動之戰爭，迄今雖未有結果，但所產生之影響卻是空前深遠！

一、清儒雖勇於疑古，也辨別了許多古籍之真偽，但清代考據之興起，不免陷入今文與古文之牢籠，或是「考信於六藝」之限制，完全脫離不開傳統典籍之範圍。而顧頡剛等人已脫離傳統信史觀念，換言之，即是打破各種框框樊籠與家派之爭，重新建立可靠而實證的上古信史。

二、在此觀念之下，「偶像」已紛紛被打破，一切古代典籍，都被當作歷史「文

〔註12〕參見梁啟超，《中國歷史研究法（附補編）》（臺北：中華書局，民國70年6月臺十四版），頁5～6。

〔註13〕《古史辨》第一冊，頁89，劉掞藜對顧頡剛引用梁任公所舉「蠻夷猾夏」、「金作贖刑」，作為〈堯典〉靠不住之意見，劉氏有不同看法，並指顧氏所引出自於《中國歷史研究法》，由此可知顧氏已先看過此書。

〔註14〕同上書，頁102～105。

〔註15〕《古史辨》共有七大冊，收錄了自民國九年十一月起，迄民國二十七年一月止，整整跨越了近十八年，三百二十七篇的辨偽文章。

獻」（document）來處理，已超越了一般乾嘉以來的考據學家，而且也比崔述和康有爲更進一大步〔註16〕。

三、以歷史進化論的觀點來看經書，走入史學研究的領域，對中國史學之現代化有奠定基礎之功〔註17〕。

第二節　疑古學派的辨偽方法、目的

在《古史辨》第一冊自序裏，顧頡剛回憶起受到章太炎影響，先是用看史書之眼光去認識六經，用看哲人與學者之眼光去認識孔子，也受章太炎求是精神所啓發，逐漸能擺脫人生器物應用之有用無用看法，走向爲追尋學術之眞理而努力前進。直到看了康有爲《新學偽經考》、《孔子改制考》之後，始知其師章太炎攻擊今文家大都是因黨見不同所致，非求學問之眞正態度。此時顧頡剛體察到自己學問不夠，無力判斷孰是孰非，於是把今文與古文之問題擱置一旁。數年後，也又發現章太炎只是一位「從經師改裝的學者」，只相信書本上材料，不相信殷墟出土甲骨文字之實物，同時有許多站不住腳的漢代古文家說法，卻要爲之彌縫修飾。對於章太炎尊重之心消失後，顧頡剛知道自己將來該走之道路，但如何去處理這些材料，似乎還不知方法；聽胡適之講中國哲學史之後，上古史靠不住之觀念，又更加深了一層，但要如何推翻上古史，也有待胡適之以西方科學方法研究小說及辨論井田制度，加上從前看戲之教訓，要以看故事傳說之觀點來看待古史，才得到方法。

然而，值得注意的是，胡適之與顧頡剛在辨偽方法上有否不同？胡適之所用的「科學方法」又是什麼呢？其目的何在？

一、科學方法的輸入

胡適之在〈介紹我自己的思想〉一文中，有段話說：

我的思想受兩個人的影響最大：一個是赫胥黎，一個是杜威先生。赫胥黎教我怎樣懷疑，教我不信任一切沒有充分證據的東西。杜威先生教我怎樣思想，教我處處顧到當前的問題，教我把一切學說理想都看作待證的假設，教我處處顧到思想的結果。這兩個人使我明瞭科學方法的

〔註16〕余英時，《史學與傳統》（臺北：時報文化事業公司，民國72年10月31日三版），頁272～273。

〔註17〕（美）施耐德著，梅寅生譯，《顧頡剛與中國新史學》，（臺北：華世出版社，民國73月1月初版），譯序。

性質與功用〔註18〕。

這是胡適把他的思想，做了最明白的說明。民國八年五月杜威來到中國，共住了兩年又二個月，在杜威離開中國時，胡適曾讚美：「我們可以說，自從中國與西洋文化接觸以來，沒有一個外國學者在中國思想界的影響有杜威先生這樣大的。」〔註19〕回顧胡適於民國六年與陳獨秀、錢玄同共同討論白話文學之演進，而後成了白話文學運動，在中國近代史上寫下石破天驚的一頁，因此胡適如此稱讚杜威，實在非溢美之辭。

胡適介紹杜威的哲學方法，稱它為「實驗主義」，分開來看，可為兩點：

（1）歷史的方法──「祖孫的方法」　他從來不把一個制度或學說看作一個孤立的東西，總把他看作一個中段：一頭是他所以發生的原因，一頭是他自己發生的效果；上頭有他的祖父，下面有他的子孫。捉住了這兩頭，他再也逃不出去了！這個方法的應用，一方面……指出一個制度或學說所以發生的原因，指出他的歷史的背景，故能了解他在歷史上佔的地位與價值，故不致有過分的苛責。一方面……處處拿一個學說或制度所發生的結果來評判他本身的價值，故最公平，又最屬害。這種方法是一切帶有評判（Critical）精神的運動的一個重要武器。

（2）實驗的方法　實驗的方法至少注意三件事：（一）從具體的事實與境地下手；（二）一切學說理想，一切知識，都只是待證的假設，並非天經地義；（三）一切學說與理想都須用實行來試驗過；實驗是真理的唯一試金石〔註20〕。

這種「歷史的觀念」與「實驗的態度」，胡適都把它用來做具體的運用，其成就是令人刮目相看的。這也就是他所謂「尊重事實」、「尊重證據」、「大膽的假說，小心的求證」的「科學方法」〔註21〕。

〔註18〕胡適，〈介紹我自己的思想〉，《胡適文存》（臺北：遠東圖書公司，民國 42 年 12月初版），第四集，頁 608。

〔註19〕胡適，〈杜威先生與中國〉，《胡適文存》（臺北：遠東圖書公司，民國 42 年 10 月初版），第一集，頁 380。

〔註20〕同上書，頁 381。

〔註21〕胡適，〈治學的方法與材料〉，《胡適文存》（臺北：遠東圖書公司，民國 42 年 12月初版），第三集，頁 109～110。

二、科學方法的運用

胡適用西方的科學方法，來整理國故，成果是相當輝煌，其影響也是深遠的，這可分幾個方面來說：

（一）具體成就

甲、文學革命

胡適是第一個傾全力做白話詩的人，他的詩集叫做《嘗試集》，即是含有試驗的意義，所以胡適在〈嘗試集·自序〉裏即說明這一層意義：

> 我們主張白話可以做詩，因為未經大家承認，只可說是一個假設的理論。我們這三年來，只是想把這個假設用來做種種實地試驗，——做五言詩，做七言詩，做嚴格的詞，做極不整齊的長短句；做有韻詩，做無韻詩，做種種音節上的試驗，——要看白話是不是可以做好詩，要看白話詩是不是比文言詩要更好一點。這是我們這班白話詩人的「實驗的精神」〔註22〕。

但這種文學形式的改革，非僅僅是文字體裁的解放，它代表一種新思想和新精神的工具，因此同時是進步的象徵，在文學史上有一定的意義！

文學革命既有「先要做到文字體裁的大解放，方才可以用來做新思想新精神的運輸品」的認識，所以要講「白話文學史」，就是要重新整理中國文學史，打破傳統以古文為正宗的文學觀，使白話文學重新在文學史上定位，得到應有的重視與價值，肯定「白話文學就是中國文學史的中心部份，中國文學史若去掉了白話文學的進化史，就不成中國文學史了，只可叫做『古文傳統史』罷了……我們現在講白話文學史，正是要講明……中國文學史上這一大段最熱鬧，最富於創造性，最可以代表時代的文學史〔註23〕。」這樣的歷史眼光是前人少有的，也是文學史上值得大書特書的。

乙、中國哲學史的開路先鋒

民國六年，胡適到北京大學講中國哲學史，他把唐虞夏商略而不提，用《詩經》作時代的說明，就由老子、孔子講起。據他解釋哲學史有三個目的，即是明變、求因及評判〔註24〕，但欲求這三個目的之前，必先有述學的功夫，所謂述學，

〔註22〕胡適，〈嘗試集自序〉，《胡適文存》，第一集，頁203。
〔註23〕胡適，《白話文學史》（臺南：東海出版社，民國70年6月5日），自序，頁9。
〔註24〕所謂「明變」，即是使學者知道古今思想同異沿革變遷的線索；所謂「求因」，即是

就是「用正確的手段，科學的方法，精密的心思，從所有的史料裏面，求出各位哲學家的一生行事，思想淵源沿革，和學說眞面目〔註25〕。「述學所以難，正爲史料或不完備，或不可靠〔註26〕。因此，要先審定史料的眞偽，舉出五種方法〔註27〕，以爲「作哲學史，只可從老子孔子說起，用《詩經》作當日時勢的材料，其餘一切『無徵則不信』的材料，一概闕疑〔註28〕。」

這種講求證據，「無徵則不信」的懷疑態度，不正是他「大膽的假設，小心的求證」的「科學方法」嗎？

由胡適在《中國古代哲學史》所舉出五種審定史料的方法看來，是極淺顯而不夠深入的，何況先秦的史料眞偽如何鑑定，是個極爲複雜的問題，除了出土實物之外，紙上材料鑑定眞偽的技術與方法，各人都有各人一套看法，極易流於主觀臆斷，胡適或有見於此種麻煩的紛爭，也受到他講求科學證據的訓練，故由老子孔子談起，這是他的卓見，故蔡元培贊他「爲後來的學者開無數法門」〔註29〕，是肯定他的首開風氣之功。梁啓超也稱道：「這書自有他的立腳點，他的立腳點很站得住，這書處處表現出著作人的個性，他那敏銳的觀察力，緻密的組織力，大膽的創造力，都是『不廢江河萬古流』的」〔註30〕，可見此書的價值了。

丙、古典小說的考據

除了以上《中國哲學史大綱》及《白話文學史》屬於個人的創作之外，胡適在古典小說的考據，也花下相當大的功夫，時間也持續相當的長。由其所發表的文章來看，最早一篇是民國九年的〈水滸傳考證〉，最晚一篇是民國二十年的〈醒

尋出這些沿革變遷的原因；所謂「評判」，即是客觀的把每一家學說在當時所發生的效果表示出來。見胡適，《中國古代哲學史》（臺北：臺灣商務印書館，民國 71 年 8 月臺五版），〈第一篇，導言〉，頁 3〜5。

〔註25〕同前揭書，頁 9。

〔註26〕同上書，頁 9。

〔註27〕同上書，頁 10。

〔註28〕這五種審定史料的方法是（一）由史事看與作書人的年代是否相符。（二）一時代有一時代的文字。（三）一時代有一時代的文體，一個人也有一個人的文體。（四）由思想系統來看。（五）由他書引用做旁證。詳見上書，頁 18〜21。

〔註29〕同上書，頁 23。

〔註30〕有人以爲中國哲學史做第一次整理工作，是梁啓超在《新民叢報》所發表的〈論中國學術思想變遷之大勢〉，而不是胡適的《中國古代哲學史》。（如任卓宣即是有如此看法，見李敖，《胡適研究》，頁 28）其實梁氏之作固早先於胡氏，但胡氏因不滿梁氏之作，故有重做中國哲學史之動機，而其所用方法即是「截斷眾流」的實證主義觀點，已是突破前人，比梁氏更進一層。（見胡適，《四十自述》（臺北：遠東圖書公司，民國 72 年 9 月），頁 59〜61。）

世姻緣傳考證〉，中間幾乎每一年都有考據的文字發表〔註31〕。我們由此有理由說他在「整理國故」方面，花在考據古典小說上是很用氣力的。

胡適在這些古典小說的考證，所用的方法是什麼？尤其顧頡剛說他「層累地造成的中國古史」假說，所用的方法即是受到胡適〈水滸傳考證〉的啓示，同時胡適的〈紅樓夢考證〉的完成，顧頡剛也參與了搜集材料工作，親自感受到胡適治學方法的陶冶〔註32〕，有了這一層的關係，我們就以《水滸傳》及《紅樓夢》為例，來看胡適所用的方法。

胡適考證《水滸傳》的文字有三篇，〈水滸傳考證〉、〈水滸傳後考〉及〈水滸續集兩種序〉，我們看他如何做考證：由史料中可靠的記載，找到和《水滸傳》有關的蛛絲馬跡，如由《宋史》中找到宋江等三十六人都是歷史上眞正有的人物，再解釋他們可能的演變情形，如由宋末遺民龔聖與〈宋江三十六人贊〉的自序中得到「宋江故事」已是南宋民間的街談巷說，且有文人傳寫這種故事的事實存在，進而推知流傳民間「宋江故事」便是《水滸傳》的遠祖，再由《宣和遺事》看到水滸故事的縮影，然後由元曲中許多水滸戲，證明水滸故事在元朝已非常的流行，再比較內容，發現元朝水滸故事內容和現在絕不相同。……這樣有一分證據，說一分話，有十分證據，說十分話，不就是他講求證據的一貫態度？而他對作者是誰做了幾條假設，乃是根據他前面所搜集的材料來的；但有了假設之後，必須找證據來證明假設對不對？所以在〈水滸傳後考〉中他說了一段話：

> 去年七月裏，我做了一篇〈水滸傳考證〉，提出幾個假定的結論：（中略）這是我十個月以前考證《水滸傳》的幾條假設的結論。我在這十個月之中先後收得許多關於水滸的新材料，有些可以糾正我的假設，有些

〔註31〕由四大冊《胡適文存》中，按時間先後爲序，統計胡適關於古典小說考據的文字，有民國 9 年的〈水滸傳考證〉；民國 10 年的〈水滸傳後考〉、〈紅樓夢考證〉；民國 11 年的〈跋紅樓夢考證〉、〈三國志演義序〉、〈吳敬梓年譜〉；民國 12 年的〈西遊記考證〉、〈鏡花緣引論〉、〈水滸續集兩種序〉；民國 14 年的〈三俠五義序〉、〈老殘遊記序〉、〈兒女英雄傳序〉；民國 15 年的〈海上花列傳序〉；民國 16 年的〈官場現形記序〉、〈重印乾隆壬子本紅樓夢序〉；民國 17 年的〈考證紅樓夢的新材料〉；民國 18 年的〈百二十回本忠義水滸傳序〉；民國 20 年的〈辨僞舉例〉、〈醒世姻緣傳考證〉。

〔註32〕顧頡剛參與胡適〈紅樓夢考證〉，除了《古史辨》第一冊〈自序〉有提到外，《胡適的日記》裏也有幾封他們書信往來的討論文字，如民國 10 年 5 月 9 日、6 月 23 日、7 月 18 日；民國 11 年 3 月 13 日，這些可以補充《古史辨》第一冊〈自序〉所述胡、顧二人討論《紅樓夢》的不足。

可以證實我的結論〔註33〕。

這不就是他「一切學說理想，一切知識，都只是待證的假設」的具體發揮？假設得
到了證據證實，就是對的，如果證據證實有問題，就必須修正或放棄，所以他又說：

> 這十個月以來發現的新材料居然證實了我的幾個大膽的假設，這自然
> 是我歡喜的。但我更歡喜的，是我假定的那些結論之中有幾個誤點，現在
> 有了新材料的幫助，居然都得著有價值的糾正。此外自然還不免有別的誤
> 點，我很希望國中與國外愛讀《水滸》的人都肯隨時指出我的錯誤，隨時
> 搜集關於《水滸》的新材料，幫助這個《水滸》問題的解決〔註34〕。

這就是他「為真理而求真理」的態度，「大膽的假設，小心的求證」的一貫態度。

胡適也很注重歷史的演進，前後相承的因果變遷。試看下面一段由〈水滸傳
考證〉引出的話：

> 《水滸傳》上下七八百年的歷史，便是這個觀念的具體例證。不懂
> 得南宋的時代，便不懂得宋江等三十六人的故事何以發生。不懂得宋、
> 元之際的時代，便不懂得《水滸》故事何以發達變化。不懂得元朝一代
> 發生的那麼多的《水滸》故事，便不懂得明初何以產生《水滸傳》。不懂
> 得元、明之際的文學史，便不懂明初的《水滸傳》何以那樣幼稚。不讀
> 《明史》的〈功臣傳〉，便不懂得明初的《水滸傳》何以於固有的招安的
> 事之外，又加上宋江等有功被讒遭害和李俊、燕青見機遠遁等事。不讀
> 《明史》的〈文苑傳〉，不懂得明朝中葉的文學進化的程度，便不懂得七
> 十回本《水滸傳》的價值。不懂得明末流賊的大亂，便不懂得金聖歎的
> 《水滸》見解何以那樣迂腐。不懂得明末清初的歷史，便不懂得雁宕山
> 樵的《水滸後傳》。不懂得嘉慶、道光間的遍地匪亂，便不懂得俞仲華的
> 《蕩寇志》。──這叫做歷史進化的文學觀念。

這就是「祖孫的方法」、「不把一個制度或學說看作一個孤立的東西」的具體表現。

我們再看《紅樓夢》的考證方法。胡適有關《紅樓夢》的考證文字，有〈紅
樓夢考證〉、〈跋紅樓夢考證〉、〈重印乾隆壬子本紅樓夢序〉及〈考證紅樓夢的新
材料〉等四篇文章，我們摘重要的段落說明他的考證方法。

〈紅樓夢考證〉一文的結論，有段話透露出胡適考證的方法。他說：

> 以上是我對《紅樓夢》的「著者」和「本子」兩個問題的答案。我

〔註33〕胡適，〈水滸傳後考〉，《胡適文存》，第一集，頁 548～549。
〔註34〕同上書，頁 570。

覺得我們做《紅樓夢》的考證，只能在這兩個問題上著手；只能運用我
們力所能搜集的材料，參考互證，然後抽出一些比較的最近情理的結論。
這是考證學的方法。我在這篇文章裏，處處想撇開一切先入的成見，處
處存一個搜求證據的目的；處處尊重證據，讓證據做嚮導，引我到相當
的結論上去。……我希望我這一點小貢獻，能引起大家研究《紅樓夢》
的興趣，能把將來的《紅樓夢》研究引上正當的軌道去：打破從前種種
穿鑿附會的「紅學」，創造科學方法的《紅樓夢》研究！

我們通觀〈紅樓夢考證〉全文，所憑藉的即是有根據的史料，處處反映出「尊重
證據」的精神。

在〈跋紅樓夢考證〉裏，胡適根據新搜得的材料《四松堂集》，修正他原先考
證，並更加強他考證原書作者及作者身世之可靠性。這也反映出「尊重證據」的
精神。此外，在〈考證紅樓夢的新材料〉一文裏，處處也表現出當有新的證據出
來時，發現原本的考證有問題時，不惜推翻或做修正，這真是有「尊重證據」的
科學精神。例如：

我從前根據敦誠《四松堂集》〈輓曹雪芹〉一首詩下注的「甲申」
二字，考定雪芹死於乾隆甲申（1764），與此本所記，相差一年餘。雪芹
死于壬午除夕，次日即是癸未，次年才是甲申。敦誠的輓詩作于一年以
後，故編在甲申年，怪不得詩中有「絮酒生芻上舊坰」的話了。現在應
依脂本，定雪芹死于壬午除夕。再依敦誠輓詩「四十年華付杳冥」的話，
假定他死時年四十五。他生時大概在康熙五十六年（1717）。我的考證與
平伯的年表也都要改正了。

看了以上《水滸傳》及《紅樓夢》的考證，我們可以更加確切地了解胡適的
所謂「科學方法」整理國故，運用在古典小說的考證，就是「祖孫的方法」——
歷史進化，以及充分利用可靠的證據而已！以這樣的方法來研究小說，方向是不
錯的，其成果也是有目共睹的，無須贅言多說；但不幸的，顧頡剛承襲胡適這一
套方法，在方向上卻走錯了，為什麼我要如此說呢？原來胡適所利用的史料（指
古典小說方面），都是宋代以後的，換言之，胡適所用的史料在真偽及年代的鑑定，
都不是太困難，所以只要有多少證據說多少話，能夠實行他的「大膽的假設，小
心的求證」的「證據主義」。而顧頡剛呢？他所接觸到的是除了紙上的材料之外，
其他所認為可靠的，捨出土實物，就沒有可靠的證據了。

事實上，在司馬遷寫《史記》的時代，已經有史料不足及訛誤的苦惱，司馬
遷已盡可能以審慎的態度先做了一番辨偽擇取的工夫。其後由殷墟出土的甲骨，

經王國維考證結果，發現商代的史實，除了有少許是因司馬遷未見甲骨文字而錯誤外，其餘大致都是可靠的，因此在無法找出推翻司馬遷記載商代之前的史事是錯的證據之時，我們還是暫且相信《史記》的說法。但顧頡剛在胡適這種「一切學說理想，一切知識，都只是待證的假設」影響之下，找出古書不同時代對上古史有矛盾或附益之處，再配合上「想像」的解釋，竟推論出「沒有禹這個人」，「禹與夏沒有關係」等駭人聽聞的說法；而令人更失望的，「層累地造成的古史說」只是一個假設，這個假設竟是從他不相信的古籍中所得到的，他又找不出來支持這個假設的證據，所以胡適那一套「科學的方法」，實行的並不徹底，僅做到「大膽的假設」，而「小心的求證」呢？所以張蔭麟就提出批評：

> 凡欲證明某時代無某某歷史觀念，貴能指出其時代中有與此歷史觀念相反之證據。若因某書或今存某時代之書無某史事之稱述，遂斷定某時無此觀念，此種方法謂之「默證」（Argument from silence）。默證之應用及其適用之限度，西方史家早有定論。吾觀顧氏之論證法幾盡用默證，而什九皆違反其適用之限度〔註35〕。

又說：

> 試問詩書（除〈堯典〉、〈皋陶謨〉）是否當時歷史觀念之總記錄，是否當時記載唐虞事蹟之有統系的歷史？又試問其中有無涉及堯舜事蹟之需要？此稍有常識之人不難決也。鳴呼，假設不幸而唐以前之載籍蕩然無存，吾儕依顧氏之方法，從《唐詩三百首》、《大唐創業起居注》、《唐文彙選》等書中推求唐以前之史實，則文景、光武之事蹟其非後人「層累地造成」者幾希矣〔註36〕！

而在顧頡剛擎著「證據主義」大旗的觀念驅使下，自然無心再考慮古書體例的問題，也不願意接受類似張氏的批評，同時在胡適、傅斯年等人的支持，顧頡剛就毫不遲疑地堅持原有的主張，向古史辨偽方向進行了。

（二）整理國故方向與目的

作為一個革新思想的領導者，所以肯花許多心力在傳統典籍上，主要是認定「新思潮的意義」是一種「評判的態度」，也就是來「重新估定一切價值」，而在「研究問題」及「輸入學理」的過程中，免不了接觸到傳統的東西，而典籍是極重要的一部分，在新思潮風氣之下如何應對，就有「整理國故」的產生。

〔註35〕顧頡剛，《古史辨》，第二冊，頁271～272。
〔註36〕同上書，頁273。

> 我們對於舊有的學術思想，積極的只有一個主張——就是『整理國故』。整理就是從亂七八糟裏面尋出一個條理脈絡來；從無頭無腦裏而尋出一個前因後果來；從胡說謬解裏面尋出一個真意義來；從武斷迷信裏面尋出一個真價值來〔註37〕。

這很明白的承認舊有的學術思想有些「亂七八糟」、有些「無頭無腦」、有些「胡說謬解」、有些「武斷迷信」，需要經過一番的整理，使之有「條理脈絡」、有「前因後果」、有「真意義」、有「真價值」。

然而，「重新估定一切價值」，使之有意義、有價值，要以什麼為標準呢？在胡適、顧頡剛他們的觀念裏，認定只要不是再以傳統的價值標準來看待事物，就是他們的心中所欲，至於傳統中的人文思想、倫理道德、文學藝術等可貴資產，他們並沒有體察到，而他們生長在一個中國史上空前未有變局，也無暇靜下心來思考，於是對於傳統，他們只見到不好的一面，急欲掃除、破壞，好的一面，根本無暇欣賞。

在胡適指示「整理國故」的計畫中，提出了三個努力的方向：

第一、用歷史的眼光來擴大國學研究的範圍。

第二、用系統的整理來部勒國學研究的資料。

第三、用比較研究來幫助國學的材料的整理與解釋〔註38〕。

具體言之，第一個方向，就是以歷史眼光來整理一切文化歷史，掃除門戶之見，各還他一個本來面目。第二個方向就是把一切古籍編成索引，便於檢閱利用，把前人研究成績做一個總結，明瞭前人研究的見解與盲點。把中國歷史朝文化專史方面進行，各人分工合作去。第三個方向，就是利用西方系統的知識，作為國學研究的比較參考，打破閉關孤立的現象〔註39〕。

平心而論，胡適所提示的方向，是頗具有開創性格局的，可是在顧頡剛「古史辨」的辨偽，只是「整理國故」的第一步，就遭受無數的爭論與反制，在一片混亂論戰之中，新的典範未能建構造起，舊的制度與秩序已被解體而鬆動了，這種只有「破壞」而沒有「建設」的運動，顯然離他們最初的理想，有一段很大的距離（不論是胡適提供國故整理的三個方向也好，或是顧頡剛所欲建立可信的上古史也好），但是儘管他們的理想沒達成，他們的方法難免有粗糙不堪之處，就提供的方向和撕破權威的識見與勇氣，就有不可磨滅的貢獻了。

〔註37〕胡適，〈新思潮的意義〉，《胡適文存》，第一集，頁18。

〔註38〕胡適，〈國學季刊發刊宣言〉，見《胡適文存》，第二集，頁18。

〔註39〕同上書，頁7～16。

一個人肯在某方面做深入的研究，往往是反映其思想傾向，受個人觀念的影響很大。根據我的推測，胡適所以肯花大部份的時間在小說方面做考據工作，除了個人的歷史考據癖好之外〔註40〕，最主要的原因是和他的文學觀有密切的關係。他主張白話文學是文學的正宗，而小說正好是白話文學的具體展現，同時他幼年的讀書生涯中，小說占很重要的一部分，小說使他白話文能夠很純熟的運用〔註41〕。有了這二層深厚情感關係，我們看胡適肯花大部分時間來考證小說，而不像顧頡剛往上古史方面去鑽研，就不足為奇了。同樣地，顧頡剛往上古史方面做研究，亦可以做如是觀。

第三節　梁啓超對疑古學派的回應

前兩節已經把疑古學派的興起及以胡適、顧頡剛為首的疑古辨偽，做了簡單的介紹。梁任公處在這種「重新估定一切價值」的風潮之下，如何因應呢？

梁任公於民國七年十二月底由上海乘日本郵船會社之橫濱丸放洋，至民國九年三月始歸國，這一年多在國外的時間，大部分是在歐洲度過，其目的「第一件是想自己求一點學問，而且看看這空前絕後的歷史劇怎樣收場，拓一拓眼界，第二件也因為正在做正義人道的外交夢」〔註42〕，就因為這一次的出國，使梁任公對中西文化及近代科學的看法有了很大的改變，也因此開始他致力於教育的另一番事業〔註43〕。

我們看《歐遊心影錄節錄》一書可以知道任公思想的轉變，對於他往後幾年的學術生涯有決定性的影響，而這冊小書所抒發出個人感想及對中國文化的肯定，是了解他對疑古學派的看法的最重要材料。譬如說胡適提倡科學方法，任公基本上是贊同的，但他主張科學方法是利用來研究本國文化的工具，而將本國文化的優點發揮出來，以救助西方科學破產的惡夢，這在心態上已經和胡適不同。胡適認為中國的舊籍裏，有「無數無數的老鬼，能吃人，能迷人，害人的厲害，

〔註40〕胡適曾說：「因為我不幸有點歷史癖，故我無論研究什麼東西，總喜歡研究他的歷史。因為我又不幸有點考據癖，故我常常愛做一點半新不舊的考據。」請看胡適〈水滸傳考證〉，《胡適文存》，第一集，頁505。
〔註41〕見胡適，《四十自述》，頁26～29。
〔註42〕梁啓超，《歐遊心影錄節錄》（臺北：中華書局，民國65年3月臺三版），頁38。
〔註43〕丁文江，《梁任公先生年譜長編初稿》（臺北：世界書局，民國61年8月再版），頁541。

勝過柏司德（Pasteur）發見的種種病菌」〔註44〕。「所以要整理國故，只是要人明白這些東西原來『也不過如此』！本來『不過如此』，我所以還他一個『不過如此』。這叫做『化神奇爲臭腐，化玄妙爲平常』」〔註45〕。梁任公則以爲中國人對世界文明有重大的責任，中國的哲學博大精深，「近來西洋學者，許多都想輸入些東方文明，令他們得些調劑，我仔細想來，我們實在有這個資格。……最近提倡的實用哲學創化哲學，都是要把理想納到實際裏頭，圖個心物調和，我想我們先秦學術，正是從這條路上發展出來。老孔墨三位大聖，雖然學派各殊，『求理想與實用一致』，卻是他們共同的歸著點，如孔子的『盡性贊化』『自強不息』，老子的『各歸其根』，墨子的『上同於天』，都是看出有個『大的自我』『靈的自我』，和這『小的自我』『肉的自我』同體，想要因小通大，推肉合靈，我們若是跟著三聖所走的路，求『現代的理想與實用一致』，我想不知有多少境界可以闢得出來哩〔註46〕。」梁氏認爲要發揮中國文化，必須要以西洋的科學方法爲借用途徑，「第一步，要人人存一個尊重愛護本國文化的誠意；第二步，要用那西洋人研究學問的方法去研究他，得他的眞相；第三步，把自己的文化綜合起來，還拿別人的補助他，叫他起一種化合作用，成了一個新文化系統；第四步，把這新系統往外擴充，叫人類全體都得著他好處〔註47〕。」

由於任公對於中國文化有上述的自信心，所以對於《新青年》所提倡的思想解放，攻擊傳統，甚至到否定傳統的激烈行爲，倒是有「眞金不怕紅爐火」的把握。他說：

> 任憑青年縱極他的思想力，對於中外古今學說隨意發生疑問，就是鬧得過火，有些「非堯舜薄湯武」也不要緊，他的話若沒有價值，自然無傷日月，管他則甚，若認爲夠得上算人心世道之憂，就請痛駁起來呀，只要彼此適用思辨的公共法則，駁得針鋒相對，絲絲入扣，孰是孰非，自然見個分曉，若單靠禁止批評，就算衛道，這是秦始皇偶語棄市的故技，能夠成功嗎？……思想解放，只有好處，並無壞處，我苦口諄勸那些關心世道人心的大君子，不必反抗這個潮流罷〔註48〕。

〔註44〕胡適，〈整理國故與『打鬼』〉，《胡適文存》，第三集，頁125。
〔註45〕同上書，頁126。
〔註46〕梁啓超，《歐遊心影錄節錄》，頁36。
〔註47〕同上書，頁37。
〔註48〕同上書，頁26～27。

當有人主張「專打孔家店」、「線裝書應當拋在茅坑裏三千年」的論調時〔註49〕，任公卻以爲經籍爲國性所寄，是全國思想之源泉，古書訓詞深厚，含意豐宏，能藉理解古書的基礎來闡發新思潮，所以他主張學校讀經〔註50〕。最鮮明的例子，是顧頡剛寫信問程憬「孔子學說何以適應於秦漢以來的社會」，程憬回信答道：

> 孔子是第一個能賞識階級社會的人，所以他首先爲權力階級製造了一大批護身寶物——所謂精神感化的道德律，即是禮教。他用禮教來做拘束行爲的工具。他曾勸人要安貧賤，守禮義，其實只要勸人要默認權力階級的權利而已。這句話並不是冤枉他的。我們試問：人爲什麼會有富貴和貧賤的區分？所謂禮義的標準是什麼？他又說『天下有道，則禮樂自天子出。……』這種話的實際效用，不過是替『人君』造成一條控制『人民』的鞭子罷了〔註51〕。

傅斯年也以爲「孔子的國際政治思想，只要一個霸道，全不是孟子所謂王道」〔註52〕。錢玄同更以康有爲、崔適的基礎，知道劉歆僞造了古文經，經中的記載，十之八九是儒家的託古改制，加上葉適、姚際恒、崔述等人的觀點，以及其他書籍「惑經」的議論，而有如此的看法：

> 「六經」固非姬旦底政典，亦非孔丘底「託古」的著作（但其中有後來底儒者「託古」的部分：《論語》中道及堯、舜、文王、周公，這才是孔丘底「託古」），「六經」底大部分固無信史的價值，亦無哲理和政論底價值〔註53〕。

對類似這樣強烈地非難儒家經典，指責孔子的話，任公的解釋是：

> 有人説自漢武帝以來，歷代君主皆以儒家作幌子，暗地裏實行高壓政策，所以儒家學問，成爲擁護專制的學問，成爲奴辱人民的學問。誠然歷代帝王，假冒儒家招牌，實行專制，此種情形在所不免，但是我們要知道，幾千年來最有力的學派，不惟不受帝王的指使，而且常帶反抗的精神。儒家開創大師，如孔孟荀都帶有很激烈的反抗精神，人人知道的，可以不必細講。東漢爲儒學最盛時代，但是《後漢書‧黨錮傳》，皆

〔註49〕梁啟超，《儒家哲學》（臺北：中華書局，民國69年2月臺七版），頁6。
〔註50〕梁啟超，〈學校讀經問題〉，收入《飲冰室文集》（臺北：中華書局，民國72年12月臺三版），之四十三，頁80～81。
〔註51〕顧頡剛，《古史辨》，第二冊，頁148。
〔註52〕同上書，頁153。
〔註53〕錢玄同，〈答顧頡剛先生書〉，《古史辨》第一冊，頁69。

屬儒家大師，最令當時帝王頭痛，北宋二程列在元祐黨籍，南宋朱熹列在慶元黨籍，當時有力的人，摧殘得很利害。又如明朝王陽明在事業上雖曾立下大功，在學問上到處都受摧殘。由此看來，儒家哲學也可以說是伸張民權的學問，不是擁護專制的學問，是反抗壓迫的學問，不是奴辱人民的學問。所以歷代儒學大師，非惟不受君主的指使，而且常受君主的摧殘，要把賊民之罪加在儒家身上，那眞是冤透了〔註54〕。

由於任公肯定儒家文化的價值，疑古學派輒對傳統所表現出的缺點，大加撻伐，必欲去之而後快，兩者在心態與意圖已迥然不同，所以即使是同樣詮釋典籍，辨別古書眞偽，同樣強調客觀的立場，但卻有相當大的歧見。這是個很值得玩味的現象。例如胡適認爲「推翻屈原的傳統，打破一切村學究的舊註，從《楚辭》本身上去尋出他的文學興味來，然後《楚辭》的文學價值才可以有恢復的希望〔註55〕。」把《楚辭》中的文學趣味和寄託作者忠君愛國的思想，視爲絕不相容的，所以有如上的結論。文學，是反映作者思想的媒介，文學的表現是可以抒發一己懷抱，可以感時憂國、借古諷今，可以吟花詠月，表達任眞自得的情趣，可以寄情山水，深得遨遊萬里、放浪形骸的閒適，可以悲歌慷慨，淘盡胸中塊壘，有多彩多姿、各種不同風貌形式，以忠君憂國的框框來比附香草美人，正如同把《詩經》三百篇都解釋成聖君敦化風俗的作品，是很迂腐的，然則把所有作品都以文學的純粹眼光視之，絲毫不考慮作者生長背景，「詠世德之駿烈，誦先人之清芬」（陸機〈文賦〉）的微意，也是同樣膚淺的。二者如何掌握分寸，捉摸得恰到好處，是很重要的問題，而梁任公在這個問題上可以說是表現得十分優異。

胡適因爲反對舊注家種種荒謬的注解，處處做忠君憂國的牽合比附，於是有「屈原這個人究竟有沒有」的疑問，進而以爲屈原是「箭垛式」的人物，是傳說的人物。我們看他考證屈原的片段：

> 屈原傳敘事不明。先說「王怒而疏屈平」，次說「屈平既疏，不復在位，使於齊，顧反諫懷王曰，何不殺張儀。王悔，追張儀不及。」又說「懷王欲行，屈不曰，秦，虎狼之國，不可信，不如無行。」又說，「頃襄王立，以子蘭爲令尹。楚人既咎子蘭以勸懷王入秦而不反也，屈平既嫉之，雖放流，睠顧楚國，繫心懷王，不忘欲反。」，又說「令尹子蘭聞之大怒，卒使上官大夫短屈原於頃襄王。王怒而遷之。屈原至於江濱，

〔註54〕梁啓超，《儒家哲學》，頁9～10。
〔註55〕胡適，〈讀楚辭〉，《胡適文存》，第二集，頁97。

被髮行吟澤畔。……」

以上根據《史記》記載有關於屈原的事蹟，因有「打破村學究的舊註」成見在先，故不能心平氣定地考證，於是做了以下的推論：

> 既「疏」了，既「不復在位」了，又「使於齊」，又「諫」重大的事，一大可疑。前面并不曾說「放流」，出使於齊的人，又能諫大事的人，自然不曾被「放流」。而下面忽說「雖於流」，忽說「遷之」，二大可疑。「秦，虎狼之國，不可信」二句，依〈楚世家〉，是昭睢諫的話。「何不殺張儀」一段，〈張儀傳〉無此語，亦無「懷王悔，追張不及」等事，三大可疑。懷王拿來換張儀，此傳說是「秦割漢中地」，〈張儀傳〉說是「秦欲得黔中地」，〈楚世家〉說是「秦漢中之半」。究竟是漢中是黔中呢？四大可疑。前稱屈平，而後半忽稱屈原，五大可疑。

他的結論是：

> 《史記》本來不很可靠，而〈屈原賈生列傳〉尤其不可靠〔註56〕。

做學問本該要有懷疑的精神，但因為懷疑的緣故，把一切都懷疑，弄到最後連自己的姓氏都起懷疑（如錢玄同改叫疑古玄同），豈非是誤入歧途？胡適處處強調「大膽的假設，小心的求證」，對屈原的考證，「假設」是夠大膽的，「求證」卻是不怎麼「小心」。

我們看梁任公的考證〔註57〕：

> 屈原的歷史，在《史記》裏頭有一篇很長的列傳，算是我們研究史料的人可欣慰的事，可惜議論太多，事實仍少，我們最抱歉的，是不能知道屈原生卒年歲和他所享年壽。

《史記》對屈原事蹟語焉不詳，雖是如此，基本上要相信《史記》為信史，才能根據《史記》及《楚辭》中的線索做考證，任公就是抱持如此的態度。所以繼續道：

> 據傳文大略推算，他該是西紀前 338 至 288 年間的人，年壽最短亦應在五十上下，和孟子、莊子、趙武靈王、張儀等人同時。他是楚國貴族，貴族中最盛者昭景屈三家，他便是三家中之一。他曾做過「三閭大夫」，據王逸說「三閭之職，掌王族三姓，曰昭屈景，屈序其譜屬，率其賢良以屬國士」，然則他是當時貴族總管了。他曾經得楚懷王的信用，官至「左徒」，據本傳說「入則與王圖議國事以出號令，出則接遇賓客，應

〔註56〕同上書，頁 91～92。
〔註57〕梁啟超，〈屈原研究〉，民國 11 年 11 月 3 日為東南大學文哲學會講演。收入《飲冰室文集》，之三十九，頁 49～50。

對諸侯，王甚任之」，可見他在政治上曾占很重要的位置。其後被上官所讒，懷王疏了他。懷王在位三十年（西紀前 328～297），屈原做左徒，不知是那年的事，但最遲亦在懷王十六年（西紀前 312）以前，因爲那年懷王受了秦相張儀所騙，已經是屈原見疏之後了。假定屈原做左徒在懷王十年前後，那時他的年紀最少亦應二十歲以上，所以他的生年，不能晚於西紀前 338 年。屈原在位的時候，楚國正極強盛，屈原的政策，大概是聯合六國，共擯強秦，保持均勢，所以雖見疏之後，還做過齊公使，可惜懷王太沒有主意，時而擯秦，時而聯秦，任憑縱橫家擺弄，卒至「兵挫地削，亡其六郡，身客死於秦，爲天下笑」。本傳文，懷王死了不到六十年，楚國便亡了。屈原當懷王十六年以後，政治生涯，像已經完全斷絕，其後十四年間，大概仍居住郢都武昌一帶，因爲懷王三十年將入秦之時，屈原還力諫，可見他和懷王的關係，仍是藕斷絲連了。懷王死後，頃襄王立（西紀前298），屈原的反對黨越發得志，便把他放逐到湖南地方去，後來竟鬧到投水自殺。屈原什麼時候死呢？據〈卜居〉篇說「屈原既放，三年不得復見」，〈哀郢〉篇說「忽若不信兮，至今九年而不復」，假定認這兩篇爲頃襄王時作品，則屈原最少當西紀前 288 年仍然生存，他脫離政治生活專做文學生活，大概有二十來年的日月。

任公這篇屈原考證，用了很多「大略推算」、「亦應」、「當」、「假定」、「不能晚於」、「大概」的推測語，可見他亦不能肯定屈原實際的年歲，那是受資料所限，不得不如此，但比起胡適的考證，顯然較能持平論證，不是流於意氣。

　　本章第二節已提到胡適《中國哲學史大綱》的特色，在「截斷眾流，從老子、孔子講起」，能「以平等的眼光」諸子平列，這是他的卓識，也是梁任公所肯定「敏銳的觀察力，緻密的組織力，大膽的創造力」，是一部建立了典範的開風氣之作，具有「示範」的作用〔註 58〕。此書中心立場，在展示每一位哲人或每一個學派的「名學方法」（即邏輯方法，知識思考的方法）〔註 59〕，其中雜有吳稚暉所謂「澆塊壘的話頭」〔註 60〕，梁任公除肯定他'「關於墨學多創見」，並採其說，作爲《墨子學案》之參考〔註 61〕，但也有甚多的不滿意，尤其任公對孔子也拿知識做立腳

〔註 58〕余英時，《中國近代思想史上的胡適》（臺北：聯經出版公司，民國 75 年第三次印行），頁 90。
〔註 59〕胡適，《中國古代哲學史》臺北版自記。
〔註 60〕陳西瀅，〈整理國故與『打鬼』〉附錄一〈西瀅跋語〉，《胡適文存》，第三集，頁 128。
〔註 61〕見梁啓超，《墨子學案》（臺北：中華書局，民國 67 年 9 月臺四版），〈自序〉。

點，莊子以生物進化的觀點，總評說：

> 講墨子、荀子最好，講孔子、莊子最不好。總説一句，凡關於知識
> 論方面，到處發見石破天驚的偉論，凡關於宇宙觀、人生觀方面，什有
> 九很淺薄或謬誤。

也正是因爲如此，任公於是有「中國聖哲之人生觀及其政治哲學」的演講〔註62〕，
以爲對疑古學派提倡「物觀的史學」的回應。

此外，對於疑古學派的疑古，也有以下的批評：

> 胡先生的偏處，在疑古太過，疑古原不失爲治學的一種方法，但太
> 過也很生出毛病。諸君細讀這書，可以看出他有一種固定的規律，凡是
> 他所懷疑的書都不徵引，所以不惟排斥《左傳》、《周禮》，連《尚書》也
> 一字不提。殊不知講古代史，若連《尚書》、《左傳》都一筆勾銷，直是
> 把祖宗遺產蕩去一大半，我以爲總不是學者應採的態度。

可見任公並不是不贊成「疑古」，反倒是以爲是一種治學的方法，但「疑古」也不
可太偏太過，否則變成以「疑古」爲目的，則失去了疑古辨偽的意義。對於這一
層的意義，任公有他獨到的見解：

> 最近疑古最勇，辨偽最力的，可舉二人作代表，一個是胡適，一個
> 是錢玄同。我們看辨偽學者的手段，眞是一步比一步屬害，康南海先生
> 比較劉逢祿、魏源已更進步了，胡適比康先生又更進一步。到了錢玄同
> 不但疑古，而且以改姓疑古，比胡適又更徹底了。……最近對於胡適、
> 錢玄同等用科學的方法和精神，提出無人懷疑的許多問題，雖然不能完
> 全同情，最少認爲有力的假定，經過了長期的研究，許有一天可以證實
> 的，但如錢玄同之以疑古爲姓，有一點變爲以疑古辨偽爲職業的性質，
> 不免有些辨得太過，疑得太過的地方，我們不必完全贊成他們辨偽的結
> 論，但這種精神總是可貴的。他們辨偽結論，若有錯了的，自然有人出
> 來洗刷，不致使眞事眞書含冤，若不錯，那麼偽事偽書便無所遁形了，
> 所以我們如努力求眞，這種辨偽學的發達是大有希望的〔註63〕。

這一段可以了解任公對「疑古」的態度，是歡迎接受的，並沒有排斥的意味，而

〔註62〕梁任公講《先秦政治思想史》係受胡適《中國哲學史大綱》的刺激完成的，這是錢
　　　穆的話，見余英時《中國近代思想史上的胡適》，頁42引。又《先秦政治思想史》
　　　又名《中國聖哲之人生觀及其政治哲學》，見原書序。
〔註63〕梁啓超，《古書眞偽及其年代》（臺北：中華書局，民國71年11月臺七版），頁38
　　　～39。

且認爲應當把握這種精神，以爲做學問的基本態度。至於對疑古太過之處，則持保留態度，希望多做進一步的論辯。

有一點在此必須要加以澄清的，梁任公和胡適有不同的境遇，同時對中國文化的認識亦大不相同，所以對於「整理國故」的重點也有極大的分歧點。

任公比胡適年長十八歲，（任公生於同治十二年，西元 1873 年；胡適生於光緒十七年，西元 1891 年）當胡適學成歸國和陳獨秀、錢玄同等人推行新文化運動時，梁任公早已歷經了變法維新、辦報論戰、組織政黨、從事政治活動等經驗，對於社會上種種腐敗現象，政治的污穢及醜態，可以說是看得非常多了，加以政治主張的屢遭挫折，到歐洲考察第一次世界戰後，歐洲滿目瘡痍、一片殘破荒涼，使他對西方講求科學的弊病，有一定的認識；任公和歐洲各重要思想家、學者的談話，歐洲學者對中國精神文明的推崇〔註 64〕，以及他對中國先秦思想的體會，使他對中國文化懷抱著莫大的敬意與發揚於世界之責任感，這種心路歷程和轉變曲折，非但是胡適等人所欠缺的，也是他們無法體會的。

所以，當任公批評《中國哲學史大綱》的種種缺失，並趁時提出他對孔子學說的看法時，不免有推崇之意，但這豈是胡適等人看到社會上種種舊思想所造成的流弊，必要撻伐攻擊而後快，所能接受的？我們看胡適在當時的日記，就可以窺知疑古學派者對梁氏的肯定中國文化的不滿：

> 昨天哲學社請梁任公講演，題爲〈評胡適的《哲學史大綱》〉，借第三院大禮堂爲會場。這是他不通人情世故的表示，本可以不去睬他。但同事張競生教授今天勸我去到會，——因爲他連講兩天——我仔細一想，就到會了，索性自己去介紹他。他講了兩點多鐘；講完了我又說了幾句話閉會。這也是平常的事，但在大眾的心裏，竟是一齣合串好戲了。

〔註64〕梁啟超，《歐遊心影錄節錄》記載：「我在巴黎曾會著大哲學家蒲陀羅 Boutreu（柏格森之師），他告訴我說『一個國民最要緊的是把本國文化，發揮光大，好像子孫襲了祖父遺產，就要保住他，而且叫他發生功用。……你們中國，著實可愛可敬，我們祖宗裏塊鹿皮，拿把石刀在森林裏打獵的時候，你們不知已出了幾多哲人了，我近來讀些譯本的中國哲學書，總覺得他精深博大，可惜老了，不能學中國文，我望中國人總不要失掉這分家當纔好。』我聽著他這番話，覺得登時有幾百斤重的擔子加在我肩上。又有一回和幾位社會黨名士閒話，我說起孔子的『四海之內皆兄弟』、『不患寡而患不均』，跟著又講到井田制度，又講些墨子的『兼愛』、『寢兵』，他們都跳起來說道『你們家裏有些寶貝，卻藏起來不分點給我們，真是對不起人啊』，我想我們還夠不上說對不起外人，先對不起祖宗罷了。近來西洋學者，許多都想輸入些東方文明，令他們得些調劑。我仔細想來，我們實在有這個資格。」（頁35～36）

　　他今天批評我講孔子、莊子的不當。然而他說孔子與莊子的理想境界都是「天地與我並生，而萬物與我爲一」，不過他們實現這境界的方法不同罷了！這種見解，未免太奇特了！他又說，莊子認宇宙是靜的！這話更奇了。他講孔子，完全是衛道的話，使我大失望。……

　　我覺得孔子的學說受了二千年的尊崇，有了那麼多的護法神了，這個時候，我來做一個小小的 advocatus diaboli，大概總還可以罷？我又覺得莊子的話——與其譽堯而非桀也，不如兩忘而化其道——爲害不淺，致使中國兩千年沒有一個爲思想爲眞理爲宗教而死的人；莊子的書，受了兩千年的盲從，——大家都覺得他「說不出個所以然」的好——替他辯護的人也夠多了，我來做一個小小的 advocatus diaboli，大概也還可以罷〔註65〕？

由於疑古學派以攻擊傳統，灌輸新思潮爲使命，任公在《新民叢報》時期所做的「新民」，即是胡適等人的類似寫照，但任公已走過那樣的經驗了，攻擊傳統的弊病與宣揚儒家美好的一面，對任公而言，衡諸整個社會風氣及利弊得失，自然是選擇了後者；疑古學派和任公二者在立足點已有了不同，加以對「國故」的體驗及認識不同，胡適對於任公的推崇孔子，有了如上的反應，自然是可以理解的。

　　我們看疑古學派他們「整理國故」，是以知識論爲出發點，所以從《辨偽叢刊》、《讀書雜志》到《古史辨》，所討論的都是文獻方面的論辯；但任公對於「整理國故」的看法和疑古學派有很大的不同，任公以爲「國學」應有兩種，一種是文獻的學問，也就是他們所講「整理國故」的事業，是應該用客觀的科學方法去研究，如他的《中國歷史研究法》即是這方面的實踐，而另外一種是德性的學問，是應該用內省的和躬行的方法去研究〔註66〕，任公所重視的在於德性的學問甚於文獻的學問：

　　近來國人對於知識方面，很是注意，整理國故的名詞，我們也聽得純熟。誠然整理國故，我們是認爲急務，不過若是謂除整理國故外，遂別無學問，那卻不然，我們的祖宗遺予我們的文獻寶藏，誠然是足以傲世界各國而無愧色，但是我們最特出之點，仍不在此，其學爲何，即人生哲學是〔註67〕。

再看下面一段話，以見任公對中國文化之肯定及讚歎，《先秦政治思想史》序說：

〔註65〕胡適，《胡適的日記》（臺北：谷風出版社，1987年4月），頁277～278。
〔註66〕梁啓超，〈治國學的兩條大路〉，《飲冰室文集》，之三十九，頁110。
〔註67〕同上書，頁114。

> 啟超……以餘力從歐陽竟無先生學大乘法相宗之教理，又值德人杜
> 里舒博士同在金陵講學，而張君勱董其譯事，因與君勱同居，日夕上下
> 其議論，茲二事者，皆足以牖吾之靈而堅其所以自信，還治所業，乃益
> 歎吾先哲之教之所以極高明而道中庸者，其氣象為不可及也。

所以在治「國學」成績，任公完成了《清代學術概論》、《墨經校釋》、《墨子學案》、《中國歷史研究法》、《大乘起信論考證》、《朱舜水年譜》、《古書眞偽及其年代》等文獻的學問，另方面也進行演說《老子哲學》、《孔子》、《先秦政治思想史》、《儒家哲學》等德性的學問，兩方面同時進行，其對於中國文化的體會，豈是疑古學派所能望其項背的，其氣象之宏遠、格局之開闊，已比疑古學派更上層樓！我們看《國學入門書要目及其讀法》的目錄，共列了五類：（甲）修養應用及思想史關係書類；（乙）政治史及其他文獻學書；（丙）韻文書類；（丁）小學書及文法書類；（戊）隨時涉覽書類，洋洋大觀，總共有數百種書，但把有關德性的學問的書列第一位，在（乙）類裏選了一本崔述《考信錄》，旁邊加說明「此書考證三代史事實最謹嚴，宜一瀏覽，以為治古史之標準」，也就是說疑古學派他們所看重的人如崔述之流，在任公之眼中並不是第一重要的，還有德性的學問比文獻的學問更重要。可惜疑古學派只看到中國學術傳統裏文獻的學問，而否定傳統德性的學問之現代價值，對中國文化之價值，缺少像梁任公一般的同情的體認。

第三章　梁啓超古書辨僞的範圍與方法

　　前一章已把疑古學派的興起及其辨僞的方法與目的，做了簡略地討論，在章末也指出任公對「國故」的體認和疑古學派不同，任公以為「國故」並非只是「文獻的」，還應包括「德性的」才是，而且後者也比前者更為重要。同時在「整理國故」的方法上，疑古學派「勇於疑古」，加以胡適打著西方「實證主義」的招牌，表現出懷疑精神，雖值得肯定，如對古典小說的考證，有極突出的成就，但也因疑古太過，對上古史就不能有持平之論。比起王國維以嚴格而謹慎的治學態度，利用考古學、金石學的專業素養治學，不免相形遜色而瞠乎其後。然而疑古學派既以刺激而駭人的言論鼓動風潮，即使有推論不確或過當之處，在學術界依然很占勢力，其影響也是空前鉅大的！

　　梁任公是個觸覺敏銳、胸襟開闊、元氣淋漓的人，能夠與時俱進，處於疑古風氣盛行的時代，自然不能無感於其衷，也有適當的調整與回應。然而值得注意的是，任公自己有一套成型的思想，儘管他「善變」，「不惜以今日之我和昨日之我戰」，也有「不變」的一面，即是在政治改革的挫敗及檢討中，秉持佛家「救世」精神，不斷在嘗試及摸索中，以尋求個人及國家的出路〔註1〕。對疑古學派激烈而空前的疑古，表現石破天驚的上古史「破壞」工作，任公並不抗拒，也歡迎以這種精神治學，但在方法上，任公較能以穩健而平實的路子去實行，雖然在當時顯得「保守」，但只要「保守」得好，也有可觀之處。

　　任公懷疑古書的真偽，以研究歷史的第一步工作而言，就是要能夠「鑑別史料」的真偽，如果史料是僞造的，一切的研究都是徒然，所以辨識史料真僞就非常重要了。

〔註1〕關於梁啓超的「變」與「不變」，劉師紀曜《梁啓超與儒家傳統》有極精闢深入的剖析。師大歷史研究所博士論文，民國74年7月。

　　中國歷史悠久，戰亂頻仍，古書保存極為不易，加以國人生性好古，偽造古書和古書無意中被誤識的現象相當普遍，而在歷代流傳、翻印、箋注之中，篇目又有所損益，故古書中真偽混雜、是非難識，在在影響後人對史事的認識，因此一套辨識古書真偽的方法，使古書偽造者無所遁形，各還其本來面目，也就應運而生了。

　　對於古書的真偽抱持懷疑的態度，在中國有長遠的傳統。早在先秦時代，孟子、韓非等賢哲即有「盡信書，不如無書」、「皆自謂真堯舜，堯舜不復生，將誰使定儒、墨之誠乎」的言論，但這只是一種懷疑的態度而已，並沒有做辨偽的工作。直到司馬遷寫《史記》，才以審慎的裁定工夫，把史料做一番整理及辨偽，「考信於六藝」，因此司馬遷可以說是中國「辨偽學的始祖」。以後經漢代、唐代，如王充、柳宗元、韓愈等人，都能抱持這一脈相承的傳統，到了宋代、明代，辨偽學的方法比從前更進步，幾位大學者努力朝這方面進行，歐陽修、朱熹、王安石、吳棫等，對古籍真偽有相當多的討論，而宋濂、胡應麟等人更以系統的著作，對古籍辨偽學做出極大的貢獻，到此古籍辨偽學才逐漸成為有系統的學術。清代三百年的學術發展，在辨偽古籍方面更是進步，閻若璩《尚書古文疏證》，把偽《古文尚書》從朱熹、梅鷟、胡應麟等人所懷疑的說法，用最嚴密的證據來證明，同時胡渭也著《易圖明辨》，把宋朝所傳的太極圖、河圖洛書一一駁倒，證明這些都是偽造的；同時他們的方法進步，推理縝密，在在合乎科學實事求是的精神，而且形成一股風氣，大師輩出，因此方法上也形成一些共通的原則，成績也極為可觀〔註2〕。民國以來，學者除了領受清代「樸學」的成果，西風東漸，疑古風氣大開，加以地下古物的出土，運用考古學的知識鑑定古物年代，與紙上材料的印證，使古史的研究更客觀化、科學化。但是地下古物出土畢竟有限，而且未經實物證明的古史，即使懷疑，也無從斷定其真假；故研究上古歷史仍需依賴這些真偽夾雜、神話與事實並存的古書，如果能把這些古書中，偽作的部分及神話傳說的荒誕去除，上古歷史還是可以成立的。

　　與梁任公同時代，從事古書辨偽者也不乏其人，但所不同的是，梁任公與他們同樣都有辨偽的成就，但真正能夠提出一套辨別古書真偽及其年代的方法，有系統、有組織的歸納整理，任公是第一人。以後雖然也有人提出補充意見或作修正，但方法總是不離其宗，即此，任公可以說是民國以來，古書辨偽學的佼佼者。

　　任公對古書辨偽的工作做了很多，範圍也相當的廣泛，時代上起先秦，下迄

〔註2〕梁啓超，《中國近三百年學術史》（臺北：中華書局，民國67年9月臺九版），第十三章至十六章（頁176～364），把清代三百年來，學者對中國舊學整理的成績，做了一番總結算，即此可以看出清人的成就。

明清，舉凡有關經學、諸子學、文學、歷史學，以及佛學等，都有可觀的成績表現，尤其他所提出的辨偽方法，就是現在也依然是適用的。

　　本章將討論任公辨偽的範圍與方法，先依其辨偽的先後順序，排列其著作，再歸納其類別，最後再討論其辨偽方法。

第一節　梁啓超古書辨偽繫年

　　任公的著作豐富，學識淵博，對古書的辨偽工作，在他從事學術文化事業生涯當中，占極重要的一部分，現依年代順序僅就其有關辨偽的學術著作條列如下：（本資料引自李國俊的《梁啟超著述繫年》）

1904（光緒三十年甲辰）　三十二歲

　　〈子墨子學說〉　六至十二月刊於《新民叢報》第四九、五十、五二、五三、
　　　五七、五八號

1908（光緒三十四年戊申）　三十六歲

　　《王荊公》　廣智書局光緒三十四年單行本

1909（宣統元年己酉）　三十七歲

　　《管子傳》　四月二十日至五月五日作

1918（民國七年戊午）　四十六歲

　　〈太古及三代載記〉　春夏作

　　　附：〈三苗九黎蚩尤考〉

　　　　　〈洪水考〉

　　〈紀夏殷王業〉　春夏間作

　　　附：〈論後代河流〉

　　　　　〈禹貢九州考〉

　　　　　又〈禹貢九州考〉

1920（民國九年庚申）　四十八歲

　　《佛教典籍譜錄考》

　　《孔子》

　　〈先秦諸子年表〉

　　〈中國佛法興衰沿革說略〉

1921（民國十年辛酉）　四十九歲

〈慎子〉　二月七日題記　《飲冰室文集》之四十四（下）

《墨子學案》　是年春作

　　附：〈墨者及墨學別派〉

　　　〈墨子年代考〉

〈佛教之初輸入〉　八月十五日《改造》第三卷十二號。

　　　原注：此為拙著《中國佛教史》第二篇第一章

　　附：〈漢明求法說辨偽〉

　　　〈四十二章經辨偽〉

　　　〈牟子理惑論辨偽〉

〈陰陽五行說之來歷〉

1922（民國十一年壬戌）　五十歲

《中國歷史研究法》　一月出版　按：本書系 1921 年秋在南開大學所做講演，同年十一、十二月《改造》第四卷三至四號刊載一部分，成書時文字上略有修改

〈評胡適之中國哲學史大綱〉　在北京大學為哲學社講演　三月十三日至十七日《晨報》副刊第七版

〈地理及年代〉　三月十五日《改造》第四卷七號，為《五千年史勢鳥瞰》第一章

　　附：〈最初可紀之年代〉

〈大乘起信論考證〉　九月二十六日至十月七日作　十月至十二月《東方》第十九卷十九、二十、二十一號

〈屈原研究〉　十一月三日為東南大學文哲學會講演　十一月十八至二十四日《晨報》副刊

《陶淵明》　冬作　1923 年九月商務印書館印單行本

1923（民國十二年癸亥）　五十一歲

〈黃黎洲朱舜水乞師日本辨〉　三月二十五日《東方》第二十卷六號

《朱舜水先生年譜》

〈要籍解法及其讀法〉　是年寫成　1923 年一至三月《食貨月刊》　第二九三、二九七、三〇二、三〇五期

1924（民國十三年甲子）　五十二歲

〈戴東原先生傳〉　一月十五日作　一月十九日《晨報》副刊

〈戴東原著述纂校書目考〉　一月二十日《晨報》副刊

〈支那內學院精校本玄奘傳書後〉（關于玄奘年譜之研究）　四月十日《東方》
　第二十一卷第七號

〈清代學者整理舊學之總成績〉　春作　六至九月《東方》第二十一卷第十
　二、十三、十五、十八號　見《中國近三百年學術史》第十三章至十六章

《中國近三百年學術史》　1923 至 1924 年作

《中國之美文及其歷史》

　附：〈釋「四詩」名義〉

〈全漢詩種類篇數及其作者年代真偽表〉（門人葛天民撰）

《桃花扇注》　七月下旬至八月半注

〈佛陀時代及原始佛教教理綱要〉（原題〈印度之佛教〉）　十月二十五日屬
　稿　十一月二十七日、十二月四日《清華周刊》第三六一、三六二號

〈佛家經錄在中國目錄學之位置〉　十二月二日屬稿　十四日成

1926（民國十五年丙寅）　五十四歲

〈漢書藝文志諸子略考釋〉　一月完成

〈先秦學術年表〉　一月二十七日作

〈莊子天下篇釋義〉

〈漢書藝文志諸子略書存佚真偽表〉

　附：〈諸子略外之現存子書〉

1927（民國十六年丁卯）　五十五歲

《古書真偽及其年代》　二月至六月在北京燕京大學講

　附：〈宋胡姚三家所論列古書對照表〉

《儒家哲學》　是年在清華大學講

1928（民國十七年戊辰）　五十六歲

《辛稼軒先生年譜》　九至十月病中作

第二節　梁啟超古書辨偽的範圍

　　為了方便起見，本節將依前節編年著作，把任公辨偽的範圍重新分類，分為二大部分，第一部分是內容辨偽及年代考證、第二部分史事辨偽，以下依次敘述之。

第一部分　內容辨偽及年代考證

此部分可以分爲六大項，即一、經學方面，二、史學方面，三、諸子學方面，四、文學方面，五、佛學方面，六、碑帖方面。

一、經學方面

（一）易

現在的《易經》注疏本，共計經的方面六卷，包括卦爻、卦辭、爻辭、大象、小象、大象、小象、文言等，傳的方面五卷，包括繫辭上、繫辭下、說卦、序卦、雜卦，各佔一卷，極爲混雜，不是一時代的一個人做的。

八卦相傳是伏羲畫的，無法證實。後來有人把八卦重爲六十四卦，那重卦的人，司馬遷說是周文王，鄭玄說是神農，班固、王弼說是伏羲，孫盛說是夏禹；而卦辭、爻辭的作者，有說是周文王；馬融、陸績以爲是周公作爻辭，文王作卦辭；象象以下的十翼，自司馬遷說「孔子晚而喜易序象繫象說卦文言」以後，後人都說是孔子做的。

任公主張不可迷信「孔子作十翼」的古話，應該把畫卦歸之上古，伏羲這個人有沒有還是疑問，但不能確定八卦是他畫的；自殷末至春秋，由八卦重爲六十四卦，加上卦辭、爻辭慢慢發明，應用推廣，發明時期大約在周初，發明的人物卻不能確定是周文王和周公；象辭、象辭的作者，歷來都說是孔子，象辭、象辭的話都很簡單古拙，和《論語》相似，所含意義也沒有和《論語》相衝突，講陰陽、帶玄學的話很少，似乎沒有受陰陽家、道家的影響，在無法找出是另一個人做的證據，只好暫歸是孔子的作品；繫辭、文言歸之戰國末年，是孔門後學受道家、陰陽家的影響而做的；說卦、序卦、雜卦歸之於戰國、秦漢之間。此外宋人講河圖洛書及太極圖，從前並沒有，完全是五代道士玩的把戲，並不是儒家的東西。還有《子夏易傳》、《焦氏易林》二書，也都是假的〔註3〕。

（二）尚　書

《尚書》是中國最古的政書，先秦以前只叫做《書》，漢初才加一個「尚」字。自從漢初伏生傳出二十八篇以後，陸續發生六次膠葛的事件，第一次是漢武帝間（或說漢宣帝時）河內女子得〈泰誓〉三篇；第二次是劉歆說武帝末，魯恭王發孔壁得古文《尚書》，孔安國拿來讀，比伏生所傳多十六篇；第三次是漢成帝時，

〔註 3〕梁啓超，《古書眞偽及其年代》，（臺北：中華書局，民國 70 年 11 月臺 7 版），頁 71～79。

張霸偽造百兩篇；第四次是東漢杜林在西州得漆書《尚書》；第五次是東晉初，梅賾獻《尚書》五十八篇和孔安國的傳；第六次是南朝齊建武中，姚方興得〈舜典〉，比舊文多二十八字。現行的《十三經注疏》本中的《尚書》五十八篇，經過數百年數百人的研究，已斷定其性質可分三部分：

　　1、和伏生所傳的今文二十八篇篇名相同的為眞。

　　2、〈舜典〉（篇首二十八字除外）、〈益稷〉、〈康王之誥〉都是今文析出的，都是眞的。

　　3、其餘二十五篇都是偽書。

　　今日通行的古文《尚書》是不是梅賾所傳，是不是王肅偽造的，卻還大可研究。清代程廷祚搜羅了很多證據，說王肅偽造，梅賾傳出的，早已散佚了，現行的大約到齊、梁之間才出來，上距梅賾已有百年。

　　根據劉歆所說孔安國得孔壁古文《尚書》，比伏生所傳的多十六篇，劉逢祿、康有為都說這十六篇根本是劉歆偽造，原文亡佚毫不足惜。不但梅賾所傳偽古文二十五篇是後人偽造的，即孔安國傳的眞古文十六篇也未必是眞的。

　　〈泰誓〉，東漢末和三國諸儒如馬、鄭、王肅等都懷疑，說他的年月和書序不同，字句又和《左傳》、《國語》、《孟子》等書所引不同，不知他們所疑的是河內女子所獻，還是古文《尚書》的那一篇，無論是任何篇，都已是不可靠了。

　　今文《尚書》二十八篇中的〈金縢〉，眞偽不成問題，可以當做神話看待，借來考察當時的社會心理。前四篇的〈堯典〉（包括今本〈舜典〉）、〈皋陶謨〉（包括今本〈棄稷〉）、〈禹貢〉、〈甘誓〉，向來叫做〈虞夏書〉，那是周朝人追述的。從〈湯誓〉到〈微子〉，叫做〈商書〉，從〈牧誓〉到〈泰誓〉，叫做〈周書〉，眞偽絕無問題，年代可照向來的說，分明看做商、周的作品。

　　伏生不傳書序，書序是不是劉歆做的，抑或是劉歆或後或前的人做的，現在未定，也許是秦漢間有孔子刪書的故事，後人因而把《史記》夏、商、周本紀和〈魯世家〉的話湊成　篇書序，但最少一部分是孔子做的〔註4〕。

（三）詩　經

　　《詩經》是古書中最可信的，可以不必考究他的眞偽，單辨清他的年代即可。《詩經》全部的年代，最早在周公時，最遲在孔子生時或稍後，若勉強說，最早是〈武〉，最遲是〈燕燕〉，相距約五百年或六百年。

　　順著年代講，〈周頌〉是周武王到康王時代的詩，在《詩經》為最古；〈大雅〉、

〈小雅〉、〈檜風〉、〈唐風〉、〈魏風〉次之，是西周末到春秋初期的作品；〈周南〉、〈召南〉、〈王風〉、〈鄭風〉、〈齊風〉、〈秦風〉、〈陳風〉、〈曹風〉、〈豳風〉、〈衛風〉較晚，是春秋時代的作品，論起篇數，春秋時代最多。

〈詩序〉在每篇詩之前，說明作詩的緣故，齊、魯、韓三家詩都沒有，單是毛詩有。《後漢書・儒林傳》明白說：「衛宏從曼卿受學，因作毛詩序」，後人不信，〈隋志〉說相傳詩序是子夏作，經過毛公、衛宏潤色；後來有人說詩序首句是子夏作的，其下各句是毛、衛作的；又有人說是大毛、小毛公分作的；鄭玄一面說是子夏作，一面又說是孔子作；程子說是採詩人作；王安石說是詩人自己作。異說紛紛，把〈詩序〉推尊到無上的地位，卻無人知道本來是假東西，一直到南宋出了幾位辨偽大家——程大昌、朱熹、鄭樵——很猛烈的攻擊〈詩序〉，把他的價值降落到零度。

《後漢書》既然明說衛宏作毛詩序，但我們卻不可因此就說他偽造〈詩序〉，因為說詩家解釋作詩原因，寫成片段文字，是漢人風氣，說不定毛詩的片段說話，還不是篇篇都有，到了衛宏手裏才全部都給他做篇小序，來彌補這個缺憾，但沒有想到這實在太隨便了，事蹟的傅會、姓名的錯亂、詩意的誤解……，在在使讀詩者迷惑，實在是衛宏強不知以為知之過，所以〈詩序〉一經南宋諸儒的攻擊，便失了他迷人的本領，後來雖經清代一二漢學家一度的維護，而不能挽救他已失的生命或威靈。

又詩本三百五篇，而毛本篇目則有三百十一篇，其異同蓋起於六笙詩——〈南陔〉、〈白華〉、〈華黍〉、〈由庚〉、〈崇丘〉、〈由儀〉——之存佚問題。毛傳於此六篇云「有其義而亡其辭」，其意似謂本身有其文，而後乃亡佚者，故以編入「鹿鳴之什」「白華之什」，遂為三百十一篇，後此晉束皙作補亡詩，即沿此誤，殊不知六笙詩本有譜無辭，孔子以前即已如此（鄭樵辨之最明），漢人所述皆三百五篇，無言三百十一篇者，足見毛說之不可信〔註5〕。

（四）三　禮

東漢末鄭玄註《周禮》、《儀禮》、《禮記》，才合稱三禮，即現行的十三經的三書，這三書向來看做一樣的性質，其實錯了，南宋以後，把《禮記》當作五經的一種，明清科舉也以《禮記》為三禮代表，其實不對；漢代六藝只有《禮古經》，

〔註5〕梁啟超，《古書真偽及其年代》，頁95～103；梁啟超，〈要籍解題及其讀法〉，頁60～61，收入《國學研讀法三種》（臺北：中華書局，民國70年10月臺十二版）；梁啟超，《中國之美文及其歷史》，頁97。

又名《士禮》，凡十七篇，到東漢又改稱《儀禮》，《禮記》是解釋《儀禮》的，記即是傳，可與經對立而不可混稱經。《禮記》包括《大戴禮記》和《小戴禮記》，自為一部，《周禮》、《儀禮》各自為一部，三部是不可同等看待的。《周禮》原名《周官》，西漢末劉歆才改稱，但至今仍兩名通用。若是嚴格的講，禮只有二，就是《儀禮》、《禮記》，而《周官》應該撇開，但自鄭玄以後都看《周官》是禮的一種，為方便計，只好仍稱三禮。

《儀禮》，這書眞偽沒有問題。向來因有周公制禮作樂之說，便都說《儀禮》是周公傳下的，後來研究三禮的人，又認三禮都是周代通行的，總想打成一片，遇著彼此矛盾處，或採此駁彼，或調停兩可，或附會、或曲解，鬧得一塌糊塗，不知枉費多少心力！《儀禮》最少是成於〈小雅〉、〈二南〉通行之後，〈小雅〉、〈二南〉作於西周、東周之間，通行必在東周，那麼《儀禮》成於東周春秋。三年之喪是孔子的主張，不是周公的制度，前人說是周公制的禮，恐怕是錯的；《儀禮》最後五、六篇都是講喪禮，都講三年之喪，我們正可藉以推定這五、六篇是孔子手定或儒家寫定的；固然《儀禮》全部非都由孔子創造，如鄉飲酒禮、鄉射禮，依《論語》、《禮記》所記，孔子時已有，不過編定成文，也許全部出自孔子，因士喪禮決是孔子手定，其餘也可推定是孔子審定過的。

《儀禮》共有若干篇？今文十七篇是否為足本？西漢末年以後的古文家以為今本《儀禮》十七篇是不完全的，而今文家則以十七篇為足本，那三十九篇的目錄，唐開元禮登載了原本，至唐後已不存，後人輯出了數十條，因為文體和十七篇不類，惹起多數學者懷疑，至邵懿辰著《禮經通論》便推定是漢人偽造的，今本十七篇所講的，不外冠、昏、喪、祭、鄉、射、朝、聘等八種，《禮記》說孔門最重此八禮，可是十七篇是孔門所傳，是孔門足本，其餘三十九篇是漢儒採摭湊集的，雖然亡佚，不足可惜，有如《孟子》外篇給趙歧刪削了，豈不省了讀者許多精神嗎？

《周官》的來歷，有說在漢武帝時，出山巖屋壁間，有說在漢時，有李氏獻給河間獻王。《周禮》所以能夠保存至今，鄭玄之功最多，他把來擺在《儀禮》前頭。孫詒讓、章炳麟一派仍舊相信《周禮》是周公致太平之書，今文家說是劉歆偽造的，我們公平點說，非歆自造也。這書總是戰國、秦漢之間，一二人或多數人根據從前短篇講制度的書，借來發表個人的主張（有如黃宗羲的《明夷待訪錄》），主張也不是憑空造出來的，一部分是從前制度，一部分是著者理想。

還要附講的，就是〈考工記〉，〈隋志〉既說漢河間獻王以〈考工記〉補《周禮‧多官篇》，所以今《周禮》前五篇和後篇分明是二部書。〈考工記〉的年代，

向來看做在《周禮》以前，因其文體較古雅些，所敘之事也很結實，沒有理想的話，除了迷信周公作《周禮》的人，否則沒有不承認這說的。但是到底〈考工記〉是何時的書呢？有人說是周公的，有人說是西周，有人說是東周初，我都以為非是，我們只要一繙本文，便可知是戰國末年的書。他的第一段便說「粵無鎛，燕無函，秦無廬，胡無弓車」，燕是到春秋中葉才和諸侯往來的，秦是東周初才立國的，粵胡是到戰國末才傳名到中國，因此可知〈考工記〉是戰國末的書，比《周禮》前五篇略早些，決不是孔子以前的，他的本身向來沒有人懷疑，他的可信程度比前五篇高得多，漢儒一定要拿來補入《周禮》，真是可笑。

《禮記》沒有真偽問題，總是西漢末劉向時已有的書，另外有三篇說是馬融添上去的，已經人研究，並無其事，所以《禮記》全是西漢以前的，而沒有東漢以後的東西。《禮記》的大部分是解釋《儀禮》的，他的性質是孔門論禮叢書，他是儒家思想，尤其是禮教思想發達到最細密時的產品，他是七十子的後學，尤其是荀子一派，各記其師長言行，由后倉、戴聖、戴德、慶普等湊集而成的，他的大部分是戰國中葉和末葉已陸續出現，小部分是西漢前半儒者又陸續綴加的，他是一篇一篇可以獨立，和上篇下篇沒有連絡的，和《儀禮》、《周禮》又有點不同。《禮記》之最大價值，在於能供給以研究戰國、秦漢者流——尤其是荀子一派——學術思想史之極豐富之資料，蓋孔氏之學在此期間始確立，亦在此期間而漸失其真，其蛻變之跡，讀此兩戴記八十餘篇最能明白了。但有應注意者，記中所述唐虞夏商制度，大率皆儒家推度之辭，不可皆認為歷史上事實，即所述周制，亦未必文武、周公之舊，大抵屬於當時一部分社會通行者半，屬於儒家理想者半，宜以極謹嚴的態度觀之；各篇所記子曰、子言之等文，不必盡認為孔子之言，蓋戰國、秦漢間孔子已漸帶有「神話性」，許多神秘的事實皆附之於孔子，立言者亦託孔子以自重〔註6〕。

（五）春 秋

《春秋》是孔子做的，似乎沒有什麼問題。孔子藉《春秋》來發表他的政治思想、哲學思想，是歷來儒者所同信的，孔子作《春秋》是有所取義的，口授給門弟子，門弟子一代一代相傳下去。到西漢中葉，就先寫定了《公羊傳》和《穀梁傳》，那二傳失了孔子原意沒有，很難擔保，但其中總有一半是由孔子以下，一代一代口說相傳的。還有的是漢儒根據孔子的標準，以意推定，不能說全是孔子

〔註 6〕梁啓超，《古書真偽及其年代》，頁 103〜111；梁啓超，〈要籍解題及其讀法〉，頁 81〜95。

原意，現在合併《公羊傳》、《春秋繁露》、何休公羊註所說的春秋大義，也許還有數千，這數千義有多少是孔子的，很難講，但至少有一部分乃至一半，若依公羊家的眼光看來，那完全都是孔子的。

《春秋》完不完備？是否有殘闕？司馬遷、董仲舒所說的「文成數萬」，是經文字數，但《春秋》今本只有一萬八千多字，還沒有數萬，董仲舒是傳《春秋》的人，司馬遷是刻意學《春秋》的人，不致亂說，「萬」字又不是訛誤的字，可見可以斷定《春秋》有闕文。

向來說「絕筆於獲麟」，那麼《春秋》是魯哀公十四年春（西元前 481）成書的。

《公羊傳》、《穀梁傳》的時代，以立學官的次第而論，《公羊》在前，《穀梁》在後，作者據說是公羊高、穀梁赤，這二人是什麼時候的人，都很難確定。關於《公羊傳》、《穀梁傳》的真偽和年代問題，可以總絡一句，無所謂真偽，因為都不是一人做的，至於年代從西元前 481 年至西元前 136 年，凡三百餘年才寫定成書，是孔門後學對於《春秋》研究的成績大全〔註7〕。

按：任公以為《左傳》不傳《春秋》，是獨立的史書，故關於其年代及內容的真偽考證，列入史學方面說明，在此不述。

（六）論　語

《論語》是比較可信的，但不是短時期內一人作的，有一部分是孔子生前，由孔子的弟子所記，還有一部分是孔子死後數十年乃至百年，由孔子的再傳弟子所記。《論語》的性質並不純粹是孔子的，並不是從一個人手裏出來，當口說相傳，遂傳成文，以至最後輯為一書，不知摻加了多少的主觀見解、荒謬傳說，所以這部書極得孔子真意的也有，不得孔子真意的也有，大謬不然的議論和事蹟也有，乃至原書所無，後人在別處偶有所聞，隨手記在這書裏的也有。

清代乾嘉學者崔東壁是極力尊重《論語》的人，他對於《論語》的精粹真確處，盡情發揮，對《論語》的駁雜偽訛處，細心辨別，他的結論是，《論語》前十篇，自〈學而〉到〈鄉黨〉最純粹，幾乎個個字都是精金美玉，後十篇稍差，尤其是最後五篇最多問題，〈子張〉篇全記孔門弟子，非孔子言行，可不論，〈季氏〉、〈陽貨〉、〈微子〉、〈堯曰〉卻有許多不是真書了〔註8〕。

（七）孟　子

〔註7〕梁啟超，《古書真偽及其年代》，頁 117～121，頁 125～126。
〔註8〕同前書，頁 127～132。

漢儒傳說，皆謂此書爲孟子自撰，但書中稱時君都舉其諡，又書中於孟子門人多以「子」稱之，細玩此書，蓋孟子門人萬章、公孫丑等所追述，故所記二子問答之言最多，而二子在書中亦不以「子」稱也。

其成書年代雖不可確指，然最早總在周赧王十九年（西元前 296）梁襄王卒之後，上距孔子卒一百八十餘年，下距秦始皇并六國七十餘年也。

今本《孟子》七篇，漢時所流傳者，尚有外書四篇，與今七篇混爲一本，趙邠卿（歧）鑑定爲贗品，故所作《孟子章句》惟釋七篇，此後趙注獨行，而外篇遂廢，其排斥外篇，不使武夫亂玉，殆可稱《孟子》功臣。至明季姚士粦所傳《孟子》外書四篇，則又僞中出僞，並非漢時之舊，更不足道矣〔註9〕。

（八）學　庸

《大學》、《中庸》本小戴《禮記》中之兩篇，《禮記》爲七十子後學者所記，其著作年代，或在戰國末，或在西漢不等，其價值本遠在《論》、《孟》下，自宋程正叔抽出此二篇特別提倡，朱晦庵乃創爲四書之名，其次序一《大學》，二《論語》，三《孟子》，四《中庸》，於是最近七、八百年來，此二篇之地位驟高，幾駕群經而上之，斯大奇矣。

區區《大學》一篇，本不知作者，而朱晦庵以意分爲經、傳兩項，其言曰「經一章，蓋孔子之言而曾子述之，傳十章，則曾子之意而門人託之」，然而皆屬意度，並無實證；晦庵又因其書有與自己理想不盡合者，乃指爲有錯簡，以意顛倒其次序，又指爲有脫漏，而自作補格致傳一章，此甚非學者態度所宜出也。自此書列於《四書》之首，其篇中「致知格物」四字，惹起無數異說，辨難之作可汗十牛，然以此爲孔子教人入德之門，非求得其說不可，由吾儕觀之，此篇不過秦漢間一儒生之言，原不值如此之尊重而固守也。

朱晦庵說《中庸》爲「子思作之以授《孟子》」，其言亦無據，篇中有一章襲《孟子》語而略有改竄，據崔東壁所考證，則其書決出《孟子》後也。此篇論心論性，精語頗多，在哲學史上極有價值。

要而論之，《大學》、《中庸》不失爲儒門兩篇名著，讀之甚有益於修養，且已人人誦習垂千年，形成國民常識之一部分，故今之學者亦不可不一讀，但不必尊抑太過，反失其相當之位置耳〔註10〕。

〔註 9〕梁啓超，〈要籍解題及其讀法〉，頁 6～8；梁啓超，《諸子考釋》（臺北：中華書局，民國 65 年 9 月臺五版），頁 58。

〔註10〕梁啓超，〈要籍解題及其讀法〉，頁 10～11。

（九）孝　經

　　文章和《禮記》相同，倒很像是《禮記》的一部分，漢儒極力推尊是孔子所做的，其實那上面記的都是孔子和曾子問答之辭，不惟不是孔子做的，而且不是曾子做的，最早也不過是曾子門人做的。

　　他的年代不能很古，在戰國末至漢初才有，作為孔門後學推衍孝字的一部書，書中文義皆極膚淺，置諸戴記四十九篇中猶為下乘，雖不讀可也〔註11〕。

（十）爾　雅

　　《爾雅》是最古的訓詁書，一般小學家以為這書很了不得，甚至仍舊看做周公作的，其實是漢儒把過去和同時的人對於古書的訓詁抄錄下來，以便檢查的書，不過是一部很粗淺的字典而已。絕對不應列為經的一種〔註12〕。

二、史學方面

　　辨別古籍真偽的結果，必然會引發對上古史的解釋，以嚴格的標準來看，必須有正確的年代記載於史冊上，才可以稱為歷史。但如果欲省察進化的軌跡，則上古的種種神話與傳說，對於民族的心理、宗教的起源及文學的形成，有不可分割的關係，任公對於此有很深刻的認識，所以對於傳說中的三皇五帝、三苗九黎蚩尤、洪水氾濫等，雖無從考證，但也盡可能地提出自己見解，以作為先民心理狀況之揣測，此已屬於神話學之範圍，支離繁雜，故此略而不談〔註13〕。

　　在史學方面，古書內容辨偽及年代考證，最重要的為《史記》、《國語》及《左傳》。

（一）史　記

　　作者生卒無可考，主要採用王國維旳〈太史公繫年考略〉。

　　司馬遷寫《史記》所依據的史料，除了班彪所舉《左傳》、《國語》、《世本》、《戰國策》、《楚漢春秋》之外，任公查《史記》原書，又可以得六藝、《秦史記》、諜記、諸子著書現存者、功令官書、方士言等六類，另外也有十條證據，證明《史記》資料有多取諸載籍以外的。

　　《史記》所記事，以何年為最終年限？據《史記》〈太史公自序〉、《漢書》〈揚

〔註11〕梁啓超，《古書真偽及其年代》，頁133；梁啓超，〈要籍解題及其讀法〉，頁11。

〔註12〕梁啓超，《古書真偽及其年代》，頁134。

〔註13〕關於此，可見梁啓超〈太古及三代載記〉中的「古代傳疑章第一」，收入《國史研究六篇》（臺北：中華書局，民國69年2月臺四版）。

雄傳〉及《後漢書》〈班彪傳〉，則「麟止」一語，殆為鐵案，即以武帝獲麟在元狩元年冬十月（西紀前122），孔子作《春秋》訖於魯哀公十四年西狩獲麟，《史記》竊比《春秋》，時亦適有獲麟之事，故所記以此為終限，凡此年以後記事，皆非原文。以此為標準，其餘有許多部分為後人所羼亂，採各家說法，推考各篇真偽如下：

1、全篇原缺，後人續補者有十篇，應認為全偽，〈孝景本紀〉、〈孝武本紀〉、〈漢興以來將相名臣年表〉、〈禮書〉、〈樂書〉、〈律書〉、〈三王世家〉、〈日者列傳〉、〈龜策列傳〉及〈傅勒蒯成列傳〉。

2、明著續之文及補續痕跡易見者，有五篇，〈三代世表〉、〈張丞相列傳〉、〈田叔列傳〉、〈平津侯主父列傳〉及〈滑稽列傳〉。

3、全篇可疑者，今本《史記》多有與《漢書》略同，而玩其文義，乃似《史記》割製《漢書》，非《漢書》刪取《史記》，崔適指出有十三篇，〈孝武本紀〉、〈律書〉、〈曆書〉、〈天官書〉、〈封禪書〉、〈河渠書〉、〈平準書〉，〈張丞相列傳〉、〈南越尉佗列傳〉、〈循吏列傳〉、〈汲鄭列傳〉、〈酷吏列傳〉及〈大宛列傳〉。

4、元狩或太初以後之漢事為後人續補，竄入各篇正文者，此類在年表、世家、列傳中甚多。

5、各篇正文中，凡言「終始五德」者，〈五帝本紀〉、〈秦始皇本紀〉、〈十二諸侯年表〉、〈孟子荀卿列傳〉、〈張丞相列傳〉等篇，凡言「十二分野」者，〈十二諸侯年表〉、齊宋鄭世家，〈張丞相列傳〉等篇，凡言古文《尚書》及所述書序，夏殷周本紀、齊魯衛宋世家等篇，凡記漢初古文傳授者，〈儒林列傳〉、〈張丞相列傳〉等篇，都為劉歆故意竄亂。

以上所論關於《史記》種種，可知今本《史記》乃未成之書，經後人增補甚多〔註14〕。

（二）左傳與國語

西漢一般解釋《春秋》的人都說「左氏不傳《春秋》」，劉歆引傳文以解經，極力表彰，和群儒起了一場惡戰，後人叫「今古文之爭」，群儒是今文家，劉歆是古文家，竟成經學上二個派別，二千年一大公案，後來的今文家對於左氏和劉歆起了種種的猜疑。

今文《左傳》如「不書即位，攝也」一類解經的話是真是假，今文古文之爭

〔註14〕梁啟超，〈要籍解題及其讀法〉，頁12～29。

全在這點。其實左氏是一部獨立的眞書，依仿孔子《春秋》而作，並非呆板的和《公羊》、《穀梁》一樣，他上面記的事，有的比《春秋》早數十年，有的比《春秋》遲數十年，尤其是敍晉的事，和《春秋》對勘，有的事彼有此無，有的事彼無此反很詳，可見左氏全是單行的、獨立的、有價值的史書，絕對不傳《春秋》。我們折衷的說，不承認劉歆僞造《左傳》之說，而斷定左氏是戰國初年人做的（不是左丘明做的），成書大約在西元前 425 年至西元前 403 年間，通行是在西元前 296 年以前，衛聚賢說作者是子夏，不能武斷，最多只能說有可能性。

　　左氏在史學上有非常的價值，欲研究《春秋》情形，非善讀此書不可，不可因他有後人增竄的句子，就貶損他的價值，一面也不能相信劉歆、杜預這些人的話，說左丘明稟承孔子的意思，作傳以紹《春秋》，假使把解經的或假添的鈎去，左氏是一部眞書。現在通稱《左傳》，其實絕對不是原名，原名只是《左氏春秋》，和孔子的《春秋》、《虞氏春秋》、《呂氏春秋》一樣，自成一家之言。《春秋左氏傳》是劉歆杜撰的名詞，《左傳》是後人的簡稱，所以現在《左傳》這部書是眞的（真中也有些偽），《左傳》這個名詞是假的。

　　今本《國語》即《左氏春秋》，合而爲一，並非二書，其書分國爲紀，並非編年，劉歆將魯惠公、隱公間迄哀公、悼公間之一部分抽出，改爲編年體，取以與孔子所作《春秋》年限相比附，謂之《春秋左氏傳》，其餘無可比附者剔出，仍其舊名及舊體例，謂之《國語》〔註15〕。

三、諸子學方面

（一）孔　子

　　孔子事蹟流傳甚多，但須愼擇，如《孔子家語》、《孔叢子》兩書，其材料像很豐富，卻完全是魏晉人僞作，萬不可輕信。《史記》算是最靠得住的古書，然而傳聞錯誤處也不少，所以〈孔子世家〉也不能個個字據爲事實，只好將他作底本，再拿《左傳》、《論語》、《禮記》及其他先秦子書來參證，或可以比較的正確。孔子一生生涯，可以以一簡表示之：

周顯王二十年即魯襄公二十一年（前 551）孔子生

孔子本宋國人，其曾祖始遷於魯

孔子少孤，其母與其父非正式結婚

〔註15〕梁啓超，《古書眞僞及其年代》，頁 121～125；梁啓超，〈要籍解題及其讀法〉，頁 52～57。

二十歲左右，為貧而仕，嘗為季氏之委吏乘田等官

二十四歲，喪母，有門人助葬

三十六歲，魯季氏逐昭公，孔子避亂適齊

三十八歲，自齊返魯，門人益進

四十八歲，陽虎囚季氏，欲用孔子，孔子不仕

五十一歲，見老子

五十二歲，初仕為中都宰

五十三歲，相魯定公，會齊侯於夾谷

五十五歲，為魯司寇，墮三都

五十六歲，去魯適衛

五十六歲至六十九歲，歷遊衛、曹、陳、宋、蔡、鄭、楚諸國，居衛最久，
　　　陳次之

六十九歲，自衛反魯，修詩書、定禮樂、作易傳

七十二歲，作《春秋》

七十四歲，卒，時魯哀公十四年，周敬王四十一年（前479）

綜合各書所記孔子事蹟，當注意：

1、孔子出身甚微。

2、孔子教學甚早。

3、孔子政治生涯甚短。

4、孔子遊歷地甚少，後人說孔子周遊列國，《史記》也說孔子干七十二君，
　　其實他到過的地方，算起來未曾超出現在山東、河南兩省境外。

5、孔子著書甚遲〔註16〕。

（二）老　子

考老子的履歷，除了《史記》〈老莊申韓列傳〉外，沒有一篇比他更可靠了。但那篇傳迷離恍惚，一個人的傳有三個人的化身，第一個是孔子問禮於老聃，第二個是老萊子，第三個是太史儋，又說「蓋老子百有六十餘歲，或曰二百餘歲」，又說「或曰儋即老子，或曰非也，世莫知其然否」，這樣說來，老子這個人簡直成了「神話化」了，所以崔東壁說著書的人決不是老聃，汪容甫更咬定是太史儋，特因舊說入人太深，很少人肯聽信他們。

〔註16〕梁啓超，《孔子》（臺北：中華書局，民國60年3月臺三版），頁1～2。

《老子》這部書出現很晚，有六點可以證明：

1、列傳說「老子之子名宗，宗爲魏將，宗子注，注子宮，宮玄孫假，假仕於漢文帝，而假子解，爲膠西王卬太傅」，魏列爲諸國在孔子卒後六十七年，老子既是孔子先輩，他的世兄還捱得到做魏將，已是奇事，孔子十代孫爲漢高祖將，封蓼候，十三代孫孔安國當漢景、武時，前輩的老子八代孫和後輩孔子的十三代孫同時，未免不合情理。

2、孔子對前輩或當時賢士大夫如子產、蘧伯玉都常稱歎，何以別的書裏沒有稱道老子的話？好批評者如孟子、墨子，又都不是固陋之人，諒不至於連那著書五千言的「博大眞人」始終不提一字。

3、就令承認有老聃這人，孔子曾向他問過禮，那麼《禮記》〈曾子問〉記他五段的談話，比較可信的看來，老聃是一位拘謹守禮的人，和五千言的精神恰恰相反。

4、《史記》一大堆神話，可以說什有八九是從《莊子》中〈天道〉、〈天運〉、〈外物〉三篇湊雜而成，那些故事有的說是屬於老聃，有的屬於老萊子，《莊子》寓言十九就不能當歷史看待，何況連主名都不確定。

5、從思想系統上論，老子的話太自由、太激烈了，像「民多利器，國家滋昏，人多伎巧，奇物滋起，法令滋彰，盜賊多有」，「六親不和有孝慈，國家昏亂有忠臣」，不太像《春秋》時人說的，果然有這一派議論，當同時的《左傳》、《論語》、《墨子》等書卻找不出一點痕跡。

6、從文字語氣上論，《老子》書中用「侯王」、「王侯」、「王公」、「萬乘之君」等字樣者凡五處，用「取天下」字樣者凡三處，這種成語不像《春秋》時人所有。

用「仁義」對舉的好幾處，這兩個字連用，是《孟子》的專賣品，從前像是沒有。還有「師之所處，荊棘生焉，大兵之後，必有凶年」，像是經過馬陵、長平等戰役的人才有的感覺；「偏將軍居左，上將軍居右」這種官名，都是戰國的〔註17〕。

（三）墨　子

墨子名翟，魯人，與孔子同國，初學於史角之後，又嘗學儒者之業，受孔子之術，既乃以爲其禮煩擾，傷生害業，糜財貧民，故背周道而用夏政，故墨子者實從儒學一轉手者也〔註18〕。

〔註17〕梁啟超，〈評胡適之中國哲學史大綱〉，收入《飲冰室文集》，之三十八，頁 57～59。
〔註18〕梁啟超，《子墨子學說》（臺北：中華書局，民國 60 年 2 月臺三版），頁 3。

墨子的年代,《史記》僅說「或曰並孔子時,或曰在其後」〔註19〕,清代以還,學者始從事考證,而論益歧出,畢沅、孫詒讓、胡適皆有不同說法,任公均不滿意,於是以墨子所曾交接之人,其年代可推求的有公輸般、魯陽文君、楚惠王、宋子罕、齊太王田和及告子,參伍其年代而考證墨子生於周定王初年(元年至十年之間),約當孔子卒後十餘年(孔子卒於西元前479),卒於周安王中葉(十二年至二十年之間),約當孟子生前十餘年(孟子生於西元前372),使墨子老壽能如子夏者,則生年可以上逮孔子〔註20〕。

《墨子》這部書,〈漢志〉說是七十一篇,〈隋志〉以下各家記錄,都說是十五卷,今本卷數同〈隋志〉,篇數卻只有五十三,已亡了十八篇,而內中尚有三篇決非墨家言,只算存得五十篇了。全書出於墨子自著者很少,不可不知。現存五十三篇,胡適把他分為五組,任公採用其分法,但稍有異同,並別為解釋〔註21〕。

墨 子	第 一 類（卷 一）	甲	親 士	這三篇非墨家言,純出偽託,可不讀。
			修 身	
			所 染	
		乙	法 儀	這四篇是墨家記墨學概要,很能提綱絜領,當先讀。
			七 患	
			辭 過	
			三 辯	
	第 二 類	（卷二）	尚賢上中下	這十個題目二十三篇,是墨學的大綱目,墨子書的中堅,篇中皆有「子墨子曰」字樣,可以證明是門弟子所記,非墨子自著。每題各有三篇,文義大同小異,蓋墨家分為三派,各記所聞。
		（卷三）	尚同上中下	
		（卷四）	兼愛上中下	
		（卷五）	非攻上中下	
		（卷六）	節用上中	
			節葬下	
		（卷七）	天志上中下	
		（卷八）	明鬼下	

〔註19〕司馬遷,《史記》(臺北:大申書局,民國69年3月),卷七十四,頁2350。
〔註20〕梁啓超,〈墨子年代考〉,見《墨子學案》(臺北:中華書局,民國67年9月臺四版),附錄二,頁79～82。
〔註21〕同前書,頁5～7。

	（卷八）	非樂上	
	（卷九）	非命上中下	非儒下這篇無「子墨子曰」字樣，不是記墨子之言。
		非儒下	
第三類	（卷十）	經上下	這六篇，魯勝叫他做墨辯，大半是講論理學。經上下當是墨子自著。經說上下當是述墨子口說，但有後學增補。大取小取，是後學所著。
		經說上下	
	（卷十一）	大　取	
		小　取	
第四類	（卷十一）	耕　柱	這五篇是記墨子言論行事，體裁頗近《論語》。
	（卷十二）	貴　義	
		公　孟	
	（卷十三）	魯　問	
		公　輸	
第五類	（卷十四）	備城門	這十一篇是專言守禦的兵法，可緩讀。
		備高臨	
		備　梯	
		備　水	
		備　突	
		備　穴	
		備蛾傳	
	（卷十五）	迎敵祠	
		旗　幟	
		號　令	
		雜　守	

（四）莊子天下篇

　　近人胡適疑此篇非莊周作，《莊子》書有後人羼附之作，外篇、雜篇可疑者更多，無容爲諱，惟〈天下篇〉似無甚懷疑之餘地。此篇文體極樸茂，與外篇中淺薄圓滑之各篇不同，故應認爲《莊子》書中最可信之篇。

　　批評先秦諸家學派之書，以此篇爲最古，尤具二大特色，一是保存佚說最多，如宋銒、愼到、惠施、公孫龍，或著作已佚，或所傳者非眞書，皆藉此篇而得以

窺其學說之梗概，二是批評最精到，且最公平，對各家皆能擷其要點，而於其長短不相掩處，論斷俱極平允，可作爲研究先秦諸子學之嚮導，故此篇可認爲國學常識必讀之書〔註22〕。

（五）韓　非

　　韓非生年無可考，卒年約當西元前 233 年或 232 年。韓非著書，什九在入秦以前，司馬遷〈報任安書〉有「韓非囚秦，說難孤憤」，與本傳所記不同，當以傳爲正，彼文乃文家弄筆，非事實也，恐不足信。今本《韓非子》可確證或推定〈初見秦〉、〈存韓〉、〈有度〉三篇，決不是出自韓非手筆。

　　司馬遷述韓非書，標舉〈孤憤〉、〈五蠹〉、〈內外儲〉、〈說林〉、〈說難〉爲代表，則此諸篇當爲最可信之作品，以此爲基礎，從文體上論，〈孤憤〉、〈五蠹〉等篇之文，皆緊峭深刻，廉勁而銳達，無一枝辭；反之若〈主道〉、〈有度〉、〈二柄〉、〈揚權〉、〈八姦〉、〈十過〉等篇，頗有膚廓語；〈主道〉、〈揚權〉多用韻，文體酷肖《淮南子》，〈二柄〉、〈八姦〉、〈十過〉等，頗類《管子》中之一部分，〈忠孝〉、〈人主〉、〈飭令〉、〈心度〉、〈制分〉諸篇亦然。以根本思想論，書中餘篇，如前所列各篇多半是，或多擷拾法家常談，而本意與〈孤憤〉、〈五蠹〉等篇不無相戾，此是否出一人手，不能無疑。

　　要之，今本《韓非子》五十五篇，除首兩篇外，謂全部爲法家言淵海則可，謂全部皆韓非作，尚待商量〔註23〕。

（六）荀　子

　　荀子年歷簡譜如下：

　　前 293（齊湣王三十一年）假定是年荀卿年十五，始游學於齊。
　　前 286（齊湣王三十八年）是年齊滅宋
　　前 285（齊湣王三十九年）有說齊相書，說既不行，遂去齊適楚。
　　前 284～268（齊襄王元年至十七年）復游齊，三爲祭酒，當在此十餘年間。
　　前 267（齊襄王十八年，秦昭王四十一年）是年秦以范雎爲相，號爲應侯，本
　　　　書〈儒效〉篇與秦昭王問答，〈強國〉篇與應侯問答，皆當在本年以後。
　　前 266（趙孝成王元年）本書〈議兵〉篇與孝成王及臨武君問答，當在本年以
　　　　後。

〔註22〕梁啓超，《諸子考釋》，頁 1～2。
〔註23〕梁啓超，《諸子考釋》，頁 55；梁啓超，〈要籍解題及其讀法〉，頁 48～50。

前 262（楚考烈王元年）春申君相楚。

前 255（楚考烈王八年）假定是年荀卿五十三歲，是年春申君以之爲蘭陵令。

前 246（秦始皇元年）《史記》〈李斯列傳〉言「斯辭荀卿入秦，會莊襄王卒」，
　　事當在此一兩年間。

前 236（秦始皇十一年，楚考烈王二十五年）李園殺春申君，荀卿遂廢居蘭陵，
　　假定是年荀卿七十二歲。

前 213（秦始皇三十四年）李斯相秦，是年荀卿若尚生存，則假定爲九十五歲。

　　《荀子》書爲荀卿所手著，今案讀全書，其中大部分固可推定爲荀卿自著，
然如〈儒效〉篇、〈議兵〉篇、〈強國〉篇，皆稱「孫卿子」，似出門弟子記錄，內
中如〈堯問〉篇末一段，純屬批評荀子之語，其爲他人所述尤爲顯然。又〈大略〉
以下六篇，楊倞已指爲荀卿弟子所記卿語及雜錄傳記，然則非全書悉出卿手蓋甚
明。

　　大小戴兩《禮記》，有文與《荀子》相同者，如小戴〈三年問〉及大戴〈禮三
本〉，同〈禮論〉；小戴〈樂記〉及〈鄉射酒義〉，同〈樂論〉；小戴〈聘義〉，同〈法
行〉；大戴〈勸學〉，同〈勸學〉；大戴〈曾子立事〉，同〈修身〉及〈大略〉；凡此
皆當認爲《禮記》采《荀子》，不能謂《荀子》襲《禮記》。《荀子》由漢儒各自傳
寫，諸本各得三百餘篇，未必本本從同，劉向將諸本治爲一爐，但刪其重複，其
曾否懸何種標準以鑑別眞偽，劉向未明說。楊倞將〈大略〉、〈宥坐〉、〈子道〉、〈法
行〉、〈哀公〉、〈堯問〉六篇降附於末，似有特識，〈宥坐〉以下五篇，文義膚淺，
〈大略〉篇雖間有精語，然皆斷片，故此六篇宜認爲漢儒所雜錄，非《荀子》之
舊，其餘二十六篇有無竄亂或缺損，尚待細勘〔註24〕。

（七）管　子

　　此書皆非管仲所作，其中一小部分當爲《春秋》末年傳說，其大部分則戰國
至漢初遞爲增益，一種無系統的類書而已。《漢志》以入道家，殆因〈心術〉、〈內
業〉等篇，其語有近老莊者，阮孝緒《七錄》以入法家，隋唐志以下皆因之，實
則援《呂氏春秋》例入雜家，或較適耳〔註25〕。

　　按：右所列七家，不過較重要者，任公對先秦諸子之分類與考證，在《諸子考
釋》一書中可以概見，觀此書，先秦諸子之篇目眞偽及來歷，可一目了然矣。

〔註24〕梁啓超，〈要籍解題及其讀法〉，頁 36～43。
〔註25〕梁啓超，《諸子考釋》，頁 84。

四、文學方面

（一）《中國之美文及其歷史》

此書作於民國十三年，未及完成即因病擱置，後至亡逝而卒未竟業。雖然如此，此書仍有莫大價值，據其門人葛天民云：

> 先師梁任公嘗著《中國之美文及其歷史》一書，惟於周秦時代之美文，僅成第一章《詩經》之篇數及其結集，與第二章《詩經》之年代；於唐宋時代之美文，則僅成第一章詞之起源；而於漢魏詩則皆蔚然成快矣，其第一章建安以前漢詩，辨別作者之真偽，詳考五、七言詩之起源，皆俱有卓識，足以讞定古代文學史中之懸案，其第二章兩漢歌謠，其第二卷則為古歌謠及樂府，其第一章周秦以前之歌謠及其真偽，其第二章兩漢以前歌謠，其第三章建安黃初間有作者主名之樂府，均足以發蒙盛覆，開導後學〔註26〕。

觀其書內容，其主張七言詩早於五言詩，且係由《楚辭》蛻嬗而來〔註27〕，「五言詩起於東漢中葉，和建安七子時代相隔不遠」〔註28〕，〈古詩十九首〉不是一個人所作，卻是代表一時代的詩風，其時代「大概在西紀 120 至 170 約五十年間，比建安、黃初略先一期，而緊相銜接，所以風格和建安體風格相近」〔註29〕，都是很有見地的看法，也是文學史上公認的懸案，經任公澄清而更加確然，由此可知其門人所言，殆非溢美也。

（二）《楚辭》

關於屈原的生平，上章第三節已有討論到任公的考證，此處不再重覆，僅討論作品的問題。

舊說以〈離騷〉一篇、〈九歌〉十一篇、〈天問〉一篇，〈九章〉九篇、〈遠遊〉一篇、〈卜居〉一篇、〈漁父〉一篇，以做為屈原賦二十五篇之數，而〈九辯〉、〈招魂〉則歸諸宋玉所作，〈大招〉是否在二十五篇之中，則存疑焉。任公以為傳統之說非是，〈大招〉決為漢人作品，故語屈原賦應先摒除此篇，〈招魂〉是全部楚辭中最酣肆、最深刻之作，故宜從司馬遷的說法，確為屈原原作，〈九辯〉過去未有列入二十五篇之中，但應是劉向所編屈原賦中的一篇，〈九歌〉十一篇，末篇〈禮

〔註26〕葛天民，〈全漢詩種類篇數及其作者年代真偽表序〉，收入梁啟超《中國之美文及其歷史》（臺北：中華書局，民國 69 年 2 月臺三版），頁 135～136。
〔註27〕梁啟超，《中國之美文及其歷史》，頁 85，頁 104～106。
〔註28〕同前書，頁 108。
〔註29〕同前書，頁 112～113。

魂〉僅五句，是前十篇的「亂辭」，每篇歌畢，都殿以此五句，所以〈九歌〉僅有十篇，今本〈九章〉九篇中的〈昔往日〉，文氣拖沓靡弱，與其他篇絕不類，疑屬漢人擬作或弔屈原之作，而「九章」之名全是因襲〈九辯〉、〈九歌〉而起，「九」字皆別有取義，非指篇數，「九章」之名非古即有。

由以上的理由，任公主張將舊說二十五篇，刪去〈惜往日〉，以〈禮魂〉分隸〈東皇太一〉等十一篇之末，而補入〈九辯〉、〈招魂〉，恰符二十五篇之數。然則此二十五篇之作者，任公以爲尚有研究之餘地，而即是劉向、班固所謂的二十五篇屈原賦，是毫無疑問的〔註30〕。

（三）陶淵明

據傳統舊史舊譜都說陶淵明年爲六十三歲，任公不滿意此說，遂作《陶淵明年譜》，以爲陶淵明僅五十六歲。由於年歲的不同，任公並以爲陶集作品年月也有重新考證的必要，於是有擬作〈陶集私定本〉的計畫，可惜未完竣。關於陶淵明的志向，則有〈陶淵明之文藝及其品格〉一文，主張「其實淵明只是看不過當日仕途混濁，不屑與那些熱官爲伍，不在乎劉裕的王業隆不隆」，「若說所爭在什麼姓司馬的，未免把他看小了」及「宋以後批評陶詩的人最恭維他恥事二姓，這種論調我們是最不贊成的。」這些都是很特殊的看法，與傳統舊說迥然不同〔註31〕。

（四）辛稼軒

任公作《辛稼軒先生年譜》，僅止於六十一歲，尚缺七年未完即病逝，是爲最後一篇考證文章。本譜除了按年次做譜主事蹟外，尤多考證事蹟眞偽及文學作品的年代，欲知辛稼軒一生事蹟及其文學作品所表達的寓意，此譜提供了簡明的線索。

（五）《桃花扇》

此書的作者孔尚任，任公考證其生年是順治五年，卒年不詳，但推定最少壽

〔註30〕梁啟超，〈要籍解題及其讀法〉，頁 72～78。關於作品的研究，早在民國 11 年 11 月 3 日演講「屈原研究」，則以〈離騷〉一篇、〈天問〉一篇、〈九歌〉十篇、〈九章〉九篇、〈遠遊〉一篇、〈招魂〉一篇、〈卜居〉一篇、〈漁父〉一篇，爲屈原賦二十五篇，並以之歸爲屈原所作，和後來主張「此二十五篇是否皆屈原作品，抑有戰國末年無名氏之作而後概歸諸屈原，尚有研究之餘地」的謹愼態度，顯有極大不同。參見梁啟超，《飲冰室文集》（臺北：中華書局，民國 72 年 12 月臺三版），之三十九，頁 53～55。

〔註31〕梁啟超，《陶淵明》（臺北：中華書局，民國 69 年 2 月臺四版），頁 3～4，頁 21～27。又梁氏作《陶淵明年譜》極爲得意，故在民國 12 年 3 月 20 日寫給高夢旦的一封信中，曾提及胡適「極激賞此作」，見丁文江《梁任公先生年譜長編初稿》頁 640 引錄。

過六十。其餘經歷可見《桃花扇註》前的〈著者略歷及其他著作〉。

任公為此書作註，非僅只是文學家注解而已，特以孔尚任「專好把歷史上實人實事，加以點染穿插」，所以此書可以說是有實事根據的歷史劇，因為如此，劇中有若干不符史實或年月顛倒的錯置，任公皆一一加以考辨詳註，故讀《桃花扇註》，不但可以欣賞文學，對於明末史事的始末，也能藉此而知曉了〔註32〕。

（六）〈戴東原著述纂校書目考〉〔註33〕

任公云：「本篇依段著年譜，以著作先後為次，無論已成未成、已刻未刻、或存或佚、為著為校、獨著共著，皆列入，仿朱氏《經義考》例，全錄原序，有應考證論列者，則綴以案語。」戴東原全部著作及編年，即此可知。

五、佛學方面

（一）佛教最初輸入中國的時、地問題

（1）佛教最初輸入的年代問題

傳統說法，總以為漢明帝始有佛法，東漢一代，佛法已粲然可觀，任公獨不以為然，以「官書地志一無所載，學者立言，絕未稱引」，因謂「佛教之初紀元，自當以漢末桓、靈以後為斷」，並謂「當時西域交通正中絕，使節往返為事實上所不可能」，傳統漢明之永平求法事，純為虛構，起源於「晉後釋道鬥爭，道家捏造讕言，欲證成佛教之晚出，釋家旋采彼說，輾轉附會，謀張吾軍，兩造皆鄉曲不學之人，盲盲相引」而有此不實之說，「治佛學史者，須先將此段偽掌故根本拔除，庶以察思想進展之路，不致歧謬也〔註34〕。」

〔註32〕如〈第三十四齣　截磯〉註2云：「……可知何雲從對於良玉之反，始終未嘗徇從，本書乃以之與黃澍並列，且謂同行將到九江，半途折回，殊非事實，似此幾令讀者疑雲從為首鼠兩端之人矣。」又註3云：「……袁臨侯始終不肯附和良玉甚明，本書所演，一若臨侯為主動有力之人，殊屬誤謬。要之，何、袁當時對於北來太子皆嘗抗疏營救，皆以此為馬、阮所嫉，此事實也；其與左良玉平時能委曲相處，良玉待之皆有相當的敬禮，亦事實也。至於晉陽之甲，兩人實皆持堅決反抗態度，不知云亭何故作此等點污之筆？」見梁啟超，《桃花扇註》下冊（臺北：中華書局，民國59年3月臺二版），頁194及195。又〈第三十七齣　劫寶〉註3云：「福王以五月初九出奔，初十薄暮至得功營，得功死節，田雄挾降，在廿一日，前後凡經十二日，本齣演為兩日事，乃劇場從省略耳，非當時事實。」亦見前書頁233。

〔註33〕梁啓超，《飲冰室文集》，之四十，頁78～110。

〔註34〕梁啓超，〈佛教之初輸入〉，收入《佛學研究十八篇》（臺北：中華書局，民國65年7月臺四版），頁1～3。〈中國佛法興衰沿革說略〉（此文亦收入《佛學研究十八篇》之中）也有相同說法：「桓、靈間，安息國僧安世高，月支國僧支婁迦讖，先後至洛陽，譯佛經數十部，佛經之興，當以此為紀元。」

（2）佛教最初輸入地的問題

　　向來史家都以爲佛教先盛於北，而北方輸入的途徑，則由西域陸路而來；任公以爲佛教來中國，「非由陸而由海，其最初根據地，不在京、洛，而在江、淮」，「先從南方得有根據，乃輾轉傳播於北方，與舊籍所傳者，適得其反矣〔註35〕。」

（二）玄奘西游年代及享壽歲數

　　玄奘犯禁越境，西行求法，一般都以爲在貞觀三年八月，毫無疑問。任公以爲此說矛盾種種，於是取史書重新考證，認定「玄奘貞觀元年首塗留學」〔註36〕。

　　玄奘享壽歲數，諸家說法不一，有五十六歲說，有六十三歲說，有六十五歲說，有六十一歲說，有六十九歲說〔註37〕，任公作〈玄奘年譜〉，考定玄奘於唐高宗麟德元年（664）六十九歲圓寂〔註38〕。

（三）釋迦牟尼滅年考

　　因爲印度人不重視歷史，且時間觀念模糊，釋迦牟尼的生滅，典籍中無明確記載，後來各地竟傳有五、六十種的不同的說法，任公因有歐洲人用「希臘史料考證亞歷山大大王與印度之笈多大王會盟年代，循此上推，又參以新發現之阿育王的石刻華表，又參以錫蘭島的年代記，才考出釋迦是在西紀前四百八十三年入滅」，於是從中國舊籍中尋出證據，與歐洲人所考「若合符契」，而定爲周敬王三十五年，魯哀公七年，也就是西元前 485 年，約和孔子同時〔註39〕。

（四）漢明求法說

　　漢明求法說最初見於西晉王浮的《老子化胡經》，說老子出關，西度流沙，佛陀爲老子的弟子，種種妖妄邪說充斥其間，有識者都知其妄，獨其漢明求法說廣爲傳播；任公尋出各種有關記載僞說，並考定其作僞進化痕跡，而有肯定之結論：「漢明求法，乃一羌無故實之談，其始起於妖道之架誣，其後成於愚禿之附會，而習非成是，二千年竟未有人敢致疑焉，吾所以不能已於辯者，以非將此迷霧廓清，則佛

〔註35〕亦見〈佛教之初輸入〉，頁 7～9。

〔註36〕梁啓超，《中國歷史研究法》（臺北：中華書局，民國 70 年 6 月臺十四版），頁 78～79。《佛學研究十八篇》附錄三，〈支那內學院精校本玄奘傳書後──關於玄奘年譜之研究〉，頁 63～64。

〔註37〕《佛學研究十八篇》附錄三，〈支那內學院精校本玄奘傳書後──關於玄奘年譜之研究〉，頁 61～62。

〔註38〕同前書，頁 79。

〔註39〕梁啓超，〈佛陀時代及原始佛教教理綱要〉，頁 1～2。此文亦收入《佛學研究十八篇》一書中。

教發展之階段，無由說明，而思想進化之公例破矣。」〔註40〕

（五）四十二章經

佛說《四十二章經》由後漢迦葉摩騰及竺法蘭二人合譯，這是傳統的說法。任公懷疑此說，以為《四十二章經》為中國人所偽作，非譯自印度，其年代「最早不過吳，最晚不過東晉」，而與漢明無關，且迦葉摩騰及竺法蘭二人皆屬子虛烏有〔註41〕。

（六）《牟子理惑論》

此書舊說為後漢牟融所撰，任公以為「後漢初之牟融，決未嘗著《理惑論》，而後漢末並無牟融其人者」，此書理既膚淺，文復靡弱，為東晉劉宋間人所偽作也〔註42〕。

（七）《大乘起信論》

《大乘起信論》舊題馬鳴菩薩作，真諦三藏譯，但在隋、唐間已有懷疑，然後世學者不察，於是作者及譯者一般人皆以為毫無疑問。任公以日本學界對此問題有激烈論辯，於是「搜而徧讀之，輒擷其精要，且間附己見」，贊成日本望月信亨的觀點，而成《大乘起信論考證》一書，「雖名迻譯，實不異新構矣〔註43〕。」

由文獻上及學理上考察，任公認為《大乘起信論》非馬鳴所著，亦非真諦所譯，成書時代大概在陳天嘉四年（563）至隋開皇十二年（592）之間，由中國某學者「取佛教千餘年間在印度、中國兩地次第發展之大乘教理，會通其矛盾，擷集其菁英，以建設一圓融博大之新系統」，雖然其書作者不知，其動機亦無所得聞，但其價值為「消化印度的佛教，而創成中國的佛教之一大產物」，擴「地論宗土宇為華嚴宗先驅」〔註44〕。

五、碑帖方面

任公對碑帖曾下過工夫，同時也頗為自負〔註45〕，辨別碑帖的文字，以現在

〔註40〕梁啟超，〈佛教之初輸入〉附錄一〈漢明求法說辨偽〉。
〔註41〕同前書，附錄二〈四十二章經辨偽〉。
〔註42〕同前書，附錄三〈牟子理惑論辨偽〉。
〔註43〕梁啟超，《大乘起信論考證》（臺北：臺灣商務印書館，民國57年5月臺一版）序。
〔註44〕同前書，頁13。
〔註45〕他曾說：「我自己對於碑帖便有這種本領，無論那碑帖這樣的毫無證據可供我們考其年代，我總可從字體上斷定是何時代的產品，是何時代前期的或後期的，無論造偽碑帖的人怎樣假冒前代，和真的混雜一起，我總可以分別他孰真孰偽。」以上這

文集中所見，即有一百五十餘篇碑帖題跋，而集中於民國十四年一百一十篇最多〔註46〕，今觀其內容，可知其專致於漢魏時代的碑書，茲錄數則文字，以覘其在此方面辨偽的功力：

〈漢史晨饗孔廟碑〉云：「此本當為明拓，即不爾，亦清初拓也。乾隆後，拓本每行三十六字，前此所拓皆三十五字，末一字失拓，以石未全，末字在土中也。乾隆間『闡弘德政』之『弘』字上損，『乾坤所挺，西狩獲麟』之『乾』字左下角、『獲』字右上角損，『德亞皇代雖有褒成』之『代』字、『褒』字下損，『尊先師重教化』之『先』字、『化』字皆損，『矧乃孔子』之『孔子』二字泐，此本皆不爾，故知為乾隆前舊物無疑。丁巳臘八校竟記」。

〈漢魯峻碑〉云：「茲拓『宣尼』二字完好，『遏邁』二字各存泰半，應為晚明或清初拓本。丁巳十二月」。

〈明搨雁塔聖教序記〉云：「……雍、乾後拓本，凡『玄』字皆剗去末筆，此本如舊，亦明拓一證。記中兩『治』字皆缺末筆，高宗諱也，凡明拓皆如是。……」

〈梁始興忠武王碑〉云：「……諸家論此碑，多以其波磔森岧，謂與北碑同體，其實不然。北碑派別雖多，皆歸於凝重遒健，南碑僅存數四，莫不流美風華，以此碑與北朝之〈暉福寺〉、〈馬鳴寺〉、〈張猛龍〉等細校可見也。此碑〈馬鳴寺〉面目相似處甚多，互勘最易見南北書風差別，故吾以為阮文達南北書派之論最不可易，而南派代表，端推此碑，入唐以後，則〈等慈寺〉一派，其法嗣也。……」。

第二部分　史事辨偽

有些歷史上的懸案，是永遠解不開的。所謂「偽事」，是指不真實的事件被誤以為真有其事，而「辨偽事」即是要指出其事為偽，並使之恢復本來的面目；但是有的歷史事件並不是可以簡單說清楚的，如孔子是否刪詩，無論贊成或反對的，都可以提出各種理由辨駁，又如清代戴東原、全祖望及趙一清三人同時代都有《水經注》的校作，然而雷同之處甚多，不知是「閉門造車，出而合轍」的偶然巧合，還是有互為抄襲之嫌？又如有抄襲，到底誰抄襲誰呢？諸如此類聚訟紛爭的問題，任公也有許多意見，值得後人重視。

一、孔子是否殺少正卯

胡適之在《中國古代哲學史》中提到孔子作司寇，七日便殺了大夫少正卯，

段話，見《古書真偽及其年代》，頁52。
〔註46〕梁啟超，《飲冰室文集》，之四十四上。

並有三件罪名「聚眾結社、鼓吹邪說、淆亂是非」〔註47〕，似乎眞有一回事；任公以爲茲事重大，足以影響道德，遂起而反對，並提出四個理由說明〔註48〕。

二、孔子刪詩否

司馬遷稱「古者詩三千餘篇，孔子去其重，取可施於禮義，上采契后稷，中述殷周之盛，至幽厲之缺，三百五篇」，此爲後世說孔子刪詩的依據。

任公指出三個理由，否認孔子曾刪詩，一是《論語》說到《詩經》，都說三百篇，可見孔子素所誦習僅此數。二是《左傳》記吳季札適魯觀周樂，在孔子以前，而所歌之風，未有出於今十五國外者，可爲三百篇非爲孔子自定的證明。三是魏源嘗列舉《國語》引詩三十一條，不見今本者僅一條，《左傳》引詩二百十七條，不見今本者僅十條，而引詩之人先於孔子生數十年或數百年，何故引詩都不出今本範圍之外？可見三百篇在《春秋》時已極盛行，絕非孔子所能去取增減，刪詩之說，實出於漢儒的附會。但是任公又指出，使詩樂合體，則是孔子的最大的貢獻，《詩經》能入樂，自孔子開始〔註49〕。

三、陰陽五行

任公認爲陰陽五行是二千年來迷信的大本營，在社會上具有莫大影響力，故考證「商周以前所謂陰陽者，不過自然界一種粗淺微末之現象，絕不含有何等深邃之意義」，且陰陽兩字在孔子時代，只是一種符號表示宇宙間有兩種力相對待，如剛柔、動靜、屈伸、往來、進退、翕闢等，陰陽也是其中之一，並不含有神秘的意味；五行最初見於《尚書》的〈甘誓〉及〈洪範〉，而自漢人作〈洪範五行傳〉之後，於是言五行必聯想到〈洪範〉，任公以爲〈洪範〉中的五行，「不過將物質區爲五類，言其功用及性質」，並未有絲毫哲學或術數的意味，而《墨子》中的「無常勝」之義，注家或以後世五行生剋解釋之，任公亦以爲非；將陰陽五行併爲一談，「造此邪說以惑世誣民者誰耶？其始蓋起於燕齊方士」，而始作俑者實爲鄒衍，其後董仲舒、劉向皆有傳播之罪〔註50〕。

四、王安石

〔註47〕胡適，《中國歷史研究法》（臺北：臺灣商務印書館，民國71年臺五版），頁68。
〔註48〕梁啓超，〈評胡適之中國哲學史大綱〉，收入《飲冰室文集》，之三十八。此外，《古書眞偽及其年代》頁5～6亦有談及。
〔註49〕梁啓超，〈要籍解題及其讀法〉，頁61～62。梁啓超，《中國之美文及其歷史》，頁91～92。
〔註50〕梁啓超，〈陰陽五行說之來歷〉，收入《飲冰室文集》，之三十六，頁47～64。

　　任公曾作《王荊公》一書，是他的傳記作品中的第一長篇，有十五萬字之多〔註
51〕。在本書自序有言「奮筆以成此編，非欲爲過去歷史翻一場公案」，例言又說
「本書以發揮荊公政術爲第一義，故於其所創諸新法之內容及其得失，言之特詳，
而往往以今世歐美政治比較之，使讀者於新舊知識咸得融會」。今見其書內容，於
王安石之新政占最主要篇幅，但裏面也有相當多的翻案文字；如《宋史》稱曾鞏
以王安石的文章上給歐陽修看，王安石因此而進士及第，任公力斥爲誣妄〔註52〕；
又如俗史稱王安石與周濂溪有交涉往來，任公亦直斥爲僞，「彼講學之徒之造爲此
說者，欲借荊公以重濂溪耳」〔註53〕；又後世以八股取士之毒而怪罪於王安石，
任公亦表示「科舉取士之制，荊公所絕對的排斥者也」〔註54〕；而王安石最爲人
所詆毀的，「其一則聚斂，其一則黷武」，任公爲之辨駁，以爲「荊公之理財，絕
非聚斂」〔註55〕，「荊公當時用兵，皆出於不得已，絕非如誣謗者所云黷武」〔註
56〕；諸如此類的新解及重新估定人物，在本書有極精彩的考異十九條，王安石的
歷史地位及評價，經任公如此重新寫定，的確令人耳目一新。

五、水經注

　　全祖望、趙東潛、戴東原三人同時代校《水經注》，同符者十之七八，於是牽
扯出抄襲的問題，是近百餘年來學術界未定的公案。

　　任公敘述三人治此書的始末，以全祖望完成於乾隆十七年，至光緒十四年始
刻行，是三人中最早成書，最晚完成卻最先出世；趙東潛完成於乾隆十九年，後
被採進四庫全書館，未有刻有刊行，至乾隆五十一年始刊行於世；戴東原治此書
始於乾隆三十年，但乾隆三十九年即刊行，最晚完成卻最先出世通行。任公以爲
三人有可能「閉門造車，出門合轍」，但也可能戴見趙著「先得我心，即便采用」，
而趙氏弟子也可能「購采全稿潤益之，時戴本既出，則亦從而擷采」，全氏同里後
學也可能「欲表章之使盡美，其間不免采彼兩本以附益其所未備」，總之三家皆不
免互爲抄襲，但不足爲深病。而三家門下互爭尊其師，致有反脣攻詰，任公則以
爲大可不必〔註57〕。

〔註51〕廖卓成，《梁啓超的傳記學》，頁 50，國立臺灣大學中國文學研究所碩士論文，民
　　　　國 76 年 6 月。
〔註52〕梁啓超，《王荊公》（臺北：中華書局，民國 67 年 1 月臺三版），頁 27。
〔註53〕同前書，頁 29。
〔註54〕同前書，頁 48。
〔註55〕同前書，頁 64～89。
〔註56〕同前書，頁 119～131。
〔註57〕梁啓超，《中國近三百年學術史》，頁 242～243，《飲冰室文集》，之四十，頁 97～

六、黃黎洲、朱舜水乞師日本辨〔註58〕

　　黃黎洲乞師日本，首創者為全祖望的考證，任公指出這是全祖望的誤會，馮躋仲乞師是丁亥年，而黃黎洲的〈避地賦〉所敘為甲申年避仇亡命的事，兩者時間不同，且馮躋仲僅到長崎，因日本新值外難，未能登陸，黃黎洲則在馮前五年尚能遊行內地，故不得謂黃偕馮行而諱之，略見其事於賦中。且任公也考證馮躋仲有兩次乞師日本的說法，也是全祖望臆造的。

　　朱舜水在明亡後，即流亡海外達三十餘年，竟客死異邦〔註59〕。朱舜水流寓日本，史家又以與馮躋仲乞師事相糾纏附會，以為朱舜水從馮偕行，任公又考證此事絕不可能存在，「舜水當甲申後已往日本，然始終不克在彼居住，仍以在安南之日為多。丁亥躋仲奉使時，雖未審舜水在何地，然其偕行之跡，則一無可考也。……安得有躋仲東行事？更安得舜水與偕耶〔註60〕？」

第三節　梁啟超古書辨偽的方法

　　前一節已經把任公對古書的真偽問題，舉出各個實例的說明。我們最感到興趣的，並不是任公的考證辨偽成果如何，而重要的，他是以什麼方法來處理這些被認為有問題的古書呢？如果我們能夠由上一節所列的考證文字去歸納出若干通則，以明瞭其辨偽的方法，不是更有意義嗎？翻檢任公所有的著作，我們發現任公在《中國近三百年學術史》、《中國歷史研究法》以及《古書真偽及其年代》三書中，都有專篇在討論辨別偽書及考證年代的方法，但前二書所談的較簡略，《古書真偽及其年代》一書，是任公專門為此問題而作的演講，所談的方法較深入，勝於前二書所談，而且集中焦點，使人覺得更有系統，所以本節擬以此書第四章談辨別偽書及考證年代的方法，來討論任公古書辨偽學的方法問題。

　　宋代袁樞抄《資治通鑑》，以成《通鑑紀事本末》一書，任公對此津津樂道，以為「善鈔書者可以成創作」〔註61〕，吾人上一節有多數考證文字直接抄任公原文，

99，所言略同。

〔註58〕梁啟超，〈黃梨洲朱舜水乞師日本辨〉，此文收入《飲冰室文集》，之四十，頁30～33。

〔註59〕梁啟超，《朱舜水先生年譜》（臺北：中華書局，民國46年4月臺一版），頁14～55。

〔註60〕同前書，戊子先生四十九歲條下注云：「先生最篤於友誼，而集中無一字及京第，然則先生是否曾與京第偕行，尚屬疑問。……本年及明年，先生蹤跡似不在日本也。」

〔註61〕梁啟超，《中國歷史研究法》，頁20。

而此處談任公辨偽的方法，亦因襲之，蓋以任公善敘事理，而所敘之方法，明白曉暢，吾輩實不能贊一辭，非全錄之，恐吾人難以明白其方法，故在此聲明之。

《古書眞偽及其年代》以兩大系統作爲辨偽的原則，一是注重書籍的來歷，即從傳授統緒上辨別，有八種方法；另一是注重書籍的本身，即從文義內容上辨別，有五種方法，每一種方法又細分若干子目，最爲複雜。現依次引錄說明之。

甲、從傳授統緒上辨別

一、從舊志不著錄而定其偽或可疑

我國最早的書目是西漢劉歆的《七略》及東漢班固的《漢書·藝文志》。（略稱《漢志》）《漢志》是依傍《七略》做的，相距時代很近，所以《七略》雖亡，《漢志》儘可取代他的功用。劉歆根據皇帝搜求的古書編校，著於《七略》，我們想找先秦的書看，除了信《漢志》之外，別無他法。所以凡劉歆所不見而數百年後忽又出現，便可能是偽造的（這個通則的唯一例外，便是晉汲郡魏襄王冢所發掘的書，確是劉歆等所未見，《漢志》所未著錄的）。除了汲冢書以外，無論一部什麼古書，只要是在西漢以前的，應該以《漢志》有否這部書名爲第一個標準，若是沒有，便是偽書或可疑之書。

譬如《子夏易傳》，《漢志》沒有，《隋書·經籍志》（略稱《隋志》）忽有，漢人看不見的書，如何六朝人能見之？又如《子貢詩傳》，《漢志》、《隋志》及宋朝的《崇文總目》都沒有，明末忽然出現，從前藏在何處？又如《連山》、《歸藏》，《漢志》都沒有，《隋志》忽有《歸藏》，《唐志》忽有《連山》，假使夏、商果有此二書，爲甚麼《漢志》不著錄？又如《鬼谷子》，《漢志》無，《隋志》有；《亢倉子》，《漢志》、《隋志》都無，《崇文總目》忽有，這都是最初不錄，後來忽出，當然須懷疑而辨其偽。

二、從前志著錄，後志已佚，而定其偽或可疑

如《關尹子》，《漢志》著錄，說有九篇，《隋志》沒有，《漢志》雖然有之，眞偽尚是問題，六朝亡了，所以《隋志》未錄，而後來唐末宋初忽然又有一部出現；如果原書未亡佚，那麼隋朝牛弘能見萬種書而不能見《關尹子》，唐朝數百年沒有人見《關尹子》，到了宋初又才發現，誰能相信？這種當然是偽書。

三、從今本和舊志說的卷數篇數不同，而定其偽或可疑

（1）滅少的

如《漢志》有《家語》二十七卷，到了《唐書·藝文志》（略稱《唐志》）卻

有王肅注的《家語》十卷，所以顏師古注《漢志》說非今所見《家語》，可見王注絕非《漢志》原物。

（2）增多的

以上是時代愈近，篇數愈少，還可以說也許是後來亡佚了；但有的書是時代愈後，篇數愈多，顯然是偽書。

如《鶡冠子》，《漢志》才一篇，唐朝韓愈看見的已多至十九篇，宋朝《崇文總目》著錄的卻有三十篇；其實《漢志》已明說《鶡冠子》是後人假託的書，韓愈讀的已非《漢志》錄的，已是偽中偽，《崇文總目》著錄的又非韓愈讀的，更是偽中的偽又出偽了。又如《文子》，《漢志》說有九篇，馬總《意林》卻說有十三篇。

四、從舊志無著者姓名而後人附上姓名的是偽書

如《文子》，《漢志》沒有著者姓名，馬總《意林》說是《春秋》末范蠡的老師計然做的，而且說計然姓章。漢人所不知，唐人反能知之，寧非怪事？

五、從舊志或注家已明言是偽書

如《漢志》已有很多注明依託，他所謂依託的，至少已辨別是假，那種書大半不存，存的必偽。又如顏師古注《漢志》中的《孔子家語》說「非今所有《家語》」，他必有所見才說這個話，我們當然不能信他所疑的偽書了。

六、後人說某書出於某時，而當時人未見那書，由此可斷其偽

如《偽古文尚書》十六篇，說是西漢武帝時發現的，孔安國曾作傳，東漢末馬融、鄭玄又曾經作注。其實我們看西漢人引《尚書》的話，都不在《偽古文尚書》十六篇之內，而馬融《尚書》注雖然佚了，現在也還保留一點，並沒有注那十六篇，他們常引佚書，在今本偽古文十六篇之內，可見馬、鄭以前人並沒有看見今本《偽古文尚書》，一定是三國以後的人假造的。不但如此，杜預是晉初人，他注《左傳》也常引佚書而不言《尚書》，可見《偽古文尚書》還在他以後才出現，而造假的偏騙人說是西漢出現的真書，誰肯相信？

七、書初出現已有許多問題，或有人證明是偽造的，當然不能相信

如張霸偽造的百兩篇《尚書》，不久即知其偽。〈泰誓篇〉從河間女子得來，馬融當時便已懷疑，這種書若未佚，我們應當注意。

八、從書的來歷曖昧不明，而定其偽

（1）出現的曖昧不明

如《古文尚書》有人說是秦始皇焚書，伏生藏書壁中，到了漢朝除藏書之禁，

打開壁取書，卻已少了許多；也有人說孔子自己先知將來有一個秦始皇會焚他的書，預藏壁中，到了漢魯共王拆壞孔子的屋子，在壁間發現了《古文尚書》、《禮記》、《論語》、《孝經》等書。此二說都出於《漢書》，究竟那一說可信，不可不細細審查追究，還可以經從其出現的奇離，而斷定爲作僞之確證。

（2）傳授的曖昧不明

如《毛詩》小序的傳授，有的說子夏五傳至毛公，有的說子夏八傳至毛公，有的說是衛宏傳出的。從這統緒紛紜上，可以看出裏面必有毛病。

乙、從文義內容上辨別

一、從字句罅漏處辨別

可以分爲三種：

子、從人的稱謂上辨別

（1）書中引述某人語，則必非某人作，若書是某人做的，必無「某某曰」。

例如〈繫辭〉、〈文言〉說是孔了做的，但其中有許多「子曰」，若眞是孔子做的，便不應如此。又如《孝經》，有人說是曾子做的，有人直以爲孔子做的，其實起首「仲尼居，曾子侍」二句便已講不通，若是孔子做的，便不應稱弟子爲曾子，若是曾子做的，更不應自稱爲子而呼師之字。

（2）書中稱諡的人出於作者之後，可知是書非作者自著。

人死稱諡，是周初以後的通例，商鞅在秦孝公死後即逃亡被殺，自然無暇著書，若著書在孝公生時，便不知孝公的諡，但《商君書》說是商鞅做的，卻大稱其秦孝公。

（3）說是甲朝人的書，卻又避乙朝皇帝的諱，可知一定是乙朝人做的。

漢後的書對於本朝皇帝必避諱，如《晉書》是唐人修的，所以避李淵、李虎的諱，改陶淵明爲陶泉明，改石虎爲石季龍，假使不是唐人的書，自然不必避唐帝的諱。

丑、用後代的人名、地名、朝代名

（1）用後代人名

如《管子》有西施的事，西施分明是吳王夫差時人，管仲怎麼能知道她呢？又如《商君書》有魏襄王的事，魏襄王即位在商鞅死後四十餘年，商鞅怎能知道其諡呢？由此可知《管子》非管仲所作，《商君書》非商鞅所作。

（2）用後代地名

例如《山海經》說是大禹、伯益做的，而其中有許多秦漢後的郡縣名如長沙城都之類，可見此書至少有一部分是漢人所做或添補的。

（3）用後代朝代名

我國以一姓興亡為朝代，前代人必不能預知後代名，但是〈堯典〉卻有「蠻夷猾夏」的話，夏乃大禹有天下之號，〈堯典〉卻預知本族可稱夏，這不是和宋版《康熙字典》同樣笑話嗎？我們看篇首說「曰若稽古帝堯」，可知一定是夏商以後，孔子以前的人追述的，而後人卻說〈堯典〉等篇非堯舜的史官不能做到這樣好，豈非笑話？

寅、用後代的事實或法制

（1）用後代的事實，可以分為三種：

a. 事實顯然在後的：

如《商君書》有長平之戰，而長平之戰乃商鞅死後七十八年之事，可知是書是長平之戰以後的人做的。又如《莊子》有「田成子殺其君，十二世而有齊國」的話，自陳恒到秦滅齊恰是十二世，到莊周時代不過七、八世，莊周怎知陳氏會有齊十二世呢？可知這篇一定是秦漢間人做的，否則不致那麼巧，又可知《莊子》雖然是真的，外篇卻很多假的，必須細細考證一番。

b. 預言將來的事顯露偽跡的：

這類《左傳》最多。《左傳》好言卜卦，卜卦之辭沒有不靈驗。如陳敬仲奔齊，懿仲卻妻以女，占曰「……有嬀之後，將育於姜，五世其昌，並於正卿，八世之後，莫之與京」，和後來的事實一一相符，即使有先見之明，也斷斷不致如此靈驗？這分明是在陳恒八世孫以後的人從後附會的，那裏是真事？又如季札觀樂上國，批評政治好壞，斷定人事的盛衰，沒有一句不靈驗，當時晉六卿還是全盛，他卻說是三家將分晉，當時齊田氏有齊以後的人追記其事時，好說些顯其離奇靈驗，我們正可以離奇靈驗的記載做標準，而斷定這些話不可靠。

c. 偽造事實的：

例如《文中子‧中說》把隋唐名人都拉在王通門下，說仁壽二年曾見李德林，又曾遇關朗，其實李德林之死，在仁壽二年之前九年，關朗乃早百二十餘年的人，何能看見王通？此外如房玄齡、杜如晦、李靖……都說是王通的弟子，而他書一無可考，從各方面觀察，可知《文中子‧中說》是偽書，若真是王通做的，則王通是一錢不值的人，若是別人為王通捧場做的，則是伎倆未免太拙了。

（2）用後代的法制

例如《亢倉子》說「衰世以文章取士」，以文章取士，乃六朝以前所無，唐後始有，亢倉子是莊周之友，戰國時人，怎知有考八股的事呢？從此，可知一定是唐以後的人做的。又如《六韜》有「帝避正殿」之事，避正殿乃先秦以前所無，漢後始有，《六韜》說是周初的書，周朝那有此種制度呢？從此，可知是漢以後的人做的。凡是朝廷的制度法律，社會的風俗習慣，都可以此例做標準，去考書的眞偽和年代。

二、從抄襲舊文處辨別

可以分爲三種：

子、以古代書聚斂而成的

（1）全篇抄自他書的

如《鶡冠子》分明是偽書，據韓愈所分，前三卷、中三卷、後三卷，而前三卷完全自《墨子》抄來。

（2）一部分抄自他書的

如《商君書·弱民篇》「楚國之民齊疾而均速」以下一段，又見於《荀子·議兵篇》，批評各國的國民性，但《荀子》是眞書，而且〈議兵篇〉是荀子和趙臨武君對談的話，口氣很順，《商君書》本身已有些部分可疑，而〈弱民篇〉又不似著述的體裁，我們可從此斷定是編《商君書》的人抄襲《荀子》的一段。

丑、有意作偽而剿竊前人的書

自宋儒程朱以來，所認最可寶貴的十六字「人心惟危，道心惟微，惟精惟一，允執厥中」，據他們說是五千年前唯一的文化淵源了，但我們若尋他的出處，便知是從《荀子·解蔽篇》、《論語·堯曰篇》的幾句話湊綴而成的；〈解蔽篇〉引《道經》曰「人心之危，道心之微」，〈堯曰篇〉述堯命舜之言曰「允執其中」，偽造者把二處的話聯綴一處，把「之」字改爲「惟」字，加上一句「惟精惟一」，便成了十六字傳心祕訣了。

寅、已見晚出的書而抄襲的

例如《焦氏易林》說是焦延壽做的，焦延壽是漢昭帝、宣帝時人，那時《左傳》未立學官，普通人都看不見，現在引了《左傳》許多話，其實《左傳》到漢成帝時才由劉歆在中秘發見，分明是東漢以後人見了那晚出的《左傳》才假造的。

三、從佚文上辨別

有些書因年代久遠而佚散了，後人假造一部來冒替，我們可以用眞的佚文和假的全書比較，來斷定書的眞僞。可以分兩種來說明：

子、從前已說是佚文的，現在反有全部的書，可知此書是假的

例如《僞古文尙書》每篇都有許多的話，在馬融、鄭玄、杜預時已說佚文的，馬、鄭在東漢且不能見全書，何以東晉梅賾反能看見呢？只此消極的理由，便可證明那書是僞造的。

丑、甲書未佚以前，乙書引用了些，至今猶存，而甲書的今本卻沒有或不同於乙書所引的話，可知甲書今本是假的

如《孔子家語》，顏師古注《漢書》已說「非今所有《家語》」，古本眞僞已不能確考，但《左傳正義》引〈觀周篇〉，說是沈文炳《嚴氏春秋》引的，杜佑《通典》六十九亦引了崔凱所引的，那些話都是今本所沒有，可知今本是假的，而造僞的王肅已不曾見到古本。像這類古本雖佚，尙存一二佚文於他書，便可引來和今本比較而考定今本的眞僞。

四、從文章上辨別

子、名　詞

例如釋迦牟尼講佛法，都由他的十大弟子傳出，所以佛經起首多引十大弟子的一人說「如是我聞，一時佛在……與大弟子某某俱……」，十大弟子有一個叫做優波離，和婆羅門教的哲學書《優波尼沙》只差一字，現在有一部《楞嚴經》起首就說「如是我聞，優波尼沙說」，竟把反對佛教的書名當做佛弟子的人名了，這種人名書名的分別，只要稍讀佛經者便可知道，而僞造《楞嚴經》者竟混爲一，豈非笑話？

丑、文　體

這是辨僞書最主要的標準。因爲每一時代的文體各有不同，只要稍加留心便可分別。

《僞古文尙書》最初有人動疑，也是因爲〈大誥〉、〈洛誥〉、〈多士〉、〈多方〉太詰屈聱牙，而〈五子之歌〉、〈大禹謨〉卻可歌可誦，二者太懸殊了，如果後者確是夏初的作品，這樣文從字順，而前者是商周的作品，反爲難讀，不符合文學演進之原則。文章總是時代愈近愈易懂，《僞古文尙書》便違反了這個原則，那幾篇說是夏初的反較商周的爲易懂，所以不能不令人懷疑而辨僞了。

　　若從文體辨文學作品的眞偽，則越加容易。例如〈古詩十九首〉，前人說是西漢枚乘做的，但〈十九首〉的詩風完全和建安的七子相同，和西漢可靠的五言詩絕異，西漢〈饒歌〉如十八章音節腔調絕對不似〈十九首〉，東漢前期的作品亦不相類，十九首中如「古洛」、「東門」、「北邙」等名詞都是東漢以後才習用，也可作一證，即以文體而論，亦可知不特非西漢作品，且非東漢作品也。

寅、文　法

　　凡造偽的不能不抄襲舊文，我們觀察他的文法，便知從何處抄來。例如《中庸》，說是子思做的，子思是孟子的先生，《中庸》在孟子之前，但依崔述的考證，《中庸》卻在孟子之後。證據很多，文法上的也有一個，崔述把《中庸》、《孟子》相同的「在下位不獲乎上……」一章，比較字句的異同，文法的好歹，說《孟子》「措語較有分寸……首尾分明，章法甚明」，《中庸》所用虛字「亦不若《孟子》之妥適」，可見是《中庸》襲《孟子》，非《孟子》襲《中庸》。

卯、音　韻

　　歷代語言的變遷，從書本還可考見，先秦所用的韻和《廣韻》有種種的不同，那不同的原則都已確定了。如「爲」、「離」今在「支」韻，古在「歌」韻，三百篇、《易》〈象辭〉都不以「爲」、「離」叶「支」。以「爲」、「離」叶「支」韻的，戰國末年才有。《老子》那第九章「明白四達，能無知乎」，竟把「知」字叶上文的「離」、「兒」、「疵」、「爲」、「雌」，這個證據亦很重要，從此可斷定《老子》必定是戰國末年的人做的，若是《老子》確是和孔子同時的老聃做的，便不應如此叶韻。可惜我們對於古語的變遷不能夠多知道，若多知道些，則辨偽的證據越加更多。

五、從思想上辨別

　　這方法亦很重要，前人較少用，我們亦看做很好的標準。可以分四部分說明：

子、從思想系統和傳授家法辨別

　　看定某人有某書最可信，他的思想要點如何，因他書的思想和可信的書，所涵的思想相矛盾而斷定其爲偽。

　　如孔子的書以《論語》爲最可信，則不能信〈繫辭〉，因爲孔子是現實主義者，絕無談玄的氣味，而〈繫辭〉卻有很深的玄學氣味，和《論語》正相反，我們既然相信《論語》，最少也認〈繫辭〉不是孔子自己做的，否則孔子是主張不一貫而自相矛盾的人，這又於思想系統上說不過去了。

又如柳宗元辨《晏子春秋》，是最好的從思想上辨別的例，雖不很精，但已定《晏子春秋》是齊人治墨學者所假託，因書中有許多是墨者之言，而晏子是孔子前輩，如何能聞墨子之教？那自然不是晏子自做的書。

又如《起信論》、《楞嚴經》是假的，種種方面都可證明，而最主要的還在思想上根本和佛經不相容。《起信論》講「無明」的起源，說「忽然念起，而有『無明』」，佛教教理便不容有此，因為佛教最主要的十二因緣，無論何派都不能違背這個原理，十二因緣互相對待，種種現象由此而起，沒有無因無緣忽然而起的事物，主觀和客觀對待，離則不存，一切法都由因緣而生，《起信論》講「忽然念起而有『無明』」的思想，根本和佛理違反，當然不是佛教的書。《楞嚴經》可笑的思想更多，充滿了「長生」、「神話」的荒誕話頭，顯然是受了道教的暗示，剽竊佛教的皮毛而成，因為十種仙人、長生不老，都是道教的最高企冀，佛教卻看輕神仙、靈魂、生命，二者是絕對不相容的，真正佛經並沒有《楞嚴經》一類的話，可知《楞嚴經》是假書。

丑、從思想和時代的關係辨別

思想必進化，日新月異，即使退化，也必有時代的關係。甲時代和乙時代的思想必有關聯影響，相輔相成，不能無理由的發生，乙時代有某種思想，一定有他的生成原因和條件，倘使甲時代在乙時代之前，又並沒發生某種思想之原因和條件，卻有涵某種思想的書說是甲時代的，那部書必偽。

例如《列子》講了許多佛理，當然是見了佛經的人才能做，列子是戰國人，佛經到東漢才入中國，列子如何得見佛經？從前有人說「佛教何足奇，我們戰國時已有列子講此理呢」，其實那裏有這回事，我們只從思想的突然發生這層已足證明《列子》是假定的了。固然也許有些思想，中外哲人不約而同的偶然契合，但佛教發生於印度，創造於釋迦牟尼，自有其發生之原因和條件，戰國時代的中國，完全和當時的印度不同，並沒有發生佛理的條件和原因，列子生在這種環境，如何能發生和佛理相同的思想呢？

又如《管子》非難「兼愛」、「非攻」之說，也是一件很有趣味的問題。「兼愛」、「非攻」完全是墨家的重要口號，墨家的發生在管仲死後百餘年，管仲除非沒有做《管子》，否則怎麼能知道墨家的口號？可知《管子》不是管仲做的，他的書一定在墨家盛行之後。

寅、從專門術語和思想的關係辨別

例如「無厚」是戰國學者的特別術語，《墨經》有「端體之無厚而最前者也」，

《莊子》有「以無厚入有間」，「無厚」的意義，《墨經》說解做幾何學上的點，《莊子》譬做極薄的刀鋒，無微不入，只有一種象徵，戰國名家很喜歡討論這點，這「無厚」的意義也是學者所俱知的；《鄧析子》既號稱是名家的書，對於這點，應該不致誤解，不料今本卻說「天於人，無厚也。君於民，無厚也。父於子，無厚也。兄於弟，無厚也。……」，竟把「厚」字當作實際的、具體的道德名詞看，把「無厚」當做刻薄解，這種淺薄的思想，連專門術語也誤解誤用，從這點看，《鄧析子》既不是鄧析的書，也不是戰國時人所偽造，完全是後世不學無術的人嚮壁虛造的。

卯、從襲用後代學說辨別

這雖和思想無大關係，但也可以辨真偽。例如《子華子》是偽書無疑，作偽的人不是漢人，不是唐人，乃是宋人；不是南宋人，乃是北宋人。因為那書裏有許多抄襲王安石《字說》的地方，《字說》到南宋已不行於世了，所以晁公武《郡齋讀書志》斷定是北宋末年的人假造的。又如《孔叢子》「禋於六宗」之說，完全和偽《古文尚書》孔安國傳及偽《孔子家語》相同，可見也是西晉以後的偽書。

看了以上兩大系統的辨古書真偽方法，吾人可以發現，以傳授統緒上辨別，即是注重書籍在歷代藝文志的記載，方法較容易掌握，也是可以在短期間訓練而成，例如有某一本古書，我們要了解它最原始出現在何時，可以找史書藝文志或各私人藏書家書目的記載，由此來比較其篇數的變遷和來歷，這本古書就大概可以有個簡單概念了；至於由書籍本身的內容來省察其真偽，則不僅方法繁多，且較不易掌握，也不是短期可以速成的，這和一個人的學問有極密切的關係。例如任公有從文體的標準來辨別古書真偽的方法，苟非對各時代文學體裁、作者風格有很清楚的認識及敏銳的感受力，則恐怕不易做到，而感受領悟某時代或某人具有如何的文學風格，似乎也不是學得來的，依我看來，天生對文學的領受力要占大部分。如任公對他自己能從碑帖中字體的線條曲折、俯仰向背、神韻氣勢等方面，來判定此碑帖之時代性，並有十之八九自信的把握，就不是學得來的，也只有多看、多揣摩個中的特色，才能累積經驗，有所心得。又例如任公有從思想和時代的關係，來辨別古書真偽的方法，也是要對中國上下數千年各朝代的思想特徵，有很清楚的認識，否則是容易礙手礙腳，裹足不前的，而對於各朝代思想特徵的熟悉，也是須積學努力而來。

由此觀之，任公這一套辨別古書真偽的理論，雖然說得頭頭是道，而且總結前人方法之大成，堪為民國以來，專門談辨古書真偽方法的第一人，但如果我們只是

死記暗誦其辨偽的條例，平時沒有親自努力去體驗及勤勉充實學問的深度與廣度，突然一天有個小題目或一本書在眼前待辨識真偽及考證時代，我們即使把任公的條例放在案前，可能也是束手無策，不知從何做起？由上可知，方法只是一個通則性的問題，要緊在於各人讀書積學的能力及學問的靈活運用，我們看俞樾的《古書疑義舉例》及余嘉錫的《古書通例》，都是作者積學努力的心得，再把它歸納了若干通則出來，明乎此，則對任公這一套辨古書真偽及考辨年代的理論，我們相信它的價值，但不必太拘泥、盲從或迷信，應該以紮紮實實的讀書來配合，才是應有的態度。當然，任公這一套理論，並不是十全十美、無懈可擊的，我們在下章將深入檢討。

第四章　梁啓超古書辨僞學檢討

　　在上一章吾人已將梁啓超的辨僞範圍及方法，做了討論，此章吾人擬對梁氏辨僞學進一步的檢討，誠如近人鄭良樹所說的：

　　　　當我們研究某一問題涉及古書眞僞時，頂多把梁任公及張心澂的大
　　著拿來翻一翻，模擬其方法，翻檢有關資料；很少人檢討這些辨僞方法
　　的可靠程度、極限，也很少人考慮到在進行辨僞時應當保持一種怎麼樣
　　的態度，更很少人通過批評的方法去反省及鑑定前人的結論〔註1〕。

因此，唯有通過反省及批判，檢討前人研究方法的盲點與缺失，才能超越前人，更上一層樓。

　　本章首節討論任公辨僞的缺失，主要分兩部分，首部分是方法的檢討，然後是重要實例的檢討，進一步指出任公辨僞的盲點及造成此盲點的原因。第二節研究任公古書辨僞的特色，肯定他在佛學研究方法的創新，以及把古書辨僞融入史學研究的領域，有意超越清人，建立「新的考證學」，在氣魄上及眼光上是前進而正確的。任公並有一套辨僞方法理論的建立及親自做了實例的示範，經由理論與實例的配合，無疑的，古書辨僞學的發展，到任公手裏已是成熟而開花結果了，而後人根據他所提的理論做了若干的討論，更可肯定任公在古書辨僞學上的貢獻了。最後一節要說明任公辨僞的限制，實受其性格多變驚博所累，若沒有這樣的影響，任公辨僞的成就將更大，在此吾人不得不爲任公深惜，然而這也是受時代多變，政局不定之下，任公無法完全忘情於政治，無法完全脫離政治上的干涉，此非僅是任公的不幸，中國學術上的不幸，也是時代的悲劇。

〔註 1〕鄭良樹，《古籍辨僞學》（臺北：學生書局，民國75年8月初版），〈自序〉，頁3。

第一節　梁啓超古書辨僞學商榷

　　梁任公《古書眞僞及其年代》第四章談「辨別僞書及考證年代的方法」，根據前人研究的結果及心得，加上個人的看法，歸納出兩大系統，細分爲三十二種條例，吾人碰到古書眞僞淆雜、年代混亂難識的時候，如能有效運用其方法，解決眞僞及考證年代，那麼梁任公所歸納出這一套辨僞的理論，可以說是盡善盡美，達到無懈可擊的地步；可惜，儘管任公以他縝密的組織能力，給我們歸納出這一套有系統、有條理可依循的理論，但據鄭良樹實地從事辨僞的經驗裏，發現其理論雖然嚴密而周延，但並不是萬無一失而可放諸四海皆準的。換言之，任公所提這套辨別僞書及考證年代的方法，通則是沒有錯，但任憑其方法是如何的嚴密，設想的如何的周詳完備，古書的眞僞複雜、內容千變萬化，不是簡單幾條通則即能解釋清楚的，也就是說，辨別眞僞及考證年代的方法是有侷限性的，唯有透過不斷的經驗及個人讀書得間的能力，古書辨別眞僞及其年代考證才能趨於完善，由欲理還亂的複雜狀況中，董理出明暢的頭緒來。

　　根據鄭良樹的研究指出，梁任公的兩大系統，就傳授統緒上辨別及就文義內容上辨別，在實際運用上，確有不盡然之處，如今本《公孫龍子》有〈跡府〉、〈名實〉、〈指物〉、〈通變〉、〈白馬〉及〈堅白〉，總共六篇，最早見於《漢志》〈名家類〉的著錄有十四篇，比今本多出八篇，新、舊《唐書》則皆著錄爲三卷，《新唐志》又著錄陳嗣古、賈大隱注本各一卷。《宋志》亦著錄此書，僅得一卷。比較歷代官方書目著錄的情形，可知《隋志》不著錄，獨缺此書，而《漢志》、《唐志》及《宋志》著錄的篇目都不相同，且今本篇數也與以上各志不同。宋代的陳振孫、清代的姚際恒，以及近代的黃雲眉，都以近似「從舊志不著錄而定其僞」的方法，來懷疑此書的眞僞；然而阮廷卓在〈論今本公孫龍子出現的年代及其眞僞〉一文的研究及龐樸的看法，都一致肯定今本《公孫龍子》除第一篇外，其餘五篇都不是後人所能僞造的。由這個例子，可見任公所謂由「依據舊志來判定古籍眞僞」的方法，未必是完全可靠的〔註2〕。

　　任公又喜歡從思想上的進化及影響來辨別古書眞僞及年代考證，雖說思想在各個時代都有一定的脈絡及限制，很少能超越所屬時空的，我們只要掌握住一些線索及當時代的思想理路，僞書必能無所遁形而被我們揭穿。但也並不是毫無可議之處，如對《老子》一書及老子其人的研究及考證，民國以來，自任公發表對胡適《中國古代哲學史》的批評，並提出《老子》一書成於戰國末年以來，一直

〔註 2〕鄭良樹，《古籍辨僞學》，第六章〈方法的檢討〉，頁 143～147。

迭受討論，翻開《古史辨》第四冊及第六冊，就有張煦、張壽林、唐蘭、高亨、黃季剛、錢穆、胡適、張蔭麟、馮友蘭、張季同、羅根澤、顧頡剛、譚戒甫、馬敘倫……，幾乎集中了全中國學術界的精英加入這一場論戰，然而從民國十一年梁任公的文章發表迄今，超過一個甲子的歲月也悄悄過去了，關於老子其人及《老子》一書論辯的文章也有數十篇，但始終沒有一個定論。最近地下古物的發掘，使我們對先秦的政治社會現況有了更多的認識，而可惜的是老子的身世及其著作，從司馬遷到現在，一直是個謎，一直是籠罩著神秘的色彩。即以搜集地下史料豐富的楊寬在其有名的大作《戰國史》，針對《史記》中若干史事錯誤的記載，能有所釐清，但對老子其人及書，也只能有以下的看法：

> 老子這個人的年代，司馬遷寫《史記》時已不清楚。他一會兒認為姓李名耳，就是孔子曾經向他問禮的老聃；一會兒又認為可能就是周烈王時見過秦獻公的周太史儋；一會兒又說老子的兒子名宗，曾做魏將，封於段干。這個封於段干名宗的魏將，有人認為就是《戰國策・魏策》中的段干崇，是戰國晚年魏安釐王時人。《老子》一書是用韻文寫成的哲理詩，是道家的主要著作。從其對戰國中期黃老學派有重大影響來看，這書應該作於戰國初期。《老子》又名《道德經》，分〈道經〉和〈德經〉上下兩篇，根據長沙馬王堆出土帛書以及《韓非子・解老篇》來看，〈德經〉應是上篇，〈道經〉應是下篇〔註3〕。

除了考據出《老子》可能在戰國初期完成，並使我們了解《老子》一書可分為〈道經〉及〈德經〉，〈德經〉在前，〈道經〉在後，其他像老子的身世及與孔子的關係如何，還是一樣無從索解，千古如長夜。難怪胡適在完成〈評論近人考據老子年代的方法〉後的二十五年，突然若有所悟的表示：「老子年代的問題，原來不是一個考證方法的問題，原來只是一個宗教信仰的問題！像馮友蘭先生一類的學者，他們誠心相信，中國哲學史當然要認孔子是開山老祖，當然要認孔子是『萬世師表』。在這一個誠心的宗教信仰裏，孔子之前當然不應該有一個老子，在這個誠心的信仰裏，當然不能承認有一個跟著老聃學禮助葬的孔子〔註4〕。」把一個原本是「考證方法的問題」，不得不承認為一個「宗教信仰的問題」，而且又是出自於講求科學精神的胡適之，這是任誰也想不到的，與胡適之一貫鍥而不捨的「實證主義」態度，是多麼地不相稱啊！

〔註3〕楊寬，《戰國史》增訂本（臺北：谷風出版社，1986年9月出版），下冊，頁497。
〔註4〕胡適，《中國古代哲學史》（臺北：臺灣商務印書館，民國71年8月臺五版），〈臺北版自記〉，頁7。

其實胡適對老子問題討論的轉變為「宗教信仰的問題」，主要來自他對從思想脈絡來考證古書的方法的不滿，而這種不滿又無法解決問題，於是轉而解釋「不是一個考證方法的問題」，而是「一個宗教信仰的問題」。雖是如此，他提出由思想脈絡及文體來考證古書，有其侷限性的見解，卻是很值得後人深省：

> 第一組是從「思想系統」上或「思想線索」上，證明《老子》之書不能出於《春秋》時代，應該移在戰國晚期。梁啟超、錢穆、顧頡剛諸先生都曾有這種論證。……這個方法是很有危險性的，是不能免除主觀的成見的，是一把兩面鋒的劍，可以兩邊割的，你的成見偏向東，這個方法可以幫助你向東，你的成見偏向西，這個方法可以幫助你向西，如果沒有嚴格的自覺的批評，這個方法的使用決不會有證據的價值。

接著胡適以《論語》中有句「無為而治者，其舜也歟？夫何為哉？恭己正南面而已矣」，來說明同樣以這段話為出發點，竟可以有兩種不同的觀點，即他所主張的「孔子受老子的影響——這就是說，老子和《老子》書在孔子之前」，以及顧頡剛的「若不是《老子》的作者承襲孔子的見解，就是他們的思想偶然相合」，所以最後的結果，真的形成各說各話，也就是胡適所說的「這種所謂『思想線索』的論證法是一把兩面鋒的劍，可以兩邊割的」〔註5〕。

用文體來考證古書的真偽，也有危險性，胡適又指出：

> 梁啟超先生曾辨《牟子理惑論》為偽書，他說此書文體，一望而知為兩晉六朝鄉曲人不善屬文者所作，漢賢決無此手筆，稍明文章流別者自能辨之。然而《牟子》一書，經周叔迦先生和我的考證，證明是漢末的作品，決無可疑。即以文體而論，我沒有梁先生的聰明，不能「一望而知」，但我細讀此書，才知道此書的「文字甚明暢謹嚴，時時作有韻之文，也都沒有俗氣，此書在漢魏之間可算是好文字」。同是一篇文字，梁啟超先生和我兩人可以得這樣絕相反的結論，這一件事不應該使我們對於文體的考證價值稍稍存一點敬慎的態度嗎？……所謂「漢賢手筆」，究竟用什麼作標準呢？老實說來，這種標準完全是主觀的〔註6〕。

由此可知，用思想體系及時代文體的方法，來辨別古書的真偽，在認定上，主觀的成見相差極大，所以在使用上應力加避免，以防無謂的紛爭，胡適的看法是頗具有參考價值的。鄭良樹也極同意胡適這種看法，以為「古籍的內容是靈活的，

〔註5〕胡適，〈評論近人考據老子年代的方法〉，收入《古史辨》，第六冊，頁390～394。
〔註6〕同前註。

而方法和條例卻是刻板的，我們斷斷不能用靈活的去牽就刻板的，以至於冤枉委屈了珍貴的古籍」，而在「運用各類方法及條例之際，切忌武斷和迷信，以致於受方法及條例所蒙蔽而誤得結論〔註7〕。」

　　以上就方法上檢討梁任公辨偽理論的可能爭執，接下要舉幾個重要的個別例子，說明任公在實際辨偽考證上的疏失。

　　清儒校《水經注》，戴、趙、全抄襲的公案，是近代學術界爭論不休的老問題。任公在《中國近三百年學術史》及〈戴東原著述纂校書目考〉曾對此問題表示個人的看法，以為「三家皆不免互相剿襲，而皆不足為病也」，採調和息爭的立場，在〈戴東原先生傳〉中則說「蓋純屬閉門造車，出門合轍，絕不成為道德責任問題」〔註8〕，胡適也為戴震辯護，並為戴震未見趙一清《水經注》校本找十組證據〔註9〕，但戴襲趙之罪證確鑿，經王國維的考證，似成為定論，胡適雖力為戴震維護人格，恐也難駁王國維有力的論證。王國維的證據是「戴校聚珍版本出於大典，乃亟取以校戴本，頗怪戴本勝處全出大典本外，而大典本勝處，戴校未能盡之，疑東原之言不實」，「蓋《水經注》之有善本，非一人之力也……戴東原氏成書最後，遂奄有諸家之勝，而其書又最先出，胡謂酈書之有善本，自戴氏始可也」，「余曩以大典本半部校戴校聚珍本，始知戴校并不據大典本，足證石舟之說，又以孫潛夫校本及全、趙二本校之，知戴氏得見全、趙二家書之說，蓋不盡誣」，「東原入館在三十八年之秋，其校《水經注》成在三十九年之冬，當時必見趙書無疑。然余疑東原見趙氏書，尚在乾隆戊子修《直隸河渠書》時，東原修此書實承東潛之後」，「而東原撰官本提要，所舉釐定經注條例三則，至簡至賅，較之全、趙二家說尤為親切，則東原於此事，似非全出因襲……固不必見全、趙書而始為之也，余頗疑東原既發見此事，遂以酈書為己一家之學，後見全、趙書與己同，不以為助，而反以為讐，故於其校定酈書也，為得此書善本計，不能不盡採全、趙之說，而對於其人其書必泯其迹而後快，於是盡以諸本之美歸諸大典本，盡掠諸家釐訂之功以為己功，其弟子輩過尊其師，復以意氣為之辯護，忿戾之氣相召，遂來張石舟輩竊書之譏，亦有以自取之也。東原學問才力，固自橫絕一世，然自視過高，鶩名亦甚」，「黃、胡、全、趙諸家之說，戴氏雖盡取之，而氣矜之隆，雖不欲稱述諸氏，是固官書體例宜然，然其自刊之本，亦同官本，則不可解也。又戴書簡

〔註7〕鄭良樹，《古籍辨偽學》，頁158～159。
〔註8〕梁啟超，〈戴東原先生傳〉，收入《飲冰室文集》，之四十，頁40～52。
〔註9〕其事始末，詳見《六十年來之國學》（臺北：正中書局，民國63年5月臺初版），
　　　　第三冊，〈史部第十一篇、六十年來《水經注》之研究〉，頁609～616。

嚴，例不稱引他說，然於序錄中亦不著一語，則尤不可解也。以視東潛之祖述謝山，謝山之於東潛稱道不絕口者，其雅量高致，固有間矣，由此氣矜之過，不獨厚誣大典本，抹殺諸家本如張石舟之所譏，且有私改大典、假託他本之迹」、「戴校既託諸大典本，復慮後人據大典以駁之也，乃私改大典原本以實其說，其僅改卷首四處者，當以其不勝改而中止也」、「凡此等學問上可忌可恥之事，東原胥為之而不顧，則皆由氣矜之一念誤之」〔註10〕，王氏論證持平而嚴密，梁、胡二氏皆為推尊戴氏學問及人格，但就學論學，王氏之說誠不可易也。民國二十五年，北大孟森教授考校酈書，作九篇專文以證趙東潛作《水經注釋》，全部為戴東原所竊，戴襲趙案，已有定論〔註11〕。

任公對陶淵明的看法，多和傳統不同，已如上一章第二節所示。但任公「取己身之思想經歷，以解釋古人之志尚行動」，是陳寅恪所無法同意的，於是陳寅恪以為陶淵明在政治上之主張，還是傳統「自以曾祖晉世宰輔，恥復屈身異代，自高祖王業漸隆，不復肯仕」的說法，最能得淵明新自然思想的實情，「與嵇、阮之舊自然說殊異，惟其仍是自然，故消極不與新朝合作，雖篇篇有酒，而無沈湎任誕之行及服食求長生之志」〔註12〕，陳寅恪由魏晉兩朝清談內容之演變，述及陶淵明思想與其先世信仰的關係，闡發中古思想變遷史實，鞭辟入裏，顯然比任公更勝一籌。

《左傳》與《國語》二書，任公認二者為一書，且分國為紀，並非編年，經劉歆竄入者當不少，此說也有可議之處。據近人張以仁〈論國語與左傳的關係〉及〈從文法語彙的差異證國語左傳二書非一人所作〉的研究裏，指出《國語》與《左傳》非一書化合，以及二書在文法上的差異，足以顯示後人研究問題之全面與精確〔註13〕，亦可見任公對此問題的疏陋失工。

任公以朱舜水為日本文化的開關者，國學唯一的輸入者，對日本近代文化及人才造就上有不可磨滅的貢獻，對他推崇備至〔註14〕，同時也有年譜之作，以表

〔註10〕王國維，〈聚珍本戴校水經注跋〉，見《觀堂集林》上冊（臺北：世界書局，民國72年5月五版），頁575～582。

〔註11〕《六十年來之國學》，第三冊，頁601～609。

〔註12〕陳寅恪，〈陶淵明之思想與清談之關係〉，見《金明館叢稿初編》，現收入《陳寅恪先生文集》之二（臺北：里仁書局，民國70年3月），頁180～205。

〔註13〕關於張以仁先生的考證，鄭良樹《古籍辨偽學》中有很高的評價，詳見頁226～228。

〔註14〕如《中國歷史研究法補編》第五章談年譜的做法就說：「我自己做朱舜水年譜，把舜水交往的人，都記得很詳細。那些人名，日本人固然聽得爛熟，中國人看來都很面生。朱舜水與日本近代文化極有關係，當時即已造就人才不少。我們要了解他影響之偉大，須看他的朋友和弟子跟著他活動的情形。雖然這些人史料很缺乏，但我

彰其事功。但任公《朱舜水先生年譜》卻暴露了不少缺失，如「年譜引舜水著述頗多，然寬文十年（康熙九年）之楠公父子訣別圖讚，即後刊為湊川碑陰者，為日本教忠之主要資料，明治以後學校教科書習用之，幾於家絃戶誦，而譜中未及，殊不可解。重禮尚實之教，炙為日本國民風尚，見於明治後之教育勅語，矯朱熹陸淵之空虛，闡禮樂之本意，與北方顏元李塨之說極為相近，乃舜水思想之精華，而譜中亦未能特為揭出，使讀者不能無探驪失珠之憾焉。」且與朱舜水有關係的人事，有當為表記者，也多詳略失宜，輕重倒置；而日本人在明治四十五年（民國元年）為朱舜水開三百五十年紀念會，並刊紀念文集，立紀念碑於東京本鄉區故宅，此為日本學界之大事，譜中竟略而不提，殊令人難解！再來是任公所引據的史料皆為湯壽潛刊行馬一浮編的鉛印《舜水遺書》本，以及數種漢籍而已，於日人輯撰精本卻未有及見，與任公素所強調史料之重要是很不相符的，況且任公久寓東土，博學多聞，於日本學界熟稔之狀況，當較一般人更是清楚，而此《朱舜水先生年譜》竟有如許多之疏失，不免有「擇焉不精」的譏評〔註15〕。

　　任公晚年曾從歐陽竟無先生請教佛學，對佛學也曾下功夫研究〔註16〕，有幾篇考證的文字，已如上章所述，茲不重引。觀這幾篇考證文字，在當時及以後，都引起很大的風波，如《牟子理惑論》的真偽，任公以為是「兩晉六朝鄉曲人不善屬文

仍想努力搜求，預備為他們做些小傳。像朱舜水一類的人，專以造就人才為目的，雖所造就的是外國人，但與我們仍有相當的關係，在他的年譜，附載當時的人，當然愈詳細愈好。」又說：「我做朱舜水年譜，在他死後還記有若干條，那是萬不可少的。他是明朝的遺臣，一心想驅逐滿清，後半世寄住日本，死在日本，他曾說過滿人不出關，他的靈柩不願回中國，他自己製好耐久不朽的靈柩，預備將來可以搬回中國，果然那靈柩的生命比滿清還長，至今尚在日本，假使我們要去搬回來，也算償了他的志願哩。我看清了這點，所以在年譜後，記了太平天國的起滅和辛亥革命，宣統帝遜位，因為到了清朝覆滅，朱舜水的志願總算償了。假如這年譜在清朝做，是做不完的，假如年譜沒有譜後，是不能成佳作的。」梁氏為朱舜水作年譜，並以之作為年譜做法的範例，可見對此作極表滿意。

〔註15〕梁容若對此譜很不滿意，見〈讀梁任公著朱舜水年譜〉，刊登於《大陸雜誌》，第七卷第九期（民國42年11月），頁10～13。

〔註16〕丁文江，《梁任公先生年譜長編初稿》頁625云：「每來復一、三、五從早上七點半起至九點半（原註：最苦是這一件，因為六點鐘就要起來），我自己到支那內學院上課，聽歐陽竟無講佛學」。梁啟超，〈先秦政治思想史序〉亦云：「啟超講述斯稿之兩月間，以餘力從歐陽竟無先生學大乘法相宗之教理」。另在給梁令嫻女士的信裏，也提到「我現在託病杜門謝客，號稱靜養，卻是靜而不養。每日讀極深奧的成唯識論，用盡心思，一日讀三、四葉，還是勉強懂得一點罷了」，（梁譜，頁634）凡此皆可見任公在佛學方面的努力。

者所作，漢賢決無此手筆」，就引起周叔迦、胡適、余嘉錫、湯用彤等人的反對〔註17〕，而《四十二章經》和《牟子理惑論》是互相有關的問題〔註18〕，因《牟子理惑論》的問題沒有定說，《四十二章經》的問題，自然也難以有確定說法，湯用彤、胡適及陳援庵等人都有不同梁任公的意見〔註19〕。但這些不同看法都在同一方向——即考證真偽——做討論，孰是孰非，仍然未定；另有一派佛門人士則根本反對這種討論，以為做這種討論，並未掌握到佛學的精蘊，佛學重點在彼不在此，如任公作《大乘起信論考證》就受到佛學界的指責，有署名非心的佛學界人士即以為「起信論譯於梁，乃於真諦航海初抵中國時譯，但真諦三藏後譯諸經論皆在陳朝譯，著在《真諦錄》中，而此論及大宗地玄文論等以非在陳朝所譯，遂未入錄，隋法經未詳其不錄之故，據《陳錄》入此論以疑，誤矣」，來駁斥任公「從文獻上考察」是不當的；又以為東方及西方學術發展路數不同，西方人的學術由外境觀察、論辯而來，故有進化的軌跡可以測得，東方人的學術不然，其「道術則皆從內心薰修印證得來，又不然則從遺言索隱闡幽得來，故與西洋人學術進化之歷程適相反對，而佛學尤甚焉。用西洋學術進化論以律東洋其餘之道術，已方枘圓鑿，格格不入，況可以之治佛學乎？」至於由思想與時代的發展觀察，任公以為某時代有某種思想，某種思想非其時代所必須有者，必不會產生，非心並不認為如此，他認為「佛法乃為眾生無時不須要者，特要有深證妙悟者以發之耳」，至於能否影響於後世，也是不一定的，「譬如《大學》、《中庸》二篇，宋明來在中國思想界可說影響極大矣，然在七國、兩漢、六朝、三唐間有何影響乎？」而且「印度人之思想為超時間者，則當知由印度人思想之產物亦為超時間者，以彼超時間之思想學術乃忽欲以時間拘之，抑何矛盾之甚！」〔註20〕所以，由佛學界的觀點看來，任公的研究方法根本是他們所無法接受的，其所遭受抨擊，亦是意料中事〔註21〕。

〔註17〕呂澂，《中國佛學源流略講》（臺北：里仁書局，民國74年1月30日），頁27～28。

〔註18〕呂澂云《四十二章經》「直到近代才有人對它研究，發生懷疑。我們斷定它不是翻譯，也不是初傳的經，這裏還得解決一個《理惑論》的問題，大家認為《理惑論》出於漢末，如果屬實，則說《四十二章經》抄出於東晉就難以成立了，因為此，需進一步把《理惑論》的真偽弄明白。」亦見《中國佛學源流略講》，頁26。

〔註19〕湯用彤的意見，胡適的意見，俱見於《胡適文存》第四集，卷二，〈四十二章經考〉。陳援庵的意見，載於《援庵史學論著選》中的〈關於《四十二章經》考〉一文（臺北：木鐸出版社，民國71年4月初版。）

〔註20〕以上文字見非心〈評大乘起信論考證〉一文，收入張曼濤主編《現代佛教學術叢刊》第四輯的《大乘起信論與楞嚴經考辨》中（臺北：大乘文化出版社，民國67年5月初版。）

〔註21〕關於此公案的緣起始末，會覺〈起信論研究書後〉的文章，有段很清楚的記載，可

由以上數個例子看來，任公辨偽範圍雖極爲廣泛，但如果吾人就每篇仔細推敲，都有可以非議之處，因此任公雖然被陳寅恪稱許「高文博學，近世所罕見」，然而以學術窄而深的標準來衡量，任公的辨偽成績在今日看來，往往有很多不夠精深，有待加強充實。

第二節　梁啓超古書辨偽學的特色

梁任公古書辨偽的種種缺失，有如上一節所述，但也有若干特色，是值得提出來討論的。

首先是研究方法的自覺。任何學問的研究，除了長久深入的探索之外，欲超越前人，得到滿意的成績，尤應有方法的突破。任公本身即有這方面的自覺，他在公開演講的場合裏，曾經批評清代乾嘉諸老的成績表現，以爲「清學正統派之考證學」的成就，在文獻的辨偽方面，「經學方面做得最多，史學、子學方面便差得遠，佛學方面卻完全沒有動手」，他覺悟到「做這種工作，眼光又和先輩不同，所憑藉的資料也比先輩們爲多，我們應該開出一派『新考證學』，這片大殖民地，很夠我們受用」〔註22〕。任公所以做了很多考證辨偽的文字，就是有如此的自覺，而在佛學方面的研究，就處處顯示出作者有意突破傳統，如佛教最初輸入中國的時地、玄奘西游出境的年代，以及佛學典籍如《四十二章經》、《牟子理惑論》及《大乘起信論》等，在傳統的史籍上，都有明確的記載，一般人看來似乎不成問題，但任公則不滿於傳統舊說，於是親自做了若干異於傳統的考證辨偽（見本書第三章第二節〈第一部分內容辨偽及年代考證，戊、佛學方面〉），在〈大乘起信論考證序〉中更是明白揭示他對佛學研究方法的觀點：

> 此一段公案，爲佛學界空前之大發明，自無待言。然檢諸家之論據，

以供參考：「大乘起信論研究，由武昌印經處蒐集海內佛學家研究起信論而成。其編輯次序，首有歐陽竟無君作唯識抉擇談，對於起信論眞如緣起說，極言其陋。次有吾師太虛法師對竟無先生之抉擇談作佛法總抉擇談，以抉擇其抉擇，亦兼及起信論。次章太炎君爲遣人疑惑起見，有大乘起信論辯之作。次梁任公君作起信論考證，有非心君作評，以出其非。後王恩洋君作起信論料簡，將起信根本推翻，而唐大圓君作起信論解惑，以解其惑。又有陳維東君作料簡起信論料簡，釋常醒君作起信論料簡駁義，以盡其餘勢。」曾覺此文及文章中所提到的論戰文字，俱可在《大乘起信論與楞嚴經考辨》一書中尋得。

〔註22〕此段話爲梁任公民國12年1月9日在東南大學的國學研究會演講，題爲〈治國學的兩條大路〉，收入《飲冰室文集》，之三十九，頁113。

其取材不越全藏，則固吾國人所盡人能讀者也，而發明之業，乃讓諸彼都人士，是知治學須有方法，不然則熟視無睹。近數年來國中談佛者熾然矣；其純出於迷信的動機者且勿論，即實心求法者，亦大率東聽一經、西繙一論，絕少留意於別派之條貫，往往糅矛盾之說於一爐，以自招思想之混亂。吾以爲今後而欲昌明佛法者，其第一步當自歷史的研究始。

爲什麼要注重歷史的研究呢？又說：

印度有印度之佛學，中國有中國之佛學，其所宗嚮雖一，其所趣發各殊。謂宜分別部居，遡源竟流，觀夫同一教義中而各派因時因地應機蛻變之跡爲何如，其有矯誣附益者則芟汰之。夫如是，以言修持耶，則能壹共宗尚，以言誦習耶，則能馭繁探賾。要之，七千卷之大藏，非大加一番整理，不能發其光明；而整理之功，非用近世科學方法不可。日本近十年來，從事於此者漸有人矣，而我國則闃乎其未之聞。吾檢此《起信論》一段公案，未嘗不驚歎彼都學者用力之勤；而深覺此種方法若能應用之以整理全藏，則其中可以新發見之殖民地蓋不知凡幾，此實全世界學術上一大業，而我國人所不容多讓者也。

的確，從歷史觀點看來，印度佛學傳入中國，即能融入了中國色彩，形成「中國之佛學，乃中國之佛學，非純然印度之佛學也」，尤表現出自己的特色﹝註23﹞，而佛學傳入中國後，對中國思想造成何等之影響，在歷史上斑斑可考，這是無庸置疑的；因爲中國佛學既不同於中國的傳統思想，也不同於印度的佛學思想，而是汲取印度學說所新構成「中國本土化」的思想，自有其特色，因此一特殊的歷史現象，也就有其特殊的研究方法，而最基本的是呂澂這段談研究中國佛學的研究方法：

在理解中國佛學時，首先要注意到中國佛學同印度佛學的關係。印度佛學在不斷變化，我們就要注意到這些變化給中國佛學以怎樣的影響；注意中國佛學在這個過程中，與印度佛學保持了多大的距離。總之，要以印度佛學的發展爲尺子，用來衡量中國佛學發展的各階段，並藉以看出兩者之間的異同，以及中國佛學的實質﹝註24﹞。

﹝註23﹞ 梁啓超曾謂中國佛學表現出四大特色，即一、自唐以後，印度無佛學，其傳皆在中國；二、諸國所傳佛學皆小乘，惟中國獨傳大乘；三、中國之諸宗派，多由中國自創，非襲印度之唾餘者；四、中國之佛學，以宗教而兼有哲學之長。以上見梁氏《中國學術思想變遷之大勢》（臺北：中華書局，民國68年6月臺八版），頁72～76。
﹝註24﹞ 呂澂，《中國佛學源流略講》，頁13。

可以作爲任公主張佛學「第一步當自歷史的研究始」的注腳。任公在當時以歷史的方法研究佛學，寫成《中國佛教史稿》（這些文章後收入《佛學研究十八篇》中）及《大乘起信論考證》，雖遭受非議及否定（見上一節），但就今日看來，任公所揭示的研究方法，是前人所少用的，也是史學領域中應該具有的，即以此點而論，吾人不得不佩服任公的眼光。張蔭麟對此亦有很高的評價：

> 惟其關於中國佛學史及近三百年中國學術史之探討，不獨開闢新領
> 土，抑且饒於新收穫，此實爲其不朽之盛業〔註25〕。

張氏的看法，可謂知言，頗能深中任公學術肯綮。

　　其次，任公古書辨偽的第二個特色，是把古書辨偽列入歷史學研究的領域之一，也就是歷史研究的第一步驟——史料的蒐集與鑑定。這和前清一代諸老所作的辨偽工作，精神上已大有不同，清人雖然在古書眞偽的辨識上，花下不少的心血，但並不全然是因爲欲研究中國歷史才在古書眞偽上做辨識，主要有其歷史上的其他因素〔註26〕；任公則有很明確的目標，「把古書眞偽及年代辨析清楚，尤爲歷史學之第一級根據，我盼望我們還繼續清儒未完的工作」〔註27〕，他的《古書眞偽及其年代》的演講，即是有這樣的雄心，可惜講完總論之後，分論僅講完經部就沒有繼續下去，但也提示我們研究中國歷史的方法：

> 中國書籍，許多全是假的，有些一部分假，一部分眞，有些年代弄
> 錯，研究中國學問，尤其是研究歷史，先要考訂資料，後再辨別時代，
> 有了標準，功夫才不枉用，我所以把古書眞偽及其年代作爲一門功課講，
> 其用意在此。好在前人考訂出來了的，已經很多，尚有徯徑可尋，不大
> 費事，……不能每一部書，都作考證，但是研究學問，又不能不把資料
> 弄清楚，……把前人已經定案了的，或前人未定案而可疑的，一一搜集
> 考核出來，隨後研究本國書籍，才不會走錯，不會上當〔註28〕。

由於任公對史料眞偽極爲重視，以爲古書沒有通過辨偽整理的功夫，將會有很大的流弊：史蹟方面，會造成進化系統紊亂，社會背景混淆、事實是非倒置，以及由事實影響於道德及政治；在思想方面，會造成時代思想紊亂、學術源流混淆，

〔註25〕張蔭麟，〈近代中國學術史上之梁任公先生〉，《學衡》八十五期（民國18年1月），頁 9269～9276。

〔註26〕余英時，〈清代思想史的一個新解釋〉，收入《歷史與思想》（臺北：聯經出版公司，民國72年第八次印行）頁 121～156。

〔註27〕梁啓超，《中國近二百年學術史》（臺北：中華書局，民國67年9月臺九版），頁 261。

〔註28〕梁啓超，《古書眞偽及其年代》，頁 12～13。

以及個人主張矛盾；在文學方面，亦會造成時代思想紊亂、進化源流混淆，以及個人價值矛盾，學者枉費精神〔註 29〕。所以，他在中國歷史研究的領域中，投注相當多的心力在古書真偽及其年代的辨識上，自然是可以理解的。然而，張蔭麟卻說任公「晚事考據者，徇風氣之累也」〔註 30〕，羅炳綿亦循張氏的說法〔註 31〕，以為任公所貢獻於近代史學者，全不在考據。其實，考據的工作，僅是任公史學研究的一部分，也是最基本的，他的《中國歷史研究法》就是他二十多年治史心得與理想所託，有極大的篇幅在講史料的蒐集與鑑別，又把古書真偽及其年代的辨識列為學期演講課程中，可見任公對此的重視，張、羅二氏由任公文筆的深入人心，及啟發後人治史的門徑著眼，來肯定任公在學術上的貢獻，並不提及考據，恐怕也是任公「才大工疏」，「幾乎無一篇無可議者」的緣故。

今日，吾人重新拜讀任公的著作，並省察民國以來關於古書真偽的論戰中，不得不肯定任公在考據方面的貢獻，雖然任公的考據「幾乎無一篇無可議者」，但他提出一套辨別古書真偽及考證年代的方法，總結前人的方法，並融會了自己的見解，有組織、有系統，後人談到古書真偽考辨的方法，必以之為必要依據〔註 32〕，到目前為止，講辨識古書真偽方法者，都是在任公所創立的基礎上而精益求精，即以此而言，說任公為民國以來古書辨偽學理論之第一人，實不為過。

「解決問題，固然是學術上一種成績，提出問題，也算一種成績」〔註 33〕，這是任公對清儒在辨偽書方面所做的評價。同樣地，我們以此言作為任公辨偽成績的評價，也是適當的。任公辨偽的疏陋，是後人一致的批評，但並不能否定他「善於提出問題」的貢獻，任公有很多篇文章，在當時及以後，都引起廣泛的討論，如老子的時代問題、陰陽五行說的起源問題、陶淵明的年歲問題、佛學史及佛學經典真偽問題等，而這些問題迄今尚未有定論〔註 34〕，任公以他在學術界的

〔註 29〕同前書，頁 2～12。

〔註 30〕張蔭麟，〈跋梁任公別錄〉，《政論周刊》第一六三期（民國 47 年 2 月 18 日出版），頁 11。

〔註 31〕羅炳綿，〈梁啟超對中國史學研究的創新〉，收入《清代學術論集》（臺北：食貨出版社，民國 67 年 4 月初版），頁 700～701。

〔註 32〕曹養吾的〈辨偽學史〉（《古史辨》第二冊）、張心澂的《偽書通考》（臺北：明倫出版社，民國 62 年 2 月再版）、杜松柏的《國學治學方法》（臺北：弘道書局，民國 69 年 4 月一版）、鄭良樹的《古籍辨偽學》（臺北：學生書局，民國 75 年），以及台灣師範大學國文研究所高明先生的「治學方法」課程，提到有關辨識古書真偽的方法，都是以梁任公的方法為起點，由此可見任公這套辨偽的方法的價值了。

〔註 33〕梁啟超，《中國近三百年學術史》（臺北：中華書局，民國 67 年 9 月臺九版），頁 261。

〔註 34〕老子的問題，重要的論辨者，見本章第一節所敘，茲不贅引。陰陽五行的問題，見

影響力，引發這些問題供後人探討，已是成就了一樁功德了。至於考證疏陋失工，後人青勝於藍的表現，又何足傷任公但開風氣之功乎？

把古書真偽辨識清楚，各還其本來面目，研究結果才不致於枉費，才有可靠的依據，而偽書經判定後，偽書是否即失去價值呢？是又不然。任公指出偽書辨別以後，仍然有其價值，因爲造偽書是不能無中生有，必定要參稽許多書籍，「假中常有真寶貝，我們可把他當做類書看待。戰國人偽造的書一定保存了秦始皇焚書以前的資料，漢人偽造的書一定保存了董卓焚書以前的資料，晉人造偽的書一定保存了八王之亂以前的資料，因爲那些造偽的人生在焚書以前，比後人看的書多些」。除了這個功用，偽書也保存了許多古代的神話，「神話可以表現古代民眾的心理」，是研究古代文化和民族心理的絕好材料。偽書的另外兩種功用，是保存了許多古代的制度和古代的思想，例如《周禮》決不是周公所作，把它當作周公時代的制度固然不對，但如果把它定位在戰國以後至西漢間，學者對政治制度理想的寄託所在，則其價值就很大了；又如《列子》把它和《老子》、《莊子》時代並置，可能會有問題，但如把它和王弼的《老子注》、何晏的《論語注》放在一起研究，就很有價值了〔註35〕。

這樣看來，把偽書判定之後，回歸到造偽的時代，以爲研究該偽作時代的思想或造偽者的偽作動機、目的，則偽書的價值實不下於真書。由此可見，經由辨偽的工作，不管真書偽書，都能發揮其功用。任公能見到判定偽書後，有這一層意義，則是他的卓識，也可以說是一項特色。

第三節　梁啟超古書辨偽學的限制

論者總把任公一生的活動經歷，分爲四個時期，而以第四期爲學術生涯階段〔註

《古史辨》第四冊，晚近饒宗頤採用新史料，有不同的解釋，見《中國史學上之正統論》（臺北：宗青圖書公司，民國68年10月初版），頁8～18。陶淵明的年歲問題，主傳統說者，有傅東華、鄭因百、潘重規、楊勇、逯欽立，以及呂興昌等，景從任公新說者，有陸侃如、李辰冬、方祖燊，見呂興昌，〈陶淵明享年六十三歲舊說新證〉，《漢學研究》，第五卷第二期（民國76年12月出版），頁513～526。佛學史及佛學經典真偽問題，除《大乘起信論與楞嚴經考辨》一書可參考外，尚有《玄奘大師研究》上、《中國佛學史論集》（一）、《四十二章經與牟子理惑論考辨》諸書，俱見張曼濤主編的《現代佛教學術叢刊》（臺北：大乘文化出版社，民國67年）。

〔註35〕以上所述偽書的四種功用，見梁啟超，《古書真偽及其年代》，第五章〈偽書的分別評價〉，頁58～59。

〔註36〕張蔭麟，〈近代中國學術史上之梁任公先生〉；蕭公權，《中國政治思想史》（臺北：

36〕，大致是不錯的。但以任公的聰穎才學，加上個人的銳勇上進、元氣淋漓的學問熾慾，如能完全摒除政治方面的干擾，成就當有可能與王國維、陳寅恪鼎足而立，但令人惋惜的，民國以來，世局詭譎多變、政治的紛亂不靖，促使任公無法安定做學問，加以情緒的起伏升降，影響到生活飲食的不善調理，夫人的過世及王國維的沈湖，在在都刺激到任公，使原本身體健朗的任公，竟以六十歲未達（1873～1929）之英年而辭世，是繼王國維之後，中國近代學術界的一大損失。

民國九年初，任公自歐洲考察回國，即有意致力於學術工作。但北方軍閥各據一方，為擴張勢力而兵戈相向，民國九年七月有直皖戰爭，民國十一年四月有第一次直奉戰爭，民國十三年有直奉第二次戰爭，民國十四年十月直系孫傳芳攻擊奉系，以及民國十五年七月南方軍政府誓師北伐，迄於民國十七年十二月南方政府統一中國〔註37〕。數年之中，全國始終在內戰狀態，加以外交方面，中、日山東懸案的解決、五卅慘案的事後交涉等，都促使任公在講學之餘，不得不發表對時局主張的文字或演說〔註38〕，任公甚至有再復出從政之念頭，可見政局不安對任公學術工作造成極大影響。

此外，就任公本身性格而言，恐怕是影響其成就的最主要因素。任公治學興趣廣泛，且好著述，下筆成章，自報館生涯始，迄於逝世為止，蓋無一日不與文字為伍。他在《清代學術概論》一書有段自剖的話：

> 啟超鶩廣而荒，每一學稍涉其樊，便加論列，故其所述著，多模糊影響籠統之談，甚至純然錯誤，及其自發見而自謀矯正，則已前後矛盾矣〔註39〕。

就報館著述而言，此弊病乃在所難免，蓋以時日匆促，或有鑽研未透，須應時為文，實有不得不然也。然則，以學術研究之立場，當集中精力專注某一問題，做窄而深的專門研究，任公涉學太廣，性格多變，實不利於專業研究，其人亦有自知之明：

> 啟超「學問慾」極熾，其所嗜之種類亦繁雜，每治一業，則沈溺焉，集中精力，盡拋其他，歷若干時日，移於他業，則又拋其前所治者，以集中精力故，故常有所得，以移時而拋故，故入焉而不深，彼嘗有詩題

中國文化大學出版部，民國74年新三版），頁747。

〔註37〕黃大受，《中國近代史綱要》（臺北：大中圖書公司，民國67年臺十一版），頁120～127。

〔註38〕見梁啟超，《飲冰室文集》，之三十五、之三十六、之三十七、之四十二；以及丁文江，《梁任公先生年譜長編初稿》，頁596～600、頁611、頁616～618、頁647、667、頁678、頁682、頁688、頁705、頁719～727、頁748～749等。

〔註39〕梁啟超，《清代學術概論》（臺北：中華書局，民國69年1月臺九版），頁65。

其女令嫻《藝蘅館日記》云「吾學病愛博，是用淺且蕪，尤病在無恒，有獲旋失諸，百凡可效我，此二無我如」，可謂有自知之明。啟超雖自知其短，而改之不勇，中間又屢爲無聊的政治活動所牽率，耗其精而荒其業，識者謂啟超若能永遠絕意政治，且裁斂其學問慾，專精於一二點，則於將來之思想界當更有所貢獻，否則亦適成爲清代思想史之結束人物而已〔註40〕。

今觀其考證辨偽文字，除《墨子》的問題，與胡適往返研究，有較深入探索之外，其餘大多是信筆揮就，淺嘗即止，故自言「以集中精力故，故常有所得，以移時而拋故，故入焉而不深」，可謂實在寫照。

〔註40〕同上書，頁66。

第五章　結　論

　　根據以上三章的討論，吾人可以很清楚地看出，以顧頡剛、胡適等人所掀起的「古史辨運動」，以排山倒海的姿態衝激傳統上古史，在當時學界引起一股強大的波瀾，而梁任公本身是觸覺敏銳、思想能與時俱進的人物，面對這股沛然莫之能禦的疑古狂潮，並不抗拒，相反地，反而歡迎以這種疑古的精神做學問，但對於以疑古為目的的職業性質（如錢玄同改稱疑古玄同，連自己的姓都要表示懷疑），則表示無法苟同；在當時「整理國故」形成風氣，任公對「國故」的認知和胡適等人是不同的，胡適、顧頡剛、錢玄同他們對「國故」的整理，是屬文獻方面的整理，而任公認為「國故」應該包括「文獻上的學問」及「德性上的學問」兩方面，後者之重要性甚於前者，所以他一方面對中國典籍如先秦諸子、佛教史及經典考辨等，下了很大的心力研究、整理，但同時也講「儒家哲學」，也批評胡適以知識的觀點來講中國近代哲學是不恰當的；這樣肯定中國傳統，並以發揚傳統優美德性為己任，自己也親身去感受體認與實踐，表現出活活潑潑、元氣淋漓的生命情調，主要是來自任公政治改良運動失敗，赴歐洲考察一次大戰後，歐洲在戰後的蕭條景象，使他有「科學非萬能」的想法，加以和歐洲哲學家的對談，歐人對中國文化的讚歎欽佩，都使他更加肯定中國精神文明的優越，益信先哲的遺產足以補救西人注重物質的機械主義的弊端，而胡適等人對中國傳統的體認，並不如任公的深刻，他們看到中國人在和西方文明國家比較起來，出現了太多的弊病，都足以妨礙社會的進步，這些缺點革除排拒都來不及了，那有心情去欣賞任公所謂「德性的學問」？由於彼此經歷、心路趨向的不同，因此表現出對古書的辨偽整理也有很大的不同。

　　任公對中國古書所做的辨偽工作，範圍極為廣泛，包括經學、先秦諸子、史學、文學、書法鑑定、佛學等，時代上起先秦，下迄明清，由此可見他的博學和

勤奮；也由於他的「學問慾極熾」，樣樣都有興趣，因此他所做的考據，深入一層探討，幾乎篇篇都有可議之處，在當時及以後，引起很多的爭論，以其人在學界有廣大讀者及影響力，所以儘管他的辨偽考證難免有博而不精之譏，但他善於提出問題，但開風氣之貢獻，並不因考據疏陋失工而減少清輝！

值得注意的，民國以來，辨偽學者多如過江之鯽，像陳寅恪、王國維、余嘉錫、錢穆、王叔岷、陳援奄等，就學術窄而深的觀點，他們對古書的辨偽考證，都比梁任公精密深入而正確，但能夠總結前人對古書辨偽的方法，組織整理出來，使之成為理論化、系統化，無疑的，任公是第一人，以後的學者，如張心澂、屈萬里、高明、鄭良樹、杜松柏等，提到有關古書辨真偽的方法，也須以任公的方法為基礎。《古書真偽及其年代》一書的價值就很顯然了。

然而，任公一生以救國為念，雖然晚年從事學術文化活動，仍不能忘情於政治，而民國以來政局的紛擾不安，影響到他的情緒與健康，使他在學術上如日中天的高峰時期，竟突然病逝，不僅完成一部《中國通史》的夙志未能如願以償，這是任公的遺憾，也是近代中國學術界的最大損失，更是時代的悲劇！

我們感到最可惜的，任公所談古書辨偽及考證年代的方法，儘管是一套嚴密而完整的理論，自己也做了若干示範性的考辨工作，但僅只是文獻材料的探討，至於地下出土實物與文獻材料的配合比勘，卻未述及，當然這是任公本身專業素養，如金石學、考古學等知識的不足，以及他那個時代出土實物有限，只有王國維、羅振玉等少數一二位學者有此能力利用出土實物做學問，也是無可厚非的。

最近十餘年來，大陸有計畫地挖掘地下古物，使得埋藏在陰暗的地底層下的古代實物，能夠重見天日，彌補了古代文獻材料記載的不足，使我們對古代中國文明有更客觀、更深入的認識，這是我們視野比前人更開拓的第一步。

新資料的發現，固可補充文獻材料的缺失，使得研究成果更具有客觀性，加強了可信程度，但出土實物和傳統文獻記載萬一有了矛盾或不同的說法時，我們要以什麼作為取捨的標準？一味的迷信傳統文獻，對出土實物置若罔聞，固然有失客觀的科學研究精神，但以實物為鵠的，把傳統文獻棄若敝屣，也不是學者應有的態度。現在大陸陸續不斷有考古挖掘的報告，將來進展到若何程度，能修正傳統文獻的記載有多少，誰也不敢說，一件出土實物擺在眼前，我們如何鑑定其真偽，並配合文獻解釋它呢？我們所感到最棘手的，有時候同一件實物，有若干種不同解釋，我們如果沒有這方面的訓練與素養，豈不是無從辨識而擇取利用之？

在講求「科際整合」的今天，我們本身如果沒有相關的專業知識為工具，「科際整合」可能只是種空中樓閣而已。總之，考古挖掘的工作現在正一直展開之中，

如何把考古學、文字音韻學、古代制度思想等知識，利用到出土實物和文獻材料的配合，發展出一套新的考證之學，是一個值得開發的新方向，也是我們能超越梁任公的地方。

參考書目

甲、梁啟超專著與年譜

 1：梁啓超，《飲冰室文集》（全八冊），（臺北：中華書局，民國 72 年 12 月臺三版）。

 2：梁啓超，《清代學術概論》，（臺北：中華書局，民國 69 年 1 月臺九版）。

 3：梁啓超，《中國近三百年學術史》，（臺北：中華書局，民國 67 年 9 月臺九版）。

 4：梁啓超，《陶淵明》，（臺北：中華書局，民國 69 年 2 月臺四版）。

 5：梁啓超，《桃花扇註》（全二冊），（臺北：中華書局，民國 59 年 3 月臺二版）。

 6：梁啓超，《王荊公》（民國 25 年 4 月初版），（臺北：中華書局，民國 67 年 1 月臺三版）。

 7：梁啓超，《墨子學案》，（臺北：中華書局，民國 67 年 9 月臺四版）。

 8：梁啓超，《子墨子學說》（民國 25 年 4 月初版），（臺北：中華書局，民國 60 年 2 月臺三版）。

 9：梁啓超，《國史研究六篇》，（臺北：中華書局，民國 69 年 2 月臺四版）。

10：梁啓超，《中國之美文及其歷史》，（臺北：中華書局，民國 69 年 2 月臺三版）。

11：梁啓超，《諸子考釋》，（臺北：中華書局，民國 65 年 9 月臺五版）。

12：梁啓超，《孔子》（民國 25 年 4 月初版），（臺北：中華書局，民國 60 年 3 月臺三版）。

13：梁啓超，《國學研讀法三種》，（臺北：中華書局，民國 70 年 10 月臺十二版）。

14：梁啓超，《佛學研究十八篇》，（臺北：中華書局，民國 65 年 7 月臺四版）。

15：梁啓超，《中國歷史研究法（附補編）》（民國 25 年 4 月初版），（臺北：中華書局，民國 70 年 6 月臺十四版）。

16：梁啓超，《古書眞僞及其年代》，（臺北：中華書局，民國 71 年 11 月臺七版）。

17：梁啓超，《朱舜水先生年譜》（民國 25 年 4 月初版），（臺北：中華書局，民國

46 年 4 月臺一版）。

18：梁啓超，《歐遊心影錄節錄》，（臺北：中華書局，民國 65 年 3 月臺三版）。

19：梁啓超，《先秦政治思想史》，（臺北：中華書局，民國 69 年 8 月臺十版）。

20：梁啓超，《儒家哲學》，（臺北：中華書局，民國 69 年 2 月臺七版）。

21：梁啓超，《中國學術思想變遷之大勢》，（臺北：中華書局，民國 68 年 6 月臺八版）。

22：梁啓超，《管子傳》，（臺北：中華書局，民國 65 年 3 月臺九版）。

23：梁啓超，《大乘信論考證》，（臺北：臺灣商務印書館，民國 57 年 5 月臺一版）。

24：丁文江，《梁任公先生年譜長編初稿》（全二冊），（臺北：世界書局，民國 61 年 8 月再版）。

乙、專著書目

1：錢穆，《兩漢經學今古文平議》，（臺北：東大圖書公司，民國 67 年 7 月臺再版）。

2：顧頡剛等，《古史辨》（全七冊），（臺北：藍燈文化事業公司，民國 76 年 11 月初版）。

3：李敖，《胡適研究》，（臺北：文星書局，民國 53 年 3 月 25 日初版。）

4：余英時，《史學與傳統》（民國 71 年 1 月初版），（臺北：時報文化公司，民國 72 年 10 月三版）。

5：施耐德著，梅寅生譯，《顧頡剛與中國新史學》，（臺北：華世出版社，民國 73 年 1 月初版）。

6：胡適，《胡適文存》（全四集），（臺北：遠東圖書公司，民國 42 年 11 月初版）。

7：胡適，《白話文學史》，（臺南：東海出版社，民國 70 年 6 月 5 日。）

8：胡適，《中國古代哲學史》（民國 8 年 2 月初版），（臺北：臺灣商務印書館，民國 71 年 8 月臺五版）。

9：胡適，《四十自述》，（臺北：遠東圖書公司，民國 72 年 9 月版）。

10：胡適，《胡適的日記》，（臺北：谷風出版社，1987 年 4 月）。

11：余英時，《中國近代思想史上的胡適》（民國 73 年初版），（臺北：聯經出版公司，民國 75 年第三次印行）。

12：李國俊編，《梁啓超著述繫年》，（上海：復旦大學出版社，1986 年 1 月第一版）。

13：鄭良樹，《古籍辨偽學》，（臺北：學生書局，民國 75 年 8 月初版）。

14：楊寬，《戰國史（增訂本）》（全二冊），（臺北：谷風出版社，1986 年 9 月）。

15：陳寅恪，《陳寅恪先生文集》（全五冊），（臺北：里仁書局，民國 70 年 3 月）。

16：呂澂，《中國佛學源流略講》，（臺北：里仁書局，民國 74 年 1 月）。

17：陳援奄，《援奄史學論著選》，（臺北：木鐸出版社，民國 71 年 4 月初版）。

18：張曼濤主編，《大乘起信論與楞嚴經考辨》（《現代佛教學術叢刊》三十五），
（臺北：大乘文化出版社，民國 67 年 5 月初版）。

19：余英時，《歷史與思想》（民國 65 年），（臺北：聯經出版公司，民國 72 年第
八次印行）。

20：羅炳綿，《清代學術論集》，（臺北：食貨出版社，民國 67 年 4 月初版）。

21：張心澂編，《偽書通考》，（臺北：明倫出版社，民國 62 年 2 月再版）。

22：杜松柏，《國學治學方法》，（臺北：弘道書局，民國 69 年 4 月一版）。

23：饒宗頤，《中國史學上之正統論》，（臺北：宗青圖書公司，民國 68 年 10 月初
版）。

24：張曼濤主編，《玄奘大師研究》上（《現代佛教學術叢刊》八），（臺北：大乘
文化出版社，民國 66 年 1 月初版）。

25：張曼濤主編，《中國佛教史論集》一（《現代佛教學術叢刊》五），（臺北：大
乘文化出版社，民國 66 年 6 月初版）。

26：張曼濤主編，《四十二章經與牟子理惑論考辨》（《現代佛教學術叢刊》十一），
（臺北：大乘文化出版社，民國 67 年 6 月初版）。

27：蕭公權，《中國政治思想史》（全二冊），（臺北：中國文化大學出版部，民國
74 年 7 月新三版）。

28：黃大受，《中國近代史綱要》（民國 52 年 9 月臺初版），（臺北：大中國圖書公
司，民國 67 年第十一版修訂本）。

29：程發軔主編，《六十年來之國學》（全五冊），（臺北：正中書局，民國 64 年 2
月臺二版）。

30：王汎森，《古史辨運動的興起》，（臺北：允晨文化公司，民國 76 年 4 月初版）。

31：王國維，《定本觀堂集林》（全二冊），（臺北：世界書局，民國 72 年 5 月五版）。

32：屈萬里，《先秦文史資料考辨》，（臺北：聯經出版公司，民國 74 年 3 月第二
次印行）。

丙、論文與期刊

1：劉紀曜，《梁啟超與儒家傳統》，國立臺灣師範大學歷史研究所博士論文，（民
國 74 年 7 月）。

2：廖卓成，《梁啟超的傳記學》，國立臺灣大學中國文學研究所碩士論文，（民國
76 年 6 月）。

3：梁容若，〈讀梁任公著「朱舜水年譜」〉，（臺北：《大陸雜誌》七卷九期，民國
42 年 11 月）。

4：張蔭麟，〈近代中國學術史上之梁任公先生〉，（天津：《學衡》六十七期，民國 18 年 1 月）。

5：張蔭麟，〈跋梁任公別錄〉，（臺北：《政論周刊》第一六三期，民國 47 年 2 月 18 日）。

6：呂興昌，〈陶淵明享年六十三歲舊說新證〉，（臺北：《漢學研究》第五卷第二期，民國 76 年 12 月）。

出版後記

　　十五年前（1990），寫成碩士論文《梁啓超的古書辨偽學》，同學各奔前程，有的繼續考博士班，有的出國遊學，有的準備結婚，大家忙得不亦樂乎，我卻處在要不要一窩蜂跟隨他人考博士班的徬徨？在心頭鬱悶之下，選擇先去服役再打算未來。

　　梁氏評論清代地理學，有名言道「地理終經實測，否則只是紙上談兵罷了」，同樣講求古書辨偽，沒有通過出土文獻檢驗，終究是虛妄站不住腳的。晚近，大陸以和平崛起姿態邁入世界秩序之中，經濟蓬勃建設帶動學術復甦發展，地下文獻不斷出土，已形成新的文獻之學，比起七、八十年前「紙上談兵」景況，真不可同日而語，梁氏「古書辨偽學」似已成芻狗，無法滿足時代的需求。尤其當代出土文獻特點，是立即判讀年代，豐富各個斷代資料，如戰國大量竹簡出土，增添了古代先秦思想風貌，儒家內部蛻變軌跡歷歷可見，梁氏「古書辨偽學」如果還有點價值，應是作為一個特定時代其人學術發揮的極詣，然而，新時代有新的研究資源與視野，能因勢利導，不拘泥於窠臼舊習，才能走出更寬闊的路徑。

　　出版家杜潔祥教授對學術刊物編輯實務，經驗豐富，堅持品質，有口皆碑，鄙人早已耳熟聞知，而文獻學家潘美月教授一輩子指導研究生從事古典文獻研究，成績粲然可觀，如今欣見兩位教授有此魄力與識見，合作攜手推出《古典文獻研究輯刊》，觀其《初編》皇皇四十冊總目，涵蓋領域有四庫學、叢書、類書、歷代出版、古代印刷、圖書館史、金石學、方志學、考據學、辨偽學、輯佚學、傳注學、藏書史、歷代書目、專題書目、佛教道教文獻等，規模宏遠，琳瑯滿目，美不勝收，表現台灣學界致力中國古典文獻學之貢獻，具有敏銳研究視野與旺盛治學活力，預計今年十月殺青梓行。如今，十五年前鄙人學步之作，忝入邀請發行之列，在校稿交付之際，自感不滿意處頗多，本欲一一改寫，彌縫修補，但以近年飲冰室集子早已束諸高閣，現方專注於歷史文獻與檔案研究，也無餘裕閒暇，於是索性不予更動，留下年少輕狂風華痕跡。

　　如果，未來學問邁向成熟境界，這篇「悔少年之作」論文，就該是譬諸嬰孩喃喃學語，沒有經歷這個階段，如何能操流利言語？俯仰今昔，流年暗中淘洗青春，覽鏡自顧，鬢髮略見星霜，迢迢學術之路，仍須往前邁進！

今值論文出版前夕，回首前塵往事，所懷萬端，難以名狀，爰誌數語，聊表寸心，並予策勵來茲。

二〇〇五年六月廿八日記於台北南港
中央研究院近代史研究所檔案館 2109 室